QIU ZHEN XUN LU

求真·寻路

——2018年度安徽师范大学本科生科研论文大赛优秀作品集

安徽师范大学本科生科研论文大赛组委会 策划

耿保友 主编

安徽师范大学出版社

·芜湖·

图书在版编目(CIP)数据

求真·寻路:2018年度安徽师范大学本科生科研论文大赛优秀作品集/耿保友主编.—芜湖:安徽师范大学出版社,2018.11

ISBN 978-7-5676-3787-0

Ⅰ.①求… Ⅱ.①耿… Ⅲ.①自然科学-文集 ②社会科学-文集 Ⅳ.①Z427.6

中国版本图书馆CIP数据核字(2018)第215332号

求真·寻路

——2018年度安徽师范大学本科生科研论文大赛优秀作品集

耿保友 主编

责任编辑:何章艳
装帧设计:丁奕奕
出版发行:安徽师范大学出版社
芜湖市九华南路189号安徽师范大学花津校区
网 址:http://www.ahnupress.com/
发 行 部:0553-3883578 5910327 5910310(传真)
印 刷:江苏苏中印刷有限公司
版 次:2018年11月第1版
印 次:2018年11月第1次印刷
规 格:700 mm×1000 mm 1/16
印 张:21.25
字 数:417千字
书 号:ISBN 978-7-5676-3787-0
定 价:58.00元

安徽师范大学本科生科研论文大赛组委会

主　任：

朱家存

副主任：

耿保友　周端明　席贻龙　刘晓宇　梁　燕　张奇才

成　员：

马　骥　项念东　王朝辉　朱国萍　乔　静　刘振杰　刘道胜
李海燕　方凤满　杨友谊　杨如意　黄友生　吴世红　余妍霞
汪贻洋　汪海元　沈　炎　宋　静　张如华　陈克义　汤　敏
周双六　朱　琳　张园园　宁利新　赵　昊　胡悦超　姚宏志
姚莉莉　王少仁　聂竹明　奚泰来　高　升　崔世兵　梁齐军
方　群　喻　娜　谭书龙　戴兆国　戴和圣

目　录

高效稻秆降解菌的分离鉴定

陈亚玲，陈立志，程鹏
（生命科学学院）

摘　要：为实现稻秆快速降解，原位还田，本研究从土壤中初步筛选出4株降解稻秆能力较强的细菌，进行菌落特征和菌体形态观察；运用DNS法测定4种细菌的纤维素酶酶活变化曲线，分析稻秆失重率及残渣含量发现其中2株细菌降解效果更优；利用16SrDNA序列分析鉴定菌属，随后建立复合菌系降解稻秆。结果表明，35 ℃、180 r/min摇床培养15 d后菌XJ1、XJ2、XJ8、XJ9处理的稻秆降解率分别达到78.04%、72.68%、68.48%和76.58%。其中，菌XJ1为地衣芽孢杆菌属，菌XJ9为高温芽孢杆菌属。37 ℃、180 r/min摇床培养3 d后复合菌系稻秆降解率达50.16%，培养7 d后稻秆降解率达58.32%。

关键词：稻秆降解菌；降解率；鉴定；复合菌系

我国是农业大国，目前每年农作物秸秆产量达到7亿吨[1]。随着农业的不断发展，秸秆的产量逐渐增多，如何利用秸秆成为一大问题。作物秸秆分茎和叶两部分，秸秆表面有一层非常致密的角质蜡状膜，这种膜由脂溶性的脂肪醇、脂肪酸、烷烃、酮类、醛类和酯类等有机分子组成[2]。有些秸秆表面光滑，蜡质层中含有的二氧化硅和低聚物能防止秸秆在生长过程中水分过度蒸发和病菌的侵入[3]，但表面蜡质层也影响了微生物降解秸秆的速率。秸秆的干物质一般由灰分和含氮化合物与非含氮化合物组成，其中，含氮化合物包括蛋白质和其他含氮物，非含氮化合物包括纤维素、半纤维素和木质素等。其中，非含氮化合物约占秸秆干重80%。纤维素是葡萄糖以β-1，4糖苷键结合形成的直链高分子化合物。纤维素分子主要由结晶区和非结晶区两部分组成，结晶度一般在30%~80%，结晶区分子链内、链间及分子链与表面分子之间形成的氢键，使纤维素分子结构稳定难以被降解，非结晶区纤维素结构比较疏松，容易被微生物降解利用[4-5]。半纤维素是由几种不同类型的单糖构成的异质多聚体，主要是五碳糖和六碳糖，包括木糖、阿伯糖、甘露糖和半乳糖等。半纤维素通过木聚糖与纤维素紧密相连，不易被降解。木质素是由苯丙烷结构单元通过醚键和碳碳键连接而成的聚酚类三维网状高分子芳香族化合物，是非常丰富的碳素资源[6]。木质素分子空间三维结构非常复杂，在自然界中很难被分解利用。由此可知，秸秆结构成分复杂，难以降解。秸秆作为一类重要的生物资源，由于没有得到妥善利用而浪费现象严重，如何使其快速降解利用成为一个重要课题。近年来，人们越来越倾向于利用生物法降解秸秆，尤其是利用微生物降解秸秆，但如何找到高效降解菌株成为一个重要命题。本文主要研究稻秆降解菌的筛选、分离、鉴定以及复合菌系对秸秆的降解率。

1 材料与方法

1.1 菌种来源

2016年3~12月采集安徽芜湖、合肥和桐城地区农田附近的土壤进行筛选、分离、纯化。

1.2 培养基及试剂

秸秆粉培养基：KH_2PO_4 1.00 g，$CaCl_2$ 0.10 g，$MgSO_4·7H_2O$ 0.30 g，NaCl 0.10 g，$FeCl_3$ 0.01 g，$NaNO_3$ 2.50 g，稻秆粉 20 g，琼脂 20 g，蒸馏水 1000 mL，pH 7.2~7.5，121 ℃湿热灭菌 30 min。

刚果红-纤维素培养基：KH_2PO_4 0.50 g，$MgSO_4·7H_2O$ 0.25 g，明胶 2.00 g，纤维素粉 1.88 g，刚果红 0.08 g，琼脂 14.00 g，蒸馏水 1000 mL，pH 7.0，121 ℃湿热灭菌 30 min。

液体发酵产酶培养基：150 mL营养液加2.50 g约3 cm长的烘干至恒重的稻秆段，121 ℃湿热灭菌30 min。

营养液配方：KH_2PO_4 1.00 g，$CaCl_2$ 0.10 g，$MgSO_4·7H_2O$ 0.30 g，NaCl 0.10 g，$FeCl_3$ 0.01 g，$(NH_4)_2SO_4$ 3.50 g，去离子水定容至1000 mL，pH 7.2~7.5。

1.3 菌种的分离与筛选

1.3.1 初筛

土样加适量稻秆段及去离子水摇瓶富集15 d，取土壤溶液稀释成不同梯度，分别取0.1 mL涂布到秸秆粉培养基、刚果红-纤维素培养基，在37 ℃条件下培养2~3 d，挑选在秸秆粉培养基上长势良好且透明圈大的单菌落反复平板划线培养直至获得纯菌种。

1.3.2 复筛

将初筛获得的细菌分别接种于牛肉膏蛋白胨培养基，经35 ℃、180 r/min摇床培养18 h后转接到新的牛肉膏蛋白胨培养基中测定细菌生长曲线，再选择合适的接种时间，以3%接种量接种到液体发酵产酶培养基中，经35 ℃、180 r/min摇床培养15 d后，测定纤维素酶酶活变化曲线及稻秆失重率，比较菌种的降解效果进行复筛。

1.4 纤维素酶酶活变化曲线及秸秆失重率的测定

1.4.1 纤维素酶酶活变化曲线测定

纤维素酶酶活变化曲线测定[7-8]：以1 mg/mL的葡萄糖标准溶液作为底物，测定标准曲线。按3%的接种量接种于液体发酵产酶培养基中，每隔1~2 d取发酵液于EP管中，经4000 r/min离心10 min，取上清液为粗酶液。酶活单位定义：在50 ℃，pH=4.6条件下，每分钟催化水解纤维素生产1 μg葡萄糖的酶量定义为1个酶活力单位。

酶活力(U/mL)=(W×1000)/(30×1)

其中，W为葡萄糖含量，单位为毫克。

1.4.2 秸秆失重率测定

将酶活测定结束后的发酵培养基放在35 ℃、180 r/min摇床中培养一段时间后，取出摇瓶，用四层纱布裹住瓶口，洗出稻秆，用75 ℃烘干至恒重，计算稻秆失重率。

稻秆失重率=[(对照组稻秆恒重-实验组稻秆恒重)/对照组稻秆恒重]×100

1.5 稻秆残渣分析

分别将正常稻秆和残渣烘干至恒重，剪碎并分别充分混匀。

纤维素及木质素测定：分别取0.10 g正常稻秆，0.10 g残渣，参照王金主[9]玉米秸秆中纤维素、木质素的测定方法来分别测定4种细菌剩余残渣中纤维素、木质素含量，并计算出纤维素、木质素的降解率。

纤维素降解率=(M_1-M_2)/M_1×100

其中，M_1表示2.50 g正常稻秆中纤维素的含量，M_2表示剩余残渣中纤维素含量。

木质素降解率=(m_1-m_2)/m_1×100

其中，m_1表示2.50 g正常稻秆中木质素的含量，m_2表示剩余残渣中木质素含量。

1.6 菌种鉴定

1.6.1 形态鉴定

制作装片，革兰氏染色，油镜观察。

1.6.2 分子鉴定

用细菌基因组DNA提取试剂盒直接提取细菌的DNA进行16SrDNA测序分析，鉴定菌株。

1.7　复合菌系降解稻秆

将上述筛选获得的具有良好秸秆降解性能的菌株按1∶1∶1∶1接种到100 mL牛肉膏蛋白胨液体培养基中，在37 ℃、180 r/min条件下摇床混合培养18 h。然后将扩培好的混合菌液按3%的接种量接入液体发酵产酶培养基中，在37 ℃、180 r/min条件下摇床培养7 d。其间每天定时观察稻秆的降解情况，分别测定第3天、第7天的复合菌系稻秆降解率。

2　结果与分析

2.1　菌种初筛与复筛

如图1所示，初筛中通过比较刚果红-纤维素平板上菌株透明圈直径D与直径d的比值(D/d)大小和菌种长势获得4种细菌，编号为XJ1、XJ2、XJ8、XJ9。初筛获得的4种细菌经35 ℃、180 r/min摇床培养18 h后，分别取4 mL转接到新的100 mL牛肉膏蛋白胨培养基中。由4种细菌的生长曲线(图2)可知，经35 ℃、180 r/min摇床培养5 h时，4种细菌均出现较强的增长速率，这是液体发酵降解稻秆最佳的接种时间，且菌种浓度大小较为适宜，此时接种到液体发酵产酶培养基中最为合适。

2.2　纤维素酶酶活变化曲线及秸秆失重率

由图3可知，摇床培养前3天，4种细菌纤维素酶酶活变化曲线均呈上升趋势，4~11天时波动比较厉害，11~15天时逐渐稳定。菌XJ1和XJ9的纤维素酶活力要明显高于菌XJ2和XJ8，且稳定性更强一点。

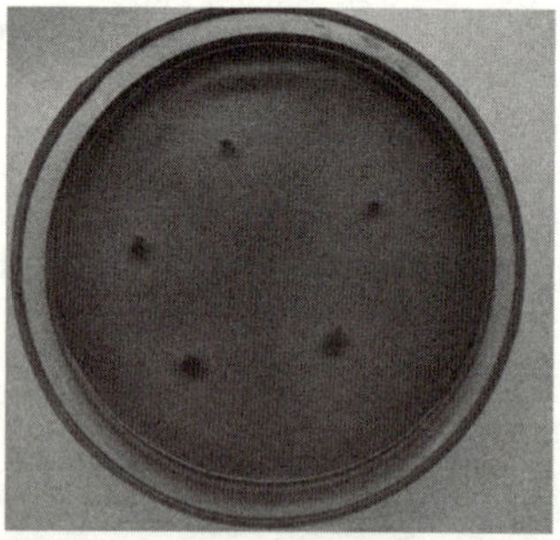

图1　细菌XJ1在刚果红-纤维素平板上的透明圈

由图4可知，摇瓶中对照组溶液较为清澈，稻秆段均沉降在瓶底部，而实验组中溶液浑浊，摇瓶底部有一层碎末堆积。洗出烘干后，可见对照组稻秆仍呈段状，结构完整，几乎没有降解，而实验组稻秆成碎末状，少数段状。从图5可以看出，菌XJ1和XJ9降解稻秆效果较优，均好于菌XJ2和XJ8降解稻秆的效果。

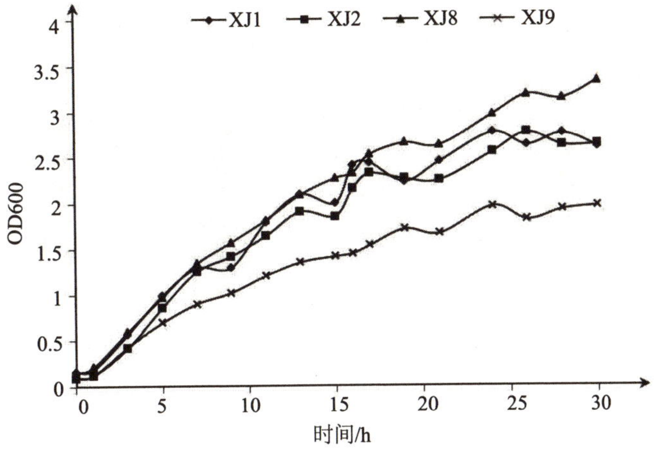

图2　4种细菌的生长曲线

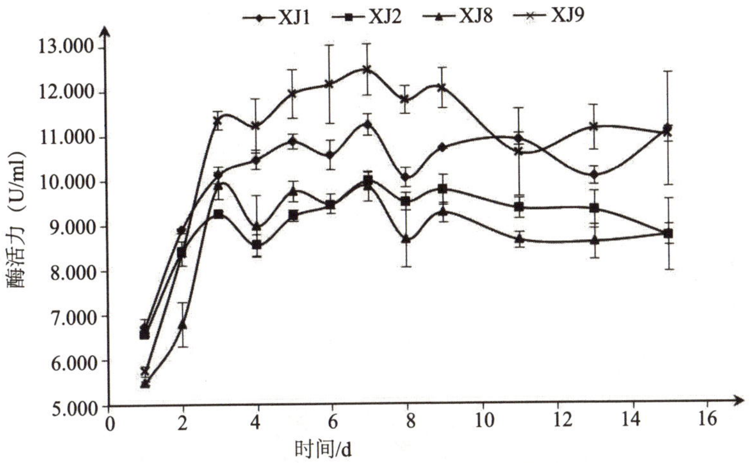

图3　4种细菌的纤维素酶酶活变化曲线

图4　4种细菌降解稻秆效果的比较

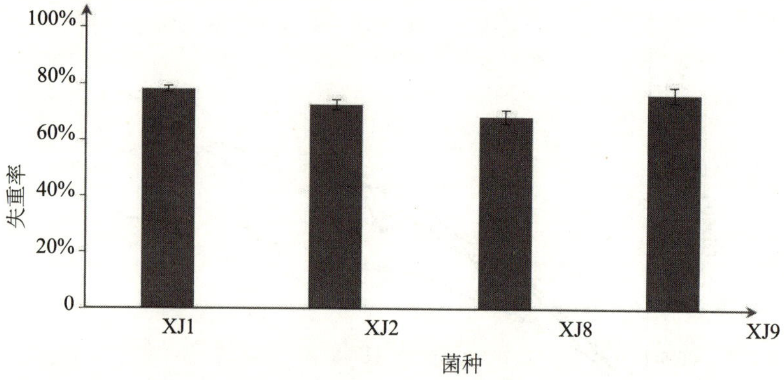

图5　4种细菌对稻秆的降解程度

2.3　稻秆残渣分析

由图6可知，菌XJ1和XJ9的纤维素降解率分别达68.96%和59.73%，但木质素降解率仅为8.17%和11.92%，纤维素降解能力明显强于木质素，属于纤维素高效降解菌。菌XJ2纤维素降解率较低，但木质素降解率明显高于其他菌株，达49.49%，是一株较好的木质素降解菌。

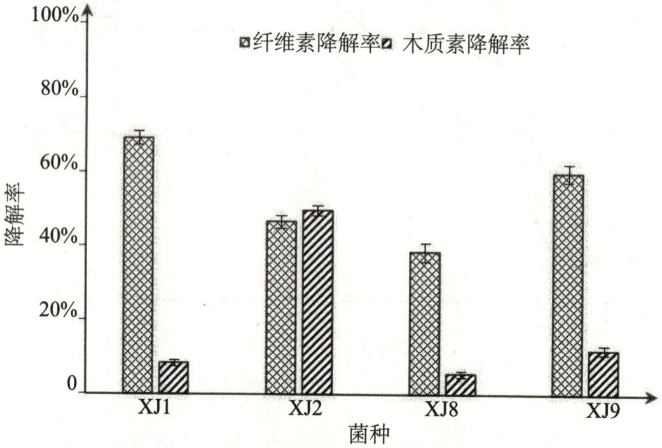

图6　4种细菌对稻秆的纤维素及木质素的降解

2.4　菌种鉴定

2.4.1　形态鉴定

XJ1菌落有白色边缘，中间有乳白色纹路，细菌形态呈杆状，有芽孢，G^+；XJ9菌落中间为黄色，边缘为淡黄或白色，形状不规则，细菌形态呈杆状，有芽孢，G^+；XJ2菌落为白色略呈卵圆形，表面光滑，湿润，细菌形态呈杆状，与XJ1相比较小，G^-；XJ8菌落为淡黄色至白色，形状不规则，四周有像水泡一样的突起，细菌形态呈杆状，有芽孢，G^+。四种细菌的个体显微形态如图7所示。

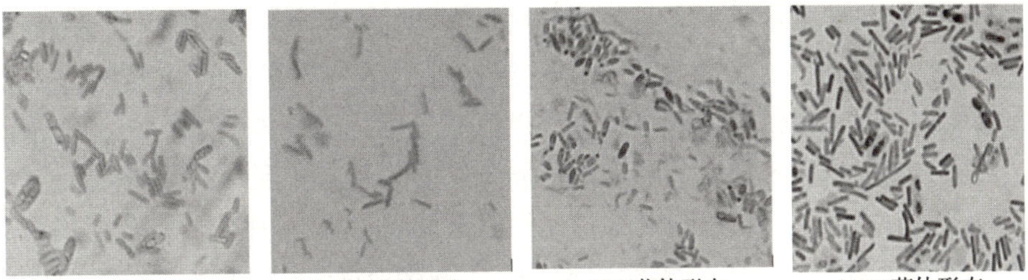

a.XJ1菌体形态　　b.XJ2菌体形态　　c.XJ8菌体形态　　d.XJ9菌体形态

图7　4种细菌显微镜下的菌体形态(4x100)

2.4.2　16SrDNA序列分析分子鉴定

取菌XJ1和XJ9纯化后的PCR产物,使用测序仪ABI3730-XL进行DNA测序。用NCBI Blast程序将拼接后的序列文件与NCBI ribosomal RNA sequence (Bacteria and Archaea)数据库中的数据进行比对,得到菌XJ1为地衣芽孢杆菌属,菌XJ9为高温芽孢杆菌属。

2.5　复合菌系对稻秆降解的效果

如图8所示,经37℃、180 r/min摇床培养3 d后稻秆降解率达50.16%,培养7 d后稻秆降解率达58.32%,相比单菌15 d降解稻秆,复合菌系降解稻秆破碎程度更为彻底,而且降解速度相对较快。

实验组(3 d)　　对照组(3 d)　　实验组(7 d)　　对照组(7 d)

图8　复合菌系培养3 d和7 d后降解稻秆的残渣比较

3　讨论

微生物降解秸秆主要分为单菌降解和复合菌系降解。单菌种一般对秸秆中某一成分起到较强的降解作用,从而促进秸秆降解。研究发现,单一菌落的黑曲霉或绿色木霉对纤维素、半纤维素降解能力较强,而对木质素的降解能力较弱[10]。吴文韬等[11]发现一株枯草芽孢杆菌,其具有较高的纤维素酶产酶能力,在30 ℃条件下发酵5 d后,预处理前后玉米秸秆降解率分别为14.24%和24.73%;Li等[12]从高效秸秆降解菌群的筛选入手,发现在培养15 d后,ADS-3菌系对小麦秸秆和滤纸的降解率高达63.8%和80%；韦中等[13]筛选获得稻秆腐熟能力较强的2株细菌GS2-3、ZJA-6和2株真菌ZJB-5、ZJC-1，液体发酵7 d后，菌株GS2-3、ZJA-6、ZJB-5和ZJC-1对稻秆的相对降解率分别为22.78%、34.25%、33.32%和27.99%。微生物对木质素的降解是依靠分泌的酶系来实现的，不同的菌种具有不同的降解酶系统。秸秆化学结构比较复杂，而单一的微生物不能产生所有分解其高分子物质的酶，分解能力有限，降解稻秆需要多种微生物的协同作用[14-17]。复合菌系的建立恰好可以满足这一需求。经研究，尹爽等[18]发现S-3菌株与白腐真菌复合配方为8∶8，料水比为1∶2.5，发酵温度为30 ℃，发酵时间为17 d，发酵后秸秆纤维素、木质素降解率为35.60%、37.41%；黄茜等[19]筛选获得木质素降解混合菌H6-T10，稻秆木质素的降解率最高达44.77%；李鹤筛选获得菌A14和A41，在模拟秸秆还田的盆栽培养实验中，培养20 d后，菌株A14、A41及混合菌株对玉米秸秆的纤维素降解率达到了35.10%、34.12%和38.90%，比无菌对照高13.67%~18.45%[20]。这些研究表明越来越多的人倾向于建立复合菌系降解秸秆。

本研究选取稻秆作为被降解对象，从土壤中获得4株高效降解稻秆的细菌，分别为XJ1、XJ2、XJ8、XJ9。经35 ℃、180 r/min摇床培养15 d后发现，菌XJ1、XJ2、XJ8、XJ9处理的稻秆降解率分别达到78.04%、72.68%、68.48%和76.58%。相对目前的研究，4种单菌对稻秆降解的效果较优，但需耗时两周多。故将4种单菌建立复合菌系，经37 ℃、180 r/min摇床培养3 d后稻秆降解率达50.16%，培养7 d后稻秆降解率达58.32%。相比单菌降解，复合菌系使稻秆破碎更为彻底，且因为是细菌，培养生长速度快，降解稻秆快速高效，具有良好的应用前景。尤其是稻秆破碎后的发酵液，一方面可以应用于原位还田研究，另一方面可以加工成肥料继续开发利用。

微生物通过产生胞外酶来降解秸秆，但其产酶条件较复杂，产酶量较低，产酶速率低，酶系成分复杂，各酶系组合在一起的协调性也受到一定的限制。研究发现，黑曲霉是优良的产β-葡萄糖苷酶菌株，但酶系组分较为单一，不利于秸秆的完全降解[21]。因此，在建立复合菌系的基础上，未来可以将研究扩展到优化菌系、改善秸秆的发酵条件、增加酶产量、提高酶活性等方面。通过挑选产酶量高、酶系组分较全、适应性强的菌群进行培养，可以改变培养基的基质以达到促进降解的目的；通过拮抗实验可调节并提高组合酶系的协调性。复合菌系发酵秸秆时，通过改变发酵温度、发酵时间、发酵pH、接种量、菌种混合比例等因素可增加酶产量，提高酶活性，促进秸秆快速降解。除去上面的优化措施，在进行秸秆降解时，还可以适当添加无机营养元素、微量元素、表面活性剂等来提高秸秆降解率。研究发现，无机营养元素对小麦秸秆降解具有重要意义[22]。而改变营养条件，添加适量诱导物和微量元素可调控酶的产量[23]。生物表面活性剂则可以改善堆肥环境，促进微生物量，提高纤维素酶活性[24]。

参考文献：

[1] 吴翔，甘炳成，黄忠乾，等．纤维素降解细菌DBJ的筛选鉴定及其特性研究[J]．西南农业学报，2016，29(1)：81-84.

[2] KOLATTUKUDY P E. Biosynthetic pathyways of cutin and waxes and their sensitivity to environmental stresses [C]// KERSTIENS G. Plant cuticles. Oxford：BIOS Scientific Publishers，1996：83-108.

[3] 赵旭，王文丽，李娟，等．低温秸秆降解微生物菌剂的研究进展[J]．生物技术通报，2014(11)：55-61.

[4] BAYER E A，LAMED R. The cellulose paradox：pollutant par excellence and/or a reclaimable natural resource[J]. Biodegradation，1992(3)：171-188.

[5] 谢占玲，吴润．纤维素酶的研究进展[J]．草业科学，2004，21(4)：72-76.

[6] 李成翠，李术娜，朱宝成．高活性木质素降解菌株T-8的分离、筛选与鉴定[J]．河北农业大学学报，2010，33(6)：57-62.

[7] 吴丽艳．亚麻增效脱胶菌的分离、筛选和鉴定[D]．昆明：云南大学，2007.

[8] 李慧君．秸秆纤维素降解菌的筛选及其利用研究[D]．西安：西北农林科技大学，2010.

[9] 王金主，王元秀，李峰，等．玉米秸秆中纤维素、半纤维素和木质素的测定[J]．山东食品发酵，2010(3)：44-47.

[10] 李波，魏成熙，文庭池，等．农业废弃秸秆降解菌的筛选及产酶特性研究[J]．环境科学学报，2012，32(12)：3095-3100.

[11] 吴文韬，鞠美庭，刘金鹏，等．一株纤维素降解菌的分离、鉴定及对玉米秸秆的降解特性[J]．微生物学通报，2013，40(4)：712-719.

[12] LI P P，WANG X J，YUAN X F，et al. Screening of composite microbial system and its characteristics of wheat straw degradation[J]. Agricultural Sciences in China，2011(10)：1586-1594.

[13] 韦中，徐春淼，郑海平，等．“挂壁”法筛选常温稻秆腐解菌及其降解能力研究[J]．农业环境科学学报，2015 (10)：2027-2031.

[14] 王元明．高温纤维素降解菌的筛选及其复合菌系对秸秆降解效果的研究[D]．南京：南京农业大学，2013.

[15] MOSIER N，WYMAN C，DALE B，et al. Features of promising technologies for pretreatment of lignocellulosic biomass[J]. Bioresource Technology，2005(96)：673-86.

[16] SUN Y，CHENG J. Hydrolysis of lignocellulosic materials for ethanol production：a review

[J]. Bioresource Technology, 2002(83):1-11.

[17] 王修俊,邓婉婷,刘颖. 有效微生物群发酵玉米秸秆的工艺条件研究[J]. 中国酿造,2008(11): 47-49.

[18] 尹爽,王修俊,马桂英,等. 复合菌系对玉米秸秆的生物降解作用[J]. 福建农业学报,2016,31(5):532-537.

[19] 黄茜,黄凤洪,江木兰,等. 木质素降解菌的筛选及混合菌发酵降解秸秆的研究[J]. 中国生物工程杂志,2008,28(2):66-70.

[20] 李鹤. 低温秸秆降解菌的酶活、降解效果及对土壤养分、酶活的影响[D]. 吉林:吉林农业大学,2015.

[21] RASHID M H, RAJOKA M I, SIDDIQUI K S, et al. Kinetic properties of chemically modified β-glucosidase from Aspergillus niger280[J]. Pakistan J. Zool., 1997(29):354-363.

[22] 刘海静,任萍. 无机营养元素对小麦秸秆降解菌降解效果的影响[J]. 中国农学通报,2013,29(6):30-37.

[23] ROSALES E, RODRIGUEZ C S, SANROMAN M A. Increased laccase production by Trametes hirsute grown on ground orange peelings[J]. Enzyme Microb.Technol., 2007, 40(5): 1286-1290.

[24] 孟杰,王宏燕,李涛. 生物表面活性剂混合纤维素分解菌分解秸秆的研究[J]. 东北农业大学学报,2011,42(2):97-103.

指导教师评语:

该生思维活跃,认真负责,实验构思能力、动手操作能力强,在实验过程中遇到问题能够独立思考、分析原因、解决问题,同时,在生活中也是一个严谨、勤奋刻苦、乐于助人的人。

生命科学学院刘爱民教授

(本文发表于《广东农业科学》2017年第44卷第5期,有改动)

《三国志》论赞中的儒家思想研究

陈雨晴
（文学院）

摘　要：本文通过分析《三国志》的论赞，阐述作者陈寿具有的深厚儒家思想。其儒家思想可以概括为：在伦理道德方面，提倡尚义轻利、重忠保节、立子以嫡；在政治方面，主张以人为本、选贤举能、强调统一；在军事方面，宣扬惜民慎战、民信足食、重视智谋等。最后简要分析陈寿具有儒家思想的原因。

关键词：《三国志》；论赞；陈寿；儒家思想

1　引言

《三国志》作为前四史之一，记录了魏、蜀、吴三国时期的断代史，是二十四史中评价较高的史籍之一，其史学价值不言而喻。陈寿编纂《三国志》的基本资料来源分别是西晋王沈奉命所作的《魏书》，鱼豢私下编成的《魏略》，以及吴国韦昭官修的《吴书》。因为蜀国没有设置史官，所以陈寿自己搜集材料，最终成书。刘勰在《文心雕龙·史传》中说，三国时期的史书不是个人感情色彩太过浓厚，就是太过简要，只有陈寿的《三国志》做到了内容和形式的完美统一，“文质辨洽，荀张比之于迁固，非妄誉也”[1]。由此可知，陈寿秉承了实录的作史原则，未将自己的情感、态度、价值观掺杂在史书正文中。因此，要想探究陈寿的思想观念，只能从论赞入手。论赞是我国史书的一种体裁，用以阐发作史者对事件、人物的看法，历来都为史家沿用。史书中论赞的表现形式多种多样，例如左丘明在《春秋左氏传》中篇末所说的“君子曰”，司马迁在《史记》中篇末所说的“太史公曰”等。《三国志》中论赞形式则表现为陈寿所说的“评曰”。

据《华阳国志》记载，当时晋朝的中书监荀勖和中书令张华尤其喜爱陈寿的《三国志》，认为“班固、史迁不足方也”[2]184。据《晋书》记载：陈寿去世后，尚书郎范颙曾向皇上进言，说陈寿编纂的《三国志》“辞多劝诫，明乎得失，有益风化”[3]。可见朝廷非常看重《三国志》，认为其有益于对百姓的民风教化。而当时晋朝是通过儒家思想来教化民众,也就是说有利于宣扬儒家思想。据统计,《三国志》引据《论语》共二百五十余处,其中有九十余处属于诏令奏议,涉及《论语》全二十篇的一百六十余章,大概能够占到整部《论语》的百分之三十三[4]。在论赞中,陈寿亦数次引用《易》《传》等儒家典籍。通过时人和后人对《三国志》的评价,皆可推理出陈寿具有深厚的儒家思想。

接下来本文将从《三国志》论赞的角度,通过伦理、政治、军事三个方面,来具体探究陈寿的儒家思想。

2 《三国志》论赞中的儒家伦理思想

后人评价前人多看重他们对社会所作的贡献如何,功过怎样。但陈寿在评价人物时,看重的不是那人打了几场胜仗,做了多大的官,而是侧重于他的道德品性。陈寿认为,人生在世,遇到利欲诱惑时,一定要坚守自身道义,保证对君主的忠心;不论是君主还是臣子,在选择继承人的事情上,一定要严格遵守嫡长子继承制的宗法制。这些忠义嫡庶思想恰好是儒家一直以来所宣扬的,由此可知陈寿受儒家思想影响已深。

2.1 尚义轻利

"义"是指一种讲求公正合理的社会道德规范,"利"是指人们对自身利益的谋求。孔子曰:"不义而富且贵,于我如浮云。"[5]当"义"和"利"产生矛盾冲突时,儒家主张把"义"作为第一考虑要素。即人们在面对金钱名利时,要先考虑其是否合乎公正合理的社会道德规范。汉朝董仲舒把"义"作为人伦五常之一,宣扬做人要有道义,无论是对待个人与个人之间的社会关系,还是对待有关国家民族的大事,行事都要合乎道义。陈寿同样在书中直言只有心中怀有道义,才能行遍天下。

例如陈寿评曰:"唯以道义为心、平一为主者,然后克免斯累邪!。"[6]714陈寿强调把道义作为心之所向,身为臣子就要一心为自己的君主出谋划策,一切行事皆站在主公的立场,不能只为自身谋利,然后才能免于祸患。又如评曰:"吕布有虓虎之勇,而无英奇之略,轻狡反覆,唯利是视。"[6]144人中吕布空有一身的高强武艺,却毫无谋略,且只看重自身利益。他先是杀掉自己的干爹丁原,后又认董卓做干爹,却也因儿女私情杀了董卓,再后又依附袁术、袁绍等人。他不想着为自己的主公打天下,却反反复复地叛变。陈寿称吕布有虎啸之勇,也直言其没有谋略,轻浮狡猾,唯利是图。

陈寿对于行事毫无道义可言的吕布是鄙视的,对遵守道德规范、尚义轻利的人物是褒扬的。例如评曰"杨俊人伦行义"[6]404。魏国的南阳太守杨俊在位时,强调民众的教化，创立了很多学校，使民众安居乐业，人给家足，一片海晏河清之象。陈寿便称赞杨俊践行了伦理道义。再如评曰“太史慈信义笃烈”[6]709。太史慈因朋友之间的恩义，冒死救助友人孔融；在遇到明主孙策后，也是为主尽心尽力，数次冲锋陷阵，立下汗马功劳。陈寿赞扬太史慈讲信义，诚厚刚正。曹操活捉了关羽之后，一向敬仰关羽的曹操待他非常好。关羽虽然是效忠于刘备的，但为了酬谢曹操的不杀之恩，他诛颜良，斩文丑，解了曹操白马之围。张飞占领巴郡的时候，活捉了巴郡太守严颜，但严颜威武不屈，张飞敬仰他的忠毅勇敢，不但没有杀他，反用相应的礼节对待严颜。陈寿赞扬知恩图报的关羽和释放有义之士的张飞，“羽报效曹公，飞义释严颜，并有国士之风”[6]567。

2.2 重忠保节

“忠”是儒家宣扬的品德规范之一，是指为人要忠于友人、忠于君主、忠于国家。儒家提倡为官要为国“进思尽忠”[7]，尽心尽力地为君主行事，报效国家，无论生死都不能变节。陈寿在论赞中，对于那些有忠贞之德的文人将士，都是给予肯定的言辞，表现其深深信奉的儒家忠节思想。

例如陈寿评价陆逊是“社稷之臣”[6]805，陆抗“奕世载美”[6]805。陆逊堪称孙权手下最杰出的将军，立过数次大功，如袭取荆州、火烧连营、石亭之战等。陆逊一直对吴国尽忠尽职，始终忧国忧民，直至死去。陈寿除了为诸葛亮单独列传外，陆逊是唯一获此殊荣的臣子。由此可见，陈寿对陆逊的忠贞是非常敬佩的，盛赞陆逊是社稷之臣。陆逊的儿子陆抗，一生也为吴国效忠，一切以国家利益为上。镇守边关的陆抗，看到君主昏庸无能，一边上书劝诫皇帝，一边尽职尽责保卫边疆。所以陈寿称赞陆抗对国忠贞，做事严谨，品德高尚，有陆逊的风范。

再如陈寿评价庞德，说他有“周苛之节”[6]332。庞德投在曹操麾下后，驰骋战场，常常不顾个人安危，勇于冲锋陷阵。在与关羽殊死搏斗战败之后，面对云长的劝降，他誓死不顺，忠于曹魏，最终殒身殉节。显然陈寿非常敬佩庞德的忠肝义胆，赞赏他有周苛一样的气节。在英雄辈出的三国时代，陈寿认为还是有很多这样的忠贞之士。例如陈寿评价吕凯“守节不回”[6]626。吕凯面对叛变的上司，能够坚守节操，始终忠于蜀国，没有因叛徒的威逼利诱而投降。所以陈寿称赞吕凯守住气节。再如陈寿评价王平“忠勇而严整”[6]626。王平在诸葛亮死后，人心不稳的境况下，仍然坚守汉中。面对曹军的十万铁骑，将士皆有弃城而逃之意，王平却忠于自己的国家，执意守城，严格部署，调兵遣将，最终击退敌军，保住了蜀汉的一方平安。陈寿褒奖王平不仅对国家忠诚，有勇气，还有治军严整的本事。

无论是陆逊、陆抗，还是庞德、吕凯、王平，他们从始至终都是效忠于自己的国家，即使面临死亡威胁，甚至是君主的不信任，也未叛变。陈寿对于此类的忠贞之士是非常敬佩的。

2.3 立子以嫡

儒家在宗法制度上提倡嫡长子继承制，鼓吹嫡庶有别，所谓“立嫡以长不以贤”[8]。即无论是布衣贫民，还是帝王将相，财产官位只能由妻子所生的最大的儿子来继承，女儿和其他的儿子都没有继承权。陈寿直接表明自己是嫡长子继承制的忠实捍卫者，并把它当做从古至今的真理，认为只要根据宗法制度传位便能家族兴旺，否则便会发生祸事。

陈寿评曰：“后代世位，立子以嫡。”[6]94他主张一代又一代的官职，应传给嫡长子，如果没有男性子嗣，则应该由同族中血缘最近的男性继承，就像汉文帝刘贺和汉宣帝刘询继承皇位一样，最终都使社会安定，百姓富足。陈寿的主张，正是儒家所宣扬的嫡长子继承制。“后嗣颠蹶，社稷倾覆”[6]132是陈寿对刘表的评价。刘表在去世前废黜了嫡长子，反而传位给庶子刘琮，最后导致子嗣迫乱，荆州也被刘琮献给曹操。陈寿认为，如果当初刘表按照嫡长子继承制传位，便不会发生之后不幸的事。再如陈寿评价孙霸说：“霸以庶干嫡，奋不遵轨度，固取危亡之道也。”[6]813陈寿认为，身为庶子的孙霸去干涉嫡子孙和的皇位，孙奋没有遵守轨度，两人都违反了宗法制度，最后只能自取灭亡。

在陈寿看来，刘表、孙霸、孙奋之所以不得善终，是因为违反了嫡长子继承制，与个人品行和时局背景没有关系。纵观全书的论赞，陈寿没有提到嫡子和庶子哪一个更具继位的贤能，仅以嫡庶来确定继承顺序，并且丝毫不能有所僭越。这正如陈寿所说的“夫亲亲恩义，古今之常”[6]722。

3 《三国志》论赞中的儒家政治理想

每一位史家都会在史书中倾注自己的政治理想。例如司马迁的史书正文中就有明显的个人感情倾向。陈寿在记述历史人物事件上，基本做到了客观全面，只在卷末的“评曰”里表达自己的见解看法。陈寿认为，一个国家政治清明的表现就是人民安居乐业，真正有才有德的人能够被统治者重用，国家民族完全统一，也就是儒家所说的以民为本、任人唯贤和大一统思想。

3.1 以民为本

儒家政治思想的核心是以民为本，宣扬统治者要实行仁慈宽厚、惠泽万民的政策，把民众的利益放在首位。只有这样才能使百姓归顺，以达到稳固山河、维护统治阶层利益的最终目的。在论赞中，陈寿通过对帝王将相的评论，展现了他民为邦本、本固邦宁的民本思想。

陈寿认为有人践行了他所提倡的民本思想，在给刘备和诸葛亮的评语中，陈寿便没有吝啬他的溢美之词。例如陈寿评曰："先主之弘毅宽厚，知人待士，盖有高祖之风，英雄之器焉。"[6]532即指先主对待人民豁达大度，做事有气度，厚道，此为爱民重民思想的一个体现。陈寿认为刘先主仁慈宽厚，对待百姓像汉高祖一样有英雄大器之风范。汉高祖在与楚霸王争天下时，靠的就是安抚百姓、笼络民心的仁政，才得以击败不爱惜民力的项羽。由此可知，刘先主即是陈寿心中的仁君，真正做到了报效国家，使百姓安居乐业。

陈寿心目中有仁君，也有仁臣。陈寿评价诸葛亮是"识治之良才"[6]557。陈寿认为，诸葛亮作为一国之相，真正做好了百姓的安抚工作，对人民付与诚心，为百姓主持公道。诸葛亮恤民，施行对民众有利的仁行，最终百姓皆爱戴朝廷，无生怨气，国家呈现出海晏河清、人民安居乐业的太平盛世。正因为如此，陈寿才赞扬诸葛亮是古往今来的第一贤相，也是借着对孔明的评价，描绘了他心目中的理想政治局面。

陈寿认为，没有实施贵民政策的帝王，终将使朝廷倾覆。例如陈寿在《文帝纪》中虽赞赏曹丕天资聪颖、学识渊博，但是也指出曹丕缺乏一颗仁心，没有实施宽厚待民的民本政策，委婉地说明魏文帝远不如古代的贤明君主。对待残民、害民的人，陈寿便极尽泼辣之词、讽刺之语。例如在第六卷中，陈寿批判董卓像狼一样凶暴残忍，揭露袁术奢侈淫荡、不守礼制，自从有文字记录以来，都没人像他们那样残暴；董卓对待百姓残忍暴虐，袁术穷奢极欲，丝毫不爱惜民力，两者都是轻民暴政的典型[6]132。陈寿认为，这也是董卓、袁术不得善终的原因所在。

3.2 选贤举能

《尚书》云："任官惟贤才。"[9]儒家强调统治者任用官员，应该选择那些德才兼备的人，不能因个人恩怨而任用那些无才之人。陈寿在论赞中多次直接表明自己选贤举能的儒家思想，认为有才无德的人不可任用，不然就是祸国殃民。

三国乱世造英雄，有才之人总会引起统治者的注意，无论是德才兼备的完人，还是有才无德的才人，都能找到主公一展才华。曹操就曾多次颁发指令，说明其用人标准，即重视个人才能，不强调品行，只要有真才实学，皆可任用。而陈寿的用人观和曹操不太相同。从汉至魏时期统治者实行察举制，晋推行九品中正制，强调对人物的才能进行品评，并将其分为九品，贤能皆备的人才能得以任用。陈寿自己便是在蜀亡后，被魏张华赏识，后举为孝廉，担任了官职。而且陈寿在相当长的时期内，担任巴蜀郡的中正，这正是品评人物的官职。所以这也是陈寿重视人才评价的一个重要原因。他认为推举官员的重要条件是德才兼备，二者缺一不可。

刘禅是个扶不起的阿斗，这是家喻户晓的。当年后主执意北伐，宠信宦臣，大兴土木，耽于享乐。陈寿身居蜀地，当然知晓刘禅是个昏君，但是也夸奖后主唯一的优点——任用诸葛贤相，没有违背先主遗愿，是“循理之君”[6]538。陈寿认为，一个能遵循礼法制度的君王，必然有能够任用贤才的本领。陈寿认为，孙权能够坐守江东几十年，得一方安稳，依靠的便是“识才”[6]805的本领。

三国时期群雄并起，魏、蜀、吴三国皆知晓贤才对国家的重要性，都在极力招录人才。曹操放言唯才是举，不问出身过往，只求真材实料，因此，身边招用了一大帮文武大臣，如荀彧等。孙权也不甘示弱，麾下有吕蒙等武将，文有周瑜、鲁肃、吕蒙等谋士，这些人都为孙权治理江山立下了汗马功劳。刘备文有孔明、凤雏，武有云长、翼德、子龙。陈寿评曰：“唯贤是与。”[6]94强调帝王必须任用贤才之人，如此才能成就建国伟业，治理好天下大事。同时，陈寿也批评那些做不到选贤举能的人，看不清时势，又刚愎自用。例如批评袁术“奢淫放肆，荣不终己”[6]132，袁绍、刘表“外宽内忌，好谋无决”[6]132。这些人注定难成伟业。

3.3 强调统一

大一统思想是儒家思想的核心部分，主要包括两方面含义：一是强调国家和民族的统一，即“国无二君”[10]；二是重视社会制度的统一，即全国上下所实行的政策制度必须是高度一致的。陈寿《三国志》的编排方式和论赞中维护封建等级制度的言语，体现了大一统思想。

陈寿的《三国志》把曹魏视为正统，叙述的时候是用本纪的方式，称曹操、曹丕为“帝”；对于蜀吴两国国君的记载名为列传，称刘备、孙权为“主”。实际上在三国时期没有所谓的统治与被统治之分，三者是相互鼎立的，但是因为晋袭魏，陈寿便将魏视为一统三国的王朝。从《三国志》的编排方式上，可看出陈寿强调国家和民族统一的大一统思想。时人和后人有赞同陈寿做法的，也有反对的。然而无论是持赞同意见的常璩，还是持反对意见的朱熹，都是把其中一方视为正统。这说明儒家国无二君的大一统思想，深刻地影响了中国人的思维方式和思想观念。

儒家倡导等级制度，即君君、臣臣、父父、子子，认为治理国家靠的就是君王、臣子、父亲、儿子做自己应该做的事。陈寿在论赞中大夸等级制度的重要性，认为只要全国上下遵守制度规范，便能国泰民安，否则便是国破家亡。这些体现了陈寿重视社会制度统一的大一统思想。

如陈寿在《后妃传》中说道：“易称：‘男正位乎外，女正位乎内；男女正，天地之大义也。’”[6]95陈寿认为，男人女人各尽其职，才是天地大义。在陈寿看来，古代明哲理的帝王，皆制定了后妃制度，顺应了天地伦理。他认为尧帝将他的两个公主嫁给虞舜，找到了可以托付国家的人，使他的治国大业得以实现；太任、太姒两位聪慧的女人先后都嫁给姬氏，周王朝也因此变得昌盛兴隆。陈寿还引用《春秋》的说法：天子有十二位妃子，诸侯有九个，这是合乎情理而不能改变的典制。在每个朝代的末期，帝王常常变得豪奢纵欲，以至于损害天地之气；惟色是崇，不分贤淑与泼悍，最终造成整个国家风气堕落，纲纪败坏，江山动摇。陈寿把亡国的原因归结为帝王没有遵守既定的等级制度，并劝诫有国有家的后人以此为鉴。

陈寿在《二主妃子传》的评语中，又引用儒家典籍《周易》："易称有夫妇然后有父子，夫人伦之始，恩纪之隆，莫尚于此矣。"[6]542强调无论是一个小家庭，还是一个大国家，都各有各的等级之分，人人各司其职，不能超越本分，等级制正是国体所在。

4 《三国志》论赞中的儒家军事观念

三国乱世，战争频繁。君主都想靠军队攻城略地，扩大势力，此时领导者的军事观念就起到举足轻重的作用。连反对战争的孔子也有很多行军打仗的方法见解。这些儒家军事思想也体现在了陈寿的评语中。陈寿反对穷兵黩武耗损民力的行为，强调军事谋略和粮草保障对战争的重要性。

4.1 惜民慎战

儒家历来都反对穷兵黩武，珍惜民力。孔子认为对待战争要慎之又慎。孟子主张大同，反对一切形式的战争。荀子只支持兴仁义之师。陈寿通过在论赞中对好战之人的评价，透露了他惜民慎战的儒家思想。

例如陈寿在《明帝睿》中评价魏明帝曹睿在位时百姓贫困，四海分裂，却效仿秦始皇、汉武帝，大兴土木，连年征伐，导致国力积弱，为后来的政变埋下祸根[6]71。即使曹睿有魄力胆识，但是穷兵黩武只能加速灭亡。再如陈寿评价诸葛亮死后逐渐大权在握的姜维有些文武之才，立志成就一番功名，连年北伐，穷兵黩武，耗费民力，"玩众黩旅，明断不周，终致陨毙"[6]634。何况是区区小国，更加不能多次扰乱民生。被扰乱农时的百姓，自己都家无斗储，还要上交军粮，必然导致军心涣散。陈寿主张一个小国不可以屡屡扰乱民时，否则终致灭亡。又如陈寿批评晚年的孙权杀心滋长，连年穷兵黩武的后果是伤民耗财，将父兄留下的基业逐渐葬送。曹睿、姜维、孙权皆是世之豪杰，但都因穷兵黩武，加速了国家灭亡的进程。

4.2 民信足食

子贡问政得到的回答是食、兵、信，孟子主张不违农时，董仲舒将"信"作为五常之一。儒家认为备战要素是上下级的互相信任和充足的食物，如此才能达到"上下一心，三军同力"[11]的理想军事管理状态，进而战无不胜攻无不克。通过陈寿对诸葛亮和任峻的评价，可看出他赞赏君、臣、民上下信赖和保障粮食的儒家军事思想。

陈寿评价诸葛亮身为相国，能为百姓主持公道；在法律制度面前，恪守原则，对犯法的人，即使是自己的亲人也据法惩罚；对认罪悔恨的人，即使罪孽深重也将其释放；对花言巧语的人，即使罪轻也要杀掉；重视真相，反对虚伪，赏罚分明[6]560。所以孔明能与百姓、士兵建立深厚感情，民众信任他，他赢得民心，上下信任。最终邦国之内的人民对待统治者既畏惧又爱戴，刑法虽然严峻却无人心生怨气，上下一心。陈寿称颂诸葛亮是治世良才，做到了军民之间相互信任，管仲、萧何都比不上。

再如陈寿评任俊"庸绩致矣"[6]310。任峻征集家族人士归顺曹操后，一直在主持后方工作，实施屯田制，连年丰收，粮草富足，为曹操前线的士兵提供了充分的物质保障。正因如此，曹操在官渡之战等战争中才能无后顾之忧，甚至在发生饥荒的时候，也能够渡过难关。陈寿表扬任峻立下很大的功绩。由此可知，陈寿主张行军打仗之前，要做好粮食保障工作，即开垦土地，不违农时，积草囤粮。

4.3 重视智谋

孔子认为行军打仗靠的是有谋略、能成事的人，不带武器就与虎搏斗的人，不坐船就直接过河，死了也无悔意的人都是愚蠢之人，难成大事。荀子将军事谋略概括为各种具体的类别，认为只要因时制宜地运用谋略，就可以决胜千里，成为一代名将。陈寿在史书正文中，对战争过程描写得较简略，而对战前谋略策划描写得非常详细；在论赞中强调智谋对战争成败的重要性。这些都表现了陈寿重视军事谋略的儒家观。

如"勇而有谋，断识军计"，"有国士之量，岂徒武将而已乎"[6]759是陈寿对吕蒙的评价。年轻时的吕蒙有些鲁莽，后来经过发愤勤学，屡建战功，智能擒郝普、关羽，武能勇破黄祖、朱光，留下了"士别三日当刮目相待"的佳话。陈寿对吕蒙的评价是有勇有谋，而不仅仅是一个武将，称其为国士之才。不止吕蒙，陈寿还赞扬荀攸、贾诩策划精密准确，做事能因时制宜，因地制宜，不默守成规；称赞满宠有勇有谋，郭淮计策精细；颂扬周瑜、鲁肃实乃世间的奇才，行事果断，是众人的表率；称誉陆逊，直言自己为陆逊的谋略感到惊奇。由以上评论可知，陈寿非常推崇三国时有智谋妙算的奇士。同时，陈寿对无谋的人是轻视的，这类人行事不经大脑思考，冲动武断，易犯错误，会坏大事。例如陈寿批评吕布虽有万人之勇，但是没有谋略，且反复无常，这样的人成不了大事。

从对魏、蜀、吴三国主公的评价中，也可以看出陈寿对谋略的注重。如陈寿在《武帝纪》评曹操为"超世之杰"[6]33。陈寿认为，曹操能精研申不害、商鞅的法术，精通韩信、白起的奇策，掌握了运筹帷幄决胜千里之外的谋略。强调这就是曹操能够成就建国大业的原因所在，并赞扬曹操是出类拔萃的世之人杰。陈寿评孙权为“英人之杰”[6]682，认为孙权能够称霸江东，形成三国鼎立之势，凭借的是其像勾践一样有奇谋，且能够任用智士。陈寿评刘备“机权干略，不逮魏武”[6]532。陈寿虽然颂扬刘备有汉高祖的风姿，君臣忠公，但是也直述刘备的才干谋略不如曹操。陈寿在蜀地长大，又是蜀汉旧臣，不免具有故国情怀，但是仍然指出先主缺少谋略。由此可见，在陈寿的心中，军事谋略能起到至关重要的作用。

5 陈寿儒家思想探源

《三国志》的论赞体现出陈寿深厚的儒家思想，只探究出这些还不够，还要研讨陈寿思想倾向的原因所在。孟子说知人论世，要想全面了解一个人，就要了解此人的身世经历和所处的社会背景。陈寿的一生经历三个朝代，即蜀汉、曹魏和西晋，命途多舛，仕途坎坷。陈寿在蜀汉时期就形成了自己的思想观念，曾因力谏刘禅，陈述社会弊病，而不受重用。因陈寿是在蜀汉投降入魏为官不久后开始编撰《三国志》的，所以知人论世主要集中在蜀汉时期。陈寿是在推行儒学的蜀国长大的，后来在学习上受硕儒谯周的影响非常之深，两者共同造就了陈寿的儒家思想。

5.1 师承渊源

陈寿年少时跟从谯周学习，他的儒家思想很大程度上都是受谯周影响的。谯周是当时蜀地著名的儒学大师，人称硕儒。谯周通识儒家经典，写下许多不朽著作。例如《论语注》十卷等，可惜都已失传。只有《三国志》中保留了谯周的《仇国论》《谏后主南行》等为数不多的资料。陈寿在《三国志》中评价谯周精通六经[6]609，由此可知陈寿是非常敬佩谯周的儒学修养。

首先，谯周对陈寿的影响体现在以民为本和重视德行方面。根据《三国志》卷四十二的记录，谯周曾向刘禅进言说，能人贤才选择君主的条件不一定就是国土势力的强弱，而是“德之薄厚”。谯周还说民众依附国家，也要考虑君主“德先之也”[6]610。他还引经据典，说西汉末年群雄并起，刘秀关心民间疾苦，节俭饮食，以法度约束自身行为，赢得民望而王天下。谯周这是在用心良苦地告诫刘禅应该加强自身德行，约束言行举止以获得百姓的拥护。老年的谯周不参与政事，但见人时行的还是儒家礼仪，被请教问题时据经以对。谯周无论是居朝堂之上，还是处江湖之远，都将儒家规范奉为圭臬，身体力行。在这样的硕儒老师影响下，陈寿潜移默化中具有了儒家思想。

其次,谯周对陈寿的影响体现在反对穷兵黩武和大一统方面。根据《三国志》等史书记载,谯周见姜维多次发动战争,而大大消耗了蜀汉的国力,感到不满,著《仇国论》力陈北伐之失。当蜀国处在降还是不降的动摇之中时,谯周是极力主张投降魏的。这也是谯周历来被人诟病的原因。从谯周劝诫刘禅投降的言论中,可知他认为大一统符合历史发展潮流,身为国君要顺应民心,避免生灵涂炭。

最后,谯周对陈寿的影响体现在史学方面。《华阳国志》记载,陈寿年少时随着谯周学习儒家经典,"锐精《史》、《汉》"[2]184。这说明陈寿是跟谯周研读精通《史记》《汉书》等史书的,那么陈寿的史学思想自然会受到师父的影响。陈寿编撰的《三国志》和《诸葛亮故事》,在体例方面和谯周所著的《益州志》《巴蜀异物志》有颇多相似的地方。只不过陈寿注重人物评价,这和他做过中正官有很大关系。前文已经说过,蜀国没有设置史官,这是陈寿认为诸葛亮唯一的疏忽之处。那么陈寿要想获取蜀国的真实历史事件,必然要求助于谯周,而且谯周写过《蜀本纪》。那么陈寿在写人记事时,自然会受到谯周儒学观念的影响。

陈寿的儒家思想受谯周影响是毋庸置疑的。陈寿是谯周的得意门生,二者往来频繁。谯周就曾出于老师对徒弟的爱护,提醒陈寿"卿必以才学成名,当被损折,并非不幸也。宜深慎之"[3]。陈寿在《三国志》中记载自己在离职之前,专门去找他的师父告别。谯周告诉陈寿,当初孔丘是七十二岁去世的,刘向和杨雄是七十一岁驾鹤西去的,如今他已经过了七十岁了,而他向来仰慕孔子遗留的风范,估计要不了两年就会与世长辞了,于是和陈寿也就不再相见。同为蜀人的东晋史学家常璩评"谯侯修文于前,陈君焕炳于后"[2]13。由此可知二者关系非常密切,已超越一般意义上的师徒关系,而是深信儒学的志同道合的知己。

5.2 社会环境

陈寿所成长的蜀地有着深厚的儒家文化土壤。据《汉书·循吏·文翁传》记载,西汉时文翁担任蜀郡太守的时候,提倡为官对百姓要施行仁政并爱护他们,还宣扬对民众的伦理教化[12]。至东汉时,蜀地的儒学之风仍旧很胜。诸葛亮在治理蜀地时,大力宣扬儒家行为规范。三国时蜀地有很多儒学大师,例如秦宓等人。民间流传着各种关于重德讲义的传说故事,一时蜀国从上至下都在学习并践行着儒家规范。在这样一个大环境下,陈寿耳濡目染形成了深入骨髓的儒家思想。陈寿本为蜀人,在儒家思想深厚的蜀国长大,后拜硕儒谯周为师。蜀灭后,陈寿到亦奉儒学为正统的晋朝为官,编纂史书。可见陈寿无论是在小家里,还是在大国中,都受到儒家思想潜移默化的影响。

6 结语

综合以上对《三国志》论赞的研究，可知陈寿的儒家观念已经根深蒂固，主要体现在伦理道德、政治和军事方面。在伦理道德上，陈寿强调做人对于自己的国家要忠心不贰；无论何时都要讲究道义，不可被利益蒙蔽双眼；在皇位官位继承上，极力推崇嫡长子继承制。在政治上，陈寿认为一代君王要想治理好国家，就要实施仁政，以民为本，不能滥施暴行；选拔官员的条件是德才兼备，二者缺一不可；大一统是历史潮流，不可逆挡。在军事上，陈寿反对穷兵黩武，要爱惜民力，不违农时；君臣和军民上下之间要讲求诚信；强调行军打仗中智谋策略的重要性。从汉至三国时期，蜀地历来盛行儒家文化，儒学大师层出不穷，其中的硕儒谯周为陈寿之师。大环境及师父的影响，共同造就了陈寿深厚的儒家思想。

《三国志》自问世以后，便广受好评。其中的一个重要原因便是《三国志》中的儒家伦理道德思想有利于教化民众，政治军事思想有利于统治国家。无论是时人，还是后人，无论是官方正统，还是民间世俗，对《三国志》的评价都非常之高。甚至当时本打算写三国时期历史的史家，在看了陈寿的《三国志》之后，自知不如，便放弃了这个计划。最终三国时期的史书只有陈寿的《三国志》完整地流传下来，其他人所写的三国史书皆亡佚。陈寿生活的魏晋时期，是朝代更迭、战火频仍的混乱时代，是文化自觉、玄学盛行的时代。但是由上述例证可知，儒家思想依旧拥有很多的推崇者和践行者，陈寿便是其中之一。

参考文献：

[1] 刘勰．文心雕龙[M]．上海：新文化书社，1933：112.
[2] 刘晓东．二十五别史·华阳国志[M]．济南：齐鲁书社，2000.
[3] 房玄龄．晋书[M]．北京：中华书局，1974：519.
[4] 苏杰．《三国志》称引《论语》现象研究[J]．孔子研究，2004(2)：67-75.
[5] 孔子．论语[M]．程昌明，译注．沈阳：辽宁民族出版社，1996：73.
[6] 陈寿．三国志[M]．裴松之，注．北京：中华书局，2006.
[7] 李梦生．左传译注[M]．上海：上海古籍出版社，1998：476.
[8] 刘尚慈．春秋公羊传译注(上)[M]．北京：中华书局，2010：1.
[9] 李民，王健．尚书译注[M]．上海：上海古籍出版社，2004：138.
[10] 崔高维．礼记[M]．沈阳：辽宁教育出版社，1997：239.
[11] 荀况．荀子[M]．廖名春，邹新明，校点．沈阳：辽宁教育出版社，1997：45.
[12] 班固．汉书[M]．赵一生，点校．杭州：浙江古籍出版社，2002：1087.

指导教师评语：

论赞是附于正史传记文末议论事件、评价人物的文字，最能反映史家的评判、态度和思想倾向。陈雨晴同学从《三国志》论赞入手，探究陈寿的儒家思想，选题角度新颖巧妙，规模适中，具有较高的研究价值。论文研探了《三国志》论赞中的儒家伦理思想、政治思想和军事观念，从师承渊源和社会环境等方面探究了陈寿儒家思想渊源。论述充分，材料详实，思路清晰，符合学术规范，显示出开阔的学术视野和较强的逻辑思维能力。

文学院王铁讲师

《红楼梦》叹词探析

李蒙寒
（文学院）

摘　要：《红楼梦》中的叹词颇具特点。本文以人民文学出版社2008年第3版的《红楼梦》为模板，从叹词的角度出发，利用宏观统计与微观考查相结合的方法，对其总字数、前80回和后40回叹词的频数和分类进行分析，并深入捕捉叹词在丰富人物表情、增强人物声韵表现力、展现人物心理情感等方面的审美功能。同时，文章通过分析《红楼梦》前80回和后40回中的叹词在频数和运用上的巨大差异，一定程度上佐证了《红楼梦》全书并非曹雪芹一人所作。

关键词：《红楼梦》叹词；统计；审美功能；作者驳议

1　引言

叹词，表示强烈的感情以及用于招呼、应答的词，如“啊、哎、哟、哼、嗯、喂”[1]。清末外交家、学者马建忠最早将叹词解释为抒发心中不平之声的字。由此看来，叹词具有表达情感和体现语义关系等特点。《红楼梦》（人民文学出版社2008年第3版）中共出现叹词“嗳哟”“啊”等132次，叹词的丰富运用使《红楼梦》中人物的表情、声韵和情感得到了充分的流露，达到了很好的语用效果和修辞效果。从古至今，学者们对《红楼梦》中的叹词做过大量的研究，成果丰硕。如刘晓林的《〈红楼梦〉语气词“吗/么”用法分析》[2]、殷帅的《〈红楼梦〉中的叹词、语气词及其呼应关系研究》[3]，对《红楼梦》中的叹词和语气词进行了系统研究。笔者在前人研究的成果上，进一步统计《红楼梦》的叹词信息，分析其审美功能，并通过比较前80回和后40回叹词运用上的差异，一定程度上佐证了《红楼梦》的作者问题。

2　《红楼梦》叹词信息统计

叹词能够体现出文字背后的声音，它既可以描摹出客观事物的声音，使人身临其境，又可以带领读者透过文字去感受说话人的情感变化，体味其心中的五味杂陈。由此可见，在文章写作过程中使用叹词能够呈现出语言的表现力和声韵感，能让语言变得更通俗易懂、形象生动且富于感染力。

2.1 《红楼梦》总字数

为了分析《红楼梦》中叹词的艺术效果，探寻前80回和后40回中叹词运用上的差异，笔者把全书的正文分成三组：第1回至第40回定为A组，第41回至第80回定为B组，第81回至第120回定为C组。通过计算机技术对每回文字进行复制粘贴，除去正文里的楹联匾额、诗词曲赋、标点和信札，得出了三组的机械字数，见表1所示。

表1 《红楼梦》总字数统计结果

分组	1～40回（A组）	41～80回（B组）	81～120回（C组）
字数	242038	274467	244593

2.2 《红楼梦》叹词频数

用相同的标准系统地统计出各组文字中叹词使用的频数（由于每组抽取的字数多，且各组之间的差别很小，叹词的频数实际上与频率具有相同说服力，所以下列各表只列出了频数，不再列出频率）。同时对《红楼梦》中使用频率较高的叹词进行频数统计，并对使用叹词的人物进行统计和整理，结果见图1、图2所示。

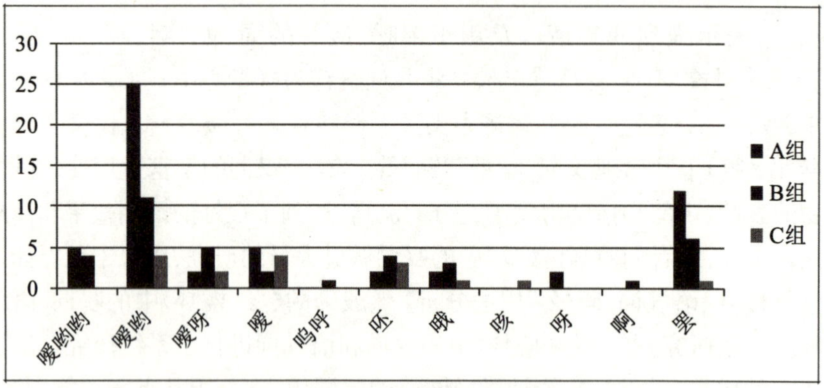

图1 《红楼梦》常用叹词统计

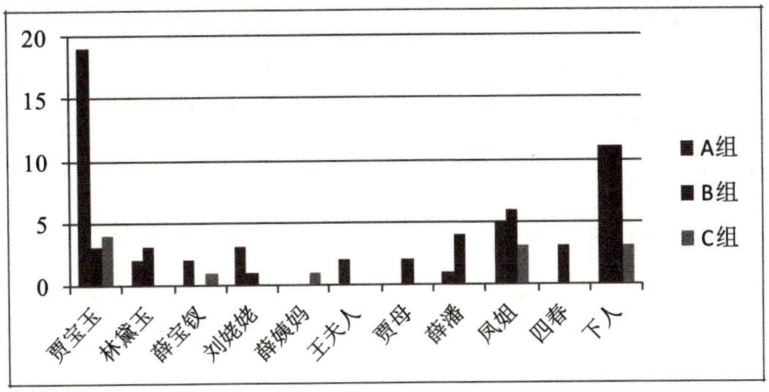

图2 《红楼梦》叹词使用的人物统计

2.3 《红楼梦》叹词分类

2.3.1 表示惊叹、赞叹

(1)探春笑道:“嗳呀,今儿这香怎么这样快,已剩了三分了。我才有了半首。”[4]971

(2)宝钗道:“嗳哟,好鲜亮活计!”[4]478

2.3.2 表示不满、不快

(1)晴雯道:“嗳哟,这屋里单你一个人记挂着他,我们都是白闲着混饭吃的!”[4]932

(2)“上回也是宝姑娘也说过一回,他也不管人脸上过的去过不去,他就咳了一声,拿起脚来走了。”[4]432

2.3.3 表示鄙视、斥责

(1)林黛玉看见,便道:“啐!我道是谁,原来是这个狠心短命的……”[4]374

(2)灯姑娘乜斜着醉眼,笑道:“呸!成日家听见你风月场中惯作工夫的,怎么今日就反讪起来。”[4]1086

2.3.4 表示醒悟

(1)“哦,是了。是‘虽善无征’。”[4]683

(2)“哦,是了,想必是小孩子们使的木碗儿,不过诓我多喝两碗。”[4]546

2.3.5 表示质问、警觉

(1)凤姐喝声“站住”,问道:“你二爷外头娶了什么新奶奶旧奶奶的事,你大概不知道啊。”[4]936(注:“啊”字读阳平)

(2)“嗳呀!咱们只顾说话,看有人来悄悄在外头听见。”[4]364

通过观察上述图表和叹词的分类划分,我们不难发现,《红楼梦》中出现了大量的叹词。其中A组明显比B组和C组使用的叹词多。“嗳哟”这个叹词尤甚,且在宝玉身上使用次数最多。不仅如此,《红楼梦》中身份各异的人,包括夫人、小姐、公子、下人等都借助过叹词来表达。除此之外,表示惊叹、不快、醒悟、质问和警觉等叹词的运用,对于《红楼梦》语言艺术的表达有何作用?让我们一起来一探究竟。

3 《红楼梦》叹词审美功能

盛唐诗人写诗注重意趣,追求言有尽而意无穷,如水中月、雾中花,常常达到一字之下,他人难以更改的境界。笔者认为《红楼梦》中的叹词亦有异曲同工之妙,具有颇深的韵味美。

3.1 《红楼梦》叹词的表情流

《红楼梦》中的叹词在展现人物表情方面的成功之处就在于抓住了某一事物之发音填补了文字背后的画面感,通过对这些叹词的分析,我们可以透视出作者笔下人物的表情特点,更深入全面地了解和把握人物的形象特点。吕叔湘先生在《语文常谈》中说:"语言的表达意义,一部分是显示,一部分是暗示,有点儿象打仗,占据一点,控制一片。"[5]由此可知,我们一方面可以通过叹词的表面意思来理解人物语言表达的特点,另一方面可以通过叹词的暗示意义来捕捉人物面部表情背后所蕴藏的丰富情感。

例如,赵嬷嬷道:"嗳哟哟,那可是千载希逢的!那时候我才记事儿,咱们贾府正在姑苏扬州一带监造海舫,修理海塘,只预备接驾一次,把银子都花的淌海水似的!说起来……";(赵嬷嬷)道:"……还有如今现在江南的甄家,嗳哟哟,好势派!独他家接驾四次,若不是我们亲眼看见,告诉谁谁也不信的。"[4]210本回是贾琏的奶妈赵嬷嬷与贾琏夫妇讨论贾元春回府的事情。谈论间,赵嬷嬷两次感叹道"嗳哟哟"。"嗳哟哟"这个叹词具有表示惊讶、赞叹的意思。这个叹词被见多识广的赵嬷嬷连续两次放在话语开头使用,不由使人们想知道究竟是何事物能引得赵嬷嬷频频赞叹,引起了读者的阅读兴趣。细细品酌,不难发现,这个叹词的运用体现了赵嬷嬷作为贾府中元老级人物的见多识广,以及在小辈们面前得意洋洋的姿态,就是在凤姐这样的能人面前也要展现出自己的姿态,真有一副"姜还是老的辣"的气派。隔着书页,赵嬷嬷双手平摊,嘴斜眼歪,极尽谄媚与趾高气扬的面貌体态便在读者面前一览无余。通过对"嗳哟哟"这一叹词的揣摩品味,可以感知到语言背后丰富的画面感,让我们在视觉上填补了声音的空白,使人物形象通过画面这种空间艺术而变得更有立体感。另外,两次用到"嗳哟哟"足可以看出赵嬷嬷惊叹的程度,也从一个方面向读者展示了皇家接待场面的隆重与气派,为下文贾元春回府时钟鸣鼎食、庄严肃穆的豪华场面做了铺垫。

又如，鸳鸯道："啐，这也是作奶奶说出来的话！我不拿腥手抹你一脸算不得。"[4]506这里的叹词"啐"，蕴义丰富。"啐"是在凤姐打笑鸳鸯说琏二爷看上了她，要讨她作小老婆，鸳鸯听后回击凤姐所发出的感叹，想必鸳鸯此时一定涨红了脸，在追着凤姐跑，脸上交织着略显尴尬又有些害羞与不满的表情。这也体现了凤姐和鸳鸯二人虽为主仆，但关系甚好，从侧面突出了鸳鸯地位的特殊，为下文凤姐劝说鸳鸯当贾赦的小老婆埋下了伏笔。

再如，话犹未了，林黛玉已摇摇地走了进来，一见了宝玉，便笑道："嗳哟，我来的不巧了！"[4]122本回中，一向有些小性子，刀子嘴的林黛玉，在探望宝钗时，恰好撞上了看望宝钗的宝玉，便情不自禁发出了"嗳哟，我来的不巧了"的感叹。宝玉宝钗不解地问为什么，黛玉的回答虽看似合情合理，一心在为宝钗打算，怕宝钗过于冷落或者过于热闹，实则内心早已翻江倒海，脸上早已鼻子不是鼻子，嘴不是嘴了，真是让读者隔着厚厚的书纸都能闻到醋坛子打翻的酸味。虽说曹雪芹并未描写此时林黛玉的表情是何，但稍加想象，黛玉的两弯似蹙非蹙罥烟眉想必更加紧锁，一双似泣非泣含露目，想必也泪光点点，更加觉得自己是个局外人，来得不是时候。一个"嗳哟"将女子吃醋的小心思在林黛玉这样小家子性子的人身上发挥得更加淋漓尽致，达到了未见其人，如闻其声，如窥其貌，如探其心的艺术效果。除此之外，一个"嗳哟"在看似平静的人物对话中也充满了讽刺的意味。其实，此刻黛玉心中恐怕早已脑补了钗玉二人在她到来之前做的一些亲密举动，碍于环境造就的尴尬身份，黛玉只是将心中的不快含蓄地表达了出来，这也符合她平时的说话风格，也给会意了的宝玉心头敲响了一个警钟，今后切勿对宝钗做出亲密举动。小小一个叹词的运用仿佛为读者上演了一次宫廷内部女性争宠的心理戏，让人读得实在是痛快。

3.2 《红楼梦》叹词的声韵流

1987年版《红楼梦》电视剧中，陈力老师那饱含深情的《枉凝眉》使听众眼含热泪，深受感动，心灵上得到了一次澄澈的洗礼。不仅如此，《红楼梦》中的叹词也同样令人流连忘返，沉醉不已。

例如，(晴雯)一见他两个，便冷笑道："哦，交杯盏还没吃，倒上头了！"[4]272叹词"哦"不同的读音有不同的意思，"哦"读阳平表示疑问、惊奇，"哦"读去声表示领会、醒悟，还表示提醒。初读这句话时，我们会感到一股吃醋的酸劲，但细细品酌，不全然。晴雯对宝玉更多地是一种知遇之恩。晴雯性格本来就很高傲不羁，不把人放在眼里，但是，对于宝玉，她是欣赏的。况且宝玉又十分看重她，当看到宝玉和别人有"亲热"的举动时，她自然会感到不自在。虽对宝玉从未有过占有之欲，但被分宠的滋味是每个女人骨子里抵触的天性。除此之外，经过全书的分析，晴雯应该是黛玉的影子，孤傲、高冷的性格使她看不惯宝玉经常和女孩子嬉戏打闹的举动，她的出现，会在必要时候给予宝玉提醒。因此，在这里，晴雯的“哦”应读去声，表示提醒，而不应读阳平。

再例如，同一个叹词“嗳”，有三个读音，声调不同，语言传递出的纷杂情感体验也不同。

例句1 （刘姥姥说道）“嗳，我也是知道艰难的。但俗话说的：‘瘦死的骆驼比马大’……”[4]110

例句2 凤姐道：“嗳！往苏杭走了一趟回来，也该见些世面了，还是这么眼馋肚饱的。”[4]272

例句3 周瑞家的笑道：“嗳！今儿偏偏的来了个刘姥姥，我自己多事，为他跑了半日……”[4]107

通过对前后文联系比较和对音调的反复朗读，揣摩品味后我们不难发现，例句1的“嗳”应读阴平，表示理解。刘姥姥在这里的“嗳”，看似在设身处地为对方着想，表示理解贾家也有为难之处，实则是为了自己进大观园投靠贾家找借口，变相地让对方难以拒绝她的请求。由此可以看出，刘姥姥确非一普通老妪，她的聪明精巧和处事圆滑为其再次进大观园做了铺垫。例句2的“嗳”应读上声，表示不同意见或阻止别人说下去。在这里，凤姐的“嗳”，透露出一股吃醋的酸味，她在调侃贾琏要拿平儿去换香菱，以此来故意试探贾琏，不同意其心里对香菱的过分称赞。例句3的“嗳”应读去声，表示懊悔。在这里周瑞家的打趣地懊悔自己为在刘姥姥面前逞能，为她的事跑了半日而使自己的事情耽搁没完成。由此看出，“嗳”的三个读音在例句中的位置必须准确对应，读者在朗读时也应仔细揣摩，准确把握。如不若此，白白辜负了曹雪芹在《红楼梦》中精心布置的音乐之语，也就无法体会其含蓄隽永、余音绕梁的天籁之音。

3.3 《红楼梦》叹词的情感流

叹词是表示强烈感情的声音，这在《红楼梦》中表现得尤为明显。

例如，话未说完，李氏道：“嗳哟哟！这些话我就不懂了。什么‘奶奶’‘爷爷’的一大堆。”[4]367这里的叹词“嗳哟哟”是李氏在听了红玉向凤姐报告家事时满口的流利话所发出的感慨，表现了其对红玉话语的不理解，这从侧面反映出了红玉的口齿伶俐和条理清晰，显示了红玉的聪明与小伎俩，她故意迎合凤姐做事干脆利落的性格特点，目的是为了长久地留在凤姐屋里做丫鬟。虽说，一个“嗳哟哟”看似表达了李氏的不理解，听不懂红玉口里绕口令似的“爷爷”“奶奶”说的是什么，实则不然，其背后也带有讽刺的意味，表达了其对红玉故意迎合凤姐的一副得意洋洋的邀功谄媚姿态的讽刺与瞧不起。

再例如,“两个人怔了半天,林黛玉只咳了一声,两眼不觉滚下泪来……”[4]434此句摘自宝玉向黛玉诉说肺腑之言,看着生气的黛玉,宝玉心疼,害怕她气坏了身子,宽慰她,让她放心,并且道出了自己的真心话,黛玉是聪明之人,自然听出了其中的真意,郎有情,女有意,可惜天公不作美。在封建社会里,男女赤裸裸地表达爱意是十分罕见的,况且黛玉和宝玉基于各种束缚又是极罕见地表达自己的感情的,因此,在宝玉说了“你放心”等肺腑之言时,他自己都觉得不可思议,不禁怔住了,而黛玉作为一个待字闺中的女子,在听了这话后,自然也被怔住了,两人只好怔怔地相望半天。黛玉一个“咳”的感叹中包含了丰富的韵味,既有对宝玉光天化日之下说这话的唐突之举有些不满的埋怨之情,也有后悔自己说话造次惹得宝玉心急的愧疚之情,还有被宝玉句句恳切的肺腑之言所打动的动容之情。诸多情感一起涌上心头,这更加触动了素日本就多愁善感的黛玉,怎难怪黛玉不会鼻头发酸,两行热泪滚滚而下。读到这里,我们不禁对曹雪芹精准的用词功底称奇不已,一个小小的叹词,小词大用,其中包含着如此丰富的情感,且有着如此强大的感染力,吸引读者随着女主人公的内心世界一起翻江倒海,跌宕起伏。她哭,我们随着她哭;她笑,我们陪着她笑。

4 《红楼梦》作者同一性驳议

通过对叹词的分析不仅可以领会到《红楼梦》语言艺术的魅力,一定程度上还可以探窥、力证《红楼梦》作者同一性的问题。自1981年,美国华裔学者陈炳藻首次借助计算机进行《红楼梦》的研究后,复旦大学李贤平教授、华东师范大学陈大康教授、东南大学伟博成教授等利用计算机技术从不同角度对《红楼梦》的作者进行了佐证,但尚未达成一致结论,同时也给后人留下了研究的空间。

4.1 《红楼梦》叹词频数分析

本文借鉴词频统计的方式,对《红楼梦》中的叹词进行统计、阐发。通过统计发现:《红楼梦》中呈现了大量的叹词,全书共出现叹词132次,其中前40回出现的叹词频数是68,占全书叹词总数的比例是51.5%;第41回至第80回出现的叹词频数是42,占全书叹词总数的比例是31.8%;第81回至第120回出现的叹词频数是22,占全书叹词总数的比例是16.7%。前80回叹词总数占全书叹词总数的比例是83.3%,后40回占16.7%。通过比较可以发现,《红楼梦》前80回和后40回在叹词使用频数上还是有较大差异的,尤其像“嗳哟”这一叹词,在A、B、C三组出现的频数比是25∶11∶4。

4.2 《红楼梦》叹词运用分析

除此之外,“嗳哟”在全书共出现了40次,其中描写宝玉时共出现了14次,在

A、B、C三组的频数分别为11、1、0。例如:“宝玉略动一动,便咬着牙叫‘嗳哟’,袭人连忙停住手,如此三四次才褪了下来。”[4]448这里的“嗳哟”是宝玉在挨了贾政的打之后因疼痛难以忍受所发出的声音,在触碰挨了几板子后留下的僵痕时发出痛苦的哼唧声,也是人之常情,体现了宝玉率真的性格特点。由此我们可以看出,曹雪芹笔下的人物是有血有肉的,是十分鲜活的,他们也会痛,也会难过。再例如:“宝玉听了,如醍醐灌顶,嗳哟了一声,方笑道:‘怪道我们家庙说是“铁槛寺”呢,原来有这一说。’”[4]877这里的“嗳哟”是醒悟的意思,是宝玉在听了岫烟关于“铁槛寺”的解释之后,顿然领悟身心愉悦而发出的声音。通过人物的表情生动地透视出了叹词的画面美,使读者仿佛亲眼见到了宝玉拍着脑门、深表赞同的顿悟之态。由此可见,叹词“嗳哟”在展现宝玉心理、动作、性格等方面起着不可替代的作用。相比之下,《红楼梦》后40回在描写宝玉时没有用到一个“嗳哟”,这在生动展现宝玉这一形象上稍显逊色,虽说后40回中,宝玉经历了家族衰落、挚爱离世的变故后,性情可能有些改变,但通观前80回,我们不难发现,曹雪芹笔下的人物形象都是十分生动的,人物的一言一行、衣食穿着都深深地打下了各自的印记,很难抹去。这是他写作的一个鲜明特点,与曹雪芹的生活体验和创造想象有着紧密的联系。因此,宝玉也不会一下从一个鲜活的生命转变为一块木头,戳一针也不知“嗳哟”一声。

基于上述分析,笔者认为《红楼梦》的作者并非曹雪芹一人,后续者也许因为没有认真抓住《红楼梦》前80回的人物语言特点,如叹词运用等方面的特点,所以后40回的续书稍显逊色。从这一角度来看一定程度上也佐证了《红楼梦》全书的作者并非同一人。

5 结语

《红楼梦》是一部充满语言魅力的巅峰之作,里面的叹词世界更是五彩缤纷,采用计算机词频统计的方法可以对《红楼梦》中叹词的总数、人物运用、分类进行细致的统计,可以将《红楼梦》中叹词丰富人物表情、增强表现力、传达情感世界等审美功能进行一定的呈现。除此之外,通过分析叹词在《红楼梦》前80回和后40回使用上的差异,可以发现《红楼梦》全书的作者并非曹雪芹一人。当然,仅从这一点来判断作者的同一性未免有些武断,但不可否认的是,《红楼梦》中的叹词世界像是一个黑洞,它在不停地吸引着人们继续向前探索。笔者希望有一天在此基础上能对《红楼梦》的叹词有更深入的研究成果。

参考文献：

[1]中国社会科学院语言研究所词典编辑室.现代汉语词典[M].6版.北京:商务印书馆,2012:1263.
[2]刘小林.《红楼梦》语气词“吗/么”用法分析[J].现代语文(语言研究版),2006(6):57-58.
[3]殷帅.《红楼梦》中的叹词、语气词及其呼应关系研究[D].武汉:华中师范大学,2012:1-39.
[4]曹雪芹.红楼梦[M].3版.北京:人民文学出版社,2008.
[5]吕叔湘.语文常谈[M].北京:生活·读书·新知三联书店,1980:64.

指导教师评语：

该论文以《红楼梦》中的叹词为研究主体,对前80回和后40回中叹词出现的频数作了初步统计,对叹词运用上的差异作了详尽的对比分析,对叹词之于丰富人物表情、增强声韵表现力、展现人物心理情感等方面的审美功能等作了较为深入的阐述。全文观点明确,结构完整,思路清晰,表达较为流畅,较好地完成了论文写作任务。

文学院俞晓红教授

徽文化符号在纪录片《记住乡愁》中的多元呈现与独特表达

何修豪
（新闻与传播学院）

摘　要：央视大型纪录片《记住乡愁》自2014年播出以来，连续四年系统展现了中国传统古村落、古乡镇的风貌风情。其中，涉及安徽的传统古村落分布在徽州地区(共六集)。本文旨在探讨六集纪录片呈现徽文化符号时的多元性和独特性，主体从三大部分展开论述。第一部分从传播主体和传播本体两个角度分析《记住乡愁》中徽文化符号选定的影响因素；第二部分从建筑符号、人物符号和仪式符号三个方面细致呈现《记住乡愁》中徽文化符号的多元性；第三部分通过与其他徽文化题材艺术片的对比，细致呈现《记住乡愁》中徽文化符号的独特性。结语剖析《记住乡愁》对重构徽州形象所取得的文化效果。

关键词：记住乡愁；徽文化符号；多元呈现；独特表达

《记住乡愁》是在中共中央宣传部、住建部等多部委指导下，以央视(中文国际频道首播)为传播平台，以乡土中国为表现对象的系列文化纪录片。其传播内容一方面聚焦于“温故”，继承中华优秀传统文化(中国乡土社会价值体系)；另一方面聚焦于“知新”，旨在赋予中华优秀传统文化新的时代内涵。该纪录片在一定程度上起到了引导、修正和规范国民价值观念的作用，为解决认同感缺失和现代化焦虑等诸多问题提供了新的途径。

本文所研究的六集纪录片的表现主体分别为屏山村、渚口村、许村镇、仁里村、江湾镇和万安镇，六个村落(乡镇)分别分布于黟县、祁门、歙县、绩溪、婺源和休宁六个县城，即传统地理意义上的徽州府“一府六县”。从传播内容而言，徽文化符号成为这六集纪录片的表现重点，涵盖了建筑、人物、礼仪等多种形式，呈现出徽文化符号的多元性和独特性。从传播效果而言，一方面，在乡村经济建设背景下重新拾起徽州地域认同感；另一方面，在乡村文化建设背景下重新建构徽州传统价值观。

1 《记住乡愁》中徽文化符号选定的影响因素

要系统考察徽文化符号在纪录片《记住乡愁》中的多元呈现和独特表达，首先必须从传播主体和传播本体两个方面作细致的考量。这其中，最核心也最值得探讨的话题是：《记住乡愁》摄制组选定徽州古村落和徽文化符号经历了哪些程序？其选择标准和参考要素又是什么？

1.1 传播主体：文化纪录片的整体定位

纵观四季《记住乡愁》后不难发现，乡土文化的展现突出了其整体定位。首先，该纪录片的核心价值是中华优秀传统文化，包括“中华文化”“优秀文化”和“传统文化”三个方面。第一，中华文化。也就是说纪录片本身要传播的既不是多元的异域文化，也不是单一的汉族文化，而是融合了56个民族的中华民族文化，即民族意义上的“中国故事”。第二，优秀文化。这里区别于落后文化，中华文明在五千年的传承中难免出现文化糟粕，弘扬优秀文化就是要努力“取其精华，弃其糟粕”。第三，传统文化。区别于现代文化，尤其是区别于工业化影响下的现代都市文化。乡村是传统文化的基本单元，城市的兴起在一定程度上肢解了乡村结构，也在一定程度上肢解了传统文化的内涵。

其次，该纪录片的特点是故事化、审美化和系统化。故事化就是通过讲述中国乡土故事将蕴含其中的文化内涵间接表现出来，这样的说理方式清新自然、直抵内心。审美化就是用富于美感的镜头语言和音响语言创造一种极富审美意义的电视画面语言。不仅如此，其审美化还具备召唤内心寻觅归属感的重要功效。系统化就是将中华优秀传统文化系统地展现出来，这一点从纪录片每一集的命名就可以体现出来，每集节目均以“村落——传统精神”的方式命名。如本文考察的六个徽州古村落的片名即为《屏山——孝道传家》《渚口——教养有道》《仁里——仁爱为本》《许村——义行传家》《江湾——积小善成大德》《万安——精益求精》，如片名所示，其精神内涵涵盖了“孝”“教”“仁”“义”“善”“精”等六大方面。

再次，该纪录片的内容载体是古村落和古乡镇。其中，第一季、第二季以古村落为主，第三季、第四季以古乡镇为主。古村落和古乡镇作为中国传统社会的基层治理单元，无论在文化结构上还是在社会功能上，都始终默默地践行着中华传统文化的道德规范，具备众多显性和隐性的传统文化符号。但是，值得一提的是，古村落和古乡镇二者本身还存在着众多差别，仅仅从社会结构稳定性这一角度而言，古村落凭借着以血缘关系为核心的宗族观念在这一方面比古乡镇略胜一筹，而这正是中国传统古村落的特色之一。

最后,该纪录片的情感共鸣点是乡愁。所谓“记住乡愁”,首先要有“乡愁”可见、可听、可言,也就是说要能把“乡愁”这一抽象化情感符号具象化。然后才能被理解,从而在受众脑海深处被“记住”。当然这里所谓的“记住”,不见得是记住节目中所展现的乡愁,很大程度上是记住受众内心被唤醒的乡愁,如童年时代的故乡风貌、民俗活动甚至是一座老房子、一位老人等等。当然,这里面的情感共鸣点包括两大类别[1]:其一,普遍共鸣点,包括村子里的树木(木本)、河流(水源)等,这些形象为大多数中国人所“记住”。其二,特定共鸣点,包括地方建筑、地方民俗、本土故事等,也就是特定地域的特定风貌被特定人群所“记住”。比如渚口村倪氏家族春节期间的会文传统,许村许氏家族中秋期间的“舞大刀”习俗,江湾萧江家族丰收时节的“豆腐架”习俗,等等。

1.2 传播本体:徽州古村落的整体特点

依据传播主体的核心价值、特点、内容载体和情感共鸣点,我们可以从传播本体——徽州古村落找到相应的契合点。首先,《记住乡愁》中的安徽乡村为什么集中于古徽州地区?其次,在徽州古村落的选定上又为什么青睐于屏山、渚口、仁里、许村、江湾、万安六个古村落(乡镇)?该纪录片的文字统筹郭文斌在接受党建网《党建电视》栏目采访时表示,古村落的选定首先参考了住建部先后公布的四批传统古村落名单,随后历经地方推荐、剧组筛选、实地考察等步骤后最终确定下来[2]。

按此来看,第一,屏山、渚口、仁里、许村、江湾、万安六个古村落(乡镇)都名列住建部先后公布的四批传统古村落名单,符合首要条件;第二,这六个古村落分别分布于黟县、祁门、歙县、绩溪、婺源和休宁六个县城,即传统地理意义上的徽州府“一府六县”;第三,这六个古村落相较于西递、宏村等古村落而言知名度较低,所以摄制组在解读文化意义时没有过多“刻板印象”,因而更具文化张力和精神契合度。

下面,我们不妨把目光投注于“徽州古村落”本身,细致考察其特点。首先,我们需要确定“徽州”的内涵。徐国利在《徽州社会文化史研究》一书中阐明了徽州的地域范围(地理符号),一般是指两宋之际到民国建立前这一时期徽州府所辖六县歙县、黟县、休宁县、祁门县、绩溪县、婺源县,即“一府六县”[3]。当然,徐国利也强调“一府六县”是行政地理意义上的“小徽州”,徽州的地理范围还应延伸到文化地理意义上的“大徽州”。这一点本文不作细致探讨。徽州的文化体系(文化符号)不妨拿安徽人民出版社2005年出版的《徽州文化全书》作参考,包括新安理学、徽州教育、徽州建筑、徽州村落、徽州科技、徽州民俗等20多个方面。与本文相关的则包括徽商、徽州宗族社会、新安理学、徽州教育、徽州建筑、徽州村落、徽州工艺等多方面的内容。

2 《记住乡愁》对徽文化符号的多元呈现

《记住乡愁》以古村落(乡镇)为表现对象,必然会运用乡土符号来突显古村落(乡镇)的精神面貌。就《屏山——孝道传家》《渚口——教养有道》《仁里——仁爱为本》《许村——义行传家》《江湾——积小善成大德》《万安——精益求精》这六集中展现的徽州古村落而言,徽文化符号更是被多元呈现,主要包括建筑符号、人物符号、仪式符号三大类别,下面一一作详细阐述。

2.1 建筑符号:民居与宗祠

在中国古建筑谱系中,徽州建筑可谓独具一格,因其独特的自然环境和社会环境而自成体系。其中,古民居、古祠堂和古牌坊并称"徽州三绝",镶嵌其间的砖雕、木雕和石雕又并称"徽州三雕"。统计六集纪录片的建筑名录后发现,其中细致介绍了9座古民居,分别是:屏山村两座——舒氏有庆堂、舒氏庆余堂(舒绣文故居),渚口村一座——倪氏迪光堂,仁里村三座——程氏公忍堂、程氏诒谷堂、程氏忍先堂,许村两座——许氏观察第(墙里门)、许广镛宅,江湾镇一座——江永故居。细致介绍了7座古祠堂,分别是:屏山舒氏宗祠(光裕堂),渚口倪氏宗祠(贞一堂),仁里程氏宗祠,许村许氏支祠(大邦伯第)、许氏支祠(观察第)、许氏支祠(云溪堂)和江湾萧江宗祠(永思堂)。古牌坊在纪录片中则没有细致展现,仅在屏山村中提及了一座孝字牌坊遗址,由于样本极少且真实性待考,本节对古牌坊不作探讨。

纵观展现这9座古民居和7座古祠堂的镜头语言和文本内容,不难发现其核心指向于"历史"二字,具体表现为古民居是家庭历史的承载体,古祠堂是宗族历史的承载体。值得一提的是,古民居和古祠堂所处的山水风貌也被视为一种文化符号,成为故乡概念的承载体。

2.1.1 民居:家庭历史的承载体

"民居"突出于"民",聚焦于"居",其背后承载的是家庭中的富有生活气息的历史故事,下面笔者就许村许氏观察第、仁里程氏公忍堂、屏山舒氏庆余堂三座民居作探讨。

许村许氏观察第,是许村许氏东支二十世祖许周的支祠,因其子许天相官至观察使而得名。许周早逝,其妻胡氏笃志守节,抚育子女,不曾跨出家门一步,故其居又称"墙里门"。胡氏为人善良,生活中处处与人方便。由于当时村中水井很少,村民用水极为不便,当时胡氏家中的后院有一口水井,村民可以前来取水。胡氏临终前,因为担心后人不让乡邻使用水井便唤人拆掉了后院围墙让出家中水井。她的义举不仅感动了乡邻，还荣耀了后世子孙，他们家的后代都以“墙里门”后裔自称。

仁里程氏公忍堂，为仁里程氏“八大户”长房支派中程松堂的故居。程松堂不仅富甲一方，还因诸多仁义善举，被誉为“徽商典范”。在程松堂故居的墙壁上，悬挂着一幅由学者胡适先生撰写的挽联，颇为引人注目。“泛爱于人，无私于己，说什么破产倾家，浑身是债；蔼然如春，温其如玉，看今日感恩颂德，有口皆碑。（松堂先生不朽）”从这副情真意切的挽联中，人们可以感受到胡适对于程松堂由衷的赞誉与感激之情，正是这位“蔼然温润”的儒商程松堂的慷慨资助，胡适得以留学美国。

屏山舒氏庆余堂，或称舒绣文故居，是近代著名表演艺术家舒绣文（1915—1969）的故居。按片中所述，舒绣文幼年时代在庆余堂度过了六年童年时光，1921年离开家乡后再也没有回来，直到1969年临终之际嘱咐子女将其骨灰送回家乡。2014年7月18日，在舒绣文99岁冥诞之际，儿子舒兆元把母亲的部分骨灰和生前的遗物带回了家。不仅如此，屏山村广泛存在的“八字门”“母子石”等建筑样式都蕴含着“退一步海阔天空”的人生格局[4]。

2.1.2　宗祠：宗族历史的承载体

“宗祠”突出于“宗”，聚焦于“族”，其背后承载的是宗族中的富有礼教色彩的历史故事。下面笔者就屏山舒氏宗祠（光裕堂）、渚口倪氏宗祠（贞一堂）、许村许氏支祠（云溪堂）、江湾萧江宗祠（永思堂）四座宗祠作探讨。依照中国传统宗法理念，每一座宗祠皆有堂号，用以辨世系、别亲疏，而堂号本身也往往传达出家族精神[5]。

以忠代孝——屏山舒氏宗祠（光裕堂）。按照屏山村村民舒育玲的解释，“光裕”即取“光前裕后”之义：“光前就是对于先祖的功德要给它发扬光大，实际上这也体现了做后代的一种孝心。裕后就是我们这一代应该踏踏实实做事，积一番功德，然后留给后人。”那么，这里的“光前”到底有何蕴含呢？故事要从舒家先祖舒荣都说起。舒荣都，字曰俞，号泰廷，明代官员，有关他“以忠代孝”的故事表现在“为人子”与“为人臣”两个方面。其一，为人子。舒荣都上任湖广巡按使前夕，嘱托妻儿留守家中，侍奉年迈双亲，由此成为当时极少不携带家眷上任的官员。其二，为人臣。舒荣都为官期间，以“孝未竭力，忠则尽命”的精神多次请命清除魏忠贤及其党羽后遭迫害致死，崇祯帝即位后为其平反昭雪并敕建舒氏宗祠九檐门楼以示纪念，将其树立为国家典范。以此来看，所谓“光前”总结为四个字就是“以忠代孝”，舒氏宗祠（光裕堂）作为宗族历史的承载体，也就成为“以忠代孝”的一种文化符号。

以德化人——渚口倪氏宗祠(贞一堂)。“贞一”即“守正专一”,这是倪氏家族教子传家的总路线,而这背后则与倪氏先祖倪思辉有关。倪思辉,字韫之,号实符,明代官员。天启元年(1621),天启帝继位,因过分依恋乳母客氏,做出了违背礼法、荒废国事的事情。倪思辉在奏章中列举了由此产生的种种危害,劝诫皇帝以国事为重。因为这件事倪思辉被贬谪到福建,但他敢于直言的风骨并没有改变。后来又因为忤逆当权大太监魏忠贤被削职。在他身上我们看到倪家“先做人再做事”的教育思想之成功,《朱子家训》所讲的“读书志在圣贤,非徒科第;为官心存君国,岂计身家”,在他身上得到生动体现。贞一堂里悬挂的“大纳言”匾额表达的正是对这位有德先人的崇敬和赞赏。倪思辉不仅自己为官清正,还希望倪氏家族“常生好人,常行好事”并写进倪氏族谱。至今“做好人,行好事”依然是渚口人信守的教子之道。以此来看,“贞一”的背后就是“以德化人”,倪氏宗祠(贞一堂)作为宗族历史的承载体,也就成为“以德化人”的一种文化符号。

以义取利——许村许氏支祠(云溪堂)。所谓“支祠”,就是宗族中的一个支派,“云溪堂”就是许村许氏大家族中的支派,该祠又称“大宅世家”,在此背后也有众多关于许氏宗族“义行天下”的故事。宋理宗年间,金兵入侵。这时,许村富商许克复站出来愿为朝廷分忧,资助军饷,后宋军胜利。皇帝为表彰其义举,钦赐许克复“大宅世家”的名号。“大宅世家”之所以能如云霭如溪流般长久,其背后的价值取向就是“以义取利”,许氏支祠(云溪堂)作为宗族历史的承载体,也就成为“以义取利”的一种文化符号。

以隐求存——江湾萧江宗祠(永思堂)。“萧江”一族在徽州各大宗族中较为特殊。徽州江氏分为“济阳江”与“兰陵江(萧江)”,民间则有“真江”与“假江”之分。明代学者戴廷明、程尚宽所编纂的《新安名族志》一书中对此作了区分,“又有萧江氏,本萧姓,唐宰相遘之仲子曰祯……谋复唐业不克,遂指江为誓,易姓江焉,郡号兰陵”[6]。这一记录基本确定了萧江一族因战乱不利而隐居徽州的原因。不仅如此,依照纪录片的介绍,萧江六世祖江文彩为求家族的长久发展,还特意登门拜访当地名道布局村落格局。而“永思”二字则寓意永思先祖善行,常怀先祖恩德。由此看来,“永思”的对象就是对家族颠沛流离后安居乐业的一种深情回望,是对先人“以隐求存”的生命智慧的感恩。倪氏宗祠(贞一堂)作为宗族历史的承载体,也就成为“以隐求存”的一种文化符号。

宗族附属性建筑。宗族附属性建筑即指包含于宗族体系而分离于宗祠建制的建筑,例如宗族的书院、桥梁、牌坊等,这些建筑在一定程度上担当起宗族历史承载体的角色。这里选取纪录片中着重表现的许村仪耘小学和江湾乡贤园为例。其一,许村仪耘小学。该学堂由两淮盐运使许家泽创办。许家泽个人经营盐务家庭富裕，思想开放，他的五个儿子许恪士、许粹士、许笃士、许奎士、许哲士先后出国留学，分别获得哲学、建筑学、法学、医学、经济学博士学位，写就了“一门五博士”的传奇故事。仪耘小学办校经费则以许氏茶商捐款为主，对全体许氏后生子弟一律免费开放。许村早年最先走出的许大森、许根俊等数十位大学生都是从仪耘小学毕业的。他们中的近半数都选择以教育为职业，继续传承校训“学做好人”的理念。其二，江湾乡贤园。江湾后人继续奉行先人“积德行善”的精神，依照画像为历代乡贤名士塑像并供奉园中，供后人瞻仰学习。将抽象化的家族精神转化为形象化的先贤群像，使乡贤园不仅成为一派清新的自然景观，还成为一道别样的人文景致。由此来看，这些宗族附属性建筑在一定程度上其文化传播的效果较之于宗祠更具深刻性。

2.1.3　山水：故乡概念的承载体

除民居与宗祠外，笔者还注意到一项特别的村落物理空间符号——村落的空间格局，也就是民间常说的“山水”。这里将其放在“建筑符号”看似略显突兀，实则是要把前两者投放于“山水”之中来作一个考量，努力让其突出徽州古村落的整体意境。

对徽州山水的最早评价，源于南北朝梁武帝萧衍“新安大好山水”一语。在六集纪录片中，徽州古村落山水作为附属性文化符号，反映出山水文化的独特魅力。

其一，山水文化的展现。纵观六集纪录片，不难发现每一集都以山水开篇，分别提及了当地的河流，如屏山的吉阳溪、渚口的大北河、仁里的登源河、许村的任公溪、江湾的梨园河和万安的新安江。在此基础上，以河流为本体符号，相应地形成母亲、故乡、守望者等喻体符号，其核心内涵还在于“乡愁”两个字。

其二，山水文化的内涵。在系列喻体符号的运用后，摄制组逐步关注对徽州本土山水文化的解读，即徽州古村落的水口乡关文化。这里以渚口村水口和许村箬岭关最为典型。纪录片中对渚口村水口的解说词如下：“……让‘守正专一’教育的火种代代相传，让它像这条绕村而过的奔流不息的大北河一样，一年四季清澈见底。像大北河畔，渚口村南，这棵祖先迁居到此时种下的樟树一样，根深叶茂，荫被后人。”这里穿插的树木与河流正是水口最为典型的特点之一，而水口在这里也成为游子与村落（小故乡概念）的分界线。提及箬岭关，则不得不先提及许村境内的徽青古道。徽青古道为徽州十大古道之一，是明清徽商北上安庆、芜湖、南京等地必经之所，箬岭关处于古道最高点，成为徽州府的北大门。纪录片中对许村箬岭关的解说词如下：“……箬岭关是古道的重要关口，这里就是古徽州的北大门。站在关口，回望来路，山谷的尽头就是许村。”可以说，箬岭关在这里成为“乡关”的具体意象，也成为游子与地方（大故乡概念）的分界线。

2.2 人物符号：祖先与乡贤

在宗法体制的规范下，每一个人物都隶属于于各个宗族。若再以某一宗族为单元，纵向标准上又可划分为：祖先与子孙。当然，这里所讲的“子孙”往往要能胜任承担继承家族文化的义务，由此文化意义上的“子孙”的范围则锁定在当下的乡贤群体上。

2.2.1 祖先：时间维度上的文化主体

这里把祖先定位为时间维度上的文化主体是就其影响效果而言的，因其往往是以群体理念的强大效果被记录、被宣传的主体，所以这一群体是集体记忆的重要客体。笔者在这里以万安吴氏祖先（编年史手法）和江湾江氏祖先（断代史手法）为例来作简单阐述。

万安吴氏祖先。《万安——精益求精》一集中主体实则并未过多涉及宗族概念，这本身与乡镇的居民结构特点有关，但在提及万安罗盘工艺时特别提及了当地吴氏家族自吴鲁衡至吴兆光八代传人的历史，因此可以视为徽州工艺世家的一个典型研究对象。

罗盘，又称罗经，是用于风水探测的工具。用罗盘勘测风水在徽州一带尤为盛行，罗盘制作工艺因此得到进一步的发展，“吴鲁衡罗经店”是该行业的杰出代表。片中镜头首先聚焦于罗经（罗盘）店正中的吴鲁衡画像，其次通过第八代传人吴兆光的画外音诠释吴氏家族八代人两百余年的罗盘工艺传承史。而后，解说员层层铺叙，详细介绍了吴鲁衡罗经店的创业史。第一代传人吴鲁衡遍访徽州名山大川，寻找磁铁矿用以提高磁针精准度；第二代传人吴光煜利用天外陨石的强磁性保证罗盘磁性保持上百年之久；再到民国年间，万安罗盘凭借着精湛的做工、经久耐用的品质获得了巴拿马万国博览会金奖，从此闻名海外，罗盘业也因此成为万安的一张名片。

如此层层铺叙，在镜头的叠加中把万安吴氏先祖个体贡献投放到整个罗盘制作演化史中，最后以巴拿马万国博览会金奖作为高潮，凝练出历代先人独具魅力的匠人精神，凸显出万安吴氏一脉相承的精神特点。

江湾江氏祖先。与万安吴氏祖先不同，江湾萧江氏家族作为一个典型的徽州宗族，有其特定的自然环境、社会环境和文化环境，在很大程度上保留着“世家大族”的风范，因此可以透过江氏祖先的群体形象窥见徽州仕宦世家的典型特点。

《江湾——积小善成大德》一集中罗列了明代江一麟、清代江永和近代裘爱意三位先祖的故事。其中，明代江一麟是嘉靖年间的工部郎中，同时是萧江宗祠

（永思堂）的主持修建者，在这里他以官员的形象出现；清代江永是康乾三朝著名的经学大师，是徽派学术的开创者，戴震、程瑶田、金榜等人皆出其师门，在这里他以学者的形象出现；近代裘爱意是江氏家族的媳妇，一生未生育的她却先后收养七位孤儿并将他们抚养长大，因此成为当地人心目中"行善积德"的榜样，在这里她以平民且女性的形象出现。由此来看，这三者在所处年代上跨越百年，因此不具备万安吴氏一脉承接的血缘关系，但他们作为宗族的一员，一脉承接了"行善积德"的宗族精神。

在这里，摄制组运用了"见微知著"的传播手法，以断代史的记录手法形散神聚般突出宗族精神在潜移默化中静静流淌。这一点，和前面所述的万安吴氏祖先的表现手法有较大差异，但二者都达到了深化宗族精神的传播目的。

2.2.2　乡贤：空间维度上的文化主体

这里把乡贤定位为空间维度上的文化主体是就其影响方式而言的，因其往往是以集体互动的多元方式主动记录宣传的主体，所以这一群体是集体记忆的重要主体。笔者这里以屏山乡贤（践行品质传承）和许村乡贤（修撰文本传承）为例来作简单阐述。

屏山乡贤。《屏山——孝道传家》一集中提及了舒志新、舒国和舒育玲三人，其中以舒志新、舒育玲二人最为典型，二人都以践行孝道来传承家族文化。舒志新36岁时遵循"父母在，不远游"的古例，放弃了城里的工作回到家乡，侍奉双亲以享天伦之乐。这种身体力行显示出，侍奉父母是不以金钱的多寡来衡量的，评判的标准是儿女对父母的敬意和发自内心的孝顺。舒育玲是当地中学的校长，时刻践行着"孝道传家"的家族精神。在照顾母亲上舒育玲十分用心，"孝道"已经渗透到了生活的每一处细节当中。在舒家的饭桌上，有着严格的要求，家中的老人没有动筷之前子女不能先吃。如果老人没有吃完，子女不能先放下碗筷离开餐桌。这样的身体力行足以起到率先垂范的作用，把传承良久的家族精神无声地传扬下去。

许村乡贤。《许村——义行天下》一集中提及了许强明、许骥和许琦三人，其中以许骥、许琦最为典型，二人都以修撰族谱和村志来传承家族文化。许骥是当地歙县中学的教师。他和村里其他几位在家族中有声望的同族乡亲一起收集整理许村家谱族规并编纂《许村志》。他认为，村志就是承载这段乡愁非常重要的一个载体，族谱亦同。六年来，经过无数次编审改校，100万字的《许村志》现在已经出版，参与编纂工作的许琦是村里公认的热心人，曾多次参与制作广播电视节目，向大家讲述许村故事。

2.3 仪式符号:族规与民俗

这里所言的族规着重于“族”,即以“族人”为主体的仪式符号。而民俗则着重于“民”,即以“村民”为主体的仪式符号。两者既有联系又有区别,前者呈现出功能上的非实用性和传承中的保守性等特点,后者则呈现出功能上的实用性和传承中的易变异性等特点。徽州地区凭借独特的自然环境和优越的文化环境,形成了独具风采的族规和民俗。六集纪录片中展现了渚口会文制度、许村登科制度、萧江祭祀大典等不同族规和渚口舞草龙、许村舞大刀、万安舞长龙等别样民俗。

2.3.1 族规:以宗族为单位的仪式符号

尊祖敬宗:萧江祭祖大典。如前所述,江湾萧江家族源起于“以隐求存”且崇尚“积德行善”,形成了“积善之家必有余庆,积不善之家必有余殃”等祖训、家训的文字符号,投射到仪式符号上则形成了“秋祭”的族规。每年秋季丰收时节,江湾萧江后人聚集到萧江宗祠(永思堂)举行盛大的祭祖大典,其目的在于缅怀先祖功德,聆听前人教诲。这种“树高千尺不忘根,水流万里总思源”的族规仪式成为萧江家族“善庆延庥”的别样释义。

崇文重教:渚口会文制度。渚口村的会文,从明朝初年开始举办,已经延续了数百年。每年正月,村里的年轻子弟会聚在祠堂里由有名望的长辈出考题,学子当场作文,由各房房长进行评判。虽然后来一度中断,近年在退休教师倪世治等人的倡导下又逐渐恢复起来。在历史上,渚口村的会文是对年轻子弟的一次检阅,考察他们花费了多少心力攻读儒家典籍,又如何把这些经典化为锦绣文章。尽管时代变迁,会文的形式和内容有所不同,但是“孝亲尊师”“待人以礼”,依然是每个家庭对于孩子最基本的要求。

2.3.2 民俗:以村落为单位的仪式符号

物质生活民俗:仁里乔迁民俗。在仁里村,无论谁家办乔迁喜事,村中乡邻必然会来帮忙。由于人数众多,他们事先聚在一起,商量着给每个人分配任务。虽说都是义务帮忙,但村民们对待这样的活动格外严肃认真,每个人的责任与分工都清清楚楚地写在纸上,还要张榜公布,相互提醒监督。对于东家来说,同样不会马虎疏漏,否则就会被认为是失了礼数。像村中这样的喜庆之事,几乎是全村都要前来道贺,往往有着三四百人的规模。仪式的过程少则三天,多则一个星期,各个环节都要严格按照传统风格,缺一不可。

精神生活民俗:许村大刀民俗。许村自清朝就有舞大刀的习俗,最初这是为了纪念许氏先祖忠义公许远。据《唐书·忠义传》记载,许远智勇双全,精通兵法,并自创“许家刀法”。安史之乱,许远凭着大刀冲锋陷阵,终因粮绝援断,以身殉国。他的忠烈义举为后世传颂。舞大刀曾在许村中断了数十年,许定波和许琦等人根据自己儿时的记忆和村史记载才一点点将这一习俗恢复起来。村里人经常为这一活动捐助资金,政府文化部门也会推荐他们外出表演。舞大刀已成为许村一项独具特色的民俗活动,它的意义已不仅仅在于发扬祖先忠义精神,还体现着一个家族通力的协作,人心的凝聚。

3 《记住乡愁》对徽文化符号的独特表达

要深入了解徽文化符号在《记住乡愁》中的独特表达,就必须纵向深入剖析徽文化符号在其他纪录片以及其他电视艺术形式中的表现手法[7],进而从整体上把握徽文化符号的内容特点和传播策略。笔者在这里选取纪录片《徽州》、电视剧《新安家族》以及黄梅戏舞台剧《徽州女人》作为比较研究对象,分别从动态呈现与静态呈现、写意手法与工笔手法、平和基调与跌荡基调等三大方面着手,下面一一作相关阐述。

3.1 动态呈现与静态呈现:与纪录片《徽州》对比

在主体建构上,笔者选用纪录片《徽州》作对比。纪录片《徽州》是由高峰、周亚平等人于2003年执导的一部散文式纪录片,其形式类似于电视散文,其内容偏重于文化沉思。在地点设置上有别于《记住乡愁》的"小徽州"概念,其立足于"大徽州"概念,即苏、皖、浙三省的徽商活动区域,包括苏州、杭州、扬州、绍兴和徽州本土等地。其文化理念有别于《记住乡愁》的"新徽州"概念,聚焦于"古徽州"概念,即以传统徽文化为基础,按照《前世今生》《八千里路》《书香门第》等篇目分别叙述徽州建筑、徽州教育、徽州宗族等领域的文化内涵。

总体而言,纪录片《记住乡愁》主体建构"徽州"的多元意象,纪录片《徽州》主体建构"徽州"的整体意境。为了更直观地呈现二者的异同,笔者撷取"陶行知"这一共同表现主体,从解说词、画面音乐和镜头运动等三个方面来作说明。

第一,解说词方面。纪录片《徽州》在第八集《云外河山》中的解说词如下:"……家道是一如既往的贫寒,为了支持陶行知求学,染上鸦片瘾的父亲开始强迫戒烟。离开家乡的轮船渐渐远去,船头的陶行知望着依旧立在万安水南桥码头上憔悴的父亲禁不住热泪盈眶。二十三年之后,陶行知在一首诗中怀念起当时的情景依然是历历在目:'古城岩下,水南桥边,三竿白日,一个怀着无穷希望的伤心人,眼里放出悲壮的光芒,向船尾直射在他的儿子面上,望到水、山、天合成一张大嘴,隐隐约约地把个帆影儿都吞没了,才慢慢地转回家去。我要问芳草上的露水,何处能得到当年的泪珠?'"

纪录片《记住乡愁》在《万安——精益求精》中的解说词如下:"……一次少年

陶行知写完文章交给先生，吴尔宽看后表示文章写得不错，但转而问他还能写得更好吗？陶行知点点头，吴尔宽便把文章撕掉命他再写一份。本以为能受到表扬的陶行知惊得说不出话，虽不情愿但也不敢违抗师命，才思敏捷的他不一会儿的工夫就又写好一份交给先生。……陶行知渐渐明白了老师的用意，回去之后并没有着急动笔，回想着上一篇文章的不足之处，对文章的每一个细节字斟句酌。三天后，他把自己的文章交了上去，这回先生终于满意地点了点头。”

对比看后不难发现，两者共同以万安为地点，以陶行知求学为主题。不同的是，纪录片《徽州》的解说词以抒情为主，文本为散文化语言，通过码头、桥头、芳草、露水等多重意象突出少年陶行知外出求学前的艰辛境遇这一整体环境；纪录片《徽州》的解说词以叙述为主，文本为记叙文语言，单一讲述吴尔宽与陶行知这对师生之间的教育故事，突出少年陶行知读书求学时勤奋细致这一单一特点。

第二，画面音乐方面。对应解说词，我们从画面音乐方面对两者作简要分析。经对比发现，前者画面以秋日的一个阴天为整体氛围，对孤舟、老桥、古塔等意象进行了特写，全篇没有出现一个人物形象；色调以深蓝、暗红等冷色调为主；背景音乐基调沉郁，采用女低音和声来作衬托，解说员任志宏音质深厚，音色低沉。后者画面以夏日的一个晴天为整体氛围，对孔子画像、吴尔宽和陶行知雕塑进行了特写，此外对采访对象陶行知研究会会员黄永强和栏目记者吴强进行了特写；色调以橘黄等暖色调为主；背景音乐基调轻缓，以小提琴为主，不时配以现场的鸟鸣声，解说员方亮音质爽朗，音色清亮。

第三，镜头运动方面。对应解说词，我们从镜头运动方面对两者作简要分析。经统计，前者在1分30秒的解说中共含15个镜头。其中，静态镜头13个，运动镜头2个；远景镜头9个，近景镜头6个；镜头间切换以白板叠化为主。后者在1分08秒的解说中共含16个镜头。其中，静态镜头1个，运动镜头15个；远景镜头1个，近景镜头10个，特写镜头5个；镜头间直接切换。总体对比而言，纪录片《徽州》以静态镜头为主，叙事基调缓慢；纪录片《记住乡愁》以运动镜头为主，基调较快具有动感美。

3.2 写意手法与工笔手法：与电视剧《新安家族》对比

在表现手法上，笔者选用电视剧《新安家族》作对比。《新安家族》是安徽电视台2010年出品的电视剧，由张培根执导，张磊、吴孟达、刘钧、张静静领衔主演。全剧讲述了在清末民初政治经济格局突变这一大背景下，汪、许、鲍三大徽商家族为争取民族自强而与外国列强资本展开殊死较量的悲壮家国往事。总体而言，纪录片《记住乡愁》主体运用写意手法，电视剧《新安家族》主体运用工笔手法。

电视剧《新安家族》运用工笔手法展现历史名人故事。其一，全面展现正面人物故事。全剧以程天送为主人公，叙述他在清末民初政治经济格局突变中所经历的求学、商贸和爱情故事，在他身上集合了江春、胡雪岩等徽商的人物形象，由此赞颂了徽商精诚团结的民族精神和家国一体的爱国情怀。其二，细致表现“小人物”故事。全剧还通过塑造文雅、碧云、婵娟等“小人物”形象，并将她们的个体命运与新旧时代交替中出现的矛盾性相联系，侧面展现了晚清徽商在政治经济格局突变中的集体命运。其三，深入表现反面人物故事。全剧在表现许善夔、许晴川等反面人物时，不再落脚于“坏人”的刻画，而是深入表现他们在面对世事矛盾中内心的丰富性和复杂性，是对真实历史的准确理解和细致把握。总体而言，全剧运用工笔手法展现历史名人故事，塑造了晚清徽商的群体形象。

纪录片《记住乡愁》则运用写意手法展现乡村百姓故事。这六集涉及徽州的纪录片中以村落为单元，以个体为故事主体，彼此之间以某种精神作隐性连接。比如，《万安——精益求精》一集中先后叙述了明代黄廷侃精心修建水南桥、清代吴鲁衡精心制作罗盘以及现代余青霓研究员努力实现航天模拟舱一氧化碳“零出口”等故事，再延伸辐射到万安本地乡民在土地上精打细算、在种植中精耕细作的生活特点。每个故事的解说词在600字左右，均以轻描淡写的写意手法展现乡村百姓故事。即便是在涉及胡适、陶行知等名人时，也多突出其少年时代在家乡的某一件意蕴丰富的小事。

3.3 平和基调与跌宕基调：与黄梅戏《徽州女人》对比

在情感基调上，笔者选用黄梅戏《徽州女人》作对比。《徽州女人》是由版画家应天齐首创，黄梅戏演员韩再芬主演的黄梅戏舞台剧。该剧讲述一个普通徽州女子在传统婚恋中体味人世酸甜苦辣的凄美故事。总体而言，纪录片《记住乡愁》以平和基调为主，黄梅戏《徽州女人》以跌荡基调为主。

黄梅戏《徽州女人》以跌荡基调诉说跌荡起伏的人物故事。其一，故事发展的跌宕性。从欢喜出嫁到独守空房，从喜获家书到凄凉度日，围绕“女子”一生的所有故事都带有不确定性和不稳定性，这似乎在昭示着“女子”命运的跌宕起伏。其二，人物内心的跌宕性。伴随故事发展的跌宕起伏，“女子”内心情感也在不断起伏，从初为人妻的喜悦与痛苦，到常年等待的渴望与焦虑，再到迎接丈夫归来时的五味杂陈。故事中的“女子”没有名字，她是所有拥有类似命运的徽州女人的缩影。全剧以跌荡基调揭示出徽州女人的心理历程和生命体验，从而凸显出生存的价值和意义。

纪录片《记住乡愁》则以平和基调诉说平流缓进的人物故事。《记住乡愁》系列纪录片多以平和基调为主，其目的旨在“记住”乡愁，而非“反思”乡愁。因此，这六集涉及徽州的纪录片不可能如黄梅戏《徽州女人》那样沉郁顿挫、沉思万千。即便是在涉及女性这一形象上,《记住乡愁》也着重表现对传统精神的守护。比如,《仁里——仁爱为本》一集中展现尹明珠老人的故事时,老人自诉身世:“我丈夫死得早,孩子多,七个孩子啊,两个儿子,五个女儿。苦啊,生活是苦,苦归苦啊,生活总归要过啦!那么人家以前说,哎呀你三四十岁守什么寡呀,再换一家!不换了,换什么换呀,不应该换的,孩子是自己生的,应该要把他们抚养成人,生活苦点儿也不要紧!”这里突出了尹明珠老人作为母亲的形象而非妻子的形象,把几十年如一日的艰苦生活立意为对“忍让”家风的传承。

《记住乡愁》一经播出,立即吸引了广大观众的喜爱,可以说为纪录片开拓了一种全新的话语诉说方式,而其对徽州形象的重构也取得了明显文化成效。

一方面,是在乡村经济建设背景下对徽州传统价值观的重拾。六集纪录片中展现的多种文化符号突出了徽州传统价值观的历史内蕴和现实意义。比如,仁里的“仁爱为本”精神、万安的“精益求精”精神通过一个个现实故事得以彰显,富有强烈的现实指导意义。这些价值观念一经《记住乡愁》播出,很快提升了黟县屏山村、祁门渚口村、歙县许村、绩溪仁里村等徽州古村落的知名度。客观上而言,也提升了当地人文旅游价值。

另一方面,是在乡村文化建设背景下对徽州传统价值观的重塑。所谓重塑就是要对原本被世人误解的价值观进行重新解读和界定。比如,许村的“义行传家”精神、屏山的“孝道传家”精神通过众多孝子贤孙、节妇烈女的故事来表现。这些一度被解读为“封建糟粕”的传统精神通过具体故事的表现开始变得温情细腻起来。徽州传统价值观也在此基础上得以重塑,客观上推动了徽州乡村文化建设。

整体而言,纪录片《记住乡愁》对徽州形象的塑造无疑是成功的,也是独具一格的。这与“关注古老村落状态,讲述中国乡土故事,重温世代相传祖训,寻找传统文化基因”的节目宗旨息息相关,也与徽州古村落本身所具有的独特故事密不可分。在“以弘扬中华优秀传统文化为宗旨,以传统村落为载体,以生活化的故事为依托,以乡愁为情感基础,以优秀的传统文化为核心”的纪录片创作逻辑指引下,我们不仅看到现实中“新安大好山水”的风景,也看到历史中“仁义礼智信”的风貌,更看到了潜藏在徽州人血脉中的“徽骆驼”风骨。

参考文献:

[1]郝赫,方毅华.扎根于乡土的当代中国价值观——探析《记住乡愁》第二季的三重叙事空间[J].电视研究,2016(5):48-50.

[2]郭文斌,王碧薇.寻访中国人的乡愁——访大型纪录片《记住乡愁》文字统筹郭文斌[J].党建,2017(3):56-58.
[3]徐国利.徽州社会文化史研究[M].合肥:安徽大学出版社,2017.
[4]刘精科.乡土纪录片的美学建构与有效传播——以《记住乡愁》为例[J].传媒广角,2016(10):62-64.
[5]郝雨,朱博研.中国乡土宗族文化的回望与守护——纪录片《记住乡愁》的一种文化意义[J].现代传播,2015(10):104-107.
[6]戴廷明,程尚宽.新安名族志[M].朱万曙,王平,何庆善,等点校.余国庆,审定.合肥:黄山书社,2004:520.
[7]李政.浅析历史文化题材纪录片的制作模式——以纪录片《记住乡愁》为例[J].视听解读,2016(7):135-136.

指导教师评语:

当下对徽文化的探讨方兴未艾,论文以《记住乡愁》中涉及徽文化的六集纪录片为研究对象,深入剖析了以民居与宗祠为代表的建筑符号、以祖先与乡贤为代表的人物符号和以族规与民俗为代表的仪式符号,精准呈现出《记住乡愁》中徽文化符号的多元性。通过纵向比对不同艺术形式中徽文化符号的表现手法,力图阐述《记住乡愁》中徽文化符号的独特表达。论文立意新颖,为研究徽文化开启了一个新视界,具有较强的理论和现实意义。论文研究方法恰当,在占有大量文献资料的基础上进行了实地考察调研,论据真实可信。全文结构严谨,主要观点突出,语言流畅,专业基本功扎实。不过论文在比较研究中所选择的对象共性和个性何在,尚需进一步阐明。

新闻与传播学院王晓玲讲师

大学生运动员赛前焦虑状态调查与分析
——以安徽师范大学第46届运动会为例

周梦琴
（体育学院）

摘　要：研究目的：了解大学生运动员赛前焦虑状态，并分析其产生的根本原因及缓解焦虑的方法。研究方法：根据CSAI-2问卷及自编问题编制新的问卷，对参加第46届安徽师范大学运动会的学生运动员进行随机抽样调查。研究结果：调查中大学生运动员都存在赛前焦虑现象，且赛前焦虑状态的严重程度与训练年限的长短有明显的相关性，而与运动员的性别差异无关。研究结论：大学生赛前焦虑是一种普遍现象，与运动员的训练年限有明显的关系。建议参赛运动员和教练员重视赛前焦虑现象，采用合理的方法以减轻大学生运动员的焦虑状态，提高比赛成绩。

关键词：大学生运动员；赛前焦虑；调查分析

随着现代运动竞赛水平的提高，运动员的赛前心理状态成为影响比赛成绩的重要因素。赛前焦虑是指运动员在比赛中由于多种因素的影响造成心理压力过大，感受或预测到威胁的情景而产生担忧倾向，主要表现为赛前情绪波动、血压升高、心率加快、肌肉紧张、皮肤苍白、尿频等一系列症状，可导致运动员不能正常发挥其竞技水平。安徽师范大学在近几年的全省或全国运动会上已经取得较好的成绩，但运动员在公共体育组比赛中表现不佳。要想提高大学生运动员的比赛成绩，除了正常的日常训练以外，还应该了解他们的心理特点，分析他们的赛前心理状态及产生赛前焦虑状态的原因，从而采用合理的方法来减轻他们的赛前焦虑水平，以提高我校在公共体育组比赛中的成绩，并且对普通的运动爱好者参加运动比赛也有赛前心理指导的作用。本文的研究对象大学生运动员，即在校学习的大学生，因在体育运动方面有一定的接触和天赋，而选拔去参加某项学校比赛的队员。

1 研究对象和方法

1.1 研究对象

以安徽师范大学第46届校运动会参赛的大学生运动员为研究对象。随机调查大学生运动员200名，其中男性120人，女性80人。

1.2 研究方法

1.2.1 问卷调查法

运动竞赛状态焦虑问卷（The Competitive State Anxiety Inventory-2，简称CSAI-2）是由美国心理学家Martens等人依据多维竞赛状态焦虑理论编制而成的针对运动员竞赛状态焦虑的调查问卷，应用广泛，具有很好的信度和效度。我国学者祝蓓里等多次对该问卷进行翻译和修订，并制定了中国常模。该问卷共有28个题目，包括三部分内容：认知状态焦虑、躯体状态焦虑和状态自信心。这三部分内容满分均为36分，分数越高，表明认知状态焦虑、躯体状态焦虑或状态自信心水平越高[1]。

本次调查使用的问卷由CSAI-2问卷及部分自编人口学资料（如性别、年级、训练年限、运动员等级等资料）组合而成。调查时在运动员赛前半小时左右发放问卷，要求调查对象当场填写当场收回。本次调查共发放问卷200份，收回200份，剔除不合格问卷，共得到有效问卷146份，有效率为73%。分析调查对象，其中，男生86人，女生60人；训练年限2年及以下的运动员96人，2年以上50人；运动员等级2级以上53人，二级以下93人。其中运动员等级2级以上为法学院高水平运动员。

1.2.2 访谈法

根据研究内容以及研究结果，对部分调查对象、教练以及体育心理学相关专家进行访谈，了解赛前焦虑的原因以及如何缓解赛前焦虑的方法。

1.2.3 数理统计法

对调查问卷相关的数据进行整理，并对数据进行统计处理，计量资料采用（$\bar{X} \pm SD$）表示，并采用SPSS17.0软件进行计算和分析。

2 结果与分析

2.1 大学生运动员赛前焦虑状态总体情况

参照祝蓓里提供的中国CSAI-2常模，本届运动会大学生运动员都存在赛前焦虑，占总人数的100%。其中认知状态焦虑水平得分为16.49，躯体状态焦虑水平得分为15.61，状态自信心因子得分为21.04。

2.2 大学生运动员焦虑状态与性别的关系

对参赛的大学生运动员进行性别之间的比较，结果显示：大学生运动员在认知状态焦虑维度和躯体状态焦虑维度上的得分，男性运动员均较女性运动员稍低，但差异不显著。同样，女性运动员在状态自信心维度上的得分略高于男性运动员，差异也不显著（见表1）。

表1　不同性别大学生运动员被试在CSAI-2问卷中得分的差异性比较

性别	认知状态焦虑		躯体状态焦虑		状态自信心	
	均数	标准差	均数	标准差	均数	标准差
女生（n=60）	16.70	4.869	15.82	4.594	21.10	3.943
男生（n=86）	16.35	3.967	15.47	3.514	20.99	4.168
t	2.596		10.495		0.197	
P	0.633		0.601		0.871	

2.3 大学生运动员焦虑状态与专业训练年限的关系

为了进一步探讨训练年限与大学生焦虑状态的相关性，我们对此进行了比较分析。从表2、表3可以看出，训练年限为2～3年与2年以下的大学生运动员在认知状态焦虑、躯体状态焦虑和状态自信心三个维度上不存在显著性差异，$P>0.05$。而训练年限为2～3年与3年以上的大学生运动员在状态自信心维度上有显著性差异，$P<0.05$。且这三个训练年限的运动员在认知状态焦虑维度上的得分情况是训练年限3年以上的得分最低（14.31），2～3年次之（16.14），2年以下最高（16.93）。在躯体状态焦虑维度上同样存在训练年限越长，躯体焦虑水平越低的现象。由于分值的高低体现出焦虑水平，往往分值越低，焦虑水平越低，所以不难看出训练年限3年以上的运动员焦虑水平较低，训练年限2～3年的次之，训练2年以下的最高。事实上，大学生运动员本身训练年限较短，训练不系统，加上他们进入大学后因学业原因参加比赛的时间减少了，对于即将到来的比赛，许多人都会产生一些恐惧。但训练年限达到3年以上的大学生运动员，因长期的训练个人技术掌握得更加牢靠，比赛时细节动作可以很好地完成，在自我认知和自信心方面都较好，不会担心技术动作失误，对比赛中出现的各种动作问题可以及时纠正，一般很少出现赛前焦虑。而训练2～3年的大学生有一定的比赛经验，训练相对系统，身体素质较好，在比赛时产生紧张、焦虑等情况相对较少，即赛前焦虑水平较低。训练年限为2年以下的大学生运动员，训练时间短，技术动作掌握得较少，参加比赛时的焦虑水平也更高。

表2 不同训练年限大学生运动员被试在CSAI-2问卷中得分的差异性比较(一)

训练年限	认知状态焦虑		躯体状态焦虑		状态自信心	
	均数	标准差	均数	标准差	均数	标准差
2~3年(n=37)	16.14	3.250	15.03	3.403	21.03	3.640
2年以下(n=96)	16.93	4.573	16.01	4.056	20.68	4.164
F	4.700		1.051		1.846	
P	0.337		0.193		0.654	

表3 不同训练年限大学生运动员被试在CSAI-2问卷中得分的差异性比较(二)

训练年限	认知状态焦虑		躯体状态焦虑		状态自信心	
	均数	标准差	均数	标准差	均数	标准差
3年以上(n=13)	14.31	4.906	14.31	4.733	23.69	3.728
2~3年(n=37)	16.14	3.250	15.03	3.403	21.03	3.640
F	6.499		2.965		0.007	
P	0.136		0.558		0.029	

2.4 大学生运动员对赛前焦虑的认知情况

心理学理论告诉我们,只有正确认知赛前焦虑,才有可能运用合理的手段去减轻赛前焦虑。通过对146名大学生运动员的调查与访谈发现,有50名大学生运动员(占34.2%)了解赛前焦虑,其中仅有13名运动员(占9.6%)能采用合适的手段去减轻赛前焦虑状态。而绝大多数大学生运动员对赛前焦虑没有正确的认知,更谈不上采用合理的手段去减轻赛前焦虑状态。这就提醒我们大学生运动员和教练员,今后应该关注赛前焦虑并合理运用减轻赛前焦虑的手段,以提高比赛成绩。

3 讨论

3.1 大学生运动员赛前焦虑状态

大学生运动员赛前焦虑状态主要表现为赛前过分激动或者赛前冷漠,甚至存在赛前盲目自信等情绪,这些情绪受观众行为、比赛天气、比赛等级等影响比较大[2]。大学生运动员与专业运动员不同,他们是利用学习以外的闲暇时间来进行体育活动,是学习之余或者因某场比赛而临时去训练,没有专业的教练指导,训练时间短,没有接触过系统的训练,因此更易受到影响,大学生运动员应该注意自我的调节,从多方面调控赛前焦虑。

3.2 大学生运动员焦虑状态产生的原因

3.2.1 大学生运动员焦虑状态与个人期望值有关

在大学阶段,大学生运动员的需求不再是简单的生理需求或者安全需求,而是上升为尊重和自我实现的需求。他们都希望自己能在比赛中取得好成绩,可以以此来证明自己,但存在训练水平低,而比赛目标定得很高的现象,训练水平与比赛目标存在一定的差距。于是比赛时他们总是担心事与愿违,导致心理压力过大。目标不仅没有成为一种动力,反而产生一种消极作用,让大学生运动员时刻处在担心自己会失误的心理状态[3]。最终导致大学生运动员出现赛前焦虑状态,进而对比赛产生畏惧,严重的甚至会导致比赛中发生意外。

3.2.2 大学生运动员焦虑状态与自信心有关

大学生运动员平时训练时间以及训练投入有限,训练水平相对不高,所以自信心就显得尤为重要。有些大学生运动员在比赛时缺乏信心,过于看低自己或者高估对手,导致不能准确、客观地评价自己,从而出现赛前焦虑状态而影响比赛时的发挥。大学生运动员上场前可以使用一些积极的语言自我暗示或者回忆自己的"战绩",再现当时的情景,使自己从中获得力量,变得自信。

3.2.3 大学生运动员焦虑状态与比赛经历有关

在运动比赛中,发生非技术性失误是常有的,一次失误造成的影响可能会具有深远性,对下一次比赛同样存在影响。有的运动员在以前比赛时出现过失误的情况,于是一到比赛就会产生焦虑心理,形成了一种条件反射。失误影响的不仅是成绩,还会使运动员产生心理障碍,严重的甚至会导致运动员受伤。例如,在100米短跑比赛中,运动员因抢跑被取消资格,导致运动员内心懊恼、忧愁,在下次短跑比赛前运动员就会产生紧张情绪,担心自己重蹈覆辙,在听到枪响时出现动作迟缓现象。

3.3 缓解大学生运动员焦虑状态的常见的方法探讨

3.3.1 呼吸调节法

情绪的产生与人体的许多系统都有关联,可以利用呼吸调节法来调节大学生运动员的情绪波动。当运动员情绪焦虑激动时,呼吸会短促,这时采用缓慢呼气和吸气练习,可达到放松情绪的目的;当运动员情绪低沉时,可以采用长吸气与有力的呼气练习,来提高运动员的兴奋水平[4]。这是运动员临场处理赛前焦虑状态最简单也是最有效的方法之一。

3.3.2 音乐调节法

用音乐来调节情绪是教练教授给运动员调节心理的常用手段。利用音乐来转移注意力,使运动员注意力暂时离开紧张激烈的比赛场地。轻柔的钢琴曲可以让运动员调节情绪，缓解压力，逐渐平静；激扬的摇滚乐可以让运动员振奋精神，使其对接下来的比赛充满斗志。

3.3.3 制定切合实际的目标

赛前焦虑状态的出现与大学生运动员过分看重比赛成绩、对自己认识不足有一定的关系。大学生运动员在赛前要根据自己平时的成绩、个人的能力来制定合适的目标。目标过低，激发不了运动员比赛激情，容易让人产生懈怠、消极的情绪；目标过高会降低运动员的自信心，加重其心理负担。因此，大学生运动员应该从自身实际情况出发，对自己有正确定位，设置一个合理的目标。

3.3.4 按摩

拍打、擦摩或者揉捏等动作对神经系统可起到兴奋或抑制作用。不同轻重的按摩方法，其作用各不相同。大学生运动员在运动前可将按摩作为调节赛前焦虑状态的方法。

3.3.5 改变传统的体育教学训练模式

以往的体育教学模式太单一，体育教师占主导地位，过于看重运动员的身体素质训练和动作要领的掌握，忽视了其身心、社会适应、学生创新等方面[5]。运动员只有在身体、心理两方面健康的状态下才会取得更好成绩。因此，可以在体育课程中加入心理训练和心理恢复类方法，让运动员在身心健康地状态下进行比赛，这样取得理想成绩的机会也会更大。体育教师在实施教学时要将大学生运动员的全面健康发展放在第一位，在体育课程中加入专门性心理训练和心理恢复训练，培养和发展大学生运动员所必备的基本心理品质，使大学生运动员学会在比赛前较短的时间内自我调节和控制自己的心理状态。另外，在体育课程中应注重对大学生运动员斗志和自信心的培养，使其学会在比赛前消除引起心理变化的各种障碍，增强自信心，建立正确的比赛动机[6]。

4 结论

(1)大学生运动员都存在赛前焦虑，体育教师或教练员应多关注这一群体，提高大学生运动员赛前自我调节情绪的能力、自我控制能力以及适应比赛的各种能力，让大学生运动员将更好的体育精神和精神面貌展现在大众面前。

(2)性别差异对赛前焦虑的影响不显著。

(3)训练年限的长短影响大学生运动员的赛前焦虑。训练年限越长，大学生运动员的状态自信心越好。因此，训练要有针对性，对训练年限较短的大学生运动员多加训练。

参考文献：

[1]祝蓓里.运动竞赛状态焦虑量表(CSAI-2问卷)中国常模的修订[J].心理科学，1994(6)：358-362.

[2]朱国生，徐建荣.大学生运动员赛前焦虑状况的调查研究[J].苏州大学学报(自然科学版)，2004，20(1)：82-86.

[3]刘俊，王树明，左从现.大学生运动员赛前状态焦虑强度与方向实验研究[J].天津体育学院学报，2003，18(1)：35-37.

[4]韩云鹏.论高职院校业余武术运动员赛前焦虑研究——以“贵阳幼高专”为例[J].武术研究，2017，2(10)：60-62.

[5]张子华.高校业余训练运动员赛前情绪特征研究[J].体育科技，2015，36(2)：87-89.

[6]杨保法.高校业余田径运动员赛前心理调控[C]//第十四届全国高校田径科研论文报告会论文专辑.2004：384-386。

指导教师评语：

该论文以大学生运动员赛前焦虑为研究内容，有一定的研究价值与实际意义。该论文论点明确，论据可靠，论证严密，逻辑性较强，语言通顺，条理清楚。作者以志愿者的身份在安徽师范大学第46届运动会之际进行实地调查，收集到真实的第一手资料并进行统计分析，态度认真。作者科研作风严谨，能熟练运用多学科知识去分析问题，解决问题，说明作者已掌握相关的理论、技能。尽管文章语言用词尚值得进一步考量，但总体而言是一篇较优秀的本科生论文。

体育学院王运良副教授

Analysis on the Construction of National Image in China's Foreign Publicity Translation

—Taking the Translation of President Xi's Speech at Opening of Belt and Road Forum as an Example

蔡 煜
（外国语学院）

摘　要：2017年5月14日，首届"一带一路"国际合作高峰论坛在北京隆重开幕。作为2017年中国重要的主场外交活动，"一带一路"国际合作高峰论坛的召开受到世界的广泛关注，它通过叙述中国同世界共同发展的故事使中国在对外传播中逐步建构一个"文明大国、东方大国、负责任大国和社会主义大国"的国家形象。外宣翻译作为对外宣传的主渠道，在贯彻改革开放政策、加强国际传播效果以及塑造国家形象方面发挥着不可或缺的作用。本文拟用建构主义翻译学理论为支撑，采用文本分析的研究方法，结合"一带一路"国际合作高峰论坛的召开背景和跨时代的历史意义，以"一带一路"国际合作高峰论坛开幕词的英译稿为案例，从建构主义翻译学的三个翻译原则来分析此英译稿如何成功塑造了正面积极的国家形象。

关键词：国家形象；外宣翻译；建构主义翻译学；"一带一路"国际合作高峰论坛开幕词

1　Introduction

1.1　The Background of the Study

Since the 19th CPC National Congress, Chinese government has actively pursued the concept of major-country diplomacy with Chinese characteristics and vigorously carried out a close cooperation with other governments and worldwide organizations. As the gradual implementation of "The Belt and Road Initiative", Chinese culture has gathered its pace to the world and has attracted an increasing number of people to learn more about China. The success of the first Belt and Road Forum (BRF) for International Cooperation on May, 14, 2017, not only brought China closer to the world, but also made the world witness China's endeavor to "create a big family of harmonious co-existence" on the international stage [1]. In the practice of a new type of international relations featuring win-win cooperation, China is expected to actively participate in global affairs as a responsible country and "forge a community of common destiny with each other having a stake in others" [2].

In the effort to step up in foreign publicity and construct a positive national image, the importance of translation cannot be overlooked. In the practice of foreign publicity translation, "translators' strategy of foreign publicity translation directly affects its translation quality. And the quality of translation influences foreigners' understanding and recognition of things, produces different communication effects, thus directly or indirectly establishing different national image" [3]65.

Searching the keywords "外宣翻译"and "国家形象"in China Academic Literature Database of CNKI (China National Knowledge Infrastructure) and we can get 32 relevant records. Lu Xiaojun systematically analyzes the relation between foreign publicity translation and national image in his doctoral dissertation "National Image and Chinese-English Translation Strategies for China's Global Communication". Hu Jie in *Studies of China's Foreign Publicity Translation: A Constructivist Perspective* explores the guidelines of foreign publicity translation from the perspective of social constructionism, which makes a great contribution to the application of constructivist translatology in translation practice. Although scholars attach much more importance to the relation of national image and foreign publicity translation, relevant studies are mainly based on the perspectives of communication science, Skopostheory, and eco-translatology and the analyses from the perspective of constructivist translatology are still the frontier of the study.

1.2 The Significance of the Study

According to Yu Qiuping, the main task of foreign publicity translation is to "serve the economy, promote openness, spread China's achievements and construct images" [4]. However, the situation of foreign publicity translation is not satisfied enough. Owing to the huge differences between political systems and cultural values of the East and the West and the big discrepancy in language systems, China, for a long time, is at a state of "speaking to ourselves" and can't receive active response in international communicative activities.

Under that consequence, the study on how to effectively construct China's national image in foreign publicity translation is of strategic importance to upgrade China's soft power and provide practical guidance for translators to improve the quality of translation.

1.3 Methodology

Guided by the constructivist translatology proposed by Lv Jun in the book *Translatology—A Constructivist Perspective of Translation Study*, the study intends to take the translation of President Xi's speech at opening of Belt and Road Forum as a case. By adopting text analysis research methods and combining the background of the Belt and Road Forum and its historical significance, the thesis plans to focus on the application of the constructivist translototology on the effective construction of China's national image in foreign publicity translation practice.

1.4 Organization of the Thesis

The thesis is made up of five chapters. Chapter 1 is an introduction to the study background, significance and methodology adopted in the thesis. Chapter 2 focuses on two key concepts—foreign publicity translation and national image and their relations. The importance of BRF on constructing a positive national image is also mentioned in this part. Chapter 3 provides the theoretical framework for the thesis, namely, the development of constructivist translation paradigm and translation criteria under the paradigm of Conservative Translatology. Chapter 4 is the part where the theory is put into practice, which is also the core of the thesis. Its main focus is put on the analysis of how the version of the English translation successfully constructs a favorable national image under the guideline of the three principles. The last part concludes about the main idea of the thesis and talks about some limitations of the thesis.

2 Foreign Publicity Translation and National Image

2.1 Introduction to Foreign Publicity Translation

With the context of globalization, foreign publicity has become unprecedentedly vital for countries. "As a bridge of communication between China and the west, it plays a crucial role in creating a friendly international environment of public opinion [3]9. And the effect of communication is, to a large extent, determined by the quality of foreign publicity translation. So how to understand the term "Foreign

Publicity Translation"? Different scholars give their own explanations.

Zhang Jian maintains that "'Foreign Publicity Translation' is a special form of translation. It is a communicative activity that regards foreigners as the target audience, Chinese as a source of information, foreign languages such as English as its carrier of information, various media as its channel, aiming to let the world understand China in the context of globalization" [5].

Huang Youyi considers that "'Foreign Publicity Translation' is to translate information in every field of China into foreign languages and then to publish and disseminate it through media such as books, periodicals, newspapers, radio and television, and other international conferences" [6].

While Zhang Lin points that "'Foreign Publicity Translation' is to introduce China's publicity materials which reflect China's cultural life, political economy, national politics, natural and city scenery, spirits, ideology and values to foreigners" [7].

We can conclude that Zhang Lin and Huang Youyi illustrated "Foreign Publicity Translation" from the aspect of content and channel respectively, while Zhang Jian gave us an overall look of the process of foreign publicity translation from the perspective of communication. By integrating those different emphases in above explanations, the term "Foreign Publicity Translation" can be more comprehensively defined as a kind of communicative activity that comes through by translating Chinese distinctive materials related to policy, economy and society etc. into foreign languages especially English so as to tell China's own story and ultimately make China known to the world. Comparing with other types of translation, "Foreign Publicity Translation" plays an irreplaceable role in putting forward the reform and opening-up policy, maximizing the effect of international communication and speeding the effective construction of Chinese national image.

2.2 National Image

An American political scientist Joseph Nye introduced a concept of "soft power" in the late 1980s [8], which, as the opponent of hard power, means the ability to shape the preferences of other countries through appeal and attraction rather than coercion. Nowadays, soft power has been a key measure of a country's comprehensive national strength. And among the innumerable constituents of soft power, national image, undoubtedly, plays a decisive role in extending China's influence over the world.

2.2.1 Introduction to National Image

Before conceptualizing "national image", we must have a clear understanding of "image". According to Oxford Dictionary, the noun "image" has three basic meanings, namely, "A representation of the external form of a person or thing in art", "The general impression that a person, organization, or product presents to the public" and "A simile or metaphor".

Nowadays, "The word 'image' not only shows the appearance, shapes and characteristics of things, but also includes the contents, such as the things' spirit or character, that can only be grasped through rational thinking and integration. Meanwhile, the concept of 'national image' is indeed the application of the concept of 'image' in international relations and international communication" [3]41.

According to Kunczik, "...national image is defined as the cognitive representation that a person holds of a given country and its people, what a person believes to be true about a nation" [9].

Simply put, national image is the overall impression other countries' people have about a country's general characteristics and the differences in people's cognitive patterns and their previous store of knowledge will lead to different attitudes towards a country's national image.

As an intricate concept, national image possesses three prominent characteristics—duality, diversity and relative stability.

In the concept of national image, "duality means the objectivity and subjectivity of a national image" [3]43. The objective national image is the most natural state and objective condition of a country while the subjective one is filtered and constructed by media or a person's subjective feeling. The second characteristic—diversity is derived from ethnicity. The differences in ethnic features lead to people's dissimilar understanding about the same thing. What's more, national image is influenced not only by the government's action in the international community but also by the governance of the country's social conducts. The last one is relative stability. The objective material basis and people's deep rooted national stereotype indicate that national image cannot be changed radically. But that doesn't mean the national image is unchangeable. It is a gradual process and will remain stable in a certain phase.

Besides, national image is reflected on the public mind both at home and abroad through various concrete activities of sovereign countries. According to Zhang Kun, it is made up of three elements, i.e. material element, institutional element and spiritual element.

"The material elements include the territory, population ... as well as the elements of comprehensive national strength, such as economy, science ... Not only are they different from country to country but also they have distinctive characteristics in different eras[10]182.

The institutional elements refer to the country's economic systems, political and legal systems, and cultural systems ... these systems, to a certain extent, [form the national image and] regulate the operation of the entire society and people's various interactions[10]184.

The spiritual element, is the objectification of national image in people's cultural mentality and ideology. In fact, everything created by various nations is embodied in their own national psyche ... [which] reflect[s] the national spirit and national image in different degrees."[10]185

Therefore, if a country wants to build an ideal national image, it must firstly analyze the current condition of the above three aspects, then make an overall improvement in targeted ways.

2.2.2 China's National Image: Image Building and Perception

President Xi Jinping once depicted an ideal image that China tries to build in the 12th Collective Study of the Political Bureau of the CPC Central Committee in 2013 that "we must focus on shaping China's national image" and cultivating an image of "a civilized country" "a great oriental country" "a responsible country" and "a socialist country". Under the guideline of the goal, unprecedented changes have taken place in China and the socialism with Chinese characteristics has also entered a new era, during which China is anticipated to be built into "a great modern socialist country that is prosperous, strong, democratic, culturally advanced, harmonious and beautiful" [11].

According to the *2016—2017 China National Image Global Survey* released on January 5, 2018 by the Academy for Contemporary China-World Studies, "China's overall image is steadily improving, with appreciation of its performance in domestic and foreign affairs and of its Belt and Road Initiative ... Chinese food, traditional Chinese medicine, high-speed railway and other cultural and high-tech elements remain the hallmarks of China's national image" [12].

Though the overall image of China has received a positive response, there is still a large gap that cannot be eliminated in a short time. We can see that a significant achievement has been made in improving China's national image, it still has a long way to go to shape national image.

2.3 Relation between National Image and the Foreign Publicity Translation

"The most important mission of external communication is to display an all-dimensional national image of China and make the world and China understand each other" [3] 49. Among the factors constraining China's trans-cultural communicative activities, the most crucial one is the quality of translation. "What foreign publicity requires when the targeted audiences are foreigners is not a word-by-word translation, but a translation that is 're-conceived', 're-expressed' and 'reconstructed'. It directly determines the effectiveness of China's international communication ..." [13].

Therefore, if we want to effectively disseminate China's voice in the world, we must strengthen the quality of foreign publicity translation, so as to establish a communicative atmosphere.

2.4 The Importance of BRF on Constructing National Image

On May 14, 2017, the first Belt and Road Forum for International Cooperation was held in Beijing. As an important "home diplomacy" event in China, BRF has attracted worldwide attention. According to the survey cooperatively conducted by *Nanfang Daily* and *China Press and Publishing Journal*, "there has been a significant increase in the frequency of media coverage ... [which] shows that with the gradual development of the national-level initiative and its increasing coverage of countries, it has generated new public hot spots in various fields, such as politics, economy..." [14].

Apart from the active participation of China's media in the publicity of BRF, most western media also hailed its epoch-making significance. Thanks to the timely and appropriate translation version of the full text of President Xi's speech at the opening of BRF published by Xinhua News Agency, China was regarded as an active participant and a peaceful promoter in global affairs, successfully establishing a positive national image on the international stage in the publicity of "the Belt and Road Initiative".

3 Theoretical Framework: Constructivist Translatology

3.1 Constructive Translation Paradigm

Since 1980s, China's translation studies have gone through three crucial phases, during which three different paradigms respectively dominated China's translation circle, namely, philological paradigm (PP), structuralism paradigm (SP) and deconstructive paradigm (DP). In a book *Translatology—A Constructivist Perspective of Translation Study*, the co-author Lv Jun and Hou Xiangqun conducted an in-depth research on the three paradigms. They pointed out that PP is an intuition-oriented theory and its lack of systematicness is to the detriment of the construction of translation theory. As for SP, although its elaboration on linguistics presents a fresh perspective on forming the linguistic foundation of translation study, its over pursuit of "sameness" and "equivalence" overlooks the cultural pluralism [15]65. DP, however, as a break-through paradigm, promotes the diversity of translation studies by pointing the flaws in SP, but its lack of practicability and rationality makes it fail to be a methodology.

Under the background, constructivist translatology that aimed at refocusing translation itself and reconstructing a knowledge system of translation ontology was proposed by Lv Jun. Lv claims that the philosophical foundation, the rationality foundation, the linguistic foundation and the theory of truth of the constructive translation paradigm are practical philosophy, communicative rationality, speech at theory and consensus theory of truth respectively.

The philosophical foundation of constructivist translatology is practical philosophy. Lv didn't consider translation as an enclosed, static and self-contained activity. Instead, he pointed that "it is an intercultural communicative process, an exchange of information and an interaction of culture" [15]123. The communicativeness also reminds the translator to translate from the perspective of social practice rather than being tied to the literal meaning of texts.

The linguistic foundation of constructivist translatology is speech at theory. "The theory was put forward by British linguists John L.Austin and prompted by his pupil J.R. Searle" [15]164. Its emphasis is on conforming to two rules of language, namely, constructive rules (semantic-syntax rules) and regulative rules (pragmatic rules). In a nutshell, it not only focuses on the correctness but also the appropriateness of language.

With regard to the theory of truth, a consensus theory of truth was taken in constructivist translatology. According to the theory, the communicative translation activity involves "three worlds" [18]134. The objective world, which focuses on "objectivity-in-itself" [15]132, refers to the objective reality of the world; the social world refers to the social norms in social interaction and the subjective world refers to the interpersonal communication.

Among the four foundations, the rationality foundation—communicative rationality is the kernel of constructivist translatology. Based on the three worlds, Habermas propounded "three valid principles, namely, truth, rightness and sincerity" [15]146. "Truth" means the adherence to the natural development of subjects; "rightness" means the appropriate use of language in interpersonal communication; "sincerity" means communication should concern over the context and obey the style and the frame of the speaker's speech.

3.2 Translation Criteria under the Paradigm of Conservative Translatology

Lv pointed out three criteria should be adopted in translation, i.e. conforming to the objectivity of knowledge, being of rational understanding and valid interpretation, and complying with the directivity and frame of the original.

First, "the objectivity of knowledge is the basis of understanding all activities"[15]239. As for a writer, his earlier experience, people he contacted with and the environment he lived in are all influential factors in text creation. Although there are a thousand Hamlets in a thousand people's eyes, the objective knowledge in texts won't give rise to the deviation in understanding. Second, rational understanding means that "before starting to translate, the translator is required to think about two questions respectively from the perspectives of reader and translator, namely, what is the author devoted to express in the text and how does he talk about" [15]241. Then, the translator should explore the author's real intention as a real translator rather than a reader so as to accurately interpret the hidden meaning. In general, a translator's understanding of texts ought to be grounded on the widespread consensus so that its interpretation can be accepted by most people. Third, in translation practice, a translator is not fully independent. Actually, as Lv claims that a responsible translator, acting as an intermediary, delivers the successful communion between the reader and the author. Though translators' different understanding about the original may produce different translation versions, the meaning and style of translation should still be in line with its original.

4 Application of Constructivist Translatology to the Construction of National Image in the Translation of President Xi's Speech in the Opening of BRF

The translation version analyzed in following parts was published by Xinhua News Agency after few hours of President Xi delivering a keynote speech on BRF. As one of the biggest and most influential media organizations in China and the world, Xinhua News Agency is the hub of communication between China and the world. So the official text translation is representative of the practice of China's foreign publicity translation and also full of research values. Inspired by constructivist translatology, we will analyze the translation of the speech under three principles, namely, conforming to the objectivity of knowledge, being of rational understanding and valid interpretation, and complying with the directivity and frame of the original.

4.1 Conforming to the Objectivity of Knowledge

Given that translation is a communicative activity, a qualified translator should not only translate texts in accordance with his own illumination but also respect to the objectivity of the original. Further, objectivity is also the first priority in foreign publicity. If translation materials about foreign publicity do not comply with the truth of knowledge and China's current condition, the media which report those will definitely be threatened with the damage of public trust and influence. What is worse is that if the misleading translation is in increase, it will gradually widen the gap in national image between what is depicted by media and what is actually presented and ultimately, it will damage China's reputation in the world. Please see examples below:

(1) 携手推进"一带一路"建设。

(1a) Work Together to Build the Silk Road Economic Belt and The 21st Century Maritime Silk Road.

Since"一带一路"was proposed in 2013, the initiative has captured the world's attention. Different translation versions about the initiative reflect China's endeavor to make it sound palatable to foreigners. Among those translations, the most prevalent one is "One Belt One Road". Although the translation seems conformable to the original, it actually violates the objectivity of knowledge. First, the Chinese character "一" in"一带一路"doesn't mean the number "One". In effect, there are four routes in the silk economic belt. Actually, as one of China's top initiatives, "一带" refers to "丝绸之路经济带", while "一路" is the abbreviation of "21世纪海上丝绸之路". So, translating "一带一路" into "Silk Road Economic Belt and The 21st Century Maritime Silk Road" respects the objective knowledge. Besides, comparing with "One Belt One Road Initiative", the short name "The Belt and Road Initiative" is more acceptable to foreigners.

(2) 这是设施联通不断加强的四年……我们和相关国家一道共同加速推进雅万高铁……等项目,建设瓜达尔港……等港口……。

(2a) ...We have accelerated the building of Jakarta-Bandung high-speed railway... and upgraded Gwadar ... ports in cooperation with relevant countries...

According to Chinese-English Dictionary (Third Edition), the entry "建设" has three relevant translations: build, construct and reconstruction. But in this example, "建设" is translated into "upgrade" which mainly means "改善,提高". So, is it a wrong translation? Of course, the answer is not. Gwadar Port, an important port on the lines of the Special Economic Zones of China, was started to develop and construct in 2002 and the first phase of construction has already completed in 2007. It was announced to be further developed under China-Pakistan Economic Corridor in 2015. This background tells us "建设" in above example lays more emphasis on the effect of construction , which is a progressive improvement of key infrastructure development in Gwadar Port rather than simply the action of building itself. Therefore, choosing "upgrade" as the translation of "建设" not only expresses the hidden meaning of the words but also exemplifies that the Belt and Road Initiative is a long-term project that endeavors to enhance infrastructure connectivity and benefits countries along the Belt and Road.

(3) 推广政府和社会资本合作。

(3a) Encourage greater cooperation between government and private capital.

"政府和社会资本合作模式" is an official term put forward by Chinese government in 2015 Government Work Report based on the western pattern of Public-Private Partnership (PPP) which is a cooperative arrangement between two or more public and private sectors. According to Premier Li, "taking consideration of China's national condition and the components of China's economy, we will promote a new PPP with Chinese characteristics to enhance a closer cooperation between government and social capital" which is not confined to the private capital. So "社会

资本"is the Chinese reinterpretation of the foreign word—"private capital" and the exact translation actually is " Government-Social Capital Cooperation" [16]. But in this example, given that the target audience of the speech is people around the world and the fact , as foreign minister Wang Yi said, that Belt and Road Initiative "is not just China's solo, but a symphony performed by all relevant countries" , we should comply with the original meaning of "社会资本". Or else, some western media with an axe to grind may make a fuss in lexical level, intending to misinterpret the effort China has made in upgrading its national image and contributing to the world.

4.2 Being of Rational Understanding and Valid Interpretation

We all know that there are numerable Chinese-characteristic characters in enormous foreign publicity. If translators only translate these distinctive Chinese characters literally, "truth" although it commits to, it will be difficult for foreigners to validly understand. Further, this will lead to the failure in spreading China' voice and be detrimental to the cultivation of national image. We can find proofs in the following example:

(4) 公元前140多年的中国汉代,一支从长安出发的和平使团……

(4a) In China's Han Dynasty around 140 B.C., Zhang Qian, a royal emissary, left Chang'an, capital of the Han Dynasty...

"长安"is a very familiar name for Chinese people. As the cradle of Chinese Nation, it is also one of the starting points of the silk routes. But for foreigners who are not familiar with the long history of Chinese civilization, directly translating"长安"into "Chang'an" without any further explanations will make English-speakers confused. They may wonder what the role Chang'an played in Han Dynasty and why the silk routes started from there. Therefore, adding some background information is a necessity. In above example, the explanations "capital of the Han Dynasty" is added, aiming at providing the relevant cultural background and filling the gap between Chinese people and westerners in cultural cognition.

In addition, owing to different cultural background, there are obvious differences between English and Chinese as written languages. In Chinese, idioms and short four-character expressions are very widely used to make the expression more vivid, live and compact, while in English, conciseness is more underlined. Being aware of these major differences between English and Chinese helps translators deal with the original text in a way that is more suitable to English speakers' thinking patterns, consequently benefiting the trans-cultural communication. To better illustrate this, please see examples below:

(5) 和平合作、开放包容、互学互鉴、互利共赢为核心的丝路精神。

(5a) The spirit of peace and cooperation, openness and inclusiveness, mutual learning and mutual benefit.

Four short four-character expressions are referred to in the sentence and according to the relation between words, they can be divided into coordinated words and the words with the same meaning. When translating them, translators must be cautious enough to avoid the mechanical combination of words or the inadequate interpretation, both of which will exert a subtle influence on the quality of communication. For example, if literally translating"互利共赢"into "mutual benefit and win-win", instead of producing the expected rhetorical effect, it will, to a large extent, disturb foreigners' reading activities, for the word "win-win" just expresses the same meaning with "mutual benefit".

(6) 今天,群贤毕至,少长咸集,我期待着大家集思广益、畅所欲言……。

(6a) This is indeed a gathering of great minds. In the coming two days, I hope that by engaging in full exchanges of views...

Taking the discrepancies in thinking modes into account, sometimes it is necessary to break sentences down and carry out a reorganization so as to achieve "pragmatic equivalence"[3]119. To achieve that the translator needs to work out the implied meaning in translation in order to get the source text message across and recreate the author's intention in another culture in such a way that enables the target readers to understand it clearly. For instance, "群贤毕至,少长咸集", a sentence from a piece of Chinese calligraphy work —*The Orchid Pavilion*, which originally means: "Here are gathered all the illustrious persons and assembled both the old and young"(translated by Lin Yutang), was used in the speech as a polite official way of extending the warmest welcome to elites from all walks of life. The translator reduced some unnecessary words like"少长"and chose one word "gathering" to express the meaning of "毕至"and "咸集". It not only more effectively delivers the text but also relieves audiences' tediousness when reading it.

In conclusion, one of the key factors of producing the ideal communication effect in foreign publicity is to keep the sense of audience in mind, because the ultimate purpose of international communication is to win the recognition of the target audience. Only when what we say is fully understood, can the process of intercultural communication be meaningful. Only by making an effective and meaningful communication, can the national image established in the course of communication be fully appreciated.

4.3 Complying with the Directivity and Frame of the Original

In foreign publicity, words are carefully selected to achieve an ideal effect. Especially in speeches, many parallel words or phrases are widely used to express strong emotions and arouse the attention of the targeted audience. For example:

(7) 2000多年前,我们的先辈筚路蓝缕,穿越草原沙漠,开辟出联通亚欧非的路上丝绸之路;我们的先辈扬帆远航,穿越惊涛骇浪,闯荡出连接东西方的海上丝绸之路。

(7a)Over 2000 years ago, our ancestors, trekking across..., opened...Our ancestors, navigating ..., created ...

In the beginning part of the speech, President Xi affectionately told the story of the history of the silk routes by using symmetrical structure. The parallel structure not only increases persuasiveness but also creates a sense of rhythm. When reading it, we can be convinced that China has been a pioneer of civilization since ancient time and feel China's confidence and pride in talking its history. But considering that Chinese is bamboo-like structure while English is tree-like structure, we must degrade the function of numerous verbs in Chinese to keep style of the original in English. In this example, we can see that the translator dealt with "穿越草原沙漠", "穿越惊涛骇浪"by using participle phrases, which not only avoids the discontinuity caused by the mechanic combination of sentences, but also evokes the natural outpouring of audiences' emotion. The resonance in cultural identify can make up cultural barriers and convince audiences, to a large degree, to accept China's national image on the international stage.

Besides, in foreign publicity, words related to some fields such as territory, religion, sovereignty are highly sensitive words. These words are linked with China's national interest. If being misinterpreted, it will lead to a severe damage of China's national image. So only the translator has a good grasp of China's national condition and keeps extremely sensitive to political issues, can the translation conforms to the directivity of the original and maintains China's fundamental interest.

5 Conclusion

With the advent of globalization, the connection between countries has become closer. The world cannot be developed without China. Likewise, China's development benefits from the contributions and supports of the world. In recently years, China, has made great efforts to take part in the global affairs, as well as puts forward many accessible plans and meaningful initiatives that aim to benefit people of the world. The opening of the Belt and Road Forum is with no doubt one of the most influential and representative international events, which successfully depicts China as a responsible and peaceful country. That is attributed not only to the upgradation of international communicative ideals, but also to the improvement of the translation quality in foreign publicity. Grounded on the constructivist translatology, the thesis is an attempt to analyze how the translation text of President Xi's speech on BRF successfully constructs china's national image. And the application of the three principles in foreign publicity translation i.e. conforming to the objectivity of knowledge, being of rational understanding and valid interpretation, complying with the directivity and frame of the original, is conducive to improving the quality of translation, then constructing a positive national image.

The limitations of the thesis mainly lie in two aspects. Firstly, the thesis only analyzes the construction of national image in the translation text from the perspective of pragmatic use of language rather than syntactic. Secondly, all the examples chosen in the thesis are beneficial to construct a positive national image, which may lead to the conclusion less objective and persuasive. For all those limitations, the author hopes that following studies can be paid more attention to the systematic selecting of texts to be analyzed and the perspectives can be more diverse and comprehensive.

Works Cited:

[1]习近平. 携手推进"一带一路"建设——在"一带一路"国际合作高峰论坛开幕式上的演讲[EB/OL]. [2017-05-14](2018-02-19). http://www.xinhuanet.com/world/2017-05/14/c_1120969677.htm.

Xi Jinping. Work Together to Build the Silk Road Economic Belt and The 21st Century Maritime Silk Road[EB/OL].[2017-05-14](2018-02-19). http://www.xinhuanet.com/english/2017-05/16/c_136287878.htm.

[2]习近平. 弘扬万隆精神 推进合作共赢[EB/OL].[2015-04-20](2018-02-19). http://www.mod.gov.cn/xwph/2015-04/23/content_4581509.htm.

Xi Jingping. Carry Forward the Bandung Spirit for Win-win Cooperation[EB/OL].[2015-04-22](2018-02-19). http://www.fmprc.gov.cn/mfa_eng/wjdt_665385/zyjh_665391/t1259844.shtml>.

[3]卢小军. 国家形象与外宣翻译策略研究[D]. 上海:上海外国语大学,2013.

[4]余秋平. 国家形象视阈下外宣翻译策略刍议[J]. 西安外国语大学学报, 2016(1):127.

[5]张健. 全球化语境下的外宣翻译"变通"策略刍议[J]. 外国语言文学, 2013 (1):19.

[6]黄友义. 坚持外宣“三贴近”,处理好外宣翻译中的难点问题[J]. 中国翻译, 2004(6):27.
[7]张琳. 外宣翻译的特点及要求[J]. 榆林学院学报, 2011(5):107.
[8] TOSEPH S, NYE J. Soft Power: the mean to success in world politics [M]. New York City: Public Affairs, 2004:5.
[9] ELENA T. The image of a country created by international media: the case of bulgaria [M]. Newcastle upon Tyne: Cambridge Scholars Publishing, 2014:6.
[10]张昆. 国家形象传播[M]. 上海: 复旦大学出版社,2005.
[11]习近平. 决胜全面建成小康社会　夺取新时代中国特色社会主义伟大胜利——在中国共产党第十九次全国代表大会上的报告[R/OL]. [2017-10-18](2018-02-19). http://www.xinhuanet.com/politics/19cpcnc/2017-10/27/c_1121867529.htm.
[12] China Foreign Languages Publishing Administration. 2016—2017 China Global National Survey[R]. Beijing: CIPG, 2018:1.
[13] 范萍萍, 王银泉. 从国际软实力竞争看外宣新闻翻译的重要性[J]. 视听界, 2014(11): 97.
[14] 洪丹,许东辉,林远康. 数说“一带一路”报道中媒体更关注什么[N/OL]. 中国新闻出版广电报. [2017-05-23](2018-02-10). http://media.people.com.cn/n1/2017/0523/c40606-29294564.html.
[15] 吕俊,侯向群. 翻译学——一个建构主义的视角[M]. 上海:上海外语教育出版社,2006.
[16] 李开孟. 正确界定PPP模式中的社会资本主体资格[J]. 中国投资, 2015(12):97.

指导教师评语:

随着中国国际地位的提升,塑造正面积极的国家形象对于消除其他国家对中国的误解、增进国家间的友好合作有着非常重大的意义。本文以习近平主席讲话的英译文为素材,从建构主义的翻译观分析译文中国家形象构建的方式方法,观点新颖,论述清晰,结论合理,语言流畅,是一篇优秀的本科毕业论文。

外国语学院胡婷婷讲师

中小型互联网企业知识型人才流失的成因与对策

卢运雯

（经济管理学院）

摘　要：2017年中国员工离职率为14.5%，部分中小型互联网企业的人才流失率甚至超过了25%；随着“互联网+”的产业升级，创立初期的中小型互联网企业正面临着“互联网+人才管理”的难题。本文以中小型互联网企业的知识型人才为调查对象，利用文献调查法和问卷调查法分析企业因素、非企业因素、工作满意度与员工离职倾向的相互关系，并结合“互联网+”思维和危机管理理论，为企业人才创新管理提出针对性建议。

关键词：互联网企业；中小型企业；人才流失；人才管理

1　引言

面对“互联网+”的浪潮，一大批中小型互联网企业纷纷涌现，它们通过自身发展、并购发展等手段，寻求融资或寻找收购方，否则就可能在花光创立资金后以宣告破产收场。中小型企业如何摆脱“一年发，二年起，三年倒”的噩梦？研究发现，一支稳定的人才队伍是企业发展的关键。根据“二八原则”，企业有20%的人创造了80%的利润[1]。互联网企业知识型人才归属于那20%的人。据2017年前程无忧发布的“离职与调薪”数据显示，中国职员在2016年的平均离职率为20.1%。报告里介绍，中国高新企业的离职率为19.1%，其中，部分中小型互联网企业人才流失甚至超过了25%，近40%的知识型人才新入一家企业未满一年就选择了离职[2]。中小型互联网企业知识型人才流失在一定程度上提示了外部还有更好的就业机会，这容易影响团队的稳定性甚至引起“连带跳槽”现象，还有可能造成企业的重要客户流失或商业信息泄露，甚至出现商业机密随着人才一起流入竞争企业。人才流失会对企业造成很多损失，如业务中断产生损失，企业培养继任人才产生的招聘、培训等费用，由于新人的失误造成的损失，等等，在一定程度上增加了企业的管理成本。目前，中国大多数中小企业的人力资源管理还处于“管人阶段”,将人才成本当作“静态”支出,这就导致企业难以从战略发展层面去提高自身的“软实力”。因此,本文结合我国和西方国家学者的相关观点,从危机管理角度分析人才流失的影响因素并探讨对应措施,为人才管理提供一定的借鉴作用。除此之外,本文还结合人才发展现状对中小型互联网企业知识型人才流失的问题进行探讨,通过数据分析切实提出人才流失的应对措施,对企业增强自身竞争力具有一定的现实意义。

本文综合文献调查法和问卷调查法,在整理、分析国内外学者对于人才流失问题相关研究成果的基础上,结合中小型互联网企业人才流失的现状,分别从企业因素、非企业因素两个方面对中小型互联网企业知识型人才流失成因进行分析。利用SPSS软件对调查数据进行统计分析,并结合分析结果与危机管理理论提出企业人才危机管理的应对措施,为企业激励员工并提升其核心竞争力提供建议,以期最大限度地帮助中小型互联网企业留住知识型人才。

2 文献综述

2.1 国内外研究现状

2.1.1 国外研究现状

20世纪初,西方学者已经开展了关于人才流失问题的研究。如Mobley将“企业人才流失”界定为:从公司中获得物质报酬并被认定为人才的个体,其个人终止了与企业劳动关系的过程[3]。Mobley提出,如果目前的工作无法满足员工的需求,当他遇到更好的外部工作机会时,他就会毫不犹豫地选择离职。汉姆和格雷卡斯发现,与员工流失率密切相关的因素有对工作的满意度、期望等[4]。玛汉·坦姆在他的研究中提到,影响激励知识型员工的主要因素依次为:个体成长、工作自主、业务成就感以及报酬[5]。

2.1.2 国内研究现状

张勉等通过研究高新企业技术人才的流失问题,证实国外学者关于员工工作满意度度与离职倾向呈负相关关系的观点同样适用于中国人才发展现状[6]。对于国企员工流失的影响因素研究,邢占军总结了有可能对员工工作满意度产生影响的五个要素:薪酬福利、人际关系、个人原因、家庭因素、社会变革等[7]。酒尚利、赵周科提出,企业人才除了追求薪酬福利,还有更高层次的需求,其中有对职业发展、个人价值实现、工作环境等方面的需求[8]。吴海燕认为,人才流失对企业的影响巨大,有可能导致企业知识流失、商业机密泄露、经营成本增加、竞争能力下降等[9]。

综上所述,本文基于人才发展现状,分析中小型互联网企业知识型人才流失的成因并提供针对性的建议。

2.2 相关的概念界定

2.2.1 互联网企业

对于互联网企业的定义，我国学界提出：以计算机网络为基础，通过互联网技术进行数据交换并展开各种商务活动的组织可以认为是互联网企业，这类企业的商务活动过程具有电子化、网络化以及数字化的特征。

互联网企业的分类有广义和狭义之分。广义上的互联网企业可分为基础层企业、服务层企业、终端层企业，狭义上的互联网企业根据提企业自身提供产品和服务的不同，可分为网络服务、互联网服务、互联网内容、应用服务以及应用基础设施等类型。

2.2.2 中小型互联网企业

以企业人员数量、营业收入额等项目为指标，国务院与有关部门结合行业特点规定了中小型企业的划分标准。

大部分中小型互联网企业为高科技企业，依托互联网技术为用户提供各类服务。目前，我国中小型互联网企业的划分标准规定：企业大专以上学历的员工占全体员工数量比例至少为20%，企业的科研支出费用占其主营业务收入的比例不得低于20%，专利收入占主营业务收入额的比例不得低于20%[10]。

2.2.3 中小型互联网企业的特征

互联网企业具有高风险、高激励的特征。根据互联网企业的发展阶段，不同时期的互联网企业具有不同的发展优势，例如专利知识、网络效应、规模经济、品牌优势。互联网企业发展势头迅猛，显著的创新性是互联网的行业特征，知识迭代的频率几乎达到每月一次。在知识经济驱使下，人力资本成为互联网企业的重要资本之一。中国许多中小企业处于初创期，其核心竞争力主要体现在“软实力”上，这就要求企业必须在管理上体现人才意识、创新意识。

2.2.4 知识型人才的定义

人才是企业重要的人力资本。针对不同的企业类型，学界对于知识型人才的定义存在不同的观点，本文在此列举几个主要的观点：

（1）“知识型员工”一词由管理大师彼得·德鲁克首次提出，他指出“知识型员工”是指能够运用相关的符号与概念，利用知识和信息展开工作的职工[11]。人才对于企业的业务发展有着重大影响，难以替代。

（2）伍德拉夫认为，企业中那些拥有知识并且能够用所学知识进行创新性工作的人都属于知识型员工，创新性是判断知识型员工的依据[12]。

（3）通过区分员工的知识、技能和意志，黄津孚将企业员工分为人才与一般劳动者。他认为人才的知识水平与技术能力优于一般劳动者,人才对社会的发展具有积极的作用[13]。

上述观点从不同角度阐述了知识型人才的定义,其中彼得·德鲁克的定义被接受的程度更高。结合学界有关知识型人才的界定,本文作出如下定义:在企业(或组织)中具有较高的知识水平与较强的技术能力,能运用自身掌握的知识和技能进行创新性工作的高效能员工就是知识型人才。

2.2.5 知识型人才的特征

中小型互联网企业知识型人才是本文的分析对象,他们除了具备一般知识型员工的共性特点,还有自身的特点。本文总结中小型互联网企业知识型人才具有以下特征:

(1)科学素养与个人素质较高。知识型人才具有较高的文化水平。在中小型互联网企业中,本科学历以上的员工占22.17%,他们运用自身掌握的知识进行创新性工作,其视野开阔、求知欲强。

(2)年轻化趋势明显。互联网企业具有高风险、高激励的特征,鼓励年轻人去进行知识创新与探索。相对于传统企业,中小型互联网企业的知识型人才年龄偏低,大部分人才在35岁以下,26～35岁的人员是主力军。

(3)人才流动性强。李克强总理于2018年在两会上强调要加快大数据、云计算、物联网应用,以新技术新业态新模式,推动传统产业生产、管理和营销模式变革[14]。自2005年中国网络强国战略提出以来,大量互联网企业涌现,知识型人才需求缺口扩大,供不应求的市场背景给知识型人才提供了更多的选择机会。除此之外,为顺应国家新旧发展动能转换及市场需要,许多传统企业逐渐利用互联网进行企业改造,知识型人才市场出现供不应求的局面。由于市场就业环境宽松,一旦知识型人才认为所在企业无法满足自身的需要,就容易萌生离职倾向。

2.2.6 人才流失的定义

人才流失逐渐发展为一种社会现象,无法彻底消除。根据奥德弗提出的ERG理论,人的需要可以分为生理层、社交层和发展层。一个人在某一环境中如果总是无法获取其需要的满足感,当外部环境能满足他的需求时,他很有可能会离开原有的环境[15]。

人才流失是指非企业主观意愿的人员流失现象,在一定程度上会对企业造成负面影响。根据不同的划分标准,人才流失的类型可分为不利与有利流失、主动与被动流失、显性与隐形流失,本文基于人才的不利、主动以及显性流失的影响因素进行分析。

2.3 相关的理论研究

2.3.1 需求层次理论

知识型人才固然有其基本需求，但他们更多地是追求自尊需求和自我实现等高层次需求。马斯洛将需求划分为五个层次：生理层、安全层、社交层、自尊层、自我实现层；继续细分可将生理需求、安全需求、社交需求划分为基本需求，自尊需求与自我实现需求为高层次需求[16]。企业人才期望在工作中展现自己的能力，实现自身的价值。

2.3.2 双因素理论

赫兹伯格根据各个因素对员工的激励程度不同，将影响员工工作行为的因素划分为保健因素和激励因素。保健因素也称基本因素，包括薪资、安全、工作环境、人际关系、企业管理方式等。相对于激励因素，保健因素对于员工激励作用并不大；然而，若企业中不具备或者无法满足这类需求容易引起员工的不满。激励因素包括成就感、荣誉感、个人进步等，这类因素能够较大限度地调动员工的工作积极性[17]。

2.3.3 公平理论

亚当斯密的公平理论提到，员工会将个人的报酬与他人对比，结果的公平性与合理性对员工的工作积极性具有一定程度的影响。员工会自行判断报酬的公平性，这种公平性可分为绝对公平与相对公平。绝对公平是指判断自身获得的报酬与投入是否相当，若报酬与投入呈正向相关，将激励员工投入更多的工作热情，反之会挫伤员工的工作积极性。相对公平是指员工将自身与他人的报酬/投入占比进行比较，若比值大于或等于他人的比值，会促使员工感到公平并提高工作积极性，反之，员工会感到不公平，产生不满，容易引起员工流失[18]。

2.3.4 马奇和西蒙模型

马奇和西蒙模型也称参与者决定模型，它指出员工会根据自身流出企业的合理性与容易性作出离职决定。该模型将劳动力市场和员工的工作满意度引入员工流失问题的研究中，强调员工的工作满意度和流出企业的容易性在员工离职决定过程中具有重要作用。

如图1所示，员工的工作满意度与“自我感觉到的工作满足程度”“对工作关系的预知和把握”“工作与其他角色的和谐性”紧密联系。

如图2所示，员工可以看到的企业数量、他们胜任职位的可获得性以及个人主观意向是该模型中的重要影响因素。

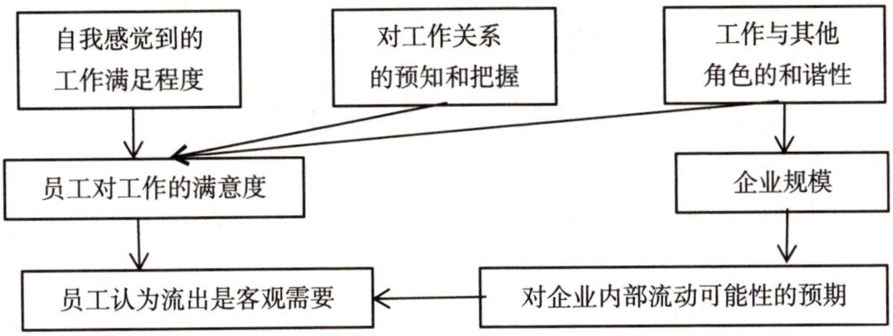

图1　员工感觉到的从企业中流出的合理性

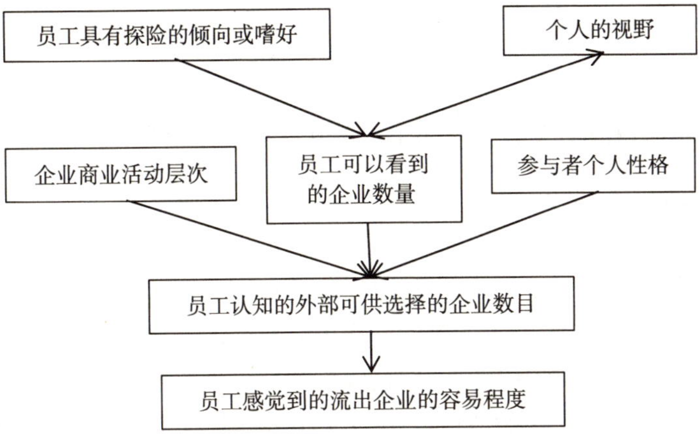

图2　员工感觉到的从企业中流出的容易性

2.3.5　普莱斯模型

如图3所示，普莱斯在模型中指出，工作满意度和选择机会作为中介变量对员工的流失存在一定的影响；影响员工流失的五个主要因素分别为工资水平、融合性、基础交流、正规交流以及企业的集权化，他认为除了企业的集权化与工作满意度呈负相关外，其他因素都与工作满意度呈正相关关系。

2.3.6　工作嵌入理论

Mitchell于2001年提出：影响员工离职行为的不仅仅是企业因素，个人主观意识等非企业因素对员工的影响也十分重要，部分非企业因素甚至是员工依附或嵌入自身工作的主要原因，这些因素使员工即使产生了不满情绪或有了更好的工作机会时也不会轻易选择离职，员工与工作的嵌入度越高，离职倾向越弱。他强调非企业因素在人才流失问题研究中的重要性。

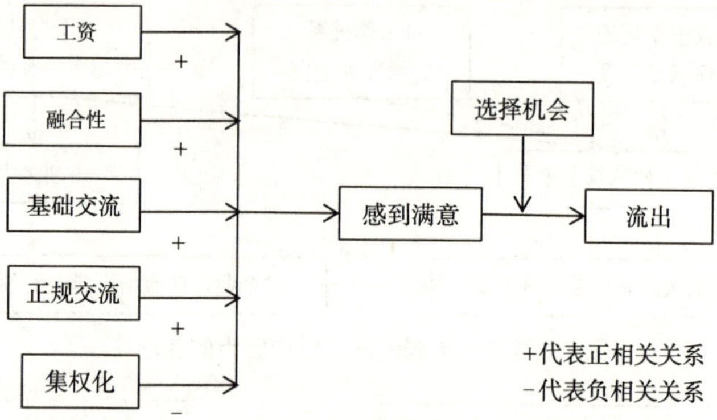

图3 普莱斯模型

3 中小型互联网企业人才流失的调查问卷分析

3.1 人才流失现状

3.1.1 知识型人才流失问题显著

中小型互联网企业由于自身发展尚未成熟，薪酬福利、绩效考核等管理制度不完善，导致大部分知识型人才表示工作压力较大，幸福感相对低于其他行业的平均水平。BOSS直聘研究院的数据显示，2017年互联网行业平均薪资为1.08万元/月，高于我国其他行业的平均值[19]；中小型互联网企业工资水平虽高，但由于企业自身处于发展初期，在晋升空间层面无法很好地吸引知识型人才。知识型人才更看重个人的长远发展，若在公司看不到个人的发展前景，一旦遇到更好的工作机会往往很容易选择离职。

3.1.2 流失的人才趋于年轻化

据全国总工会的调查数据显示，在全国职工年龄构成中，90后年龄段占比重大幅增加，互联网就业人员呈现低年龄、短工龄、高学历的特征，大部分互联网知识型人才的平均年龄低于35岁[20]。

3.1.3 跳槽现象明显

根据《2016年中国人才趋势报告》对从事本行业超过20年的员工调查数据显示，相较于全球17%的平均水平，中国从事本行业超过20年的员工仅占总体的13%[21]。互联网行业快速更迭的特点、新兴互联网企业管理的不完善以及个人倾向成为互联网人才频繁流动的三大诱因。

3.2 调查总体设计

结合国内外关于人才流失的调查研究，本文联系国内中小型互联网企业的人才流失现状，基于企业影响因素、非企业影响因素、工作满意度以及离职倾向的相关关系,尝试分析中小型互联网企业知识型人才流失的影响因素。

3.2.1 调查的目的

为了对中小型互联网企业知识型人才流失原因进行客观的数据分析,本文以调查问卷的形式收集人才流失影响因素的相关信息,区分企业因素和非企业因素的影响,探讨工作满意度如何影响人才流失,进而归纳分析员工产生离职倾向的主要诱因。

3.2.2 调查变量设计

1.人口统计变量。

本文的调查对象为中小型互联网企业的知识型人才。

2.工作满意度。

不同于单一的满意度评价法,本文结合国内外的相关研究,运用综合评价法把工作满意度分为薪酬福利、绩效管理、工作本身三个维度,分别讨论各个维度对员工工作满意度的影响情况。

(1)薪酬福利满意度。主要分为企业中薪酬水平的外部竞争力和内部公平性。

(2)绩效管理满意度。主要探讨企业绩效管理中考核标准的公正性以及考核结果的执行性。

(3)工作本身满意度。分别探讨工作自主性的强弱、员工在工作中能获得的培训机会以及职业发展空间对工作满意度的影响。

3.离职倾向及其影响因素。

基于业界关于人才流失影响因素的相关理论研究,本文从中提取企业因素和非企业因素,由此尝试区分两者对离职倾向影响的差异,见表1所示。

表1 离职倾向的影响因素调查维度表

一级指标	二级指标
企业因素	工作的自主性
	工作压力的大小
	工作中的人际关系
	公司的基础设施环境
	公司的企业文化氛围
	公司提供的相关培训机会
	培训的实用性/相关性
	公司行业中的发展前景

续 表

一级指标	二级指标
	上级提供的支持和帮助
	绩效考核标准的客观性
	绩效考核结果执行情况
	薪酬分配的内部公平性
	薪酬分配的外部竞争力
	薪酬福利的激励作用
非企业因素	个人转换成本
	个人价值追求

通过统计分析以上维度的信息，深入分析员工离职影响因素。

3.2.3 研究理论框架与假设

基于业界学者关于人才流失影响因素的研究以及构建的人才流失模型，人才流失的影响因素大致可分为企业因素和非企业因素两部分，本文从中提取薪酬管理、绩效管理、工作本身、个人转换成本、价值追求作为主要因素探讨企业因素和非企业因素对员工工作满意度的影响。

本文主要探讨企业因素通过工作满意度这个中介变量对中小型互联网企业知识型人才离职倾向的影响，验证工作满意度在我国中小型互联网企业人才流失问题中的适用性；结合工作嵌入理论，通过个人转换成本、个人价值追求来分析非企业因素对离职倾向的影响，归纳出中小型互联网企业知识型人才流失的关键因素，并基于工作满意度提出对策。如图4所示，本文提出以下三个假设：

H1：企业因素对员工工作满意度具有显著性影响。

H2：企业因素通过工作满意度这个中介变量影响员工的离职倾向。

H3：非企业因素对员工的离职倾向具有显著性影响。

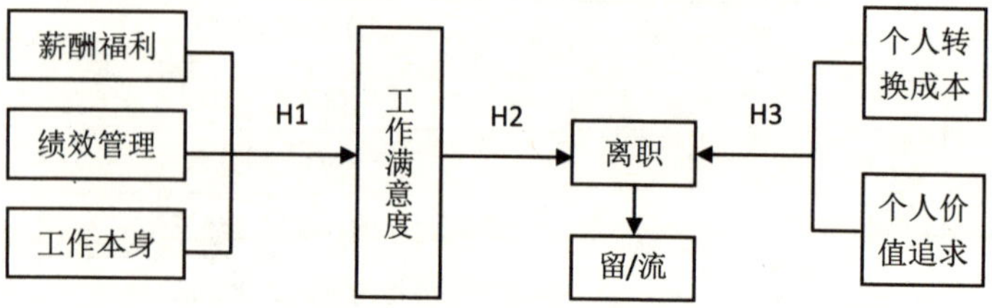

图4 研究理论框架示意

3.3 调查数据分析

本文的调查问卷分为卷首语、员工基本信息、工作满意度量表、离职倾向及其影响因素四个部分。

3.3.1 样本描述性分析

本次问卷调查结合线下发放问卷和线上问卷星设置发布对象，定向给互联网行业中的知识型人才发放问卷，共收回103份问卷，其中有效问卷101份。样本的具体统计结果如表2所示。

表2 样本描述性分析

变量	类别	人数	百分比
性别	男	64	63.37%
	女	37	36.63%
年龄	25岁以下	21	20.79%
	25~35岁	58	57.43%
	35~45岁	20	19.80%
	45岁以上	2	1.98%
学历	中专以下	0	0.00%
	大专	23	22.77%
	本科	37	36.63%
	研究生	40	39.60%
	博士以上	1	0.99%
离职次数	无	8	7.92%
	1次	23	22.77%
	2次	39	38.61%
	3次	26	25.74%
	4次以上	5	4.95%
工作年限	未满一年	3	2.97%
	1~3年	36	35.64%
	3~6年	43	42.57%
	6~10年	16	15.84%
	10年以上	3	2.97%
企业性质	国有企业	18	17.82%
	外资企业	11	10.98%
	民营企业	50	49.50%
	合资企业	22	21.78%

续 表

变量	类别	人数	百分比
岗位类型	信息维护类	22	21.78%
	营销类	14	13.86%
	产品类	22	21.78%
	软件研发类	27	26.73%
	管理类	12	11.88%
	其他	4	3.96%
月平均工资(税前)	3500以下	2	1.98%
	3500~5000元	20	19.80%
	5000~7000元	47	46.53%
	7000~10000元	25	24.75%
	10000元以上	7	6.93%

(1)从性别看，在被调查对象中，男性64人，占总体数量的63.37%；女性37人，占总体数量的36.63%。这种现象与互联网行业工作压力较大、工作时间长的特征有关，女性出于家庭等因素的考虑，在择业时会更加谨慎。

(2)从年龄看，25~35岁的被调查对象有58人，占总数比例高达57.43%；25岁以下的占总数的20.79%。从数据中可以看出调查对象符合互联网企业知识型人才低龄化的趋势。

(3)从学历层次看，被调查对象中有39.60%的知识型员工为研究生学历，36.63%的为本科学历。这两个学历层次的员工在整体数量中的比例较大，符合互联网知识型人才文化水平较高的特征。

(4)从离职次数看，离职2~3次的被调查对象有65人，占总数比例高达64.35%。受各类因素的影响，互联网企业人才流失的问题显著。

(5)从工龄看，3年以下工龄的被调查对象占总数的38.61%，3~6年工龄的占总数的42.57%；员工的工龄分布与年龄分布具有较强的相关性。

(6)从企业性质看，民营企业占总数比例高达49.50%，这从侧面说明本样本符合本文“中小型互联网企业”的调查要求。

(7)从岗位类型看，软件研发类的被调查对象所占比重最大，为26.73%；紧跟其后的为产品类和信息维护类，所占比重为21.78%。统计的数据一方面可以显示2017年互联网行业全面转向技术驱动的趋势，另一方面显示本文的调查对象重点选择了中小型互联网企业的知识型人才。

(8)从月平均工资(税前)看,5000~7000元的样本数量占整体数量的46.53%,7000~10000元的占24.75%。从整体来看,互联网行业知识型人才的薪资较为可观,这一方面体现出互联网发展趋势下知识型人才紧缺的现状,另一方面也反映了互联网行业工作强度高、压力大的实际问题。

3.3.2 信度分析

本文采用Cronbach's α系数来衡量调查问卷的准确性和可靠性;Cronbach's α系数值越大,调查数据可信度越高。一般情况下,若Cronbach's α系数在0.6以上,表示数据具有较好的内部一致性。Cronbach's α系数见表3所示。

表3 信度检验

量表	变量名称	题项目数	Cronbach's α系数
企业因素	薪酬福利	3	0.670
	绩效管理	3	0.494
	工作本身	3	0.616
非企业因素	个人转换成本	4	0.685
	个人价值追求	4	0.773
工作满意度	工作满意度(中介变量)	3	0.633
离职倾向	离职倾向(因变量)	4	0.543

从分析得出的Cronbach's α系数来看,此次调查数据的内部一致性总体来说较好,数据准确可靠。

3.3.3 效度分析

本文通过分析问卷数据的内容效度和结构效度来验证调查数据是否有效。

(1)内容效度。本文各量表的设计参考国内外学者的相关研究以及理论成果,利用企业因素、非企业因素来分析工作满意度与离职倾向的相关关系,内容效度较高。

(2)结构效度。本文对问卷各个量表做KMO检验和Bartlett's球形检验。检验结果见表4所示。

表4 各分量表的KMO检验和Bartlett's球形检验

量表名称		企业因素	非企业因素	工作满意度	离职倾向
KMO检验		0.788	0.848	0.617	0.500
Bartlett's球形检验	近似卡方	177.413	156.389	29.920	
	df	28	15	3	
	Sig.	0.000	0.000	0.000	

若Sig.值小于给定的显著性水平，当KMO系数>0.7时，可以认为所选取的变量适合作因子分析；若KMO系数<0.5，则表示所选取的变量不适宜进行因子分析。表4数据显示调查问卷各量表的KMO系数均大于等于0.5，可以进行因子分析。

因此，本文通过最大方差旋转法进行因子分析，剔除不合理题项后，得到各分量表对应的载荷量，见表5所示。

表5 各分量表旋转后得出的因子载荷数据

分量表	提取平方和载入方差		
	合计	方差的百分比	累积的百分比
企业因素量表	2.508	31.348%	31.348%
	1.663	20.793%	52.141%
非企业因素量表	3.022	50.372%	50.372%
工作满意度量表	1.653	55.094%	55.094%
离职倾向量表	1.276	63.809%	63.809%

从上表中可以看出，企业因素量表提取的3个因子累积贡献率为52.141%，非企业因素量表提取的2个因子累积贡献率为50.372%，工作满意度量表提取1个因子且累积贡献率为55.094%，离职倾向同样提取1个因子且累积贡献率为63.809%。本文各分量表提取的因子能较好地解释各个变量，各分量表的因子具有较好的效度。

3.3.4 相关性分析

本文采用Pearson相关分析法来确定企业因素、非企业因素、工作满意度以及离职倾向之间的相关关系，各个变量的相关关系见表6所示。

表6 各个变量的相关性分析

量表	变量名称	工作满意度	离职倾向
企业因素	薪酬福利	0.476**	0.372**
	绩效管理	0.258**	0.273**
	工作本身	0.153**	0.373**
非企业因素	个人转换成本	0.535**	0.406**
	个人价值追求	0.564**	0.340**
工作满意度	工作满意度（中介变量）	1	0.223**
离职倾向	离职倾向（因变量）	0.223**	1

注：**表示在0.01水平上显著，*表示在0.05水平上显著。

如表6所示，企业因素、非企业因素、工作满意度以及离职倾向之间具有相关性。

3.3.5 回归分析

为了进一步分析各个变量之间的相关关系，本文采用线性回归法，将企业因素、非企业因素与离职倾向进行回归分析。企业因素、非企业因素定义为自变量，离职倾向定义为因变量，验证它们之间的因果关系。回归分析结果见表7所示。

表7 企业因素、非企业因素与离职倾向的回归分析

模型		B	P	VIF	R^2	调整 R^2	F
1	个人转换成本	-0.275	0.008**	1.643	0.538	0.444	5.694**
	个人价值追求	-0.303	0.005**	1.468			
	薪酬福利	0.284	0.034*	1.902			
	绩效管理	0.206	0.047*	1.760			
	工作本身	0.222	0.027*	1.625			

注：**表示在0.01水平上显著，*表示在0.05水平上显著。

针对模型的多重共线性检验，模型中VIF值均小于5，说明模型中的变量不存在共线性问题，模型较好。企业因素和非企业因素的5个变量中，个人转换成本、个人价值追求、薪酬福利、绩效管理、工作本身都进入了模型1。

企业因素中的薪酬福利、绩效管理、工作本身都与工作满意度呈现正相关关系；员工的工作满意度与其离职倾向具有负相关关系。薪酬福利水平越高、绩效管理越客观、工作本身越好，则员工的工作满意度就越高，进而减弱离职倾向；相反，工作压力的增大会导致离职倾向越强。非企业因素中的个人转换成本与离职倾向呈现负相关关系。

3.3.6 中介变量的中介作用分析

工作满意度作为中介变量需要满足以下条件：

(1)设企业因素为自变量，工作满意度为因变量；回归系数需处于显著水平。

(2)设企业因素为自变量，离职倾向为因变量；回归系数需处于显著水平。

(3)设员工的工作满意度为自变量，离职倾向为因变量；回归系数需处于显著水平。

(4)若(1)(2)(3)皆成立，设企业因素和工作满意度为自变量，离职倾向为因变量；若工作满意度回归系数处于显著水平，企业因素变量的回归系数呈反向变化趋势。

根据上述四个条件，此处先设企业因素为自变量、工作满意度为因变量进行回归分析，结果见表8所示。

表8　中介变量条件(1)的验证

模型		非标准化系数		标准系数	t	P
		B	标准误差			
1	薪酬福利	0.342	0.112	0.343	3.058	0.003**
	绩效管理	0.231	0.086	0.263	2.684	0.009**
	工作本身	0.247	0.072	0.319	3.418	0.001**

注:**表示在0.01水平上显著,*表示在0.05水平上显著。

设企业因素为自变量，离职倾向为因变量进行回归分析，结果见表9所示。

表9　中介变量条件(2)的验证

模型		非标准化系数		标准系数	t	P
		B	标准误差			
1	薪酬福利	0.274	0.129	0.237	2.123	0.036*
	绩效管理	0.217	0.109	0.211	1.990	0.050*
	工作本身	0.248	0.093	0.273	2.667	0.009**

注:**表示在0.01水平上显著,*表示在0.05水平上显著。

设员工的工作满意度为自变量，离职倾向为因变量，回归分析的结果见表10所示。

表10　中介变量条件(3)的验证

模型		非标准化系数		标准系数	t	P
		B	标准误差			
1	工作满意度	0.305	0.109	0.295	2.807	0.006**

注:**表示在0.01水平上显著,*表示在0.05水平上显著。

将企业因素和工作满意度设为自变量，离职倾向设为因变量进行回归分析，结果见表11所示。

通过表11和表9的数据对比，可以看出工作满意度进入回归模型的回归系数有显著水平，企业因素变量处于显著水平且呈现反向变化趋势。由此，本文认为工作满意度在企业因素和离职倾向中间起着一定的中介作用。

表11　中介变量条件(4)的验证

模型		非标准化系数		标准系数	t	P
		B	标准误差			
1	薪酬福利	0.317	0.123	0.305	2.585	0.011*
	绩效管理	0.239	0.117	0.232	2.038	0.045*
	工作本身	0.288	0.104	0.316	2.783	0.007**
	工作满意度	0.118	0.115	0.101	2.047	0.043*

注:**表示在0.01水平上显著,*表示在0.05水平上显著。

4　影响中小型互联网企业知识型人才流失的因素

本文分析了企业因素、非企业因素、工作满意度、离职倾向的相关关系,提出假设并进行验证,验证的结果见表12所示。

表12　假设验证结果一览表

假设	假设内容	验证结果
H1	企业因素对员工工作满意度具有显著性影响。	成立
H2	企业因素通过工作满意度这个中介变量影响员工的离职倾向。	成立
H3	非企业因素对员工的离职倾向具有显著性影响。	成立

通过上述数据分析,本文得出结论:企业因素和非企业因素分别对离职倾向存在不同程度的影响;工作满意度作为企业因素与离职倾向之间的中介变量,对离职倾向存在一定的影响。

4.1　企业因素的影响

由图5可知,49.5%的员工认为“公司的福利分配比较公平”,37.62%的员工对自己的薪资水平感到满意,59.40%的员工对于公司绩效考核标准的公正性感到满意。值得注意的是,有26.73%的员工认为企业并没有及时地反馈考核结果。对于企业提供的职业发挥空间,分别有35.64%和40.59%的员工对公司提供的培训机会和职业发展规划不满意。

知识型人才基于工作满意度作出离职决定时,更看重人际关系和谐程度、学习机会与发展空间、薪酬福利水平、企业文化氛围、领导者的管理方式、工作压力大小等方面。其中,尤为看重人际关系和谐程度、学习机会与职业发展空间。

针对人才流失管理,员工认为应当着重从建立及时的投诉反馈体系、加强企业文化建设、开展针对性的培训并为员工提供晋升渠道、规范管理机制、增强员工认同感等方面入手。

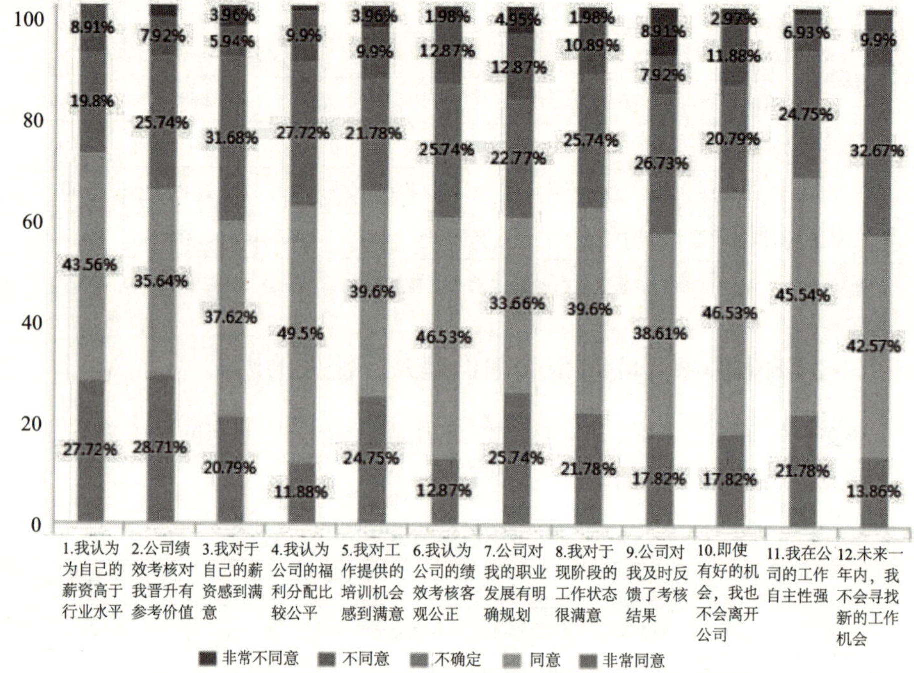

图5　工作满意度

4.1.1　职业发展空间受限

关于企业提供的职业发展空间，分别有35.64%和40.59%的员工对公司提供的培训机会和职业发展规划不满意。大多数知识型人才都期望能在实现个人价值的同时获得较好的晋升和发展机会；当员工提升了自己的知识和技能水平后，没有完善的晋升通道或适合他自身发展的职业发展计划，他的期望值就会转为负面情绪，这种不满积累到一定程度时极有可能激发离职倾向。

4.1.2　培训体系不完善

由于互联网行业迭代速度快的特性，知识型员工需要不断地通过内外部培训来提高自身知识水平和专业能力。中小型互联网企业往往由于创立初期的经费以及管理水平限制，未能建立完善的培训机制或为知识型人才提供个性化的培训，使培训流于形式；员工的学习需求没有得到满足或培训获得的知识技能实用性不强。

4.1.3　缺乏良好的企业文化

企业文化规范员工行为的同时指导着他们的思想。中小型互联网企业容易忽视企业文化的重要性，这极有可能导致企业员工缺乏共同的价值观；员工的个人努力没能与企业发展目标挂钩，无法激发员工更强的精神动力。样本数据显示，约90%的员工表示“我对于目前的公司没有太多归属感”，当员工对公司的归属感不强时，很难真正地热爱自己的公司，人才流失就成了顺其自然的事。

4.1.4　上下级沟通不畅

根据离职倾向影响因素的调查数据显示，有55.45%的员工认为“不能与上级进行顺利的沟通”容易导致员工的流失，53.47%的人表示“管理者的领导方式”会影响个人的离职决定。企业知识型人才的工作难度大、周期长，往往需要团队的协作与领导的支持；若领导无法在其遇到工作瓶颈时给予必要的支持，这容易引起员工的不满情绪。

4.1.5　薪酬分配缺乏公平性和竞争性

根据调查问卷结果的统计，在离职影响因素选择中，有57.43%的调查对象比较看重“薪酬福利水平”。中小型互联网企业往往成立时间不长，薪酬福利制度不够完善，虽然依旧遵循按劳分配的原则，但不同等级与不同岗位之间的薪酬差距不大，这种趋于“平均化”的分配对于人才起不到激励作用，当企业人才认为自己的付出没有得到应有的回报时，容易出现消极怠工的问题。

员工除了将自身“投入与获得之比”与公司内其他员工进行比较，还会与同行业其他公司的员工进行比较；即使是“老功臣”也会因为不公平而产生失衡感，因不满薪酬分配而选择离职。

4.2　非企业因素的影响

图6为非企业影响因素。由图可知，超过80%的员工表示“公司的价值观与我个人的价值观非常相近”，认为“我所做的工作对我来说十分有意义”。也有近90%的员工表示“我对于目前的公司没有太多归属感”。在家庭责任方面，超90%的员工表示“由于工作原因，我很难照顾到家庭”。80.19%的员工表示个人转换成本过高，认为“在其他公司我可能无法获得类似的福利待遇（如住房、养老福利等）”。在企业当前的人力资源管理制度下，83.16%的员工愿意继续为公司服务。

4.2.1　个人转换成本

如果企业对于人才主动离职没有一定程度的制度限制，当外部提供较好的机会时员工自然乐意不用花费很多的时间或精力就可以轻易跳槽到目标企业。在被调查对象中，80.19%的员工表示个人转换成本过高，认为“在其他公司我可能无法获得类似的福利待遇（如住房、养老福利等）”。超过90%的人表示“由于工作原因，我很难照顾到家庭”，这与77.23%的样本年龄在25～45岁有关。通常情况下，25～45岁的员工大多处于适婚或已婚的状态，年龄或婚姻状态将会影响他们所需承担的家庭责任，而家庭责任的大小会对离职倾向产生不同程度的影响。

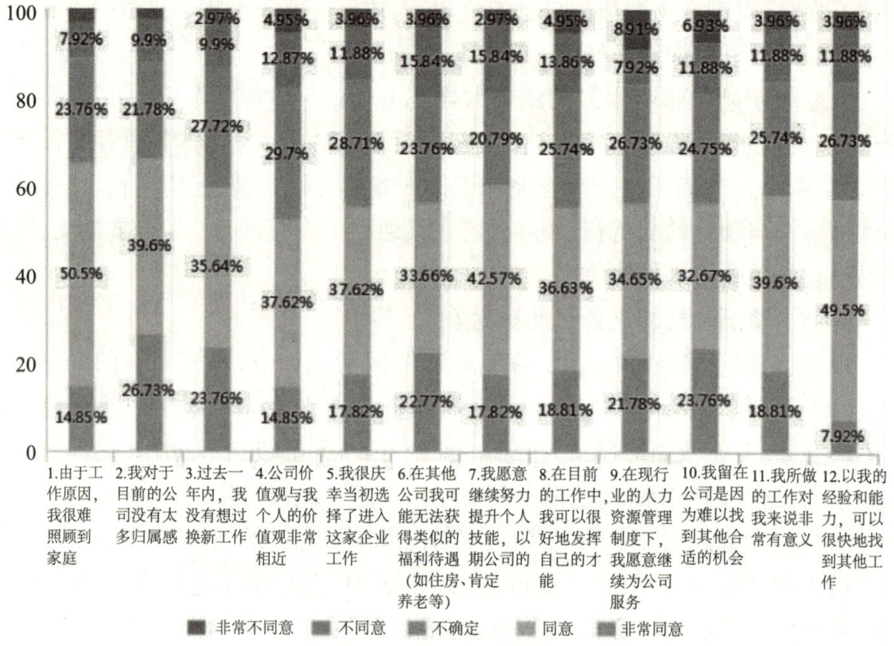

图6 非企业影响因素

4.2.2 个人价值追求

中国互联网行业由于自身的行业特性，行业内大多是比较年轻的人员，这一现象在中小型互联网企业中尤为明显。调查数据显示，中小型互联网企业中25～35岁的员工占样本总数的57.43%，25～35岁的员工在经济全球化、信息网络化的社会背景下，追求个人自由，具有较强的自主意识。知识型人才由于自身科学素养较高、视野开阔、求知欲强，往往有强烈的表现力和自我实现需求。他们更愿意从事富有挑战性的工作，通过工作提升自己并脱颖而出。如果长期从事枯燥的工作并得不到赏识，知识型人才的积极性受挫后就会选择离职的方式来实现追求自我价值的目的。

5 中小型互联网企业知识型人才流失的应对措施

企业在人才管理中应重视员工的工作满意度，不能忽视非企业因素对员工离职倾向的影响。为提高员工的工作满意度，本文基于诺曼·R.奥古斯丁的企业危机管理理论，从危机管理角度提出有效应对人才流失的措施。

5.1 危机预防

危机的紧迫性和必然性反映了它必然有根源可溯,人才危机管理的关键在于防范与化解企业中可能影响人才流失的各种潜在因素,将人才流失造成的损失降到最低。

5.1.1 树立人才危机意识

随着人才市场供需不平衡趋势越来越明显,企业管理者应当重视人才安全问题。近年来,中国互联网行业发展势头向好,越来越多的创业者想加入这个行业。当大家都站在一个起跑线上时,比的是谁先找到一个新的亮点并尽可能地将它放大,这个过程中更多地是比拼“人资”。企业管理者应当从企业发展战略的高度认识人才的重要性,在企业的日常管理中践行“以人为本”的管理思想。

5.1.2 定期进行人才盘点

人才盘点主要是为了帮助人力资源相关部门把握企业人才的总体状况,对中小型企业的人才状况有较好的监测作用;还能为企业人才危机的预防和应对提供人才数量、胜任力、人员构成等信息,为后期的危机处理工作提供诊断依据。

首先,企业应当明确人才的判定标准。其次,梳理企业过去一段时间内的人才数量、构成、胜任力和创新力等数据。最后,分析统计数据:比较企业人才目前的在岗人数和预计流失数量以及企业未来转型的人才需求,判断人才数量是否符合企业的发展需求;结合企业转型方向,分析企业人才的学历、职能和专业是否符合企业转型的需要,综合了解人才的胜任力。

企业可以根据实际情况确定盘点周期,了解企业当前人才状况与企业发展需要是否相符,判断人才危机的可能性并找出可能的危机源,及时发现管理中存在的漏洞或薄弱环节并作出调整。

5.1.3 建立人才危机防范机制

为防范人才流失,尽可能地降低人才流失给企业带来的负面影响,企业应着重优化人才结构,推动人才的创新意识,促进人才成长。

1.推动企业文化建设。

企业从“待遇留人”到“情感留人”管理方式上的转变,不仅体现了行业和人才特性的诉求,也体现了企业基于信任进而简化管理过程的转变。企业文化做到最后就是比“谁更尊重人”,它提醒企业应重视员工的工作满意度。

(1)营造良好的沟通氛围。良好的沟通能促进新思维的迸发与推广,企业需要塑造良好的沟通氛围,鼓励员工积极发表自己的观点,促使员工与上级进行沟通。

(2)搭建畅通的沟通渠道。除了内部网络、通讯软件等正式沟通方式,非正式沟通更容易促进员工之间的信息流动。通过沟通，企业能够获取员工的真实观点，员工也更容易理解企业人才的需求和转型措施，有利于提升员工的忠诚度。

2.完善招聘机制。

随着人才流失愈演愈烈，企业管理开始强调如何“招人”和“留人”。高效率的招聘不仅能满足企业的人才需求，还能满足人才对于事业的渴望。因此，招聘除了为企业过滤和筛选各类应聘者，还应当为企业网罗与企业价值观相符的优秀人才。

为着重考察应聘者的积极性、创新能力、协作能力、自我认知等方面的胜任能力，企业应结合内部和外部招聘，在招聘过程中遵循“人岗匹配”原则。

3.优化发展机制。

人才不一定是招来的，也可以是培训出来的。人才资本增值的重要性不低于财务增值，对人才的教育和培训可以帮助他们提升素质和工作技能，为企业发展积累更多的储备力量。

(1)完善培训体系。人力资源部要有培养“生态链”的意识，将开发员工能力与企业战略目标联系起来，为员工提供有针对性的培训。许多中小型企业出于成本控制考虑而不重视人才的培养，没有安排固定周期的培训或培训内容的实用性不强，这种培训既没有达到培训目标，员工的体验感也不好。

企业培训负责人应当从动物园的“饲养员”角度出发，让自家的“动物园”里面有“猴子”也有“大象”，每个人都有自身的特性和长处；“猴子”和“大象”的饲养方式不同，训练方式也不一样。具有针对性和实用性的训练更能开发员工符合企业发展需要的技能，满足企业战略发展需求。

(2)发展人才晋升机制。企业人才自身技能提升到了特定级别后容易遇到职业瓶颈，在这期间若他发现外部有更好的平台供自己展现个人的知识和经验，那么往往很容易选择离职。

①关注员工个人职业生涯规划。在员工的职业发展规划方面，为帮助员工提高专业技能并完成工作目标，企业应关注员工的个人职业生涯规划并帮助其制订个人职业发展计划。

②提供合理的职业发展通道。对于遭遇职业瓶颈的知识型人才，企业可以为其提供管理和技术的“双通道”发展渠道(见图7)，让员工根据个人的发展需求，自行申请管理的发展通道或专业的技术路线。双向晋升通道有利于帮助有管理潜质的人才顺利成长为管理者，企业得以保留具有丰富经验的管理人才；同时，潜心钻研技术的人才也能通过自身的努力成长为所在领域的专家，为人才的

职业发展提供了更广阔的空间。

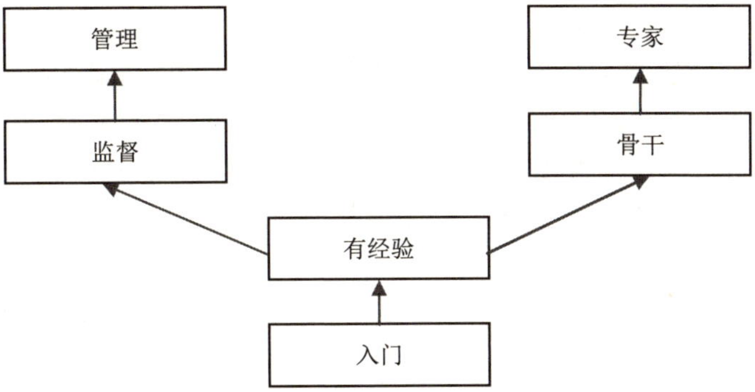

图7 “双通道”职业发展通道

4.调整人才激励措施。

部分中小型企业在人才激励措施上存在误区,认为所谓激励即“钱给够”,但现今互联网知识型人才的激励需求已不再拘泥于薪酬水平的高低。如何有效地激励员工是企业管理的重要难题之一。企业应从“人本管理”出发,不再片面地视员工为企业的打工者。企业可以结合物质与精神的双重激励,为员工的创新活动提供适合的发展环境。

(1)薪酬方面。虽说单纯的“工资+奖金”的薪酬构成对于人才的吸引力没有之前的明显,但基于马斯洛的需要层次理论,本文并没有完全否定员工物质层面的需要。由于市场需求大,中小型互联网企业知识型人才的薪酬福利水平整体偏高,所以相较于普通员工,知识型人才对于薪酬福利的内部公平性和外部竞争力的期望值更高。

根据不同岗位、职责、个人技能、工作绩效等指标区分不同的薪酬水平,更能体现出企业薪酬体系的内部公平性。出于公平性考虑,企业可以通过相应的人才业绩薪酬体系、激励薪酬体系、特殊技能薪酬体系,将回报向创造更多价值的人才倾斜,体现“给火车头加满油”的人才观。

(2)福利方面。福利作为薪酬的后续补充之一,对于企业人才的照顾应当得到充分体现。中小型互联网企业之间,知识型人才的薪酬水平通常没有太大的差别,随着福利的激励作用日渐显现,高薪背后的福利体系可帮助企业吸引人才。除国家法定福利,针对企业知识型人才的特性,企业福利分配可遵循“短期福利与考核挂钩、长期福利与企业发展成果链接”的原则,综合利用多种福利来增强员工的忠诚度。

实行中长期的经济利益型激励计划,让员工从股份层面参与企业经营,将核心人才变成公司未来的“主人”，增强员工的归属感。其主要方式有年度分红和股权激励：

①提供多样化的日常福利。如提供交通费、节日津贴、旅游补助、免费工作餐、团建费用等补贴，提供餐厅、咖啡吧、健身设施等生活型服务。除此之外，可依据员工的工作年限及作出的贡献，提供相应的购房补贴与贷款等。

②年度分红。通过年度分红，将个体努力与业务发展目标挂钩，激发员工奋发拼搏的精神动力。

③股权激励。股权激励作为长期激励的形式之一，可以让优秀的员工成为企业所有人的一部分，对于人才的激励效果十分明显，有利于保持企业人才队伍的稳定性。

(3)培训方面。培训是企业吸引和留住人才的重要措施，这是因为员工可以通过培训补充新知识、提高技能。发展机会对优秀人才的激励效果较为明显，企业可以通过提供不同的发展机会，刺激更多优秀人员的涌现，如为员工提供丰富的培训机会，设计富有挑战性的工作，利用培训机会和挑战牵引来发现、考察优秀人才。具体可以结合业务内容，鼓励员工参加线下教学和线上学习；建立学习小组共同解决工作难题，强调将课程学习运用到工作实践。

(4)考核方面。企业吸引人才并尊重人才，但企业不迁就人才；员工的薪酬、晋升以目标考核和绩效考核为依据，能有效地激发企业人才的潜能。首先，企业应当结合员工的建议制定考核标准，与员工保持充分的沟通。其次，着重对团队进行考核，将个人与团队的目标和绩效相联系，促使团队成员相互协作，团队之间形成良性竞争氛围有利于更大程度地激发员工的工作热情。最后，保证考核结果的客观性并及时反馈给员工，鼓励优秀人才脱颖而出，及时清理低绩效与懈怠员工。

5.1.4 构建人才危机预警管理系统

企业人才流失危机往往有一段“潜伏期”，人才流失前会出现出勤率下降、绩效降低等讯息。因此，企业要定期检测人才环境的变化，对员工工作满意度、工作压力大小等因素进行分析并判断人才安全状况。及时的预警能够为企业的人才流失危机管理赢得主动权。人才流失对企业来说有多方面的影响，企业需要提前采取相关的预控措施。

1. 签订保守商业秘密协议。

为避免企业的关键技术和知识随着人才离开而流失，企业应当明确商业秘密的范围和表现形式，与人才约定在规定时间内不得利用企业的商业机密为个人谋利。

2.使用竞业禁止条款。

企业人才的知识、经验与技能在所属行业内具有一定的竞争力，人才若流失到竞争对手那里则不利于企业的业务发展。因此，要与员工约定竞业规避条款，规定员工离职后在约定时间内不得自营或为他人经营与原企业有直接竞争的业务，从而有效防止企业技术、经验流失。

3.实行岗位继任机制。

对于关键岗位采用“师傅带班”的模式，在日常工作中通过岗位轮换、交叉培训等方式培养后备力量，确保技术和经验的延续性。企业有了自己的人才储备库，一方面可以拓展员工的职业发展通道，另一方面可以确保人才流失后调配合适的人选进行替代。

4.建立信息数据库。

企业对员工培训的成果具有隐形特点，它以经验、灵感等方式隐藏于员工身上，承载这些知识和经验的员工离开就意味着企业部分的知识成果也随之流失。由此，企业应当鼓励员工相互交流自身的知识和经验，通过形体语言符号、工作程序等形式记录这些隐性知识，形成良性的内部知识循环。

5.2 危机应对

人才流失的紧迫性和必然性要求危机应对阶段的工作需要“快刀斩乱麻”。

5.2.1 收集信息

及时了解离职员工的个人信息、负责的项目及进展、离职原因等。

5.2.2 离职面谈

由人力资源相关部门组织离职员工与所在部门的领导进行面谈，通过开放式的问题了解离职背后的真正原因，看看是否有挽留的可能性。

5.2.3 填补空缺

确认离职员工没有挽留的可能性之后，及时挑选出合适的继任者，确保公司业务正常进行。同时，要及时与内外部相关人员进行沟通，安抚员工情绪，维护企业形象。

5.2.4 分析结果

分析离职员工在离职面谈时提出的离职原因和建议，了解企业薪酬福利、培训、管理制度等方面的问题并提出改进措施是离职面谈的意义所在。

5.3 化危为“机”

虽然人才流失在一定程度上给企业造成了负面影响，但它为企业提供了反思、总结的机会。通过科学的人才危机管理，企业能够发现人才管理中薄弱或缺失的环节，借机增强危机应对能力，提高管理水平。本文将人才危机应对的有效措施总结为“四子原则”:“筛子”,强调招聘的过滤和筛选作用,优化人才队伍;“桃子”,采用多元化的激励方式,完善人才激励机制;“鞭子”,结合目标与绩效考核,建立科学的培训体系和考核制度;“绳子”,发挥企业价值观的“牵引作用”,建立企业文化和共同愿景。

6 结论

本文结合国内外研究现状,基于企业因素、非企业因素对员工离职倾向的影响及影响程度,强调人才管理中员工工作满意度和非企业因素的重要性;结合中小型互联网企业人才流失的成因与危机管理理论,从危机预防的角度着重从企业文化、薪酬福利、培训、考核等方面提出针对性的应对措施。由于客观条件的限制,此次调查的样本量偏小,后续的研究可以扩大样本数量,使研究结论更具有说服力;从企业的不同类型、规模、发展阶段方面去探讨中小型互联网企业知识型员工的流失问题和对策还有待深入研究。

参考文献:

[1] 孙陶然.孙陶然:要把80%薪酬付给20%的人[J].中外企业家,2017(22):156.

[2] 前程无忧.2017离职与调薪调研报告[R].北京:前程无忧人力资源研究院,2016.

[3] MOBLEY W H. Intermediate linkages in the relationship between job satisfaction and employee turnover[J].Journal of Aplied Psychology,1977:273-240.

[4] 郑庆伟.中小微型企业转型升级过程中的员工流失问题研究——以三明市为例[J].现代经济信息,2014(11):156-157.

[5] 王馨.高新技术企业知识型员工流失风险管理[M].大连:大连海事大学出版社,2014:18-19.

[6]张勉,张德.企业雇员离职意向的影响因素:对一些新变量的量化研究[J].管理评论,2007(4):23-28,63.

[7] 邢占军,张友谊,唐正风.国有大中型企业职工满意感研究[J].心理科学,2001(2):191-193.

[8] 酒尚利,赵周科.中原油田人才流失的现状及对策[J].中国科技论坛,2005(1):130-134.

[9] 吴海燕.基于全过程面向中小型IT企业的研发人员流动研究[D].武汉:华中科技大学,2006.

[10] 王海忠.品牌管理[M].北京:清华大学出版社,2014.

[11] DRUCKER P, MACIARIELLO J. The effective executive in action: a journal for getting the right things done [M].HarperCollins,2006.

[12] WOODRUFFE C. Winning the talent war: a strategic approach to attracting, developing and

retaining the best people [M].New York Wiley and Sons,1999:75-78.
[13] 黄津孚.现代企业管理原理[M].北京:首都经济贸易大学出版社,2007.
[14] 唐伟杰.十二届全国人大五次会议记录——政府工作报告[Z].北京:中国新闻网,2017.
[15] ALDERFER C. The practice of organizational diagnosis: theory and methods[M]. Oxford University Press,2011.
[16] 马斯洛.马斯洛人本哲学[M].成明,编译.北京:九州出版社,2003.
[17] MATEI M C,ABRUDAN M M. Adapting herzberg's two factor theory to the cultural context of rRomania [J]. Procedia-Social and Behavioral Sciences, 2016:95-104.
[18] 高梅.基于亚当斯密公平理论的企业薪酬设计研究[J].现代商业,2013(32):162.
[19] BOSS直聘研究院.流动的盛宴:2018求职旺季人才趋势报告[R].北京:BOSS直聘研究院,2018.
[20] 葛文琦.第八次全国职工队伍状况调查领导小组负责人答记着问[N].工人日报,2018-01-17.
[21] 领英网.2016年中国人才趋势报告[R].北京:领英-Linkedin,2017.

指导教师评语:

本文选题新颖,有较好的理论意义与实践价值。文章思路清晰,结构安排较合理,内容充实,文笔流畅。作者查询并阅读了相关文献资料,掌握资料较充分;写作态度端正,科研作风较好,论文写作规范。较好地掌握了本专业的基本理论知识和方法。

经济管理学院何建华副教授

A周刊的女性报道研究

陈晓煜
（新闻与传播学院）

摘　要：本文采用内容和文本分析，以2017年A周刊微信公众平台的女性报道为对象，研究媒介呈现的女性形象。研究发现，女性报道的议题分布广泛，“第三类女性”塑造女性新形象、女童话题进入女性报道领域。但同时存在女性形象单一、女性话语权受到制约等问题。因此，媒介在呈现女性形象时需要肩负起相应的责任。

关键词：女性；媒介形象；性别意识；《冰点周刊》

1　绪论

1.1　研究背景

在媒介传播研究中，社会性别是一个有效的分析范畴。在女性学和性别学研究中，媒介传播的研究占有相当大的比重。由此，社会性别与媒介传播被视为新闻传播学与女性研究的交叉学科[1]。媒介与女性研究发轫于欧美学术界，但是纵观其传统的新闻学、传播学研究，媒介与女性的研究几乎处于空白状态，一些熟知的传播学经典著作对性别问题没有只言片语。然而女性在社会发展中有着重要的地位和作用，媒介与女性研究的缺席是媒介发展的不平衡。

在研究领域中，1982年，传播学鼻祖威尔伯·施拉姆将他在1973出版的《人、讯息与媒介：人类传播概览》一书的书名更改为《男人、女人、讯息与媒介：解读人类传播》；在《大众传播学通论》1987年的第二版中，丹尼斯·麦奎尔增加了关于女性主义内容分析的段落。由此可见，随着时代发展，媒介与性别的互动研究已成必然和趋势。

中国对媒介与女性的本土化研究起源于20世纪八九十年代的译介。1995年，世界妇女大会在北京召开，会议不仅对妇女问题进行了热烈的讨论，也对中国妇女研究起到了重要作用。

1.2 研究现状

笔者在知网搜索女性报道研究相关文献时发现，我国对女性报道的研究主要集中在女性报道的现状与趋势、女性报道存在的问题、女性报道出现问题的原因、女性报道的对策等方面。

在女性报道的现状与趋势方面，安克娴在《对社会新闻中女性报道的分析和思考》中指出，社会新闻中有关女性的报道力求客观、真实地反映妇女自下而上的生存状态，在妇女参与社会经济发展方面将其作为一支积极进步的力量加以反映[2]。菱菁在《从话语角度透视女性报道》中指出，女性报道的报道主体以男性为主，报道内容男性占主流[3]。努尔比亚·亚生在《浅论新闻媒体中的女性形象》中认为，新闻报道中的女性形象呈现积极与消极两个方面：积极方面，他认为新闻媒体中的女性形象能拓展女性生活视野、冲击传统女性生活模式、激励女性不断进取；消极方面，他认为存在歧视女性、宣扬传统的性别角色、过度强化女性外在形象等现象[4]。

在女性报道存在的问题方面，营立成在《倾向传统还是走向现代：21世纪头十年性别意识变迁分析——以〈中国青年报〉为例》中指出，在女性报道中反映的性别意识已经越来越被证明是一个多维度的、彼此之间内容关系复杂的“概念群”，性别意识的相当部分内容可能不与经济发展同步，甚至不与女性社会成员的地位改善同步[5]。陆晨在《新闻传媒女性报道的负面效应》中提出了三点，一是在传统文化影响下对女性进行“刻板印象”化，二是许多女性报道不同程度地存在性别盲点，三是对女性美存在误读[6]。林君在《媒介正义视阈下的女性报道研究》中指出，女性报道存在的问题主要集中在三个方面，一是思想观念的错位，二是女性话语的偏失，三是女性报道的媚俗化倾向[7]。

在女性报道出现问题的原因方面，王再承在《中国新闻传媒女性报道的误区及矫正》中认为，社会传统因素的潜在作用、现实社会的“集体无意识”、女性自身的消极因素、传媒商业化运作中对社会性别关系的误读是主要原因[8]。颜菊思在《报媒女性报道的偏差分析》中指出，媒介从业人员受社会历史环境影响形成对女性的刻板效应，受社会经济环境影响导致把关的负面效应[9]。

在女性报道的对策方面，邹丽云、常珂在《试论网络媒体中的女性报道存在的问题及对策》中指出，要开展媒介素养教育，培养受众的信息意识；弘扬新闻专业主义，拓展女性报道的深度与广度；开展舆论监督，构建全体女性的社会系统支持[10]。俞文丹在《当前女性负面传播现象解读》中认为，要拓展女性报道的深度和广度；提高从业人员的性别意识，增强新闻传媒的社会责任感；对女性负面消息加以疏导，有倾向地传播[11]。

1.3 研究对象

本文的研究对象主要是《冰点周刊》的女性报道。《冰点周刊》是由北京《中国青年报》的《冰点特稿》栏目创办而来。1995年1月6日，一篇题为《最后的粪桶》的深度报道以一个整版出现在《中国青年报》第八版，这篇描述普通知青生存状态的报道一时引发了社会的强烈反响，也由此开创了中国新闻界的“冰点高度”。

随着时代的发展，互联网式的阅读方式渐渐取代了报刊亭买报纸阅读的阅读方式，互联网以其时效性强、便携性好等优势深受用户喜爱。2011年，腾讯公司创建微信平台，微信平台中的微信公众号可以使账号主体实现与订阅用户的文字、图片、语音、视频等全方位沟通、互动。

2013年3月23日，《冰点周刊》微信公众号以一篇《互联网的记性咋就这么好》开始了冰点的互联网时代，选择订阅公众号的阅读方式渐受欢迎。

2 研究设计与方法

本研究以微信公众号为目标媒体，囿于时间和人力的限制，本研究只选择《冰点周刊》一家媒体类微信公众平台为研究样本。《冰点周刊》微信公众号摒弃了报纸时代的每周发稿，选择公众平台每日发稿，消息来源为《中国青年报》，阅读量平均为7000。受到《中国青年报》的影响，《冰点周刊》的主要受众为青年，高层人士也是其重要的受众群体。《冰点周刊》将新闻业务形式不断创新，受到了广大受众的认同。推进深度报道、追踪事态进展在20世纪90年代以前并不多见，尤其是通篇以女性为主要报道对象，这是《冰点周刊》的一种创新，因此，选择它作为女性报道研究的目标媒体既有历史发展的代表性，也有互联网发展时代的先进性。

2.1 样本选择与分析单位

本研究以2017年整年的《冰点周刊》微信公众号为范围，在报道重心上，检索整篇报道主要为女性的报道议题，或者整篇报道由女性角色起到重要作用的报道议题。若仅仅是提及女性，而非以主要议题或女性未在报道中起到关键作用的，都不属于研究样本。在题材上，选择报道体，排除评论、人物资料介绍、文学作品等。在符号呈现上，考虑到资料的明晰性和易得性，图片、视频等不做选择，只选择文字报道。由此获得2017年的相关报道74篇。每一则新闻作为一个分析单位。

2.2 内容分析的类目建构及编码

类目建构：根据研究的目的和需要，本研究的内容分析部分指定的类目包括以下几个方面：

（1）议题内容。①政治（比如女性从政者、女性参与两会等）。②社会发展（主要指女性通过女性形象对某一社会发展的议题产生了重要作用，如交通、房价、消费、环境等）。③社会问题（主要指通过女性视角反映社会中出现的问题，如农民工、养老、特殊群体等）。④文化（女性在文化事业中扮演重要角色）。⑤艺术（主要指女性从事的有关艺术类的职业，如演员、编剧等）。⑥法律（女性维权或者自身权益受到侵害）。⑦教育（未成年人的教育问题或者女性家庭角色对孩子的教育问题）。⑧历史（女性在历史问题中做出的重要推动作用，如南京大屠杀志愿者）。⑨科技发展（女性科学家或者女性在科技发展中起到重要作用）。⑩婚恋（主要指相亲、结婚等）。⑪生命健康（由女性主导的在生命健康方面有着重要影响的内容，如情感疏导、促进健康发展等）。⑫待遇（主要指女性在社会生活中受到的特殊对待，如地铁设立女性车厢）。⑬职业（女性在职场上的遭遇或者职场中对女性的特殊看法）。⑭粉丝（女粉丝对明星的追捧）。⑮消费（女性消费，如“双十一”）。⑯诈骗（女性为受害者或者女性作为违法犯罪的主体）。⑰性伤害（强奸、猥亵儿童等）。⑱家暴（女性在家庭中的生命健康受到暴力侵害）。⑲其他（难以归入以上几类的其他报道）。

（2）报道女性所在的区域。根据报道中对女性的描述，可将她们所在的区域分为城市、农村、国际（其中，城市、农村指中国地区）。

（3）报道女性的年龄。根据相关研究和实际情况将《冰点周刊》微信公众平台女性报道中女性的年龄划分为4个层次。小于18岁的为未成年人，18～44岁的视为青年，45～59岁的视为中年，60岁以上的视为老年。

（4）报道的角色。根据研究需要分为职业角色（包括企业家、医生、教师等）、家庭角色（妻子、母亲、女儿等）、学生及未成年人、未提及具体角色、其他。

（5）报道女性的职业。本研究根据中国职业分类体系表和研究需要将报道女性的职业划分为：①政府人员；②文艺工作者，如演员、作家、编剧、乐手等；③专家学者；④服务业人员，在《冰点周刊》微信公众平台中主要呈现为列车员、导游、宿管服务员等；⑤农民工；⑥企业家；⑦医务工作者；⑧NGO（Non-Governmental Organizations，非政府组织）工作者；⑨教育工作者，在《冰点周刊》微信公众平台中主要呈现为校长、老师等；⑩其他难以列入以上职业类型的。

（6）报道女性的外形描写。包括长相、身体等外在形象，特别关注是否有女性性征方面的身体描写。分为有或者无。

（7）报道女性的地位形象：①强势，有明显的主导型作用，如助人者、榜样地位、女强人等。②弱势，在《冰点周刊》微信公众平台中主要呈现为处于受助者、被害者、面临困难者、依赖他人帮助的形象。③中势形象，即没有明显的强势弱势特征。

(8)报道女性的性格形象。①感性:如易操控、易被欺骗、热衷消费、狂热追星、虚荣、情感支配等形象编码为感性的性格形象。②非感性形象,其他形象视为非感性形象。

3 研究发现与分析

3.1 议题内容

《冰点周刊》微信公众平台涉及的议题内容丰富多样,其中教育、生命健康、科技发展、社会问题四类议题占比相对较高,性伤害的议题比较关注由性伤害引发的性教育。

女性报道的议题内容在一定程度上可以反映出女性所来自的领域,由此也可以对某领域的女性地位窥探一二。综合2017年《冰点周刊》微信公众平台的女性报道,可以明确分类的议题内容可以划分出18类(见表1)。

表1 《冰点周刊》微信公众平台女性报道的议题内容分布

议题	篇数	比例
政治	2	2.70%
社会发展	3	4.05%
社会问题	6	8.11%
文化	5	6.76%
艺术	3	4.05%
法律	4	5.41%
教育	11	14.86%
历史	3	4.05%
科技发展	6	8.11%
婚恋	2	2.70%
生命健康	8	10.81%
待遇	1	1.35%
职业	5	6.76%
粉丝	2	2.70%
消费	1	1.35%
诈骗	4	5.41%
性伤害	3	4.05%
家暴	2	2.70%
其他	3	4.05%

其中,“教育”这一议题占比最高,达到14.86%。这一议题中教育的问题又可细分为学校教育、家庭教育、教育的城乡不平衡、社会发展带来的教育问题、特殊教育。“教育”这一话题历来受到各类媒体的重视,“教育”不仅对被教育者个人产生重要影响,还可以以小见大,反映出家庭、社会的发展变迁。这一点在教育的城乡不平衡、社会发展带来的教育问题中反映得尤其突出,如《一个作业本里的两种焦虑》《失落的县中:高出一本线14分就成了高考状元》等文章将城乡差距集中在教育层面,引起社会的广泛讨论。再如《一个6岁孩子的学习清单:英语词汇量4千,心算1万以内加减法,会背千字文》《陪读高考》等关注的是学前教育、高考问题,这是随着社会发展,独生子女一代在从工业化城市化发展到互联网时代中面临的压力,也反映了父母渴望由教育提升社会地位,渴望精英化的心理。《冰点周刊》微信公众平台中“教育”议题中的女性形象种类十分丰富,其中“母亲”的议题占比最大,这从侧面反映出即使女性的地位提高,职业身份渐受重视,但“相夫教子”的传统思维依然存在,女性依然在教育问题中扮演着重要角色。

“生命健康”这一议题占比为10.81%,居第二位。在“生命健康”这一议题中,大都与疾病相关,且关注的疾病类型多样,涉及自闭症、艾滋病、罕见疾病等类型,这反映了《冰点周刊》微信公众平台虽转为互联网平台发文,但常常将视角关注在“普通人”生活之外的冰点世界。同时,“生命健康”这一议题的女性角色大致可分为两类:一类是受助者的形象,如病患、老人等弱势群体;另一类为施助者的形象,如医生、意见领袖等。“生命健康”的话题得到《冰点周刊》微信公众平台的关注,说明“人”本身的问题,包括身体和心理渐渐受到人们的重视,尤其是心理健康问题,如“自闭症”“抑郁症”等话题正是在媒体的关注下渐渐进入大众视野,从而让人们反思自身及周围人的健康,并通过对心理问题的关注,实现社会的重视与帮助。本研究还发现在“生命健康”这一议题中,某些文章涉及的女性是唯一的,如某个罕见疾病,媒体“被迫”选择女性。但是在媒体可以“主动”选择的报道对象中,女性也成为报道“生命健康”议题中乐于选择的对象。如《自杀者的微博成了树洞,58万条留言孤独得像避雷针》一文中,选取了两位女性作为报道对象,相较于男性,从女性视角展现冰点话题更具冲击力。比如:“班长的女同学头发会梳成各种花样,她永远只有马尾。母亲说她‘太不爱卫生了’,她就天天洗澡,夏天每天洗三次,冬天每天一次。”类似如此的细节表达,用女性报道对象会产生强烈的视觉冲击和情感共鸣,再将细节放大至报道对象的疾病时,这种情感共鸣再次得到提高,从而使读者的情绪随之沉浸。

“科技发展”和“社会问题”的女性报道所占比例均为8.11%,并列第三位。

"科技发展"的议题虽与"生命健康"类似，分为施助者和受助者两种类型，但从比例而言，2017年《冰点周刊》微信公众平台有关"科技发展"的文章仅有一篇是从女性病患的角度描述，其他全部关注的是女性施助者，如科学家、医生等。这反映出在科技发展领域，女性的地位起到十分重要甚至不可或缺的作用，女性在科技领域的形象和声音通过媒介得到彰显，打破了以往对女性在科技领域处于弱势地位的刻板印象。社会问题类新闻虽然在比例上位列第三，但是与上述议题内容不同的是，报道中所呈现的女性大都被描述为弱势、无助、悲观的形象。这也从一个侧面反映出在社会问题中，女性形象依然处于劣势地位，且此种劣势地位不仅反映在人们固化认知中的犯罪等显性的弱势形象报道中，也涉及多样化领域，如"老年人北漂""退役运动员"等不太被人们关注的领域。由此反映当前的一些社会问题，尤其是有关女性的社会问题类型多样，媒介的社会责任功能得到发挥，唤起人们的重视从而引发社会关注，进而促进问题解决。

其他议题的比例均低于8%，但其中"性伤害"这一议题内容值得关注。虽然这一议题内容比例仅占4.05%，全年有3篇报道与其相关，但是在时间上有2篇发表于3月，分别为《性教育吓住了谁?》《从被性侵的小女孩，到传播反性侵的老师：一半阳光，一半阴影》。3月因为妇女节的节日热点，社会舆论焦点易集中在女性，其中"性伤害"的话题是将女性话题推至矛盾焦点的热议话题。有关"性伤害"话题的报道由谈性色变到渐渐被大众所了解、认知、认同，这个过程的变化与媒介发挥的作用密不可分。《冰点周刊》微信公众平台除了将议题焦点聚集在性侵等问题上，还关注性教育，且有关"性伤害"的话题全部集中在未成年对象上，同时还将采访对象选择为促进性教育、维护女童性安全等非政府组织工作者。

3.2 报道女性所在的区域

《冰点周刊》微信公众平台关注的女性绝大多数在城市，仅有不到20%涉及农村女性。同时，国际女性也进入《冰点周刊》的视野中。

人物所在区域是容易引起人们注意的信息，由于我国存在城乡二元结构的特殊情况，以及中外差异，可以将报道中女性所在区域分为城市、农村、国际三种类型。从表2中可以看出，超过八成的文本报道人物来自城市，对农村女性的关注不足两成，从这点上似乎可以说明在本研究观察的范围内，《冰点周刊》的微信公众平台对农村女性的关注度不够。这与《冰点周刊》微信公众平台依托的《中国青年报》的读者定位有一定关系。

表2 《冰点周刊》微信公众平台所报道女性的区域分布

区域	篇数	比例
城市	61	80.26%
农村	11	14.47%
国际	4	5.26%

3.3 报道女性的年龄

《冰点周刊》微信公众平台关注的女性以青年为主。

年龄是人们接触“出场”形象时最容易第一时间把握的信息之一，它勾勒了“出场”人物的基本形象。本研究涉及的文本中并不是每一篇都交代了具体女性人物的年龄，但有些描述了大致的年龄范围，因此，我们比较容易地划分出四个年龄段：未成年、青年、中年、老年。表3反映了2017年《冰点周刊》微信公众平台对各年龄层次报道的篇数和比例。可以发现，青年女性所占比例最大，达到55.26%，而中年女性比例最小，为10.53%，这一结果在一些早期的研究中可以证实。这不仅说明《冰点周刊》微信公众平台的定位以“服务青年”为主，也可能是契合了传统性别意识中对女性的年轻化的想象。

表3 《冰点周刊》微信公众平台报道女性的年龄分布

年龄	篇数	比例
未成年(小于18岁)	10	13.16%
青年(18～44岁)	42	55.26%
中年(45～59岁)	8	10.53%
老年(60岁以上)	13	17.11%
未提及	3	3.95%

3.4 报道女性的角色

《冰点周刊》微信公众平台报道女性的角色以职业角色为主，部分涉及家庭角色、学生角色。

在初步编码中，研究发现《冰点周刊》微信公众平台的文章中女性角色主要包括四类可以明确区分的角色(见表4)：第一种是职业角色，占据了《冰点周刊》微信公众平台女性报道的绝大部分比例，达到55.84%。这在一定程度上体现了其对现代化分工的遵循与重视，女性在媒体中的形象一改往日人们心中的“家庭主妇、附属、陪衬”等形象。刘伯红和卜卫曾研究发现，电视广告中51.5%的女性出现地点在家庭，仅14.5%在工作场所，因而得出了大众传媒塑造“贤妻良母”的传统性别意识结论[12]。但本研究表明女性角色与电视广告有所不同，这可以在一定程度上说明女性的职业角色对社会发展起着不可或缺的作用，也有可能是因为相较于广告，主流媒体对国家主流价值观塑造得比较彻底。

第二种类型是家庭角色，占比12.99%，包括妻子、女儿、母亲。

第三种类型是学生/儿童角色，占比14.29%。女性学生反映的问题不仅仅是广义上的教育问题，还包括性教育等细分方向中的教育问题。除了教育议题之外，以女学生为视角展现社会问题往往更具打动人心、引起共鸣的效果。

第四种类型是老人，占比6.49%。随着老龄化社会的发展，议题内容围绕老人成为反映社会发展的重要方面。老人的角色涉及诸如诈骗、养老、新型北漂等话题。

表4 《冰点周刊》微信公众平台报道女性的角色分布

女性角色	篇数	比例
职业角色	43	55.84%
家庭角色	10	12.99%
学生/儿童	11	14.29%
老人	5	6.49%
未提及	8	10.39%

3.5 报道女性的职业

《冰点周刊》微信公众平台所报道的职业女性的职业类型丰富多样，且专家学者、NGO工作者、教育工作者、文艺工作者相对比重较高。

由表5可知，《冰点周刊》微信公众平台一半以上的文本中女性是以职业角色的形象出现的，从这个角度而言，体现了其对现代女性职业分工的遵循。从传统视角而言，女性往往更适合从事教师、护士等职业，企业家、专家学者等是不太适合女性的职业，然而在本研究的范围中这种区分是没有的。表5中给出了研究样本所涉及的细分职业列表、篇数及比例。其中专业学者这一职业角色出现频率最高（20.93%），其次为NGO工作者、教育工作者、文艺工作者（包括演员、作家、编剧、乐手）。其中，教育工作者和文艺工作者是被认为的传统意义上适合女性的职业，而专家学者、NGO工作者则不然。同时，在其他这一分类中，文本还关注了一些新兴职业如整理师、粉丝等。这说明《冰点周刊》微信公众平台的女性报道体现的职业角色结构与传统性别意识有着一定的区别，其关注的人物与时代发展密不可分。

表5 《冰点周刊》微信公众平台报道女性的职业分布

职业	篇数	比例
政府人员	2	4.65%
文艺工作者	5	11.63%
专家学者	9	20.93%
服务业	3	6.98%
农民工	3	6.98%
企业家	1	2.33%
NGO工作者	5	11.63%
医务工作者	3	6.98%
教育工作者	5	11.63%
其他	3	6.98%

3.6 报道女性的外形描写

《冰点周刊》微信公众平台中没有刻意涉及过多的女性外形描写，相对而言较为客观。

在传统性别意识表征中，女性是作为“物化”“消费化”的体现，同时身体描写是读者容易关注和留意的内容之一[13]。就2017年分析的样本范围而言，没有大量的对女性身体的描述，在74篇文本中，仅有14篇有身体描写，其中大部分描写是与议题内容密不可分的（见表6）。笔者认为这14篇的身体描写大致分为三个方向：一是对患者疾病描述时必不可少的身体叙述，如《她本是天使，却被恶魔选中》一文中，为了说明采访对象疾病的严重程度，对其生病后的身体进行了描述。二是烘托优雅学者的刻板化符号，如《李佩带走了一个时代吗？》一文中，对李佩的身体描写冠以“优雅、端庄”等词语，这种描绘带有一定的对“女性身体消费”的倾向，但总体而言没有过度消费，还是以积极的态度报道。三是特殊话题激发读者情绪，如《赶在零之前》一文将视角关注在慰安妇上，对老人适当的身体描写更容易激发读者的家国情怀。再如《今天是反家暴法实施一周年，拳头离我们更远了吗？》一文中对受害者女性的身体进行描写，如“鼻青脸肿”“身体上的伤痕”等，更易使读者特别是女性读者产生情感共鸣。因此，仅从2017年研究的文本中可以发现，《冰点周刊》女性报道并未以女性身体的刻画抓住读者眼球。

表6 《冰点周刊》微信公众平台女性报道的外形描写分布

有无身体描写	篇数	比例
有	14	18.92%
无	60	81.08%

3.7 报道女性的地位形象

《冰点周刊》微信公众平台的女性形象超过半数并未刻意强调强势或者弱势的形象。

在历史上长期的男权主义背景下，女性处于弱势地位是一种现实。但是，在这种背景下形成的女性“弱小”“被保护”的文化给女性造成了压力，并形成了“弱势”的刻板印象。在本研究的文本中发现，强势的女性形象所占的比例比弱势的女性形象少了13.51%，未明显说明的女性形象过半（见表7），说明《冰点周刊》微信公众平台并没有明显地将女性塑造为弱势形象。

表7 《冰点周刊》微信公众平台报道女性的地位形象

地位形象	篇数	比例
弱势	23	31.08%
强势	13	17.57%
不明显	38	51.35%

3.8 报道女性的性格形象

《冰点周刊》微信公众平台的女性形象大多是非感性形象。

虽然作为弱势的女性形象在媒体中弱化，但是女性感性形象是否依然存在或者发生了变化呢？分析结果如表8所示，可以发现感性形象占25.68%。由此可以认为在本研究中，女性“外部形象”中的“弱势形象”在弱化，同时，随着女性参与社会分工的积极性增强，其“内在形象”中的“感性形象”在无形中弱化，虽然女性的“感性”并未像“弱势”那样带有污名化的意味，“感性”作为女性的优势可以承载一定的功能，但是其“感性”的刻板印象确实在发生变化。同时，虽然总体的女性形象不是感性的，但就某些特殊议题而言，女性的感性形象却得到了强化。如《新粉丝时代：“爱他就要为他花钱”》，单从标题而言，就将偶像限定了在了男性，粉丝限定在了女性，且直接表达出女性粉丝狂热追星的形象。从这个层面上而言，是隐形地将女性塑造为情绪化的形象，而追星却只字未提男性群体，也是将其看作理性的形象，这种看似科学的性别分配实际上强化了对性别的刻板印象。

表8 《冰点周刊》微信公众平台报道女性的性格形象

是否感性	篇数	比例
是	19	25.68%
否	55	74.32%

4 讨论与建议

4.1 《冰点周刊》微信公众平台女性报道的特点

第一,女性形象具备时代性特点。《冰点周刊》微信公众平台呈现的女性形象大都以职业女性为主,且职业类型多样。李普曼曾指出:“妇女刻板形象的体系可能是我们个人传统的核心,是我们社会地位的防护。也就是说,刻板印象就是媒介再现的社会价值标准,但它绝不能与妇女真实生活经历相混淆。”因此,女性往往以“家庭形象”“小鸟依人”等形象出现。但是,就本研究而言,女性的形象打破了这种刻板、边缘化的倾向,女性在政治、经济、教育、科技等多个领域发挥着不可或缺的作用。同时,不论是偏向于正面的报道,如《买买买,然后呢?》描写新兴职业整理师,还是偏向于负面的报道,如《王俊凯的成人礼承包海陆空? 十年前的粉丝一样疯狂》描写粉丝的追星行为,均能体现女性形象的发展是随着时代发展而有所变化的,以上述两篇为例,一篇代表了人们对品质生活的追求,一篇反映了即使同样面对追星,行为也随着经济发生变化。

第二,“第三类女性”塑造女性新形象。“第三类女性”指自觉摆脱了男性的传统束缚的女性,她们因视两性平等并拥有与男性均等的社会权利与地位而极富有个性,同时又将传统道德、家庭观念、女性风采展现得淋漓尽致而魅力四射[14]。本研究的文本大都关于职业女性,且职业女性中专家学者、NGO工作者等均占有不小的比重。这些女性塑造了自信、独立、坚强的女性形象,她们有目标,具有专业精神、独立精神。同时,她们也突破了以往“第三类女性”报道中激进女性主义的局限,如女企业家并没有刻意描绘为女强人。“第三类女性”的形象与男性是平等的,如《艾滋病病人的秘密花园》一文中,“第三类女性”的形象也可以是温柔、善解人意、体贴关爱的,这有力地纠正了以往的误导。

第三,对“刻板印象”的重构与强化。本研究发现,在是否刻意将女性刻画为弱势形象这一问题中,女性的形象并不是以往认知的“受害者”形象,也没有突出强调“女强人”的形象,而是不明显的中势形象占据了较大比例。同时,女性形象中“感性形象”在弱化,这就打破了长此以往对我国女性报道存在刻板印象的诟病。但同时,女性职业虽多样,门类却单一,本研究的文本中女性弱势形象中依然全部为受害者形象，从这点而言刻板印象又在强化。但是，不论是重构还是强化，都体现了社会对于不同观念的接纳度，由此也促进了媒介不断呈现新的性别形象。

第四，女童报道进入女性报道视野。在以往的研究中，大都关注青年女性，涉及婚恋、家庭等因素，在家庭主妇和企业女强人两个纬度之间描述。但随着对幼儿教育的关注，特别是对儿童性教育的争议声音在舆论中占有一席之地时，对女童话题的关注得到媒体重视。《冰点周刊》微信公众平台结合时间、事件热点，对儿童性教育发文，既有时代性的创新，也有伦理性的关怀。

第五，女性话语权受到压抑。虽然，本研究中女性报道本身具有时代性、创新意识，但就整体情况而言，男性新闻人物出现的频率、被引用的频率都远超过女性，且女性报道中政治、经济、军事等话题涉及得很少甚至没有涉及。笔者认为女性话语权受到压抑的原因有三，即福柯所提出的外在控制、内在控制和主体控制。就外在控制而言，媒体的报道主体和内容依然以男性为主。就内在控制而言，话语在特定的语境中，表达特定的含义，因此，媒体将女性集中在文化、社会、教育等领域，就容易把女性描绘为勤劳、善良、温柔等固定话语。就主体控制而言，男性话语体系占主流是长期历史发展的结果和影响，在这种思想原则的指导下，男性应该以事业为中心，女性应该贤惠温柔体贴的看法依然占有优势[15]。

第六，女性形象单一。吉登斯在其结构化理论中讨论了在场、缺场及共同在场的概念。从本研究的文本来看，每一个女性形象都是在场的，但有别于“空间性在场”或者“情景性在场”，是与文本相关联的“结构性在场”。从读者的角度来看，“出场”这一状态也是受到关注的，有关“出场”的信息最重要的就是年龄、地域、身体等。虽然本研究的文本没有过多或刻意地涉及身体描写，没有以身体信息消费女性形象的行为，但是城市和乡村女性的描写比例悬殊，总体而言，呈现的是城市年轻女性的形象，这对全面展示中国女性形象而言有失偏颇。

第七，性别意识未能完全与经济发展同步。随着经济的发展，女性作为社会成员的地位在改善，但在性侵、家暴等问题上，在性别意识方面女性的地位依然没有得到彻底改善。关于这一情况出现的原因，现有研究大都从国家、市场、家庭、文化四个角度分析，但少了对女性自身因素的分析。在对女性身体形象和女性不理性等感性形象的分析中，女性应当主动地参与其中，积极建构女性形象。

4.2 《冰点周刊》微信公众平台进行女性报道的原因

《冰点周刊》微信公众平台的女性报道既有积极的值得倡导的一面，同时也存在一些问题。那么，《冰点周刊》为何要呈现如此的女性报道呢？笔者认为原因如下：

第一，媒体竞争的需要。在20世纪90年代中期，报纸的发展日益迅猛，在多个报业集团成立的背景下，全国媒体市场的竞争态势已经初具规模。与此同时，彩电价格的降低，使其成为家家户户必不可少的电器，电视新闻的发展丰富多彩。90年代中后期互联网进入中国，尤其是近些年来，在手机移动终端的迅猛攻势下，传统媒体纷纷寻求转型升级之道。即使是曾经辉煌的深度报道媒体也在寻求变革。此时，《冰点周刊》将视角由《中国青年报》的周末版转为微信公众平台，既保留了自身详尽深刻的解释和深刻的分析，又充分利用互联网的优势，降低了读者的阅读成本，提高了阅读的便携性、收藏性，尤其在碎片化、快节奏的新闻中，以其另辟蹊径的深层次阅读，实现错位竞争，赢得较为忠实的用户群体。

第二，时代发展的需要。媒介进行报道时所选择并呈现的女性形象整体而言是由单一转变为丰满。曾经，女性形象多以社会主义劳动者和建设者的形象出现，忽略了她们作为女性本身的品质。再者就是将女性作为物化、消费化的形象，过度渲染其女性生理形象。但随着时代的发展，女性角色逐渐丰满，既有积极正面的女性形象，也有弱势被动的女性形象。由女性这一视角剖析社会生活的发展变化，是经济、市场、文化、国家共同作用的结果。

第三，互联网新闻发展的需要。在互联网的发展背景下，受众正由被动地接受转为主动地获取，同时，新闻的时效性也在显著增强。用户获取新闻的价值标准基本分为两点，即快与新。《冰点周刊》深度报道的形式决定了其无法较好地在“快”上获得用户青睐，便充分利用互联网平台所需要的“新”。《冰点周刊》微信公众平台常以冰点话题、冰点人物、冰点探索等形式对其他媒体不曾关注的内容作出分析和解释，为媒体在互联网环境中如何创新发展提供了一种思路。

4.3 对《冰点周刊》微信公众平台女性报道的建议

女性报道的发展方兴未艾，需要以更高的要求和标准进行报道，同时要认识到已有报道中存在的问题，从而促进女性报道以及微信公号平台的发展。

第一，在商业化的性别意识和精神化的性别意识中、在传统和现代中寻找平衡点。《冰点周刊》选择微信公众平台发文，就不可避免地具有商业化的性质，这是其生存的要点。但是纵观当下互联网环境，对女性的报道过多地加入商业化气息，缺少人文性的关怀，对人性本身的关注度不够，不利于树立健康积极的女性形象。《冰点周刊》微信公众平台的订阅读者属于小众化的群体，其商业化痕迹并不明显，这也导致了其阅读量相较于其他综合性媒体公众平台较少。因此，作为微信公众平台，《冰点周刊》既要坚守强调社会责任，在纷繁复杂的网络世界里关注人性，也要做出适当调整，如对女性的报道不再单一地使用文字，而是多种媒介符号共同展示，如此不仅可以获得更多的阅读量，促进媒体转型升级，也有助于形成健康和谐的信息环境。

第二，认可性别差异的事实。一方面媒体应强调男女平等的观念，但是，对女性报道和女性形象的塑造不应该是另一个极端，男女平等不等于女性取代男性。要在认识社会分工不同带来社会性别角色不同的前提下，对女性进行全面、客观、真实的报道，与历史的过度割裂会导致性别对立严重。既要在政治、经济等领域加强对女性的报道，也要在休闲娱乐、家庭等话题中对女性予以重视；既要认识到女性的美是为了完善自我，由自身之美体现社会之美，也要认识到家庭女性角色是一种责任而并非全部是牺牲，且这种责任需要男性共同承担，由此促进家庭幸福。

第三，注重人文主义关怀。媒体既承担着客观公正报道的责任，同时也具有舆论监督和舆论引导的功能。对弱势女性形象和受害者女性形象，媒体既要作为“公正的旁观者”，陈述事实，不掺杂个人的判断，同时也要设身处地地考虑女性报道对象真实的生存与心理状态，报道弱势或受害者女性的目的是为了唤起社会关注，促进问题解决，给予女性帮助和支持。新闻媒体是受公众委托，被使用的公共资源，媒体的公共性决定了其与社会发展息息相关，媒体应加强人文主义关怀，尊重人的价值、尊严。从这个角度而言，这种人文关怀并不是博取同情、怜悯，而是受众可以通过对自己的关注，通过对弱势女性群体给予帮助而获得自我满足。

5 结论

《冰点周刊》微信公众平台是《中国青年报》旗下具有一定影响力和固定读者的媒介平台。根据本研究的分析，可以认为《冰点周刊》微信公众平台进行女性报道受到时代发展、媒体竞争、互联网新闻发展等多种因素的影响。所报道的女性具有时代性特征，呈现出职业类型多样的城市年轻女性形象；“第三类女性”的形象是自信、专业与温柔、体贴并存，纠正了以往的误导；对于女性形象的刻板印象，《冰点周刊》微信公众平台的报道是重构与强化并存；女童报道在女性报道中的比重扩大。但是也存在诸如女性形象单一、女性话语权受到压制、性别意识并未完全与经济发展同步等问题。因此，对于女性报道，《冰点周刊》微信公众平台以及其他媒体应当在商业化的性别意识和精神化的性别意识之间、在传统与现实之间寻找平衡点；承认性别差异的事实，同时加强人文主义关怀。女性报道是展现社会的一个窗口，透过窗口，可以看到整个社会对女性本身、女性相关话题，甚至男性角色等不同维度的关注。媒体需要肩负起自身责任，客观公正地进行报道，促进女性报道的健康合理发展。

参考文献：

[1] 刘利群，张敬婕．媒介与女性研究教程[M]．北京：中国广播电视出版社，2013.
[2] 安克娴．对社会新闻中女性报道的分析和思考[J]．妇女研究论丛，2000(1)：27-30.
[3] 菱菁．从话语角度透视女性报道[J]．当代传播（汉文版），2002(4)：37-39.
[4] 努尔比亚·亚生．浅论新闻媒体中的女性形象[J]．新疆职业大学学报，2008，16 (1)：29-31.
[5] 营立成．倾向传统还是走向现代：21世纪头十年性别意识变迁分析——以《中国青年报》为例[J]．新视野，2017(3)：104-110.
[6] 陆晨．新闻传媒女性报道的负面效应[J]．广西电业，2003(Z1)：65-66.
[7] 林君．媒介正义视阈下的女性报道研究[J]．现代交际，2013(5)：65-67.
[8] 王再承．中国新闻传媒女性报道的误区及矫正[J]．新闻与写作，2003(3)：5-7，12.
[9] 颜菊思．报媒女性报道的偏差分析[J]．成都电子机械高等专科学校学报，2011，14(3)：7-10.
[10] 邹丽云，常珂．试论网络媒体中的女性报道存在的问题及对策[J]．今传媒，2014(2)：58-59.
[11] 俞文丹．当前女性负面传播现象解析[J]．青年记者，2008(5)：13-14.
[12] 刘伯红，卜卫，陈新欣．试析我国电视广告中的男女角色定型[J]．妇女研究论丛，1997(2)：19-24.
[13] 张楠．《纽约时报》涉华女性报道分析[D]．济南：山东大学，2014.
[14] 鲍海波，郭敏．浅析“第三类女性”报道及其困惑[J]．新闻知识，2005(1)：21-23.
[15] 菱菁．从话语角度透视女性报道[J]．当代传播（汉文版），2002(4)：37-39.

指导教师评语：

该论文对《冰点周刊》微信公众平台的女性报道做了详细研究，文章内容完整、条理清晰、语言流畅。在研究方法运用上，作者使用内容分析法对“女性报道”做了细致的量化分析，然后得出可靠的结论，同时认真阅读了大量的理论著作，在写作中详细地展开了论证。总而言之，作者具有一定的独立科研能力，显示出了较高的论文写作水平。

新闻与传播学院马梅教授

供给侧结构性改革背景下安徽省现代服务业发展测度及预测研究

王 韬

(数学与统计学院)

摘 要:本文以安徽省供给侧结构性改革为背景,首先,从发展规模、重要程度、发展潜力、经济社会效益四个方面构建服务业发展评价指标体系,并运用层次分析法对评价体系进行定性与定量相结合的检验;其次,对样本数据进行主成分分析,构建综合评价得分模型,并运用模型对安徽省现代服务业近几年的发展做出评价;最后,运用灰色系统理论对评价体系中七大指标的未来五年走向趋势做出预测,即未来安徽省将出现大量"小而精"的企业,一改之前劳动密集型低端供给占据主要地位的产业结构,并结合安徽省现有情况及研究结果对安徽省现代服务业的发展提出建议。

关键词:现代服务业;评价指标;层次分析法;主成分分析;灰色预测

1 引言

2015年,习近平总书记在中央财经领导小组第十一次会议上首次提出"供给侧结构性改革"的概念。所谓供给侧,主要包含产业层面的供给、要素层面的供给以及制度层面的供给,分别对应着"转型""改革""创新"。其中改革是核心,供给侧是切入的方向,结构性是改革的需求。现阶段,我国的供给失灵主要表现在结构性产能过剩。自"十二五"以来我国国民生产总值增速下降,这也是供给结构与市场需求脱节造成的。而供给侧结构性改革是化解过剩产能,改善供给能力,调整需求端结构的必然要求。因此,全面贯彻落实供给侧结构性改革是改变我国经济增长方式,注入经济增长新动力的必经之路。

1997年党的十五大报告中,政府正式提出现代服务业。自改革开放至今,我国现代服务业取得了飞速发展,根据经济学家罗斯托相关理论,本文将其主要归纳为以下阶段:

第一阶段,20世纪80年代,此时服务业处于发展较快期,GDP平均增速比服务业增加值平均增速高出2.8个百分点。

第二阶段，20世纪90年代，此时处于平稳增长期，这段时间内，服务业增加值年平均增速为9.5%，服务业就业人数翻了一倍。

第三阶段，21世纪初至2015年，此时处于转型期，这段时间内放宽了服务业领域的市场政策，并且住房供给商业化。值得一提的是，2011年现代服务业就业人数占总就业人数的35.7%，现代服务业所占就业比重首次超过第一产业。在这期间，现代服务业增加值平均增速高出GDP平均增速0.7个百分点。但与此同时，现代服务业的贸易逆差已经持续扩大，2010—2014年，中国现代服务业的贸易逆差由219亿美元增长至1599亿美元。

第四阶段，2015年至今，此时中国处于经济新常态下的供给侧结构性改革期。随着产业转型升级以及居民日益增长的丰富的物质条件需求，我国现代服务业的发展，尤其是安徽省现代服务业的发展已经出现了中低端供给较多，高端供给不足，且无用供给突出的特点。安徽省现代服务业劳动生产率低于第二产业，整体服务业增加值增速明显放缓。此外，现代服务业的有效供给并不足以满足安徽经济转型期的升级，主要包括生产性、流动性服务业发展水平偏低，且随着人工智能的迅猛发展以及机械化的生产生活应用，安徽省人力密集型服务业的低成本优势正在逐渐弱化，现代服务业的发展已不能满足居民日益增长的丰富的消费需求，这就进一步增加了服务业供需的结构矛盾。

反观自“十二五”以来我国国民生产总值增速下降，其原因主要表现在供给结构与市场需求脱节所造成的供给失灵。我国的供给失灵主要表现在结构性产能过剩。而供给侧结构性改革能够化解过剩产能、改善供给能力、调整需求端结构，在增加优质产品供给中优化调整投资结构和供给端产业布局，从而实现可持续的稳定的经济增长。现代服务业增加值在我国国民经济中所占的份额在逐年增加，我国现代服务业发展历史不长、发展不成熟，而现阶段我国经济结构调整已由需求侧转向了供给侧，人们对于服务业的需求也在不断提高，解决服务业的供需矛盾问题就需要依赖现代服务业的供给侧结构性改革。

改革开放以来，安徽省始终以从事加工制造环节业务的方式融入价值链体系，而这些环节正处于施振荣先生提出的“产业微笑曲线”的U型底部，即处于获利低位，利润空间较小且属于非战略环节。

供给侧结构性改革之下，安徽省现代服务业经济结构的调整取得了实质上的进展，但是安徽省现代服务业经济结构仍然呈现出低端供给较多、有效供给以及中高端供给不足的特征，具体表现为：煤炭、钢铁、电力等传统能源产业以及有色金属、建材等传统产业比例过大，且产能过剩，第三产业发展水平较低。此外，安徽省区域发展不平衡，皖北地区资源型城市支柱产业对于经济的拉动作用不断减弱，导致皖北地区与皖江示范区的差距不断拉大。

经济新常态下，安徽省需要以供给侧的结构性调整、改善来推动经济结构的调整，以便加快淘汰落后产能。对于处于中部崛起历史机遇中的安徽省，发展服务业即第三产业是提高竞争力的内在要求，对于安徽经济的可持续发展具有重要意义。本文采用大众做法，将部分现代第三产业数据与现代服务业做等同处理，通过研究衡量现代服务业发展水平的发展测度，对历年来安徽省现代服务业的发展程度做出综合评价得分，对安徽省现代服务业发展做出预测，并结合实际情况及研究成果给出评价及建议。

2 文献综述

现代服务业一直受到国内外学者的广泛关注。希尔在1997年提出："服务生产的显著特点是，生产者不是对其商品或自身增加价值，而是对其他某一就主体的物品或人身(包括肉体和精神)增加价值。"而目前关于服务业的内涵被广泛接受的是克拉克三次产业理论，它指出服务业是社会所有经济活动中扣除第一产业和第二产业后剩余的部分，也因此早期服务业被等同为第三产业。本文采用通常做法，将现代服务业的数据与第三产业的数据等同使用。

经济学家罗斯托认为，每个社会群体都可以根据其经济水平，将其归为传统的社会阶段、起飞准备阶段、起飞阶段、成熟阶段以及高额群众消费阶段中的一个阶段。本文在此理论基础上对我国改革开放以来的现代服务业的发展划分了相应的阶段。

近年来，中国经济发展进入新常态。在此之前西方媒体一般对于新常态的形容是"危机之后经济恢复经历的缓慢过程"[1]，而中国经济的新常态是习近平总书记提出的中国经济由改革开放之后的超高速发展进入的相对稳定平缓发展的状态，不是由经济危机造成的"新常态"，这是意味着国家经济增长模式转变、经济发展动力源改变的新常态，在此背景下供给侧结构性改革作为一种转变方法被政府提出。

关于供给侧结构性改革，龚雯、许志峰、王珂于《人民日报》发表的文章中给出的比较权威的定义是：从提高供给质量出发，用改革的办法推进结构调整，矫正要素配置扭曲，扩大有效供给，提高供给结构对需求变化的适应性和灵活性，提高全要素生产率，更好满足广大人民群众的需要，促进经济社会持续健康发展[2]。胡鞍钢、周邵杰、任皓提出，供给侧结构性改革是引领中国经济新常态下稳步发展的必然选择，中国经济目前出现了"供给失灵""供需错位"等问题[3]，即结构性产能过剩，高端供给不足，中低端供给过剩，无用供给突出，供给端满足不了人们日益增长的产品需求，已经不能单纯依靠自然的市场自身调节完成供需均衡等问题。中国经济目前是“供给决定性经济”，供给侧结构性改革强调从源头入手，以中长期的高质量供给结构、供给制度取代短期需求调控市场供给的模式[4]。贾康提出，中国的供给侧结构性改革为以深化改革为核心内涵进一步解放生产力、实现机制转型的系统工程[5]，它不是新时代下贴上标签的新概念，而是政府作用的发挥，是政府对社会宏观经济调控所做的重大政策创新[6]。

胡功杰在其论文中指出了安徽省近年来经济发展状况以及供给侧结构性改革下安徽省的着力点[7]。闫坤、于树一认为，中国供给侧结构性改革虽已见成效，但是其痛点落在产业结构上，这其中包含现代服务业的先天不足(发展历史不长、发展不成熟、发展不均衡)。应从制造业的产业升级及制造业与服务业的产业结合着手，当前情况下可着力打造制造业和服务业的新技术、新产业、新业态、新模式，通过新动力推动经济增长[8]。湛军、王照杰立足供给侧结构性改革，基于“环境—对策—实施—产出”的系统观，利用多元回归方法对高端服务业的创新能力与绩效进行实证研究[9]。

在研究现代服务业发展测度上，周秀玲、姜超使用层次分析法以及德尔菲法建立了现代服务业的评价指标体系[10]。李雷生、陈旭明基于MATLAB层次分析法对拱桥安全性做出评价[11]。朱建平等人在《多元统计分析》中具体介绍了主成分分析法的原理、数学模型以及SPSS操作说明[12]。李祚泳、李继陶、陈祯培在用灰色模型作异常降水的预测中对灰色模型做出了相关阐述，并使用GM(1,1)对异常降水作出预测。本文基于以上研究基础，对供给侧结构性改革背景下安徽省现代服务业发展测度及预测进行研究。

3 安徽省现代服务业发展评价指标体系

3.1 评价指标体系构建

服务业发展评价体系需要从结构规模、重要程度、发展潜力等方面考虑，还需做到评价的科学性、全面性、可比性。根据以上原则，我们从以下四个方面进行构建(见图1)：

3.1.1 发展规模

服务业的发展规模一定程度上反映服务业的发展水平以及地区的经济发展程度。服务业规模的扩大是历史的一大趋势；通过和服务业发达国家的数据比较，以下采用“服务业增加值”来反映服务业发展的规模，采用“服务业就业人口”来反映服务业吸纳人口，采用“服务业法人单位数”来反映服务业密度。

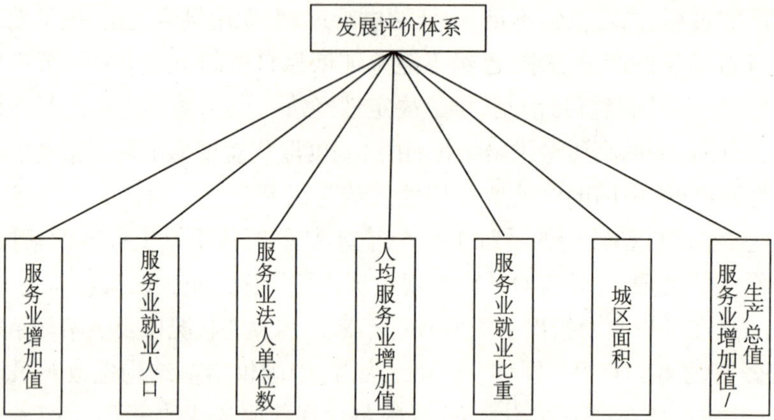

图1　现代服务业评价指标体系

3.1.2　重要程度

为去除人口、地区特有环境的影响，本文使用“人均服务业增加值”反映服务业对居民生活的影响，使用“服务业就业比重”来反映服务业对社会秩序的影响。

3.1.3　发展潜力

发展潜力是衡量服务业可持续发展的指标，在经济新常态的大环境下，发展潜力对于衡量服务业的可持续发展具有不可估量的重要作用。本文采用“城区面积”作为指标，在安徽省面积一定的情况下，城区面积在一定程度上反映了安徽省城镇化率。

3.1.4　经济社会效益

本文使用现代服务业增加值占生产总值的比重，即“服务业增加值/生产总值”来作为衡量服务业所发挥经济社会效益的指标。

3.2　评价体系定性定量检验

层次分析法（AHP）是将多目标分析问题中与决策相关的因素分解成目标层、准则层、方案层等，并在此基础上进行定性分析（指标模糊量化）与定量分析（数学方法计算权重）相结合的分析方法。

层次分析法的计算原理如下：计算出某一层次因素相对于上一层次中某一因素的相对重要性的排序权值，判断矩阵（成对比较矩阵）A对应于最大特征值的特征向量W，经归一化处理后即为同一层次上相应因素对于该体系上一层次某个因素相对重要性的排序权重值。这一过程称为层次单排序。

首先关于层次单排序计算问题，引入方根法计算判断矩阵的最大特征根及其特征向量，具体步骤如下：

步骤1：计算判断矩阵中每一行因素的乘积，记作M_i：

$$M_i = \prod_{j=1}^{n} b_{ij}(i, j = 1, 2, \cdots, n)$$

步骤2：计算 M_i 的n次方根，记作 W_i：

$$W_i = \sqrt[n]{M_i}$$

步骤3：对向量 $W = [W_1, W_2, \cdots, W_n]^T$ 做归一化处理：

$$W_i = \frac{W_i}{\sum_{j=1}^{n} W_j}$$

$W = [W_1, W_2, \cdots, W_n]^T$ 即是我们所求的特征向量。

步骤4：计算判断矩阵的最大特征根 $\lambda_{\max}$：

$$\lambda_{\max} = \sum_{i=1}^{n} \frac{(AW)_i}{nW_i}$$

其中 $(AW)_i$ 表示向量 AW 的第 i 个元素。

求出权重后为了测试该评判的可靠性或一致性，需要建立一致性指标：

$$CI = \frac{\lambda_{\max} - n}{n - 1}$$

这个公式中 CI 值越大，判断矩阵偏离完全一致性的程度也就越大；CI 值越小（越接近于0），则表明判断矩阵的一致性越好。

以下引入判断矩阵的平均随机一致性指标（RI值），矩阵一致性指标 CI 和相同阶的平均随机一致性指标 RI 之比记作 CR，即：

$$CR = \frac{CI}{RI}$$

将 CR 称为随机一致性比率。当 $CR < 0.10$ 时，认为判断矩阵的一致性可以接受，否则认为不能接受其一致性，应当对判断矩阵作出适当调整后再进行计算。

本文使用层次分析法对以上评价体系进行检验，以便排除主观制定的评价指标体系中的无用项（作用可以忽略的项）。

通过层次分析法的MATLAB运算，得到权重矩阵：

$$w = (0.212647, 0.115638, 0.065392, 0.212647, 0.065392, 0.115638, 0.212647)$$

$$CI = 0.0033817, cr = 0.0025619, CR < 0.1$$

因此，判断矩阵通过一致性检验，且得到权重无极小可忽略项，故认为当前所构建指标体系不含无用指标，较为合理。

4 安徽省现代服务业历年发展综合评价

4.1 建立综合评价得分模型

主成分分析是由K.皮尔森提出、H.霍特林推广的一种统计方法，主成分分析的简化模型为：

$$F_i = a_{i1}X_1 + a_{i2}X_2 + \cdots + a_{ip}X_p, \left(i = 1, 2, \cdots, p\right)$$

$$F_j = \sum_{i=1}^{P} b_i F_{pj}, \left(i = 1, 2, \cdots, p; j = 1, 2, 3, \cdots k\right)$$

其中，X_i 是第i个指标 $\left(i = 1, 2, \cdots, p\right)$，$F_i$ 是第i个主成分 $\left(i = 1, 2, \cdots, k\right)$；$k$是主成分个数，$p$是指标个数，$a_{ip}$ 是第i个主成分的第p个因子的得分系数，b_i 表示第i个主成分的方差贡献率。主成分分析具体步骤如下：

设 $X = \left(x_{ij}\right), \left(i = 1, 2, \cdots, n; j = 1, 2, \cdots, p\right)$ 为原始数据矩阵。

步骤1：对原始数据矩阵进行标准化处理：

$$Z_{ij} = \frac{x_{ij} - \overline{x_j}}{S_j}$$

其中：$\overline{x_j} = \frac{1}{n}\sum_{i=1}^{n} x_{ij}$；$S_j^2 = \frac{1}{n-1}\sum_{i=1}^{n}\left(x_{ij} - \overline{x_j}\right)^2$。

步骤2：计算标准化后的数据 Z_{ij} 的相关系数矩阵：$R = \left(r_{ij}\right)_{p \times p}$。

步骤3：计算相关系数矩阵R的特征值、方差贡献率、累积贡献率。

步骤4：根据求出的累积贡献率确定主成分，可自定义理想累积贡献率的特征值 $\lambda_1, \lambda_2, \cdots, \lambda_m$ 分别对应第1，2，…，$m(m \leqslant p)$ 个主成分。

步骤5：计算主成分得分：

$$F_i = a_{1i}X_1 + a_{2i}X_2 + \cdots + a_{pi}X_p, \left(i = 1, 2, \cdots, p\right)$$

其中，a_{pi} 是第i个主成分的第p个因子的得分系数。

步骤6：计算综合评价得分，第j个指标的综合得分F_j：

$$F_j = \sum_{t=1}^{k} b_i F_{pj}$$

其中，b_i 是第i个主成分的方差贡献率，F_{pj} 是第j个指标的第p个主成分。

4.2 安徽省现代服务业历年综合评价得分计算

本文应用SPSS软件对收集的安徽省近十年数据进行主成分分析（见表1、图2）。

表1　解释的总方差

成分	初始特征值			提取平方和载入		
	合计	方差贡献率	累积贡献率	合计	方差贡献率	累积贡献率
1	6.686	95.516%	95.516%	6.686	95.516%	95.516%
2	0.253	3.614%	99.131%			
3	0.050	0.711%	99.842%			
4	0.007	0.100%	99.942%			
5	0.004	0.058%	100.000%			
6	2.356E−17	3.365E−16	100.000%			
7	−1.420E−16	−2.028E−15	100.000%			

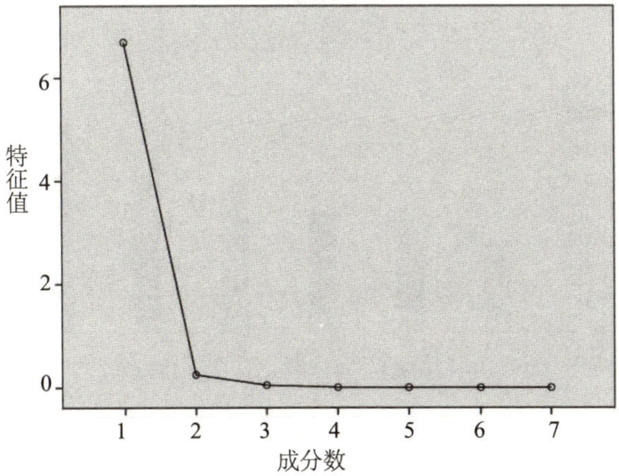

图2　主成分分析碎石图

由解释的总方差(特征根及方差贡献率)可看出因子1保留了原始信息的95.516%(见表2),由碎石图也可看出,只保留因子1就能概括几乎所有的信息。

设第三产业增加值、服务业就业人口、服务业法人单位数、人均服务业增加值、服务业就业比重、城区面积、服务业增加值/生产总值分别为X_1,X_2,X_3,X_4,X_5,X_6,X_7。各成分得分系数矩阵见表2。

根据成分得分系数矩阵,得到主成分计算模型为:

$$F=0.148X_1+0.144X_2+0.148X_3+0.148X_4+0.144X_5+0.146X_6+0.144X_7$$

根据上式可计算出安徽省2011年至2016年现代服务业综合评价得分情况(见图3),分别为30430.65815、34114.11213、40295.60637、49820.4338、59970.46982、69541.65737,以及得分增长百分比(见图4),分别为12.104%、18.120%、23.637%、20.373%、15.960%。

表2 成分得分系数矩阵

	成分
	1
第三产业增加值(亿元)	0.148
服务业就业人口(万人)	0.144
服务业法人单位数	0.148
人均服务业增加值(万元)	0.148
服务业就业比重	0.144
城区面积(平方公里)	0.146
服务业增加值/生产总值	0.144

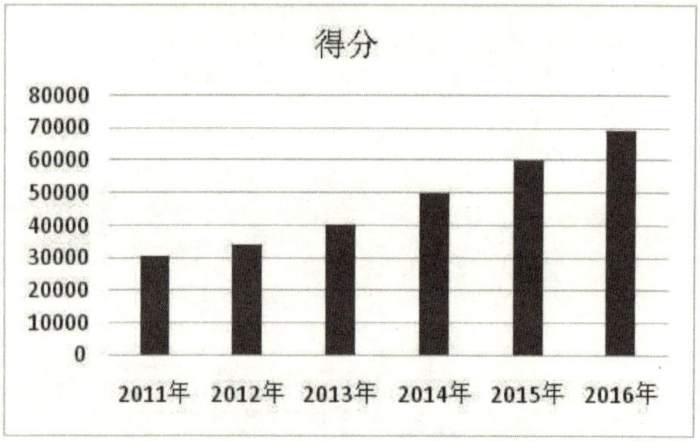

图3 安徽省现代服务业综合评价得分

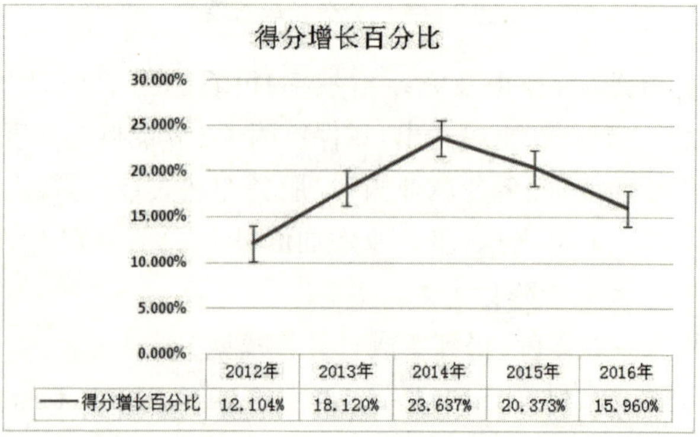

图4 安徽省现代服务业综合评价得分增长百分比

2012年至2014年,安徽省现代服务业增加值每年按一定程度递增。此时安徽省服务业低端供给较多、无用供给突出、高端供给不足的现状已经呈现,在经济新常态下,这种产业方式已经不能满足服务业增加值按照原先预定幅度增长的需求。此时也是供给侧结构性改革提出之时,在供给侧结构性改革的大环境下,强调质量而不是增长量,安徽省改革牺牲了一定的产业增加值,短期内改革效果不明显,但未来几年即可检测供给侧结构性改革的成果。

5 安徽省现代服务业的预测研究

5.1 预测研究的相关模型

灰色预测(GM模型)即在灰色系统理论下所做的预测,是研究相对少量数据或含有不确定因素的预测方法。灰色系统理论以"小样本"为研究对象,通过鉴别各因素之间发展趋势来进行关联分析,对已知信息进行重新生成、开发,并寻找其中的变动规律,生成具有较强规律性的数据序列,之后通过建立与之相应的微分方程模型来对样本的发展趋势进行预测(见图5)。

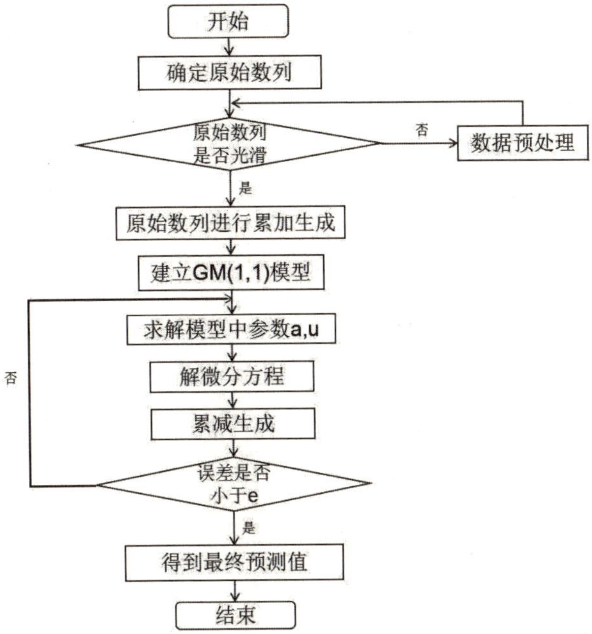

图5 灰色预测流程

下面是灰色预测的数学模型。

步骤1:对原始数据序列进行累加,使累加后的数据存在一定规律,之后用典型数据进行曲线拟合,下面设时间数据序列:

$$x_0:\ x^{(0)}=\left(x_1^{(0)},x_2^{(0)},\cdots,x_n^{(0)}\right)$$

步骤2：对 $x^{(0)}$ 作一次累加，得到新数据序列 $x^{(1)}$，$x^{(1)}$ 第 t 项即是原始时间数据序列 $x^{(0)}$ 的前 t 项之和，即：

$$x^{(1)}=\left(x_t^{(1)}\middle|t=1,2,\cdots,n\right)=\left(x_1^{(0)},\sum_{i=1}^{1}x_i^{(0)},\cdots,\sum_{i=1}^{n}x_i^{(0)}\right)$$

步骤3：根据新数据序列 $x^{(1)}$，建立白化方程：

$$\frac{dx^{(1)}}{dt}+ax^{(1)}=u$$

可求方程解：

$$x_t^{*(1)}=\left(x_1^{(0)}-u/a\right)e^{-a(t-1)}+u/a$$

其中 $x_t^{*(1)}$ 是 $x_t^{(1)}$ 序列的估计值，对 $x_t^{*(1)}$ 做一次累减，可计算 $x^{(0)}$ 得到的预测值 $x_t^{*(0)}$，即：

$$x_t^{*(0)}=x_t^{*(0)}-x_{t-1}^{*(1)},t=2,3,\cdots,n$$

5.2　安徽省现代服务业指标数据预测分析

本文基于灰色系统理论对安徽省服务业未来五年的发展进行预测，使用MATLAB计算结果如图6所示。

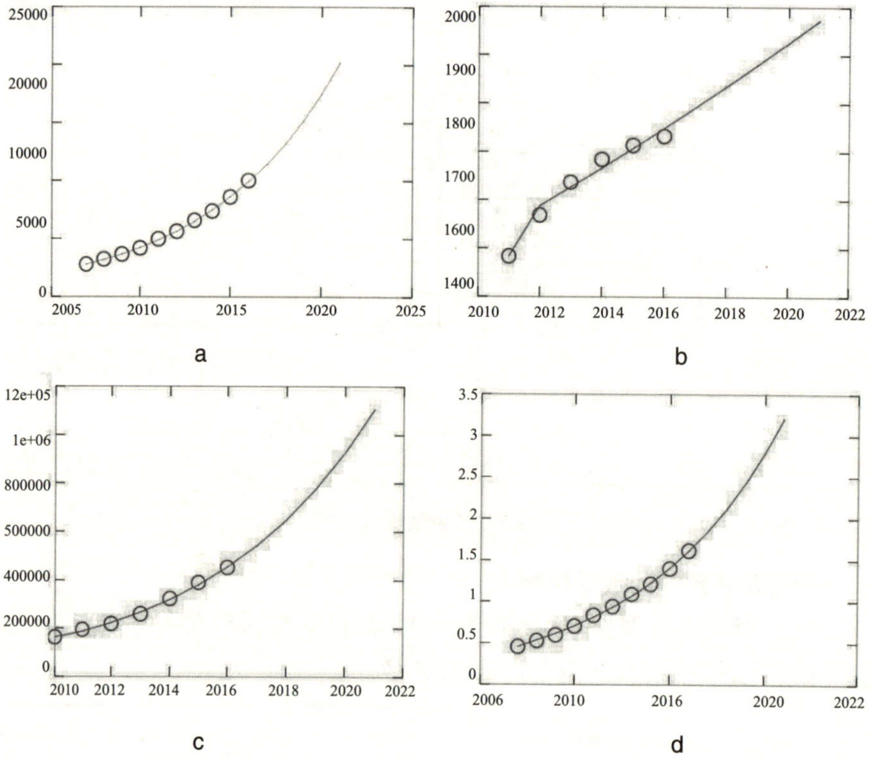

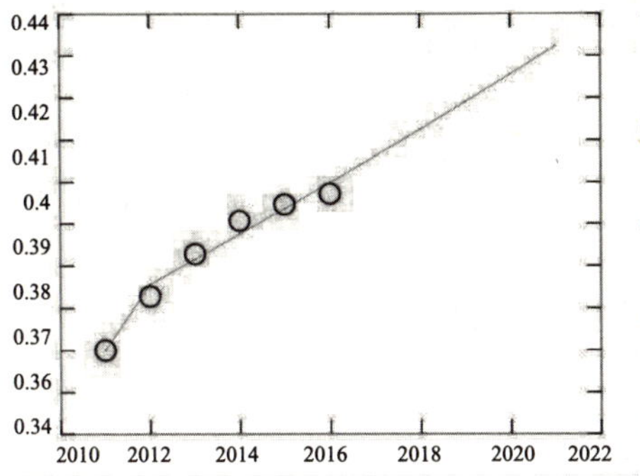

e

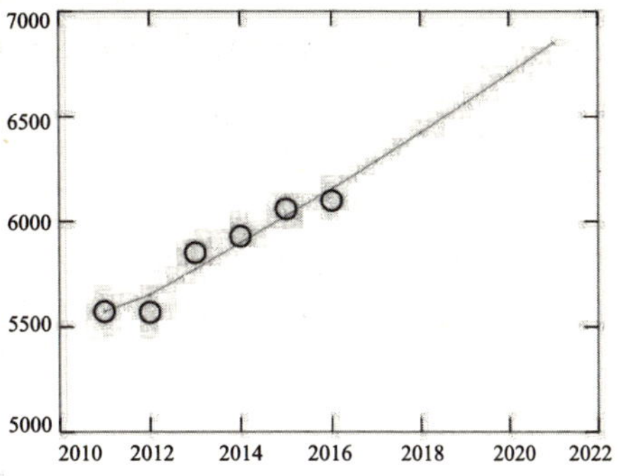

f

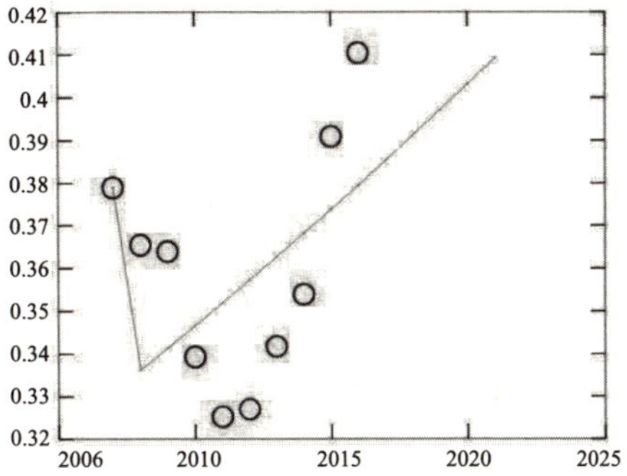

g

图6　灰色模型预测

注：其中，a、b、c、d、e、f、g分别代表服务业增加值、服务业就业人口、服务业法人单位数、人均服务业增加值、服务业就业比重、城区面积、服务业增加值/生产总值的预测值走向图。

以上从左往右、从上往下依次是灰色预测七个评价指标的未来五年走势图，从中可看出基于灰色系统理论预测的安徽省现代服务业七个指标均有所上升。其中，服务业增加值、服务业法人单位数、人均服务业增加值、服务业增加值占生产总值的比重逐渐由平缓增长过渡到迅猛增长。

其中，服务业就业人口增长幅度明显少于服务业法人单位数增加幅度，说明在供给侧结构性改革下，将涌现大批创业者，安徽省将出现大量“小而精”的企业，一改之前劳动密集型低端供给占据主要地位的产业结构，虽然开始时期增长并不可观，但这是供给侧结构性改革进行产业调整时不可避免的。由此，现代服务业迎来曙光，服务业将在安徽省产业结构中占据越来越重要的地位。

6 安徽省现代服务业存在的问题及发展建议

6.1 安徽省现代服务业存在的问题

服务业增加值占生产总值比重较低。相比2016年北京地区服务业增加值占据生产总值的80.232%，安徽省服务业比重近年来虽然一直在增长，但最高年份即2016年只占据41.046%，而2015年安徽全省现代服务业增加值仅相当于江苏省的25.2%、浙江省的40.3%、湖南省的67.4%、湖北省的67.5%，这其中便反映出安徽省能源、金属等第一、第二产业仍占据经济结构主导地位，金融、科技等获利高位产业不突出，社会关于现代服务业固定资产投资不足等问题。

6.2 安徽省现代服务业发展建议

安徽省要努力抓住当前的历史机遇，进行供给侧结构性改革，继续打造合肥芜湖蚌埠自主创新综合配套改革试验区，以金融业为改革着力点，使之为中小企业和新兴现代服务业提供企业贷款以及金融担保、风险投资、企业借款等，从而使资本进入市场，为服务业经济结构注入活力。

大力发展服务外包业，把握“一带一路”机遇，利用皖江示范区积极承接国内外业务以及产业转移。从本省实际条件出发，推进制造业与服务业共同协调发展，引导相关企业做到品牌、营销等服务一体化，真正实现一加一大于二。借助合肥、芜湖、蚌埠的教育资源带动人才引进，对高校毕业生给予落户、创业等政策优惠，鼓励大学生创业。

加强战略引导，重点扶持特色企业，落实供给侧结构性改革，针对不同类型的服务业提供不同的发展思路，以消除无用供给为核心，促进服务业发展稳中求质，维护市场公平，建立透明、规范且高效的市场体系，并坚决维护市场秩序。对区域的产业结构进行战略划分，改善市场制度环境，降低相关行业民营企业进入门槛。

积极顺应居民消费观念、消费能力的转变以及消费结构的升级，引导企业满足居民日益增长的丰富的物质文化需求，以需求刺激供给，从而增加服务体验、消费体验，激发市场活力。

搭建公共服务平台，设立专有基金，推动创新，推动产业融合发展，并建立相应的政策优惠，吸引资本及优秀企业，构造服务创新孵化基地，帮助更多中小企业实现可持续发展。与此同时，鼓励民间资本进入市场，从而实现现代服务业多元化稳步发展，并以政府力量大力推动公共服务业的发展，以公共服务业的卓越进步反向促进服务业的产业升级。

参考文献：

[1]若英."新常态"对中国经济发展意味着什么?[J].红旗文稿,2014(19):39.
[2]龚雯,许志峰,王珂.七问供给侧结构性改革——权威人士谈当前经济怎么看怎么干[N].人民日报,2016-01-04(2).
[3]胡鞍钢,周邵杰,任皓.供给侧结构性改革——适应和引领中国经济新常态[J].清华大学学报(哲学社会科学版),2016(2):17-22.
[4]国家行政学院经济学教研部.中国供给侧结构性改革[M].北京:人民出版社,2016:12.
[5]贾康.供给侧结构性改革要领[J].中国金融,2016(1):25-28.
[6]贾康.正确认识供给侧结构性改革[J].党政研究,2016(4):5-8.
[7]胡功杰.立足安徽实际加快供给侧结构性改革[N].安徽日报,2016-06-13(7).
[8]闫坤,于树一.当前宏观经济形势、供给侧结构性改革与财政政策[J].财经问题研究,2017(2):66-72.
[9]湛军,王照杰.供给侧结构性改革背景下高端服务业创新能力与绩效——基于整合视角的实证研究[J].经济管理,2017,39(6):53-68.
[10]周秀玲,姜超.现代服务业发展水平测度方法探析[J].北京信息科技大学学报(自然科学版),2013,28(6):63-66,71.
[11]李雷生,陈绪明.基于MATLAB的层次分析法在拱桥安全性评价中的应用[J].交通标准化,2014,42(15):180-184.
[12]朱建平.应用多元统计分析[M].3版.北京:科学出版社,2006.
[13]李祚泳,李继陶,陈祯培.用灰色GM(1,1)模型作异常降水预测[J].四川大学学报(自然科学版),1990(2):159-164.
[14]张朝飞,罗建军,徐兵华,等.基于灰色理论的新陈代谢自适应多参数预测方法[J].上海交通大学学报,2017,51(8):970-976.
[15]吴疆,尤飞,蒋平.基于回归分析和主成分分析的噪声方差估计方法[J].电子与信息学报,2018,40(5):1195-1201.
[16]王杨,吴家菁,黄亚坤,等.基于灰色预测的微博网络信息传播模型[J].安徽师范大学学报(自然科学版),2014,37(2):129-133.

指导教师评语：

该文对供给侧结构性改革背景下安徽省现代服务业发展测度及预测进行研究,以发展规模、重要程度、发展潜力、经济社会效益四个方面的七个指标构建安徽省现代服务业发展评价指标体系,运用统计方法进行综合研究,并对安徽省现代服务业的发展提出建议。其研究结果具有一定的理论意义和应用价值。该文作者在写作过程中查阅了大量文献资料,写作态度严谨,说明作者具有较强的综合分析能力和较为专业的研究水平。该论文结构合理，主题突出，逻辑思路清晰，观点表达准确，语言流畅，论证方法合理，参考文献资料符合主题要求，我认为是一篇很好的本科生论文。

数学与统计学院黄旭东副教授

基于情感倾向和SVM的混合极短文本分类模型

张卫东
（计算机与信息学院）

摘　要：为了有效提取中英文混合极短文本中的情感倾向等关键特征信息，本文提出了一种基于情感倾向和SVM的混合极短文本分类模型。首先对原数据进行识别并利用kettle、N-Gram模型对数据进行处理；然后利用TF-IDF提取所需要的关键词；再将处理后的数据存入词向量集；最后利用SVM对混合极短文本进行分类。结果表明在分类准确率方面，该方法能够有效提高匹配效率；同时在泛化误差与精确度指标上匹配结果更加均衡。

关键词：情感倾向；N-Gram模型；kettle；混合极短文本；SVM

1　引言

近年来，互联网和信息技术发展迅猛，主流的社交软件及平台以其实时性、新潮性、互动性等特点越来越成为人们日常生活中不可或缺的一部分。尤其在当今注重效率的社会背景下，人们往往希望通过最简洁的语言，表达出完整的意思。由于文本具有“可提炼、可简化、可浓缩”的特性，同时顺应微博、微信等国内最受欢迎的社交平台评论缩短的趋势，社交平台及各种在线购物网站的评论中出现大量的混合极短文本。混合极短文本一般是指由中文短语或英文单词词组以及表情符号组成的书面语言，一般句子最长不超过15个词，可能会包含个人意见或建议以及客观表述等，比如搜索引擎和在线购物网站中的搜索关键词、社交平台上的流行词等。不仅如此，这些混合极短文本常常具有情感倾向。譬如，现在的一个流行语“为你疯狂打call”表示很支持某人的行为或观点。但是由于自然语言的复杂性和语言本身的高维性，导致混合极短文本的处理不同于传统的自然语言，由此可以通过构造模型来解决混合极短文本领域的问题。

在互联网开放包容的环境下，对带有情感倾向的混合极短文本进行有效分类，有助于了解社交软件用户及社区居民对于当下热点时事及新出台政策的看法和心理动向,具有重要的社会价值和商业价值。

2 相关工作

Archana等人对社交媒体上的文本进行情感分析[1]。乌达巴拉运用情感倾向性分析和情绪分析对文本进行分类,从而建立多层级情感语料库,提出一种基于主动学习和组合语义的情感分析方法[2]。宋冬云等人对文本相似度和基于语义的相似度进行加权平均,最后完成短文本的相似度计算[3]。殷亚博等人在传统短文本分类特征维度过高和数据稀疏等方面,运用卷积神经网络和KNN分类器对文本进行训练和分类[4]。王义真等人提出了一种基于SVM的高维混合特征短文本情感分类模型[5]。王珺瑶用改进的KNN分类算法结合微博特征对微博文本进行二次分类[6]。谢珺等人构建"情感—主题—词汇"三层贝叶斯模型,对双词的情感和主题进行采样,实现语料关系的建模[7]。Liu Yufei等人在博弈论的理论基础上对kernel函数进行改进以提高分类正确率[8]。刘国锋结合深度学习理论对文本特征进行提取,再基于支持向量机对文本进行分类[9]。刘国欣提出了一种改进的SVM增量学习算法并对文本进行分类[10]。王梓诺构造出一种以多核SVM为基础的针对中文新闻文本进行分类的方法[11]。刘川基于小样本数据集的线形分类模型和求解算法研究小样本的文本分类模型及算法[12]。廖一星从文本分类器、特征选择、特征抽取等方面对文本降维进行研究,提高了文本的分类性能[13]。Lin Yun结合SVM和KNN算法,对中文网页中的文本进行分类[14]。谭建平基于半监督的自训练模型,提出了一种SVM的迁移学习的文本分类方法[15]。张高祥融合了K-Means的SVM算法,对文本信息进行过滤[16]。

已有的文本分类和情感倾向分析方法多基于支持向量机等算法对文本进行分类,对于中英文和表情符号混合的极短文本分类却很少涉及或效果不显著。本文基于对情感倾向的分析,并运用SVM等工具,提出一种针对混合极短文本的分类模型。

由于中英文语言及文化方面的差异,对待不同词构下的无标签数据时,需要经过不同的预处理,通过特征层面的抽取,构造统一的模型以同时处理这些问题。比较发现,SVM算法采用的结构风险最小化的原则,能够很好地解决样本容量小、非线性和高维性的识别问题,同时辅以KNN算法,能够在小样本空间领域充分利用资源,得到最有效的极短文本分类结果。基于区分中英文极短文本的词向量增量算法和N-Gram模型做出预处理,对得分词进行判断筛选,形成词向量模型,再利用SVM算法对其进行分类,最终进行实验以分析中英文极短文本的分类情况。

3 混合极短文本的预处理

3.1 文本模型预处理

3.1.1 文本识别

具体流程如下：

(1)选择文本：加载词库，把词库加载成一个列表的字典。

(2)准备收集器：为中文文本、英文文本和表情符分别准备一个收集器，使用三个空的向量集即可，譬如zh_gather，en_gather与ba_gather。

(3)判断选择：对混合文本zh_en_ba_str的遍历过程进行逐字识别，若当前文本为中文，则将其添加到zh_gather中；若当前文本为英文，则将其添加到en_gather中；否则加入ba_gather。

3.1.2 基于神经网络的kettle模型

因为中文文本的最小可表意字符为“字单元”，具有组合性，并且在语段中受到断句的影响，所以采用基于神经网络的kettle算法模型进行中文极短文本的预处理。

(1)初始集：首先对于已有极短文本去重后按照顺序遍历的方式，以步长为2形成新增文本的初始集a_bank。

(2)匹配：将a_bank中的每一个元素与词库中的词进行对比，若该词为已定义的词向量，则放入definition_bank中；否则，放入undefinition_bank中。

(3)扩充：对于undefinition_bank中的词进行分类，筛选出紧邻前后“字单元”组成词向量的部分进行扩充，直至每个“字单元”都形成相应且符合词库的词向量。将该词向量放回初始集a_bank中，重复(2)操作。

(4)再组合：组合undefinition_bank与definition_bank，并更新初始集a_bank的词向量库。

3.1.3 N-Gram模型

不同于中文极短文本，英文的最小可表意字符为“单词单元”，也就是在英文文本中，已经存在了所谓中文里“断句”的“字符间空格”，这是在预处理中英文与中文最大的不同。英文这一特点，免去了利用词增量算法模型的必要，但是在英文文本中常常含有大量“同源词”，这意味着对于英文文本的处理存在简化的可能。

于是，我们利用N-Gram模型(也称为N元模型)来评估两个词向量之间的差异程度。N-Gram模型的原理是，对于一个词向量来说，以N为长度切分该词段，通过比较k个词向量中共有词段η公式来判断词向量之间的同源关系：

$$\eta=\left|G_N(a)\right|+\left|G_N(b)\right|-2\times\left|G_N(a)\cap G_N(b)\right|$$

其中，$\left|G_N(a)\right|$，$\left|G_N(b)\right|$ 分别为以 N 为步长对词向量 a,b 的分段数目，$\left|G_N(a)\cap G_N(b)\right|$ 表示词向量 a,b 的共有词段数目。

举例，如proportion与proportional，若 N=2，则有5+6−2×5=1；再如proportion与prompt，同样取 N=2，有5+3−2×1=6。容易得到，当 η 越小时，表示两个词向量之间同源性越高；当 η 为0时，两个词向量相同。

对于英文极短文本而言，通过字符间空格得到词向量集，再利用N-Gram模型筛除同源词向量，并更新至新词向量集b_bank中。

3.1.4　得分词

通过上述预处理后，得到了中文极短文本词向量集a_bank和英文极短文本词向量集b_bank。然而，在这些向量集中，可能有部分词向量属于无效词，例如中文文本中的“了”“的”，英文文本中的“a”“the”等。因此，无效词需要从中删去，得到中英文极短文本的得分词词向量集re_a_bank和re_a_bank。

3.1.5　情感倾向分类

为了表示表情符对混合文本的影响作用，提出以建模方式为主的判别、检验。如对于一条微博，其每个词语对于情感极性影响是不同的，与表情符作用的效果也是不同的。

对一条混合文本，如 $\{w_1,w_2,\cdots,w_T;E_1,E_2,\cdots,E_k\}$，其中 w_i 为混合文本中经过分词后的词语，E_j 表示其中的表情符。统一为词向量集后表情符可表示为：

$$v_e=\frac{1}{k}\sum_{t=1}^{k}e_t \tag{1}$$

令 $[h_1,h_2,\cdots,h_T]$ 为经过模型处理后混合文本中纯文本 $\{w_1,w_2,\cdots,w_T\}$ 的表示。

3.2　TF-IDF特征词提取

预处理文本之后，我们选择使用TF-IDF特征提取法[12]在所得文本中提取关键词并据此建立模型。TF-IDF用以评估一个词向量对于一个文件集或语料库中某份文件的重要程度。对于特征词 w 而言，它的特征提取函数为：

$$f(w)=TF(w)\times IDF(w)\times\lg[n(w)+1] \tag{2}$$

其中，TF（特征项频率）是指在一个文本中，某个词向量的出现次数与文本中所有特征项的出现总次数的商。如果某个词向量在一篇文本中出现的次数较多，则表明该词向量可能较好地描述了该文本的主要信息，适合用于分类。

而选择 IDF（反文档频率）作为另一个因数的主要思想是：只有少量文本包

含的词向量比大量文本中都包含的词向量更重要，更加有利于区分文本的类别。若文本集中包含词向量 w 的 IDF 值越小，则表示 w 的类别区分度越好。IDF 可以减弱在大量文本中都含有的词向量的重要程度，也可以加强只有少量文本包含的词向量的重要程度。

因此，词向量频率 TF 与反文档频率 IDF 经常结合起来使用。常用如下公式计算 IDF：

$$IDF(w)=\lg\left[\frac{N}{n(w)+1}\right] \tag{3}$$

其中，N 为文本总数，$n(w)$ 为包含 w 的文本数。

TF-IDF 特征提取法利用公式(2)计算出文本中每个词向量的 TF-IDF 权重值，并对其进行降序排序，然后根据预先设定的筛选条件筛选出满足要求的前 n 个词向量，从而实现对原特征空间的降维。

3.3 基于表情符的情感倾向模型

利用基于情感倾向和SVM混合极短文本分类模型，以衡量与表情结合后，微博中的词语的重要程度权重。则整个句子的表示如下：

$$s=\sum_{t=1}^{T}\alpha_t h_t \tag{4}$$

此处 α_t 表示句子第 t 个词结合表情符后的重要程度，即模型表示的第 t 个词在句子中的权重。α_t 的定义如下：

$$a_t=\frac{\exp\left(score\left(h_j,v_e\right)\right)}{\sum_{t=1}^{T}\exp\left(score\left(h_t,v_e\right)\right)} \tag{5}$$

$score$ 为衡量表情符与词向量混合后的重要程度的打分函数，$score$ 的定义如下：

$$score\left(h_j,v_e\right)=v^T\tanh\left(W_H h_j+W_E v_e+b\right) \tag{6}$$

其中，W_H、W_E 为权重矩阵，b 为偏置向量，v 为权重向量，v^T 表示 v 的转置。

通过梯度下降和反向传播算法不断优化参数，从而达到代价函数的全局最优，最终通过目标函数对结果进行预测。

在约束条件 $\sum_{p=1}^{P}\alpha_p d^p=0,0\leqslant\alpha_p\leqslant C$ 下，求得使目标函数：

$$Q(\alpha)=\sum_{p=1}^{P}\alpha_p-\frac{1}{2}\sum_{p=1}^{P}\sum_{j=1}^{P}\alpha_p\alpha_j d^p d^j \Phi^T\left(X^p\right)\Phi^T\left(X^j\right) \tag{7}$$

取得最大值的 α_{0p}，则此时可得最优权值为：

$$W_0=\sum_{p=1}^{p}\alpha_{0p}d^p\Phi\left(X^p\right) \tag{8}$$

则对于待分类的文本，可利用判别函数进行分类：

$$f(X)=\operatorname{sgn}\left[\sum_{p=1}^{p}\alpha_{0p}d^p\Phi^T\left(X^p\right)\Phi(X)+b_0\right] \tag{9}$$

根据判别函数的取值，可得文本的分类结果，从而判断最大概率所属类别，预测出待分类样本归属类别。

3.4 模型算法实现

对于非线性变换 φ ，可选择一个内积核函数 $K\left(X^p,X\right)$ 避免进行这种变换。在使用核函数后，算法可表达为在约束条件 $\sum_{p=1}^{P}\alpha_p d^p=0, 0\leqslant\alpha_p\leqslant C$ 下，求解目标函数：

$$Q(\alpha)=\sum_{p=1}^{p}\alpha_p-\frac{1}{2}\sum_{p=1}^{P}\sum_{j=1}^{P}\alpha_p\alpha_j d^p d^j K\left(X^p,X^j\right) \tag{10}$$

当 $Q(\alpha)$ 取得最大值时，$\alpha_p=\alpha_{0p}$ ，其中 $K\left(X^p,X^j\right)$ ，$p,j=1,2,\cdots,p$ ，可视为 $p\times p$ 对称矩阵 K 的第 p,j 项。可得最优权值：

$$W_0=\sum_{p=1}^{P}\alpha_{0p}d^pY^p \tag{11}$$

此时对于未分类文本X，可通过计算判别函数：

$$f(X)=\operatorname{sgn}\left[\sum_{p=1}^{p}\alpha_{0p}d^pK\left(X^p,X\right)+b_0\right] \tag{12}$$

来判断X的分类结果。

4 实验与分析

4.1 实验环境与数据集

在大多数情感标注语料中，表情符通常被当作噪音过滤掉。为了训练和测试语料，我们选择网络中的部分混合极短文本，并就其情感标签分为三类：正性、中性和负性。语料及标注统计如表1所示：

表1 语料统计

语料	褒义	中性	贬义	表情符出现总次数	个数/实例
6905	3113	1926	1866	14898	2.15

4.2 实验设计

提取6905个语料进行分析，对于每一个语料，我们有多种可能的含义（褒义、中性、贬义），但我们不能确定哪一种是符合的，那么就需要测试每一个语料训练后的泛化误差，从而选择最佳的模型。

对于SVM的内积核函数，常用的有以下四种：

（1）线性核函数：

$$K(X^p, X) = X^p * X$$

（2）多项式核函数：

$$K(X^p, X) = \left[\left(X \cdot X^p\right) + 1\right]^d$$

其中，d为多项式核函数的最高项的次数。

（3）径向基核函数：

$$K(X^p, X) = \exp\left(-\gamma \left\| X - X^p \right\|^2\right)$$

其中，γ为径向基核函数的参数。

（4）Sigmoid核函数：

$$K(X^p, X) = \tanh\left[u\left(X \cdot X^p\right) - r\right]$$

其中，u，r为sigmoid的参数。

具体流程如下：

（1）设定参数：利用SVM训练器，得到合适的训练参数和支持向量集γ_m。（设定KNN算法中常数值为k。）

（2）确定阈值：设定SVM算法中概率阈值为φ。

（3）修剪训练集：找出每个点的k值邻近点，若这些点集中，分类一致的点数小于分类相异的点数，则将其剔除。

（4）训练学习：通过多次学习，训练样本，利用SVM算法和算式$f(x) = \sum_{k=1}^{n} y_k a_k K(x_k, x) - w$得到词向量集re_a_bank和re_a_bank中每个点的概率值。（其中，$K(x_k, x)$为径向基核函数。）

（5）分类判断：若存在$\left|f(x_1) - f(x_2)\right| > \varphi$，则判断SVM-KNN分类器分类正确，输出$f(x_1)$与$f(x_2)$中较大数的标签；反之，代入KNN算法进行分类，返回结果为初始量。

（6）评估分析：通过评估函数，分析判断概率阈值φ的泛化误差

$R(w) \leqslant R_{emp}(w) + \phi(\frac{h}{n})$。(其中，$R(w)$ 为真实值风险，$R_{emp}(w)$ 为经验值风险，$\phi(\frac{h}{n})$ 为置信域风险。)

(7)反馈调整：通过不断反馈概率阈值 φ，对模型进行学习调整，并得到分类器的最终分类结果。

4.3 情感识别实验

表2所示为情感识别结果。由表2可知，对于混合极短文本本身，中英文及表情符对正确判断情感倾向都有一定贡献。且由于表情符对人们的直观感受产生影响，其对于情感倾向的贡献率最大，准确性也越高。而中文文本由于极短文本的表意限制，语义不够完备，语言表达时常会出现的"反义"现象影响了模型判断的正确率。

表2 情感识别结果

分类	正确率
中文文本情感倾向	56.49%
英文文本情感倾向	68.51%
表情符本身情感倾向	70.80%
混合极短文本情感倾向	74.86%

图1所示为情感识别的准确率分布。由图1可知，在判断过程中，对中性含义的情感倾向泛化误差较大，准确率较低，提升了识别效果。

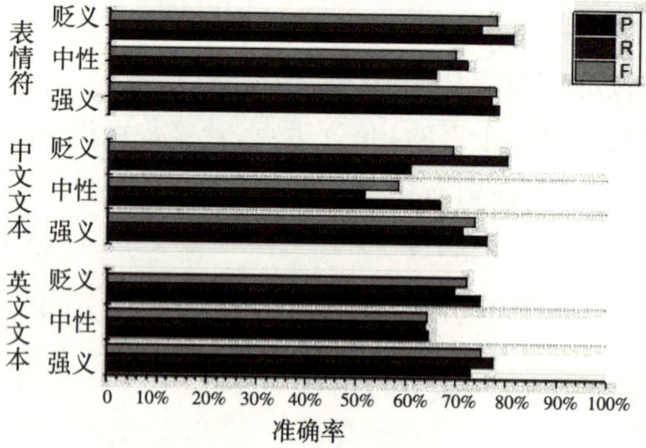

图1 准确率分布

4.4 文本识别实验

实验表明，下限频数从1提高至7左右时，性能提升最为明显；随着下限频数进一步提高，各类别文本分类性能不再稳定增长，开始波动甚至下滑。分析实验数据可知，本模型不仅分类性能相对良好，而且能有效提升存储和运算效率。

4.5 模型验证

图2所示为模型验证结果归一化混淆矩阵。

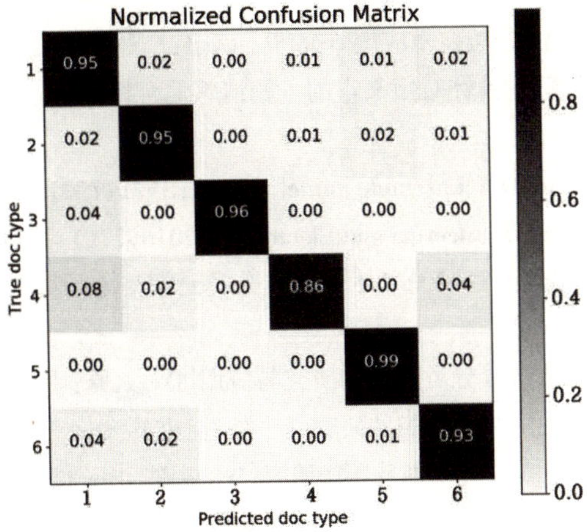

图2 验证结果归一化混淆矩阵

由图2可知，本模型的分类准确率与召回率均达到了96%，综合召回率与准确率也接近90%。对于训练集中样本数量充足的类别，准确率与召回率甚至能达到99%。

5 结语

随着大数据时代的到来，富含情感倾向的混合极短文本数据的信息呈爆发式增长。本文提出了一种基于情感倾向和SVM的混合极短文本分类模型，并通过微博、微信等主流社交平台上的6905条混合极短文本数据作为样本进行实验与分析，验证了模型的可用性与有效性。但本文方法还需要与同类相关分类方法进行进一步的实验对比分析。

参考文献：

[1] ARCHANA R, CHITRAKALA S. Explicit sarcasm handling in emotion level computation of tweets-a big data approach[C]// International Conference on Computing and Communications Technologies, IEEE, 2017.

[2]乌达巴拉. 基于监督学习的文本情感分析研究[D]. 合肥：中国科学技术大学，2017.

[3]宋冬云，郑瑾，张祖平. 基于混合策略的中文短文本相似度计算[J]. 计算机工程与应用，2018(12):116-120,205.

[4]殷亚博,杨文忠,杨慧婷,等.基于卷积神经网络和KNN的短文本分类算法研究[J/OL].[2018-04-01](2018-05-05).http://kns.cnki.net/kcms/detail/31.1289.TP.20170824.1123.004.html.

[5]王义真,郑啸,后盾,等.基于SVM的高维混合特征短文本情感分类[J].计算机技术与发展,2018,28(2):88-93.

[6]王珺瑶.面向微博文本的分类技术应用研究[D].南宁:广西大学,2015.

[7]谢珺,郝洁,苏婧琼,等.一种针对短文本的主题情感混合模型[J].中文信息学报,2017,31(1):162-168.

[8]LIU Y F,PI D C,CHENG Q Y.Ensemble kernel method:SVM classification based on game theory[J].Journal of Systems Engineering and Electronics,2016,27(1):251-259.

[9]刘国锋.基于深度学习理论和SVM技术的文本分类研究与实现[D].镇江:江苏科技大学,2017.

[10]刘国欣.基于增量学习SVM分类算法的研究与应用[D].太原:中北大学,2017.

[11]王梓诺.基于SVM算法的文本分类的研究[D].长春:吉林大学,2017.

[12]刘川.面向小样本的文本分类模型及算法研究[D].成都:电子科技大学,2017.

[13]廖一星.文本分类及其特征降维研究[D].杭州:浙江大学,2012.

[14]LIN Y,WANG J.Research on text classification based on SVM-KNN[C]//IEEE Beijing Section.Proceedings of 2014 IEEE 5th International Conference on Software Engineering and Service Science.IEEE Beijing Section,2014:842-844.

[15]谭建平.基于半监督的SVM迁移学习文本分类方法[D].广州:广东工业大学,2016.

[16]张高祥.基于SVM的文本信息过滤算法研究[D].长春:吉林大学,2016.

指导教师评语:

本文运用kettle和N-Gram模型,对当前主流社交平台的中英文和表情符混合极短文本进行预处理,结合SVM进行分类。研究内容具有一定的创新价值。另外,论文在对比实验的说服力方面需要进一步增强。

计算机与信息学院王杨教授

铜催化苯环邻位C—H键硫甲基化研究

林志洋
（化学与材料科学学院）

摘　要：C—H键直接官能团化被誉为“化学的圣杯”，因其简洁、高效和原子经济性高而受到众多化学家的青睐，因此，活化C—H键来构建C—C、C—O、C—N、C—S键等已经成为有机合成中重要的研究内容。本论文主要讨论过渡金属铜对苯甲酰胺的苯环邻位C—H键活化来构建C—S键，8-氨基喹啉作为导向基团，二甲基亚砜作为硫甲基源，在较为简单的条件下制得硫甲基化产物。我们发现最优反应条件为以8-氨基喹啉苯甲酰胺为反应底物，五水硫酸铜作为催化剂，苯甲酸作为添加剂，甲苯作为反应溶剂，在150 ℃下反应24 h，在此条件下能够以较高的产率得到目标产物。进一步研究发现，该反应底物范围广，官能团适应性好。芳环上含吸电子取代基的酰胺的产率要高于含供电子取代基的酰胺的产率。产物的结构都经核磁共振氢谱和碳谱表征。

关键词：C—H官能团化；硫甲基化；铜催化；二甲基亚砜

1　引言

金属催化剂在有机合成中起着至关重要的作用，近年来，利用贵金属钯、金、银催化C—H键活化已经取得了很多重要的进展，发展廉价无毒的铜等过渡金属催化剂成为该领域研究的新动向。其中C—H键活化引入含硫官能团（如甲磺酰基、甲硫基等）成为研究的重点内容，用于合成一些重要的有机化合物，这些化合物是很多药物及生物活性分子的核心骨架，目前已经成功合成并具有药用功能的化合物有很多，如MAO-A抑制剂、COX-2抑制剂、叶酸拮抗剂[1,2,3]等。

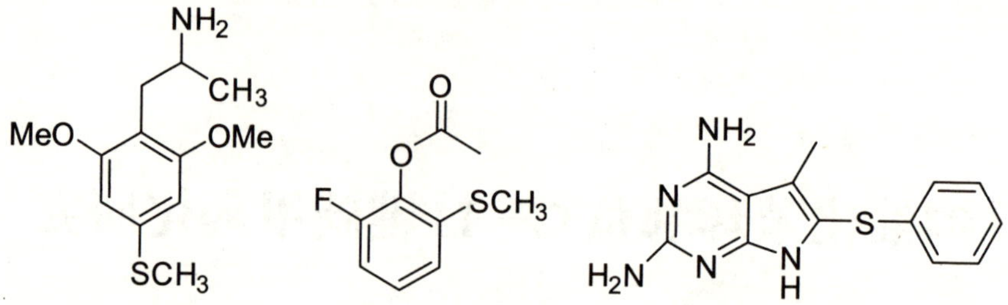

MAO-A抑制剂　　COX-2抑制剂　　叶酸拮抗剂

随着人类的进步和发展，人们对地球资源和自然环境越来越重视，促使化学家们不断地寻找简洁高效的方法提高原子利用率和减轻环境污染，在由C—H键构建C—S键合成芳基甲基硫醚上已经取得了一些显著的成果。

1.1　铜催化的硫甲基化反应

2010年，卿凤翎教授课题组[4]以2-苯基吡啶及其衍生物为底物，DMSO（二甲基亚砜）为硫甲基源，实现了芳基邻位的硫甲基化，不足之处是CuF_2用量为四个当量时反应产率才能达到最佳，并且反应时间也较长。

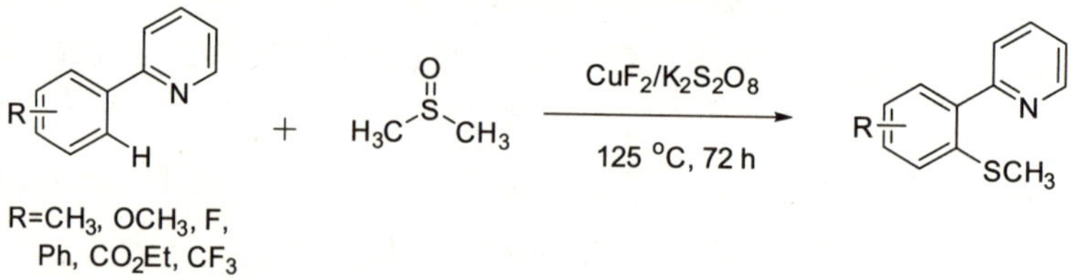

2011年，陈帆教授课题组[5]开发了使用DMSO作为末端硫甲基源的铜催化芳基卤化物的甲基硫醇方法，该方法耐受一系列的吸电子和给电子官能团。

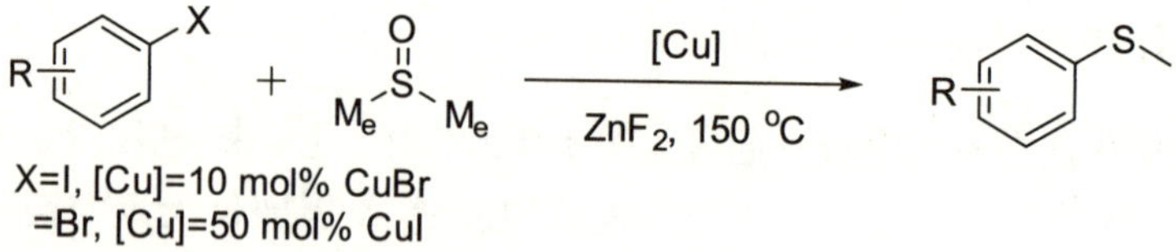

2012年，Daugulis课题组[6]使用$Cu(OAc)_2$作为催化剂，$F_3CS-SCF_3$作为三氟硫甲基源，实现了苯环邻位三氟硫甲基化。

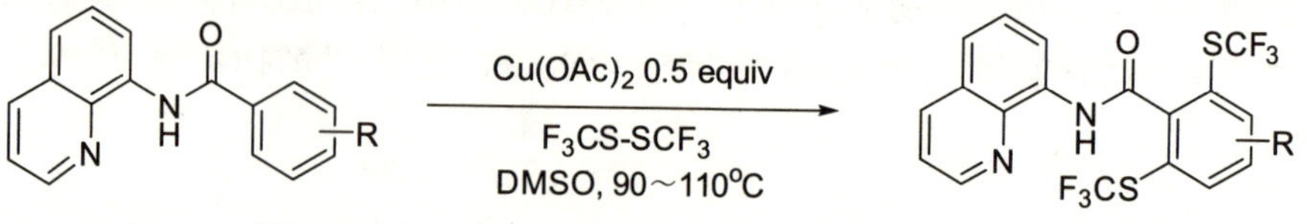

2015年，Jain课题组[7]利用廉价的醋酸铜作为催化剂，空气作为氧化剂实现了芳烃和杂环芳烃的硫甲基化反应，在导向基团的作用下，该反应有高度的区域

选择性。

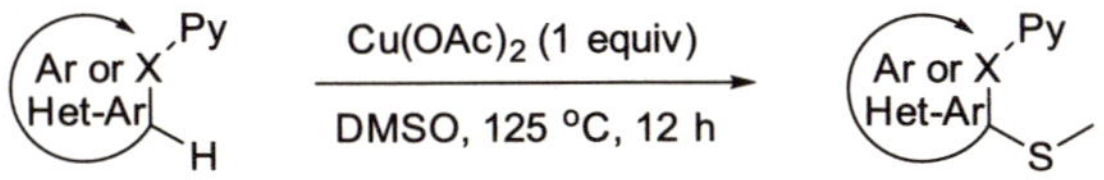

2015年，Mal课题组[8]发现在CuI和DABCO（1，4-二氮杂二环[2，2，2]辛烷）同时存在下可以实现芳基和杂芳基卤化物的硫甲基化反应。

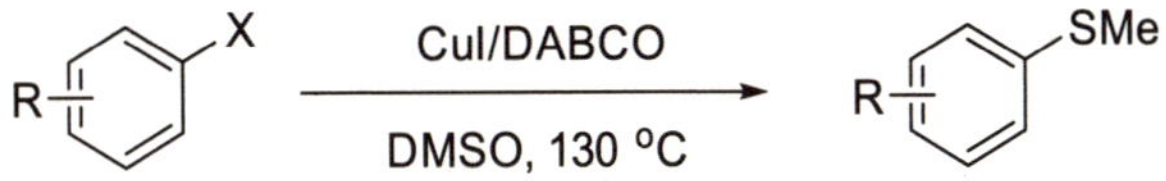

2016年，刘云云等人[9]找到可控的方法实现苯甲酰胺苯环邻位C—H键的选择性硫甲基化反应。

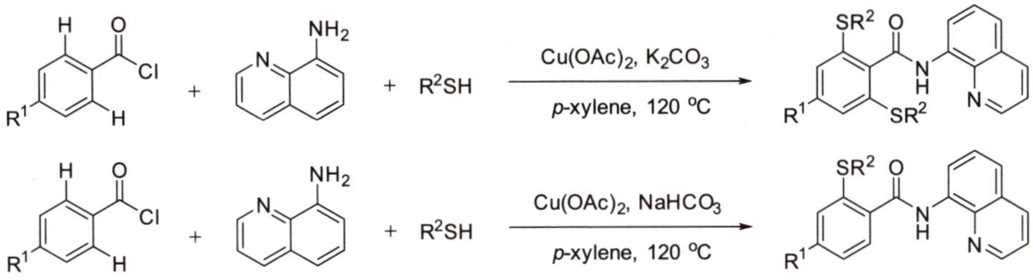

1.2　镍催化的硫甲基化反应

2015年，施晓东等人[10]利用镍催化活化 sp^2 和 sp^3 C—H键，成功构建C—S键。

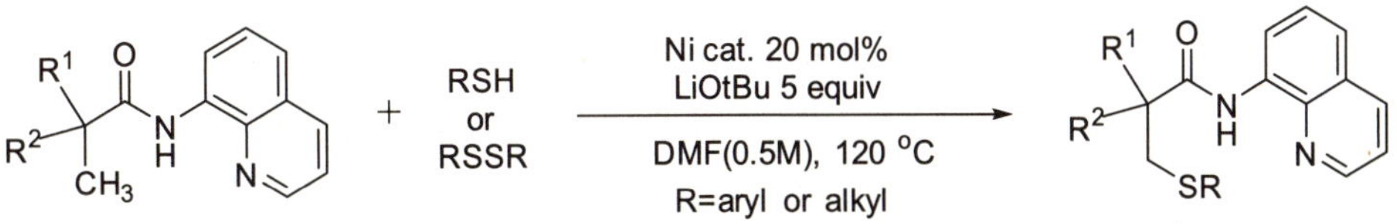

2015年，史炳锋教授课题组[11]利用镍催化实现 sp^3 C—H键活化，成功构建C—S键。

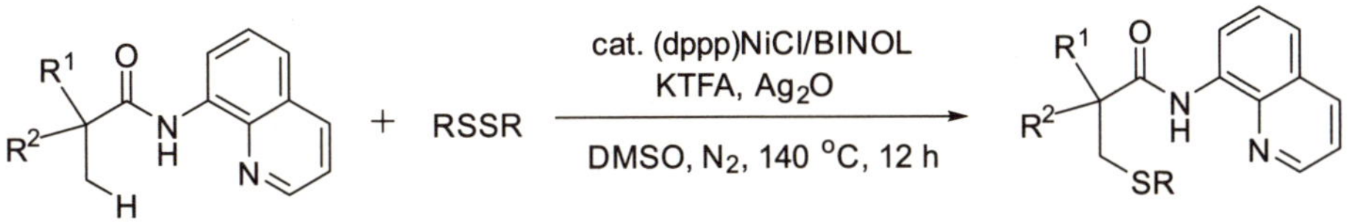

2015年，张玉红教授课题组[12]利用镍催化成功构建C—S键和C—Se键。

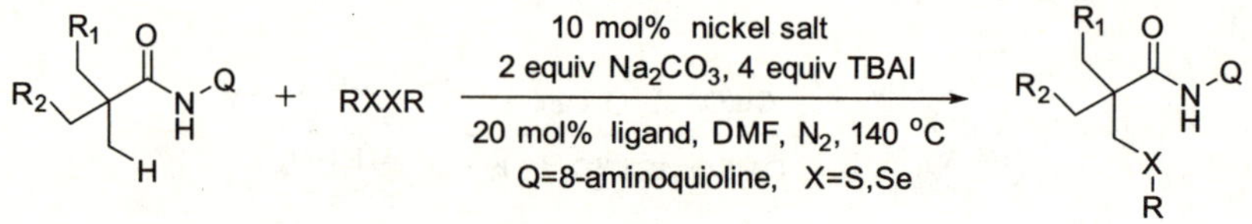

1.3 其他金属催化的硫甲基化反应

2015年,Tatiana Besset等人[13]利用二价钯催化未活化的C—H键的三氟硫甲基化。

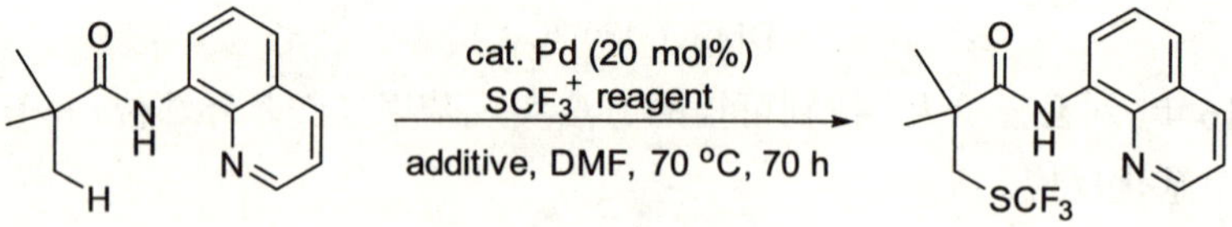

2017年,谭泽教授课题组[14]利用钴盐催化实现苯甲酰胺苯环邻位C—H键硫甲基化反应,但是该反应需要额外加入氧化剂和添加剂并在氮气保护下才能够反应。

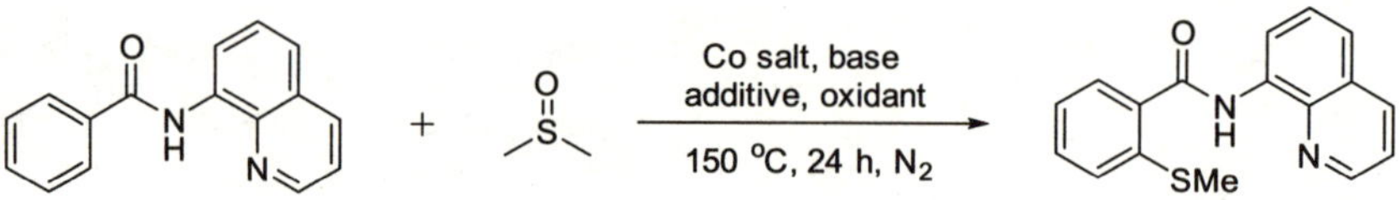

1.4 非金属催化的硫甲基化反应

2014年,Magolan课题组[15]报道一种非金属催化的卤代芳烃的硫甲基化反应,使用DIPEA(N,N-二异丙基乙胺)在加热回流的条件下便得到目标产物。

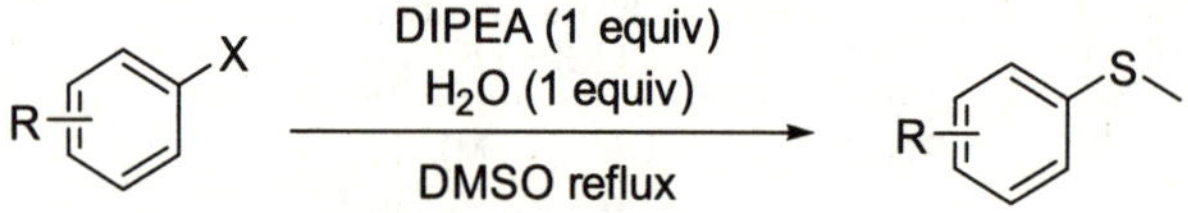

2015年,孙培培教授课题组[16]使用NH_4I实现芳基胺的高选择性硫甲基化反应。

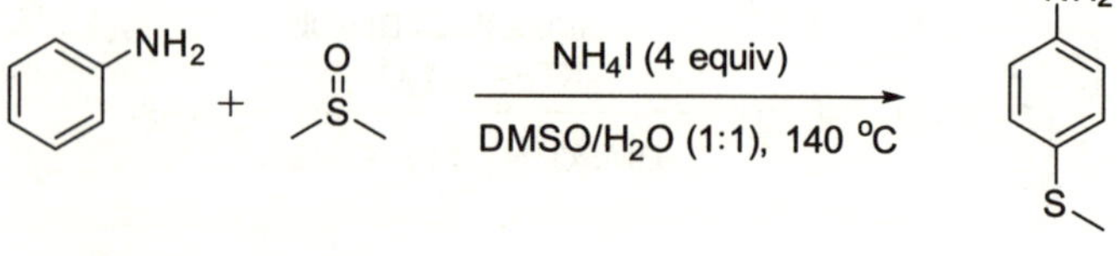

1.5 论文选题的依据和意义

由C—H键构建C—S键在药物分子和天然产物合成中经常遇到。近年来,该领域引起化学家的广泛关注并得到快速发展,然而还存在很多问题急需解决,反应体系需要进一步简化,反应的产率也需要进一步提高。

我们课题组在前人研究的基础上选择DMSO作为硫甲基化试剂，相比于硫醇和二硫化物，DMSO具有简单、便宜且易于处理的优点。另外，我们选用便宜、绿色的过渡金属铜作为催化剂，成功实现了硫甲基化反应，反应产率高达95%以上。本文发展了一种新型、高效的合成硫甲基化产物的方法，希望能够将该方法用于新药的研发与合成上，用来减轻病人的痛苦，造福于人类。

2 实验部分

2.1 实验试剂与仪器

试剂：8-氨基喹啉、苯甲酸、二氯亚砜、五水硫酸铜、硝酸铜、醋酸铜、氧化铜、二甲基亚砜、碳酸钾、四氢呋喃、溴化亚铜、碳酸银、三氟乙酸铜、对苯醌、TBPB（过氧化苯甲酸叔丁酯）、TBHP（叔丁基过氧化氢）、2，2，6，6-四甲基哌啶氧化物、甲苯、氯苯等。（以上试剂都是商品化产品且都是分析纯）

仪器：DHG-9036型电热恒温鼓风干燥箱；Bruker公司的AV-300/500型核磁共振仪；ZF-I型三用紫外分析仪；X-4精密显微熔点测定仪；78HW-1型恒温磁力搅拌器；79-1磁力加热搅拌器；RE-52A型旋转蒸发仪；BCD-171CR型冰箱；SHB-3A循环水多用真空泵；KH2200B型超声波清洗器；TG-16W台式高速离心机；FA2004B型电子天平、高分辨质谱仪等。

2.2 实验步骤

2.2.1 原料的制备

第一步：取苯甲酸或其衍生物0.01 mol、二氯亚砜10 mL，在40 ℃干燥的条件下反应4 h，反应结束后液氮冷却抽除过量的二氯亚砜。

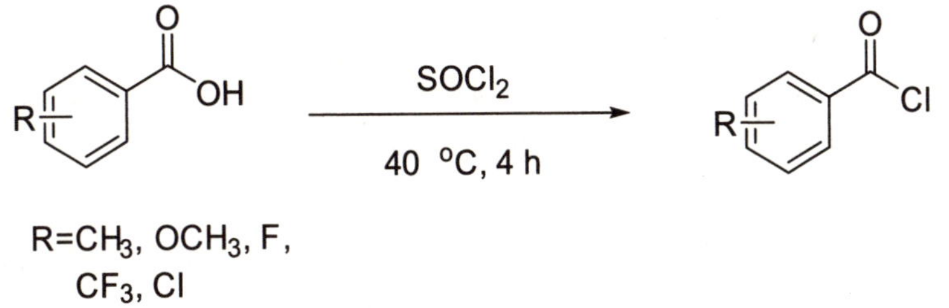

第二步：在第一步制得的酰氯中依次加入四氢呋喃20 mL、K_2CO_3粉末0.01 mol、8-氨基喹啉0.01 mol，冰水浴的条件下反应4 h，反应结束后液氮冷却抽干溶剂，用饱和的食盐水和乙酸乙酯萃取、分液三次，上层有机相加热旋干之后再加入1.5 mL乙酸乙酯100 ℃下加热回流3 min，趁热加入石油醚25 mL，振荡，冷却重结晶，抽滤，用少量石油醚洗涤，干燥后得到酰胺类原料。

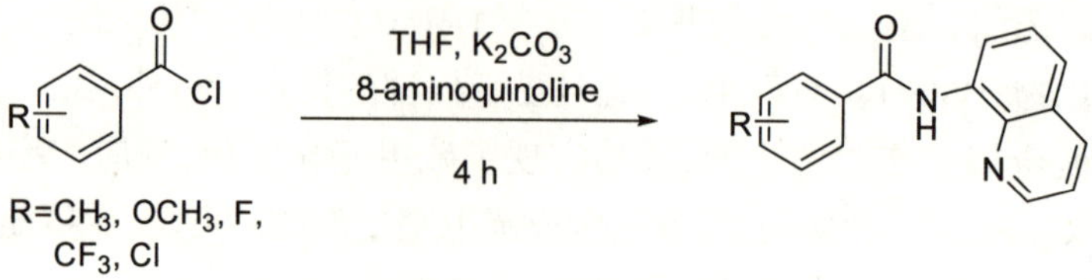

2.2.2　目标产物制备

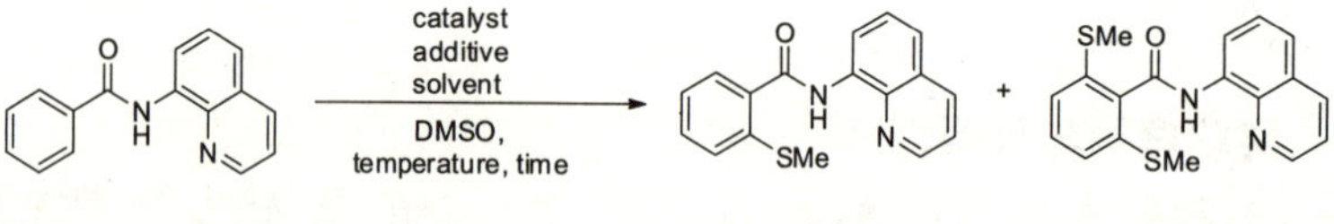

1a　　2a'　　2a

在25 mL的玻璃反应管中，分别加入酰胺底物（0.2 mmol）、五水硫酸铜（50 mol%）、苯甲酸（2.0 equiv）、二甲基亚砜（1.0 mL）、甲苯（1.0 mL），在150 ℃条件下反应15 h，能够以较高产率得到2a'（yield>85%）和少量的2a（yield<10%）。

2.2.3　产物的粗提纯

（1）反应结束后，取下反应管，冷却至室温。

（2）将反应管里的物质倒入干净的分液漏斗中，依次加入一定量的饱和食盐水和乙酸乙酯进行萃取，水层从分液漏斗下口放出，有机层从分液漏斗上口倒出。

（3）重复上述操作，将水层反复萃取3～4次，减少产物损失。

（4）在有机相中缓慢加入无水硫酸钠进行干燥，直至无水硫酸钠不结块，不粘壁则说明干燥成功。

（5）将干燥好的有机相倒入圆底烧瓶中使用旋转蒸发仪除去溶剂得粗产品。

2.2.4　目标产物的分离

（1）准备好薄层色谱硅胶板，用毛细管蘸取少量溶液在薄层色谱硅胶板的起始线上点样，另取毛细管蘸取少量原料点样作为参照，注意溶液的浓度，避免过浓或过稀。

（2）在广口瓶中加入一定比例的石油醚和乙酸乙酯作为展开剂，将点好样的薄层色谱硅胶板放入广口瓶中爬板，根据薄层色谱硅胶板上点分离的效果，确定柱层析时洗脱剂的极性。

（3）准备硅胶色谱柱，课题组采用干法装柱，即在色谱柱中加入300～400目的硅胶粉，用循环水多用真空泵抽实，然后加入石油醚洗脱，避免色谱柱中存在气泡。

（4）在圆底烧瓶的粗产品中加入少量200～300目的硅胶粉，使用旋转蒸发仪旋干成粉状。

(5)将粉状样品加入色谱柱中，然后再加入一层硅胶粉在样品上层，最后加入配好极性的洗脱剂，时刻用毛细管检测目标产物是否被洗脱下来。

(6)将含有目标产物的洗脱剂用旋转蒸发仪旋干，便得到纯净的目标产物。

2.2.5 目标产物的表征

(1)使用AV- 300/500型核磁共振仪对产物进行分析，得到产物^{1}H NMR和^{13}C NMR数据。

(2)使用高分辨质谱仪确定产物的精确分子量。

(3)对固体产物使用X-4精密显微熔点测定仪测定熔点。

3 实验结果与讨论

3.1 不同条件对反应的影响

我们选择便宜简单的N-(8-喹啉基)苯甲酰胺和二甲基亚砜为反应底物，探究不同反应条件(催化剂、温度、溶剂等)对反应的影响。

3.1.1 催化剂的影响

课题组主要研究便宜的过渡金属作为反应催化剂，我们分别研究了$Cu(OAc)_2$、$Cu(NO_3)_2$、$CuSO_4\cdot5H_2O$、CuO、$(F_3CCOO)_2Cu$、CuBr、$CuCl_2$和一些简单的Fe、Co、Ni盐的催化效果(Entry 1 - 7；Entry 14-16)，发现在相同的条件下$Cu(OAc)_2$、$Cu(NO_3)_2$、$CuSO_4\cdot5H_2O$、$(F_3CCOO)_2Cu$对反应有催化效果且$CuSO_4\cdot5H_2O$的催化效果最佳，CuO、CuBr、$CuCl_2$和一些简单的Fe、Co、Ni盐对反应没有催化效果；然后我们进一步探究催化剂的用量对反应产率的影响，发现催化剂的用量为0.2 equiv时，反应产率只有10%左右，当催化剂的用量为0.5 equiv时，反应产率得到很大的提高，继续尝试不同的催化剂用量，发现当催化剂的用量为1.0 equiv时反应产率最高，因此我们选择催化剂的用量为1.0 equiv作为最佳的反应条件之一。

3.1.2 温度的影响

确定催化剂之后，我们探究最佳的反应温度，分别设置反应温度为130 ℃、140 ℃、150 ℃、160 ℃，发现130 ℃时基本不反应，150 ℃和160 ℃时反应效果明显提高，但反应产率差别不大，于是我们选择150 ℃为最佳反应温度。

3.1.3 溶剂的影响

一开始我们只在反应中加入二甲基亚砜，它既当反应物又当溶剂，发现反应效果并不是很理想，然后分别尝试加入不同比例的氯苯、二甲基亚砜混合溶剂和甲苯、二甲基亚砜混合溶剂，发现当甲苯和二甲基亚砜以1:1混合时反应效果最佳。

3.1.4　其他因素的影响

我们在反应中分别加入适量的TBPB、DTBP(二叔丁基过氧化物)、BQ(苯醌)、O_2等氧化剂(Entry 10),发现反应产率并未提高而且还有所降低。我们在反应中加入配体邻菲啰啉,发现其对反应没有促进作用。我们猜测加酸会对二氯亚砜有活化作用,于是做了三个平行反应,分别加入苯甲酸、特戊酸、醋酸,其中苯甲酸对反应的促进作用最明显。表1为不同反应条件对反应的影响。

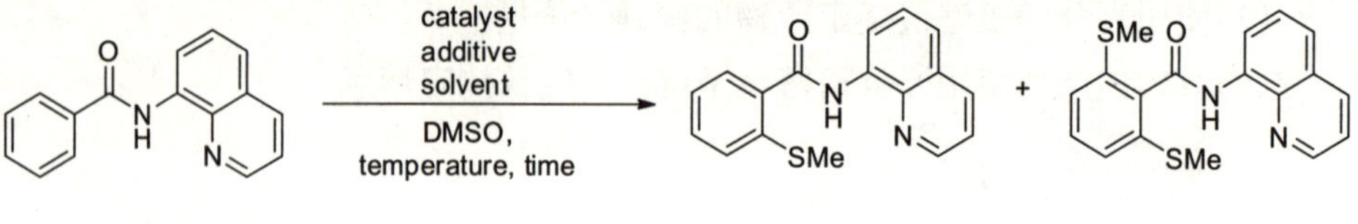

1a　　2a'　　2a

表1　不同反应条件对反应的影响

序号	催化剂	添加剂	溶剂	产率	
				2a'	2a
1	$Cu(OAc)_2$	–	DMSO	6%	–
2	$CuSO4\cdot 5H_2O$	–	DMSO	14%	trace
3	$(F_3CCOO)_2Cu$	–	DMSO	9%	–
4	$Cu(NO_3)_2$	–	DMSO	5%	–
5	CuO	–	DMSO	NR	–
6	CuBr	–	DMSO	NR	–
7[b]	$CuSO_4\cdot 5H_2O$	–	DMSO	35%	22%
8[c]	$CuSO_4\cdot 5H_2O$	–	DMSO/Chlorobenzene	23%	trace
9[d]	$CuSO_4\cdot 5H_2O$	–	DMSO/Toluene	36%	25%
10[e,f,g,h]	$CuSO_4\cdot 5H_2O$	Oxidant	DMSO/Toluene	30[e]%, 25[f]%, 31[g]%, 28[h]%	6[e]%, 5[f]%, 8[g]%, 8[h]%
11[i,j,l]	$CuSO_4\cdot 5H_2O$	Acid	DMSO/Toluene	30[i]%, 37[j]%, 37[l]%	14[i]%, 43[j]%, 24[l]%
12[m]	$CuSO_4\cdot 5H_2O$	PhCOOH	DMSO/Toluene	40%	17%
13[n]	$CuSO_4\cdot 5H_2O$	PhCOOH	DMSO/Toluene	14%	84%
14	$FeCl_3$	PhCOOH	DMSO/Toluene	NR	–
15	$CoCl_2\cdot 6H_2O$	PhCOOH	DMSO/Toluene	NR	–
16	$NiCl_2\cdot 6H_2O$	PhCOOH	DMSO/Toluene	NR	–

注:反应条件:项目1~6,起始物1a(0.2 mmol),催化剂(20 mol%),溶剂2.0 mL,在空气条件下反应

24小时。项目7，催化剂为0.5当量。项目8，溶剂为二甲亚砜(1.0 mL)和氯苯(1.0 mL)的混合溶剂。项目9，二甲亚砜和甲苯的混合溶剂。项目10，分别加入TBPB、DTBP、BQ、O_2为氧化剂。项目11，分别加入特戊酸，苯甲酸，醋酸为添加剂。项目12，在苯甲酸做添加剂的情况下，溶剂为二甲亚砜(0.5 mL)和甲苯(1.5 mL)。项目13，催化剂的用量为1.0当量。项目14～16，分别使用三氯化铁，六水合二氯化钴，六水合二氯化镍为催化剂。

3.2 底物的拓展

表2所示为不同酰胺衍生物对反应的影响。

表2 不同酰胺衍生物对反应影响

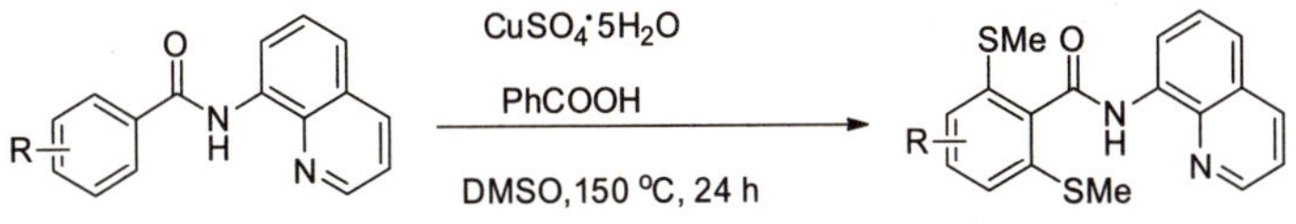

1　　2

序号	胺衍生物	产物	产率
1	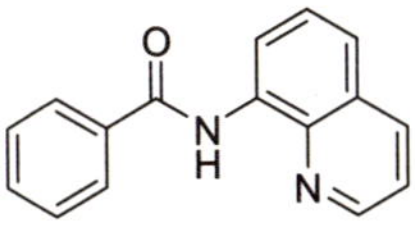	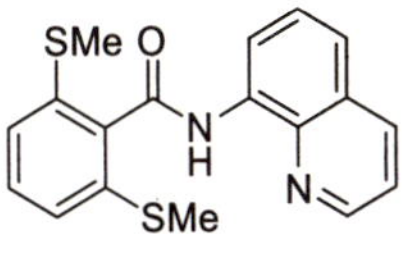 2a	76%
2	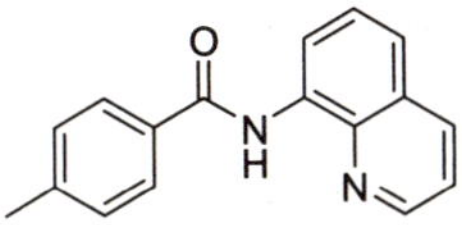	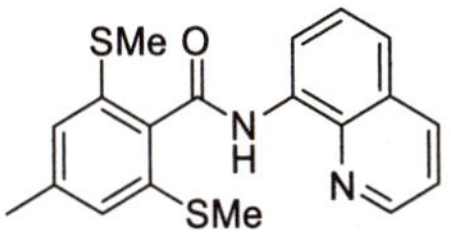 2b	32%
3	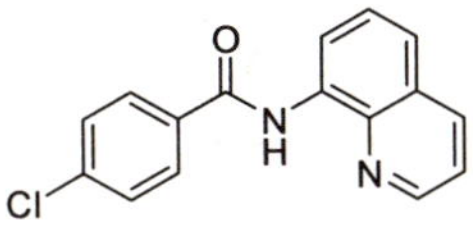	 2c	52%
4	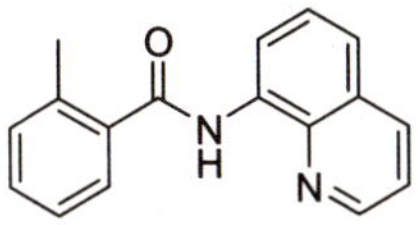	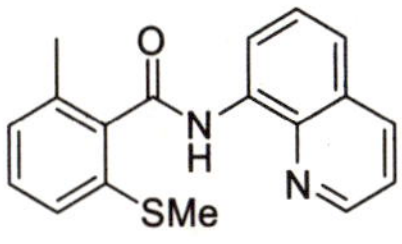 2d	61%
5	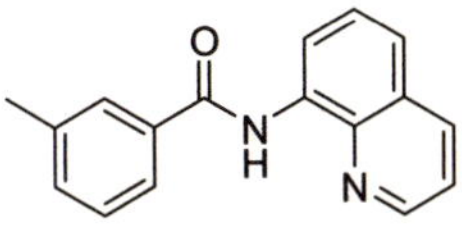	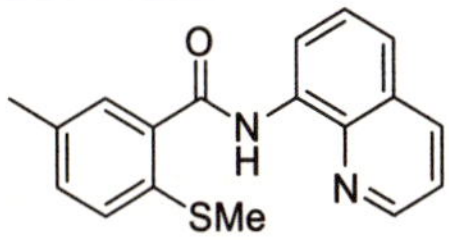 2e	80%

续 表

序号	胺衍生物	产物	产率
6	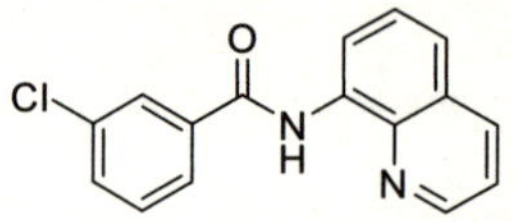	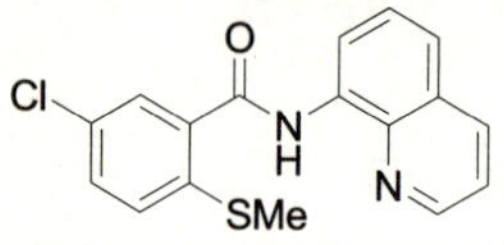 **2f**	97%
7	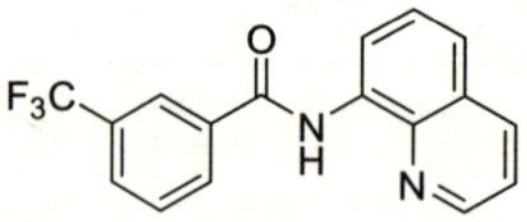	 **2g**	71%

通过对反应底物的拓展，我们发现该反应的底物范围广，官能团的适应性好。从反应产率可以看出：当苯环上有吸电子官能团时，且吸电子基团在苯环间位时反应产率最高；当苯环上有给电子官能团时，且给电子官能团在苯环对位时反应产率较低。出现这种现象的主要原因可能是电子效应和位阻效应的影响。

4 反应机理的探讨

一开始，为了验证反应是不是自由基反应，我们在平行反应中分别加入1.0 equiv和3.0 equiv的自由基抑制剂2,2,6,6-四甲基哌啶氧化物，反应能够继续发生且反应产率没有明显降低。我们又尝试加入另一种自由基抑制剂BHT(2,6-二叔丁基-4-甲基苯酚)，对反应也没有影响，于是我们排除自由基反应机理。

然后，我们根据反应条件、仪器分析结果和Kantam课题组[17]、谭泽教授课题组的研究提出一种可能的机理。我们认为，可能的过程如下：二甲基亚砜a的亚砜基氧质子化形成中间体b，亚砜基双键电子给质子形成中间体c，羟基夺质子氢以一分子水离去，甲基上一个氢离去形成中间体e，水对e亲核加成形成中间体f，碳硫键异裂形成g；与此同时，底物A与催化剂形成络合物B，B经过碳氢键活化形成中间体C，C和g之间进行氧化加成形成中间体D，D经过还原消除形成E，然后E和铜离子络合形成F，F经过碳氢键活化形成中间体G，G经过氧化加成形成中间体H，H经过还原消除形成最终的目标产物I。图1所示为可能的反应机理。

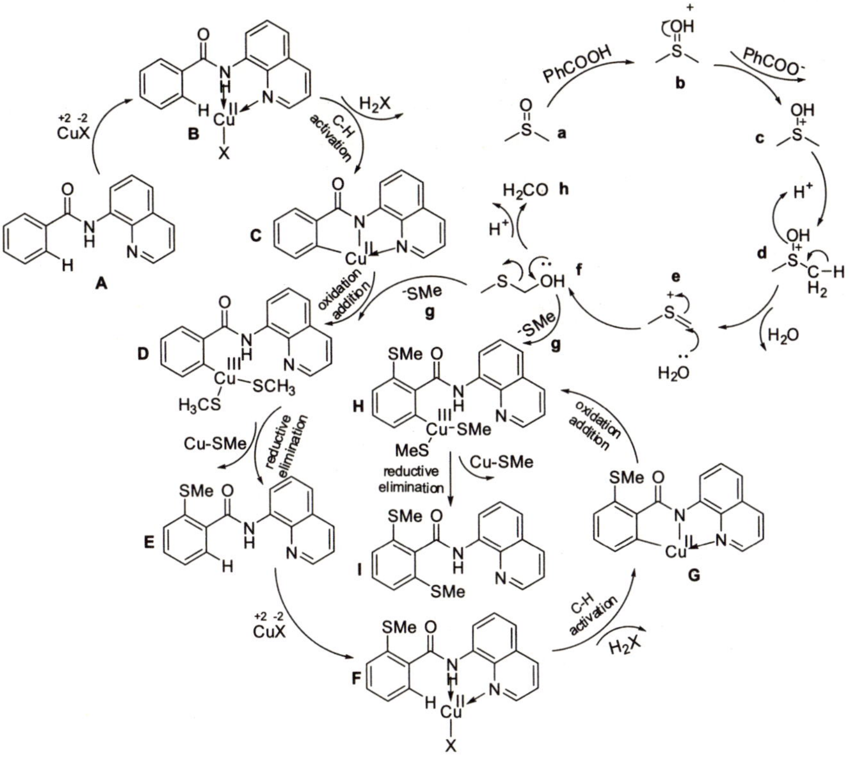

图1　可能的反应机理

5　总结

我们在前人的基础上寻找到一种简单可行的方法成功实现硫甲基化反应，并具有以下特点：

(1)我们使用简单便宜的五水硫酸铜催化剂，加入便宜常见的苯甲酸作为亚砜基活化剂，不需额外添加配体和氧化剂。

(2)在该条件下反应产率很高，适用的底物范围很广，当苯环上有吸电子基或者给电子基时反应依然可以进行，并且对反应产率也没有影响。

当然，我们的工作也有不足的地方，由于二甲基亚砜的反应活性高，8-氨基喹啉的配位能力强，所以该反应很难得到高产率的单取代产物，而是生成二取代产物。其次，当底物换不同的导向基团时，反应在该条件下不能顺利进行，因此还需要进一步探究其他的反应条件。

参考文献：

[1] AMIT S K, KEVIN R K, BRENDA C C, et al.Covalent Modification of Cyclooxygenase-2 (COX-2) by 2-Acetoxyphenyl Alkyl Sulfides, a New Class of Selective COX-2 Inactivators [J]. J. Med. Chem,1998(41):4800-4818.

[2] ALEJANDRA G G, ANGELICA F, THOMAS H M, et al. Sulfur-substitutedα-alkyl phenethylamines as selective and reversible MAO-A inhibitors: biological activities, CoMFA analysis, and active site modeling[J]. J. Med. Chem,2005(48):2407-2419.

[3] ALEEM G, ZENG Y B, TINA T, et al. Design and synthesis of classical and nonclassical 6-Arylthio-2,4-diamino-5-ethylpyrrolo [2,3-d]pyrimidines as antifolates[J]. J. Med. Chem,2007 (50):3046-3053.

[4] CHU L L, YUE X Y, QING F L. Cu(II)-mediated methylthiolation of aryl C—H bonds with DMSO[J]. Org. Lett,2010(12):1644-1647.

[5] LUO F, PAN C D, LI L P, et al. Copper-mediated methy- lthiolation of aryl halides with DMSO [J]. Chem. Commun,2011(47):5304-5306.

[6] TRAN L D, POPOV I, DAUGULIS O. Copper-promoted sulfenylation of sp2 C—H Bonds[J]. J. Am. Chem. Soc,2012(134):18237-18240.

[7] SHARMA P, ROHILLA S, JAIN N. Copper Acetate - DMSO promoted methyl thiolation of arenes and heteroarenes[J]. J. Org. Chem,2015(80):4116-4122.

[8] KETAKI G, SADANANDA R, Mal D. A convenient method for the synthesis of aryl methyl sulfides via Cu(I)-mediated methylthiolation of haloarenes with DMSO[J]. Tetrahedron Lett,2015 (56): 5199-5203.

[9] LIU Y Y, HUANG M Y, LI W. Selective mono- and di-C(aryl)H sulfenylati- on of benzamides by one-pot assembly of 8-aminoquinoline,benzoyl chlorides, and thiophenols[J]. Asian J. Org. Chem,2016(5):1-5.

[10] YE X H, JEFFREY L P, SHI X D. Nickel-catalyzed directed sulfenylation of sp^2 and sp^3 C—H bonds[J]. Chem. Commun,2015(51):7863-7866.

[11] YAN S Y, LIU Y J, LIU B, et al. Nickel-catalyzed direct thiolation of unactivated C(sp^3)—H bonds with disulfides[J]. Chem. Commun,2015(51):7341-7344.

[12] LIN C, YU W L, YAO J Z, et al. Nickel- catalyzed direct thioetherification of β-C(sp^3)—H bonds of aliphatic amides[J]. Org. Lett,2015(17):1340-1343.

[13] XIONG H Y, TATIANA B, DOMINIQUE C, et al. Palladium(II)-catalyzed directed trifluoromethylthiolation of unactivated C(sp^3)—H bonds[J]. J. Org. Chem,2015(80):4204-4212.

[14] HU L, CHEN X, LIN Y, et al. Highly mono-selective ortho-methylthiolation of benzamides via cobalt-catalyzed sp2 C—H activation[J]. Org. Chem. Front,2018(5):216-221.

[15] EBENEZER J M, MAGOLAN J. Aryl methyl sulfides via SNAr using DMSO as the source of

the thiomethyl moiety[J]. Tetrahedron Lett,2014(55):5323-5326.
[16]XU Y F, CONG T T, LIU P, et al. Highly regioselective paramethylthio- lation/bridging methylenation of arylamines promoted by NH4I[J]. Org. Biomol. Chem, 2015, 13 (38):9742-9745.
[17]JOSEPH A P J, PRIYADARSHINI S, KANTAM M L, et al. Investigation of the scope and mechanism of copper catalyzed regioselective methylthiolation of aryl halides[J]. Tetrahedron, 2013(69): 8276-8283.

指导教师评语：

C—H键活化官能化反应是直接构建碳碳键、碳杂原子键的原子经济性高的有效途径，也是合成有机天然分子最有效的方法之一，近年来，利用贵金属钯、铑催化C—H键活化已经取得了很多重要的进展，发展廉价的过渡金属催化剂成为该领域研究的新动向。其中，铜催化芳香邻位C—H键硫甲基化反应成为构建C—S键的有效手段。

该论文以苯甲酸和8-氨基喹啉反应形成酰胺，研究其在不同的条件下与DMSO反应得到目标产物。通过对实验条件优化发现，以$CuSO_4 \cdot 5H_2O$作为催化剂，甲苯为反应溶剂，苯甲酸为添加剂，DMSO为硫甲基源可以得到较高产率的目标产物，并且用核磁共振等方法对产物进行了结构表征。反应没有额外加入氧化剂和复杂的配体，条件简单易行，反应底物范围广，成本相对较低，符合绿色化学的发展理念。

论文实验设计合理，研究方法可行，产物表征较为充分，并对结果做出了适当的分析。该生掌握了基本有机合成操作，具备了较好的查阅文献能力。论文写作条理清晰，语句通顺，表达明确。

化学与材料科学学院张武教授

化合物表征数据：

2,6-bis(methylthio)-N-(quinolin-8-yl)benzamide (2a)

White solid, mp 110.4 ℃, yield 76%; ^{1}H NMR (300 MHz, $CDCl_3$) δ 10.05 (s, 1H), 9.03 (m, 1H), 8.75 (m, 1H), 8.16 (m, 1H), 7.58 (dd, J =5.1, 3.9 Hz,

2H), 7.40 (m, 2H), 7.22 (d, J = 7.8 Hz, 2H), 2.47 (s, 6H). ^{13}C NMR (125 MHz, $CDCl_3$) δ 165.7, 148.3, 138.6, 137.6, 136.9, 136.3, 134.3, 130.0, 127.5, 125.0, 124.9, 122.0, 121.6, 117.0, 17.2.

4-methyl-2,6-bis(methylthio)-N-(quinolin-8-yl)benzamide (2b)

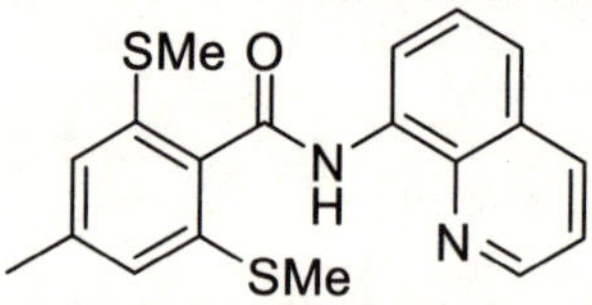

White solid, mp 123.6 ℃, yield 32%; ^{1}H NMR (300 MHz, $CDCl_3$) δ 10.05 (s, 1H), 9.03 (d, J = 7.2 Hz, 1H), 8.74 (d, J = 2.4 Hz, 1H), 8.16 (d, J = 8.4 Hz, 1H), 7.58 (m, 2H), 7.42 (dd, 7.4, 4.2Hz, 1H), 7.02 (s, 2H), 2.46 (s, 6H), 2.39 (s, 3H).

4-chloro-2,6-bis(methylthio)-N-(quinolin-8-yl)benzamide (2c)

White solid, mp 162.1 ℃, yield 52%; ^{1}H NMR (300 MHz, $CDCl_3$) 10.07 (s, 1H), 8.99 (d, J = 7.2 Hz, 1H), 8.76 (d, J = 14.4 Hz, 1H), 8.16 (d, J = 7.8 Hz, 1H), 7.58 (m, 2H), 7.43 (dd, J = 16.2, 4.2 Hz, 1H), 7.10 (s, 2H), 2.46 (s, 6H). ^{13}C NMR (125 MHz, $CDCl_3$) δ 164.7, 148.3, 139.1, 138.4, 136.0, 134.6, 134.1, 128.0, 127.5, 123.5, 123.4, 122.3, 121.7, 117.2, 16.8.

2-methyl-6-(methylthio)-N-(quinolin-8-yl)benzamide (2d)

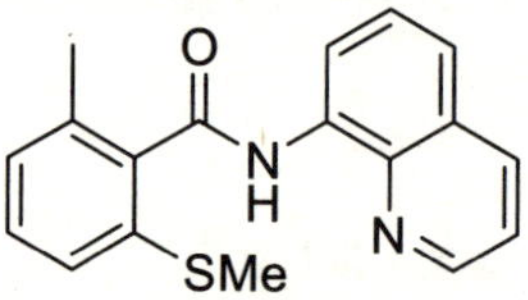

White solid, mp 115.3 ℃, yield 61%; ^{1}H NMR (300 MHz, $CDCl_3$) δ 9.998 (s, 1H), 9.02 (d, 1H), 8.75 (s, 1H), 8.19 (d, J = 8.1 Hz, 1H), 7.59 (t, 2H), 7.45 (dd, J = 11.1, 3.9 Hz, 1H), 7.29 (m, 2H), 7.12 (d, J = 6.9 Hz, 1H), 2.46 (d, J = 9.3 Hz, 6H). ^{13}C NMR (125 MHz, $CDCl_3$) δ 167.3, 148.2, 138.5, 138.3, 136.4, 135.6, 135.5, 134.4, 129.6, 128.0, 127.9, 127.5, 125.6, 122.0, 121.6, 117.0, 19.5, 17.6.

5-methyl-2-(methylthio)-N-(quinolin-8-yl)benzamide (2e)

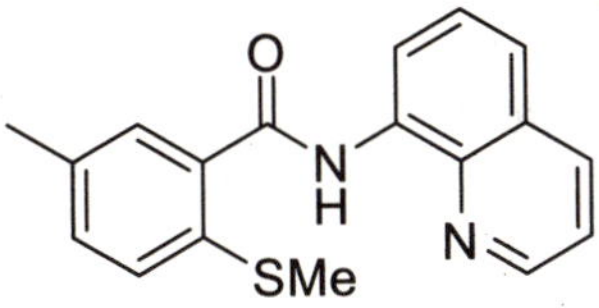

White solid, mp 113.0 ~ 114.0 ℃, yield 80%; ^{1}H NMR (300 MHz, $CDCl_3$) δ 10.48 (s, 1H), 8.97 (d, J = 6.9 Hz, 1H), 8.77 (d, J = 2.7 Hz, 1H), 8.13 (d, J = 8.1 Hz, 1H), 7.54 (m, 3H), 7.41 (dd, J = 8.1, 4.2 Hz, 1H), 7.27 (m, 2H), 2.45 (d, J = 5.7 Hz, 3H), 2.37 (s, 3H). ^{13}C NMR (125 MHz, $CDCl_3$) δ 166.8, 148.2, 138.6, 136.5, 135.8, 135.3, 134.7, 134.5, 131.8, 129.0, 128.0, 127.9, 127.5, 121.9, 121.6, 117.0, 20.9, 17.2.

5-chloro-2-(methylthio)-N-(quinolin-8-yl)benzamide (2f)

White solid, mp 142.5 ~ 143.5 ℃, yield 97%; ^{1}H NMR (300 MHz, $CDCl_3$) δ 10.46 (s, 1H), 8.93 (m, 1H), 8.82 (d, J = 2.7 Hz, 1H), 8.19 (d, J = 7.5 Hz, 1H), 7.73 (d, J = 1.8 Hz, 1H), 7.59 (d, J = 6.6 Hz, 2H), 7.45 (m, 2H), 7.32 (d, J = 8.7 Hz, 1H), 2.49 (s, 3H).

2-(methylthio)-N-(quinolin-8-yl)-5-(trifluoromethyl)benzamide (2g)

White solid, mp 121.6 ~ 121.9 ℃, yield 71%; ^{1}H NMR (300 MHz, $CDCl_3$) δ 10.50 (s, 1H), 8.94 (d, J = 4.5 Hz, 1H), 8.83 (d, J = 3.0 Hz, 1H), 8.22 (d, J = 8.1 Hz, 1H), 7.98 (s, 1H), 7.66 (dd, J = 24, 6.0 Hz, 3H), 7.49 (m, 2H), 2.54 (s, 3H).

核磁谱图:

2,6-bis(methylthio)-N-(quinolin-8-yl)benzamide (2a)

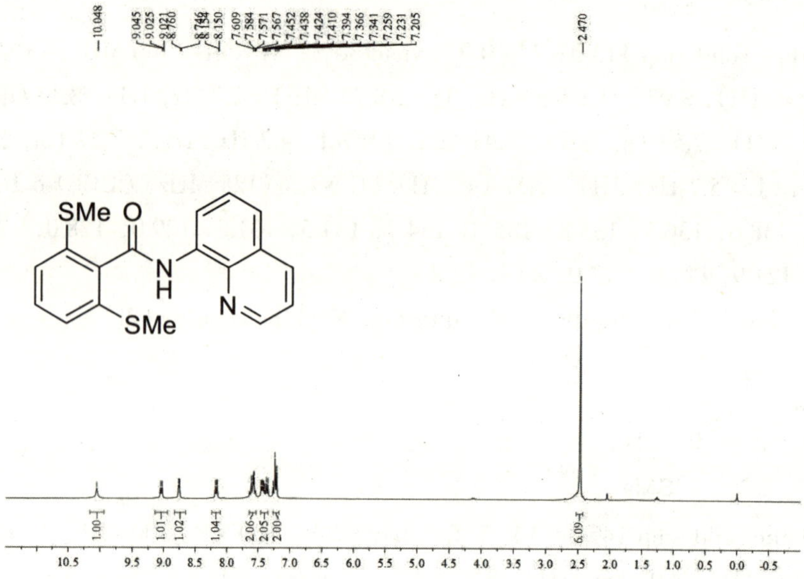

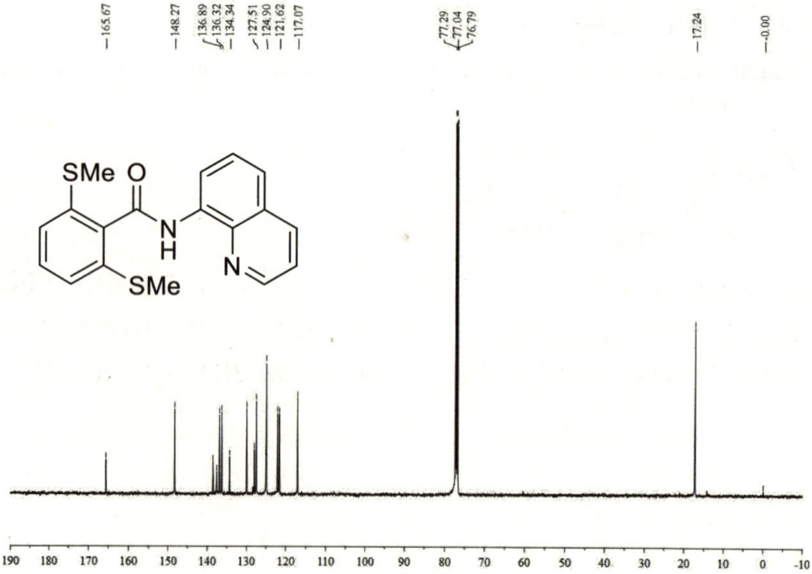

4-methyl-2,6-bis(methylthio)-N-(quinolin-8-yl)benzamide (2b)

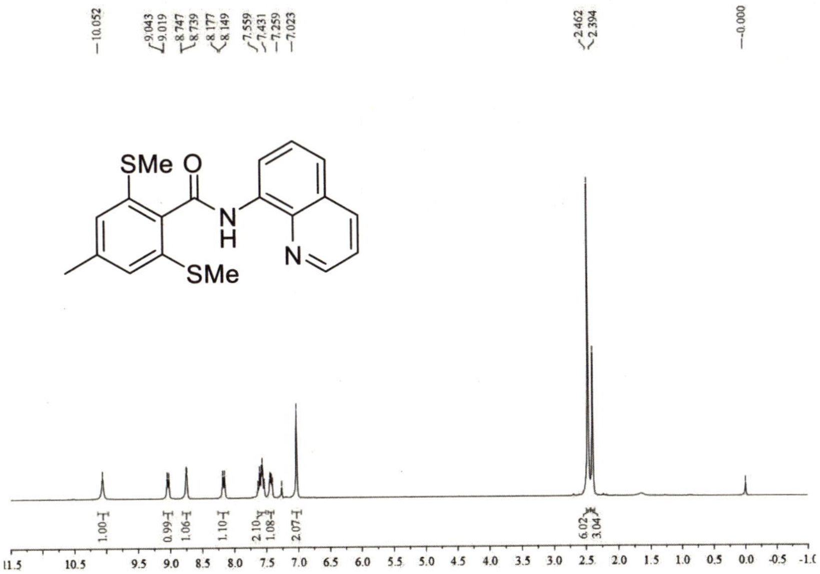

4-chloro-2,6-bis(methylthio)-N-(quinolin-8-yl)benzamide (2c)

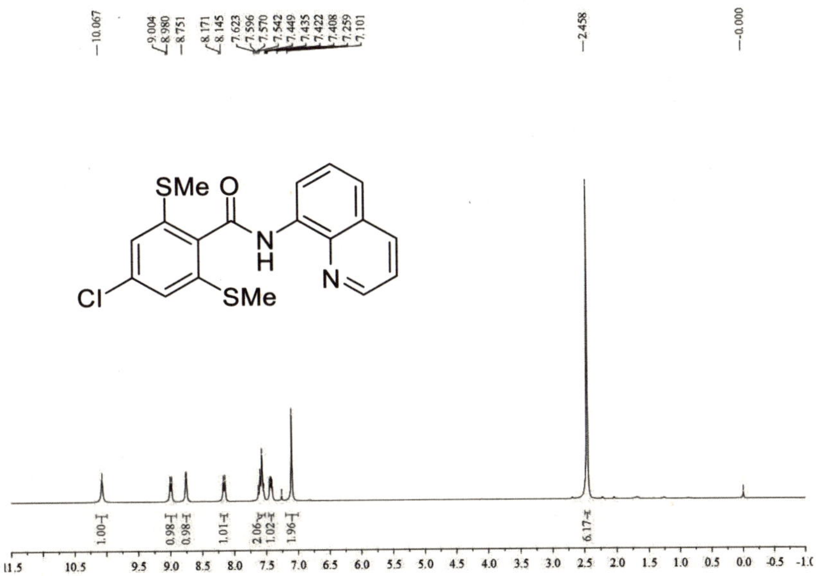

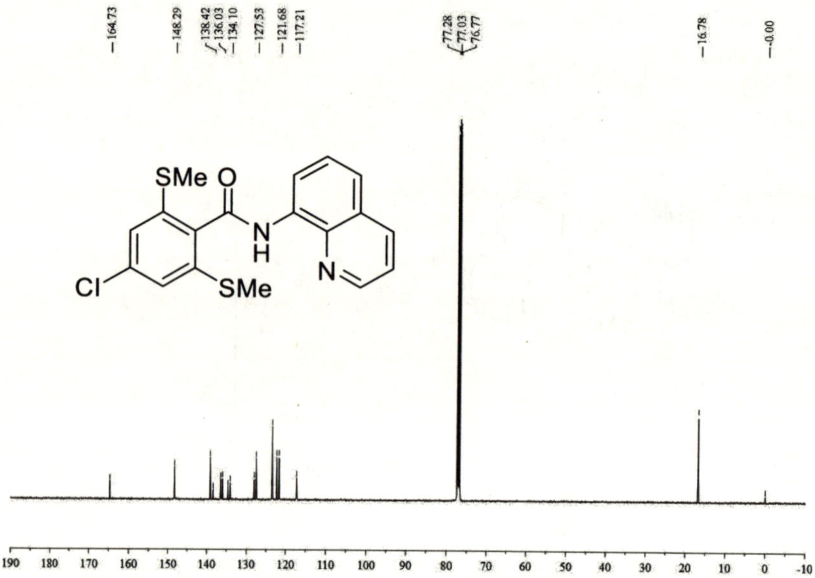

2-methyl-6-(methylthio)-N-(quinolin-8-yl)benzamide (2d)

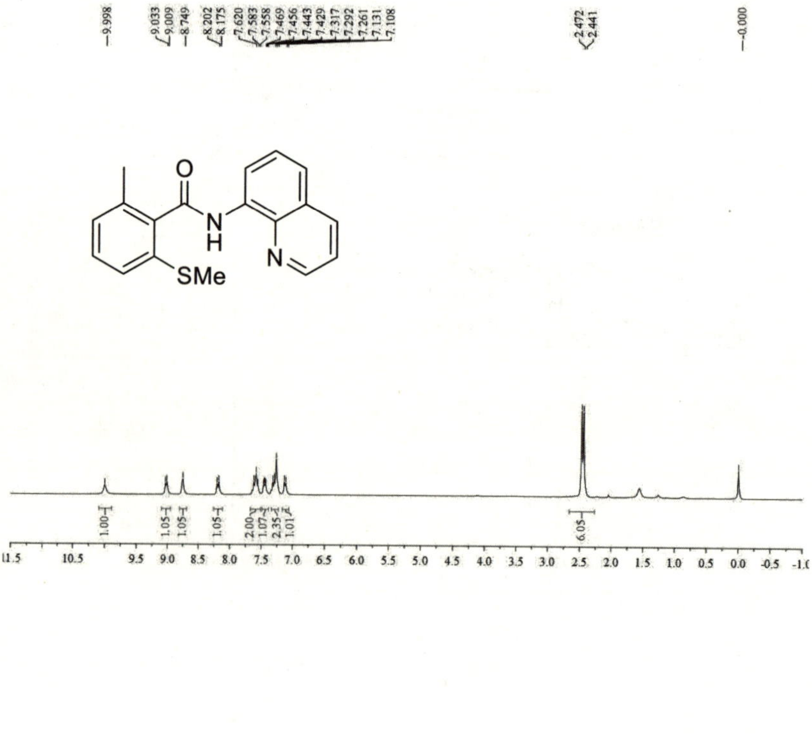

5-methyl-2-(methylthio)-N-(quinolin-8-yl)benzamide (2e)

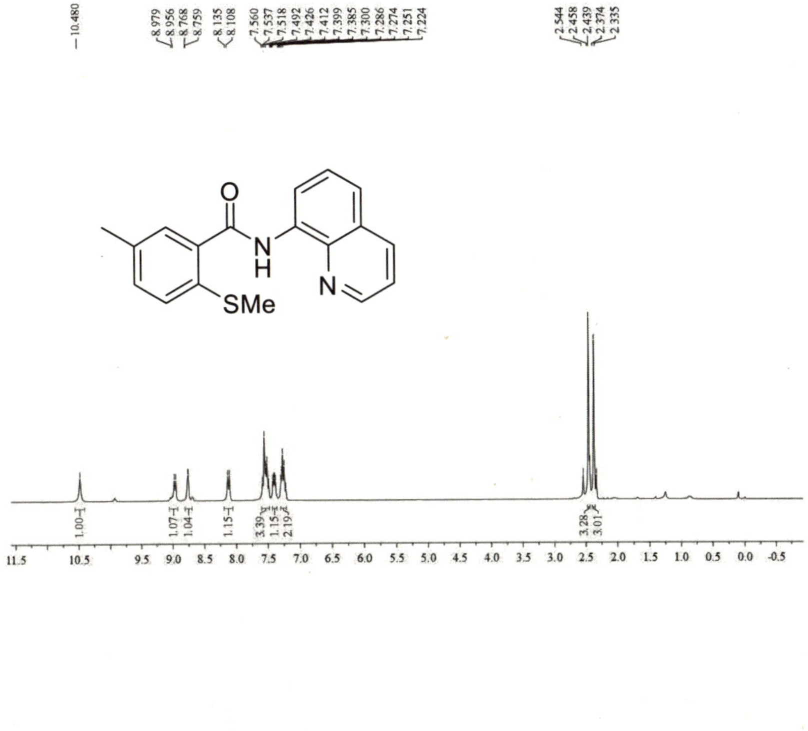

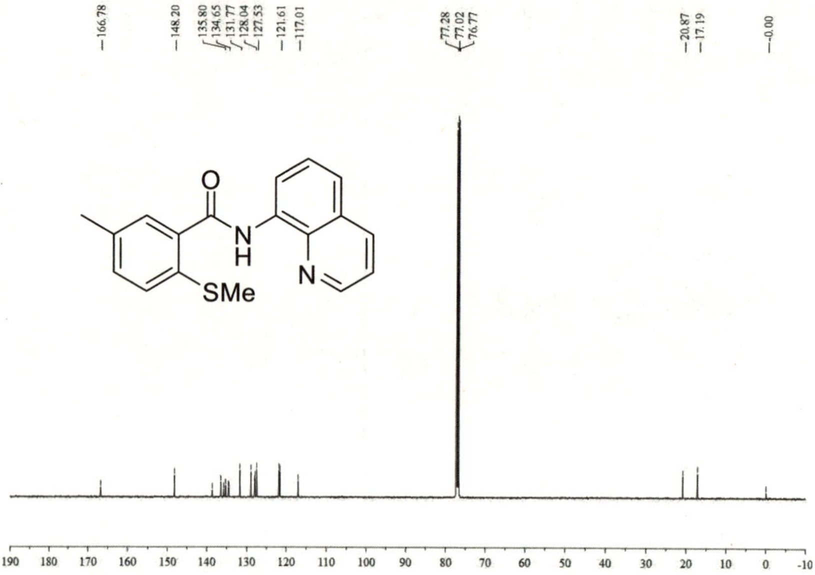

5-chloro-2-(methylthio)-N-(quinolin-8-yl)benzamide (2f)

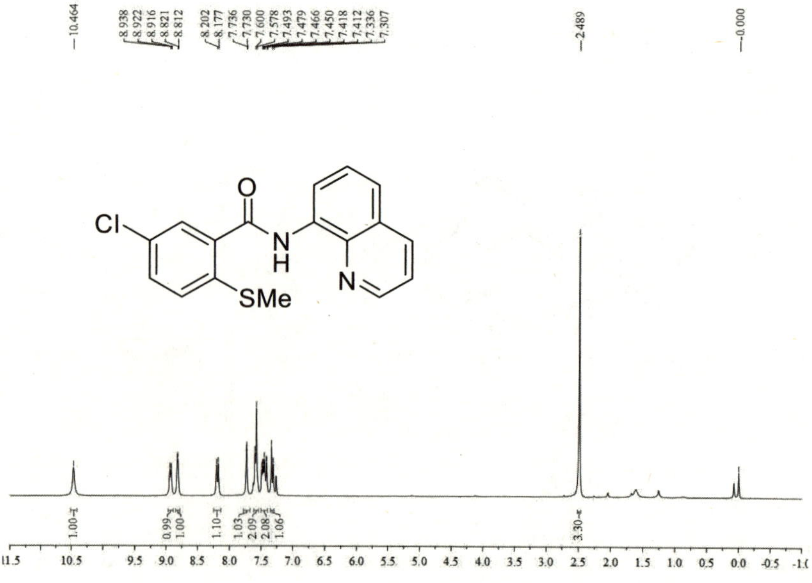

2-(methylthio)-N-(quinolin-8-yl)-5-(trifluoromethyl)benzamide (2g)

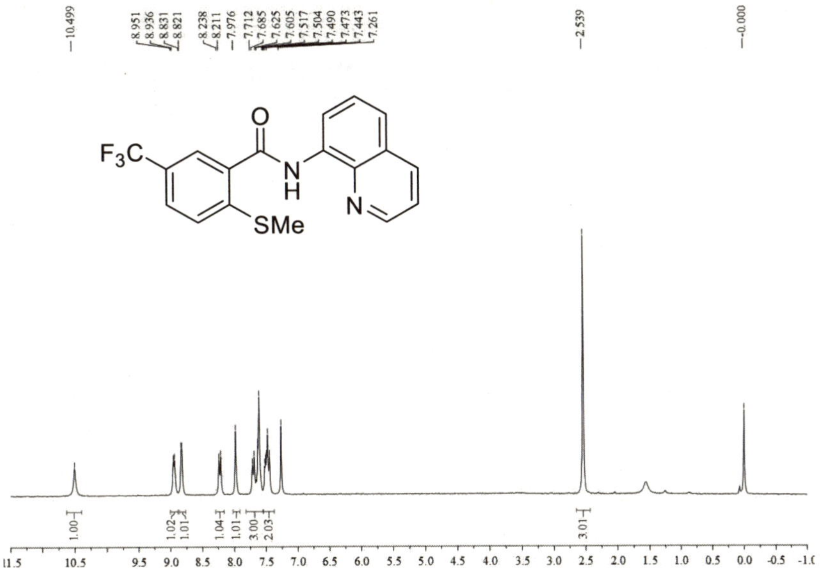

毕飞宇小说的文学空间叙事

李凌庭
（文学院）

摘　要：本文从空间叙事的表现形式、效果、意义三个方面探讨毕飞宇小说的文学空间叙事。首先，借助空间叙事理论分析毕飞宇小说中空间叙事的表现形式，解构文本的内在思想。其次，探讨表现效果，实现文学、社会学和心理学等多学科的交叉研究。最后，依据文学叙事相关理论，从不同层面论证其价值和意义，以求为文学未来的创作和批评研究提供新方向。

关键词：空间理论；空间叙事；文学叙事；毕飞宇

1　引言

毕飞宇作为一名从事文学文本创作的艺术家，其文学作品引起不同读者群体的广泛关注和众多文学评论家的交口称赞。自1991年发表第一篇作品《孤岛》至今，毕飞宇的作品《哺乳期的女人》《青衣》《玉米》《推拿》等先后获得了首届鲁迅文学奖短篇小说奖、冯牧文学新人奖、首届中国小说学会奖、英仕曼亚洲文学奖，《小说选刊》《小说月报》《上海文学》年度奖和第八届茅盾文学奖等知名文学奖项。他用作品丰富的内涵意象去诠释人性和生命的本质特征，其作品大多选取小人物作为小说叙述的主角，其中不乏一些边缘人。他用细腻且冷峻的笔调再现社会中的一些问题；他着眼于城乡小镇，以旁观者的身份述说生活的本真面貌；他正视生活中的灰暗，从疼痛的角度挖掘出人类潜在的巨大生存力量；他关注女性，用悲壮的笔调描摹出一部部关于女性生存的真实图景。能取得这样的成就离不开现今政治文化氛围的宽松、时代经济的快速发展以及人们在精神文化方面的追求，离不开作家自身对现实生活的独特关注视角和对艺术文体的强烈追求，同时，也离不开其小说独特的叙事魅力——空间叙事。

空间虽然与时间同为叙事存在的基本维度，但文学研究领域自亚里士多德在《诗学》所提出的悲剧六要素中重点论述情节和时间后，一些著名的理论家都明确显示出重视时间而轻视空间的理论倾向。在以往大多数关于小说空间的理论著作中，空间被片面地认为等同于建筑物、地点等具体可见的空间场所位置，有时还被认为等同于较宽泛的地理地域范围。就以上两种观念，空间都被认定为处于附属、次要于时间的地位，始终是放在人物、情节、环境这一小说三要素之末的环境范围层面进行探究和分析，并没有对其进行相对独立和更加深入系统的分析，其在小说叙事中的作用自然也就被更显眼的时间遮蔽，从而被忽视了。

随着文学评论界和叙事学界对空间叙事理论的重视和深入研究，空间叙事现今已成为现代小说文本叙事的重要维度。空间是一种认识论范式转向，与时间的关系密不可分。它强调脱离传统时空观，旨在探索新的凸显空间重要性的文学再现方式。诗学意义上的空间可以从故事空间、文本结构与读者心理方面展开讨论，重心放在作家的空间书写与读者的空间心理建构上。

小说的空间叙事并不只是单纯的叙事发生的地点和叙事必不可少的场景，同时也是利用空间来表现时间，利用空间来安排小说的叙事结构，甚至利用空间来推动整个叙事进程。针对小说研究，传统的文学研究认为，作品的内容决定作品的内在思想倾向和深层的文化意蕴，小说的内容决定其形式，对形式的研究同时也是对技巧的探究。西方空间叙事理论对此也做过研究，其否认内容在文本中的决定性地位，认为当形式脱离了内容的制约，在文本中便具有了新的意义。由此，我们可以理解空间在现代小说叙事中的重要作用和独特价值。本文试图从空间叙事的角度，结合西方空间叙事理论，如乔伊的参照和交互参照理论、弗兰克的空间并置主张和巴什拉对内部精神空间的关注等，从社会、心理、文化等多方面多角度去解读毕飞宇小说的空间叙事，以求能更好地帮助读者和研究者理解和解读毕飞宇的小说作品。

2 空间叙事的表现形式

毕飞宇的小说题材涉猎广泛，小说时空上跨越历史与现实。他的作品关注城乡生活，关注社会中的小众和边缘群体，在直接叙述历史传统的同时注重对个人生命的体验和精神传达的描述。他用冷静内敛的笔调描绘地方与地方之间地理生活习性的区别，同时比较空间与空间之间的明显差异。对于城乡，对于异乡漂泊和家的定位，他有自己独特且清晰的想法，在人物设置过程中，一些来自社会、文化、心理的差异和冲突开始出现，并随之显现出虚构空间中现实与理想的或真实或虚构的心理落差。在文学作品中，空间表现呈现出复杂性和多层次性，同样，在毕飞宇的作品中，既有真实存在于现实生活中的空间，其中包括具有明确地理界域的城乡水域空间和由社会交际关系组成的舞台、洋房等小型建筑之类的群居封闭性空间，同时也有未直接显现的虚拟的心理空间。自1995年以后，毕飞宇的小说创作开始进入一个新的阶段，他淡化了个人对历史本真命运的形而上思考和追问，着重凸显普通人真实的生存生活困境，由先锋转向现实。在新生代文学作家队伍中，毕飞宇是含蓄沉静的，他用冷静内敛的笔调描写生活的艰辛。同时，他又是激情洋溢的，他挥洒笔墨尽情建构独具特色的艺术世界。

2.1 具有明显地理界限之分的城乡水域空间

海德格尔将其前期研究中对空间"位置"和"场所"的思考渗入空间"栖居"的意义中。他认为，人的栖居并不只是简单意义上的住在房子里，更多的应该是一种由生到死的生存境遇，是一种在大地之上、天空之下的生命依托。栖居的内涵和层次也更加丰富，是天、地、神、人之间的和谐统一，是它决定着空间的诸形态，这种凝聚了天、地、神、人的四重统一体被海德格尔称为"场所"。根据海德格尔的说法，空间并不简单地等同于人类所处的位置和场所，还应该包括更广阔的天、地、神、人的统一状态。将这一理论投射到毕飞宇小说文本中，可以发现他的作品离不开人类赖以生存的社会生活空间，包括真实的城镇和乡村空间。在这个场所空间里，人物的行为意识受限于空间，并在空间中不断挣扎纠缠。

毕飞宇小说创作中一直被赋予特殊意义的文学空间，包括具有明显地理界限之分的城乡地理空间，最为突出的要数花费大量笔墨描写构造的水域空间，他早期的作品都脱不开水。《孤岛》《上海往事》《楚水》《哺乳期的女人》等作品的描述都与水有关，即水域空间的运用。水域空间在毕飞宇小说中的第一次出现和运用，是在其处女作《孤岛》中："大江在这里被劈成两半。长江拦腰截断之后，在孤岛的两翼白缎一般因风飘散。"[1]文章在描绘这一特殊水中腹地的地理结构的同时，暗示了小说人物独特的历史处境。作品场景设置为扬子江流域上的一座孤岛，历史时空在时间节点上被架空，地点也含糊不清，叙述中大量穿插叙述，思维跳跃得非常厉害，政权不断更迭，时间不断回环，用很西方化的讲故事手段展开描写。显然，水域空间上这一"孤岛"的存在，正以一种神秘的永恒性和变幻性，悄无声息地潜入人类繁衍的历史轮回中。从某种程度上说，《孤岛》里的"扬子岛"或可视为毕飞宇小说空间叙事的最初显现。在他早期作品中，如《楚水》《上海往事》《明天遥遥无期》《叙事》《哺乳期的女人》等，充斥着大量的叙述技巧，空间结构和视角在不断变化。从写实角度来看，具体位置应该是被架空的，只存在一个范围性的概念，这些空间的建构为小说中的人物提供活动场所，空间隔断了很多东西，让他能凭白写出来很多命运。同时，均是环水式地貌的水域空间，以及针对水乡细处的某些器物、某个剪影的白描，如对水码头、乌篷船、青石板、小舢板等具有水域地理特色事物的描写，让人们管窥江南水乡的韵味。环水地理成为小说里寻常的地理背景，但故事地点的不断转移显现出物理原形的狭隘，而人物的最终命运，也在物理空间转换中完成。

2.2 由社会交际关系组成的小型建筑类社会封闭性空间

毕飞宇作品中人物和事件包含很多的社会关系，如由社会交际关系组成的包括舞台、洋房等小型建筑类群居封闭性空间。巴什拉认为，家宅、阁楼、地窖、抽屉、橱柜、贝壳、窝巢、角落等，都属于一系列空间方面的原型意象，它们具有某种私密感、浩瀚感、巨大感、内外感、圆整感。人类对于这些空间意象的感悟或接受有大体类似的模式，但也存在个体面貌殊异的心灵反应。这种心灵反应归结在"住居空间作用之实感"中，而实体的房舍、家具与空间使用的需求，反而要在这些心灵反应的脉络下，经过巴什拉所谓的"场所分析"，才会显现其现实意义的来源。权利意识在社会封闭性空间里表现最为明显的是《玉米》，村主任王连发在王家庄可谓只手遮天，权倾一方，王家庄见证了他权利的鼎盛和衰落。《上海往事》中，封闭的小洋楼内蕴藏着多重社会关系，它是唐老板为小金宝专门购置的别墅，同时也指明唐老板独有的权利地位。小金宝喜怒哀乐的半个人生就在这样一个相对封闭逼仄的生活空间里度过，她另一半的人生经历是在逍遥城与唐府内度过的，这些生活空间蕴含了众多的阴谋与权力。作家用小洋楼、逍遥城、唐府这些典型的建筑空间，将人物活动置于其中，并用空间组合起来的社会关系，去映照社会关系相互作用背后的权利意识和情感诉求。《青衣》中舞台空间的设置也是将社会关系置于舞台这一封闭空间内进行展示，小说中窄小的舞台满足了筱艳秋的人生梦想，却也是将她的人生打乱，使她从正常生活中剥离，走向了从物理空间到意义空间的终极幽闭。一个舞台空间区分了戏里戏外或虚假或真实的人生，同时复杂的社会交际关系由舞台牵引而上演出人性的势利和虚伪。《生活在天上》里的城市空间，桑塔纳轿车、电梯间、29层豪宅，这些各自封闭的独立空间使初入都市的蚕婆婆如"生活在天上"。小说以被移植到29层高楼里的蚕蛹作为对乡土人生都市化的指认："唯一需要坚持并且要完成的只有一件事：把自己吐干净，使内质完完全全地成为躯壳。"《8床》里的医院，"9楼的甬道刷成了苹果绿，是一个干净、漫长的长方体空间。甬道的那头是一扇对门，落了一把大铁锁。"[2]。这一恐怖空间使"爹"这个入院时"步伐矫健，神采奕然"的假病号，最终食不下咽，真正病入膏肓。乡村经验遭遇现代城市固然要经历生理和心理结构的双重挑战，但城市经验本身也并未成为城市本土的诺亚方舟。《遥控》里包租公身份的"我"以近乎圆球体的肥胖身躯沦陷在现代生活模式中，现代化的舒适便利背后是隔绝造成的封闭，这使位于摩天大楼高层的公寓，散发着一种毫无烟火俗世感的气息。

类似由这种大空间背景下被切割成复杂多样的人际关系组成的小空间，更多地是将物理空间变形，抽象出对其所对应的物理及意义空间的关注，如《婶娘的弥留之际》里的病房，《好的故事》《家里乱了》里的学校，《遥控》《彩虹》《睡觉》里的高级公寓，《写字》里谈及的操场，《林红的假日》《男人还剩下什么》里的办公室，《楚水》《明天遥遥无期》里的古宅和烟花场所，《款款而行》《与黄鳝的两次见面》里的娱乐场所，《推拿》里的推拿所……这些同样呈现出一种封闭状态的物理空间，正如巴赫金所说的，空间被卷入叙事，参与到意义中。

在毕飞宇的小说文本中，从原始传统的乡土空间到现代都市空间，物理空间的置换与变形从未逸出孤岛结构的建筑模式。正如亨利·列斐伏尔所说，空间并不是如空洞一般的存在，它的存在往往蕴涵着某种内在的更深刻的意义。幽闭与陷落，始终作为物理空间所对应的意义空间，从形式到意义完成封闭空间结构的"孤岛"意象的表述。

2.3 心理层面的虚拟真实交替空间

福柯在真实空间和虚拟空间之外，还建立了介于二者之间却又高于二者的异质空间，这就使对权力、知识与欲望形成的差异空间问题的关注视点，可以从意识形态层面扩充到社会运行机制的各个层面。福柯概括异质空间存在于每一处文化与文明中，肯定其存在的必然性。相对于在真实空间所产生的差异空间，异质空间更像是对现实空间的一种反观。

《孤岛》中不断上演着政权更迭，几个毫无关联的人物形象同时显现出高度集权的统治模式形象，同时权利争斗下的他们又显示出人性的阴暗和贪婪本性。《玉米》中王家庄王连方整个势力的得失过程，让玉米真切地感受到权力的力量和人世人情的淡薄冷漠。在权力意识的压迫和浸染中，尽管玉米、玉秀、柳粉香的挣扎和反抗显得毫无意义，但其过程凸显出特殊群体在文化环境、社会思想和个人思维成长模式中产生的难以调和的差异。《推拿》中以盲人生理缺陷指代一种相对于健全人那种光明空间而产生的空间，展示这一群体与健全人之间生活空间的差异。

文学空间研究在本文中是指用西方具有代表性的空间理论来映照毕飞宇文学作品中涉及的空间叙事理论。因此，分析毕飞宇作品中空间叙事的表现形式时，借助海德格尔对空间"位置"和"场所"的思考，可知晓毕飞宇的作品离不开人类赖以生存的社会生活空间，包括真实的城镇和乡村空间，在这个场所空间，人物的行为意识受限于空间，并在空间中不断挣扎纠缠；借助巴赫金的空间参与叙事可知晓毕飞宇小说中空间具有参与叙事的功能，且由社会交际关系组成的群居封闭性空间，具有反映人物生存生活心理状态的独特意义；借助福柯的异质空间理论主张，可知晓心理层面这一具有抽象性质的虚拟与真实交替的空间是与现实生活对立的另外一个理想的乌托邦世界，它的存在，是作者对现实社会边缘人物的一种人文关怀和情感慰藉。毕飞宇小说空间叙事的表现形式多样且复杂，而其结构视点的转变所营造出的空间效果更是多样。

3 空间叙事结构视点转变营造出的空间效果

阅读解构毕飞宇小说中所建构的文学空间，可得出空间叙事的表现形式，这种空间的表现形式复杂多样，包括有明显地理界域差异的现实空间、复杂的异质心理世界和理想层面的虚拟乌托邦空间。这种多层次的空间建构和表现使空间蕴含着多个维度的文学内涵，而对其中所蕴含文学价值的解读则需要进行更趋全面的思考和多学科的交叉研究，从而实现对文学空间深层次文化意义的探讨，实现文学、社会学、文化学和心理学等多学科的交叉研究。本文将从文本主题入手，结合詹姆斯、巴拉什和弗兰克的空间叙事理论来分析论证毕飞宇小说空间叙事结构视点转变营造出的空间效果。

3.1 利用空间构建人物关系

在文学领域的创作和批评实践中，詹姆斯拓展了文学实践的叙事空间，形成了他独特的空间意识，其中包括着重刻画人物的心理现实主义，即从人物的视角来观察文本事件的变化，这就能够最大限度地利用空间物体和空间情境关系来构建人物关系，形成小说的“错位情境”主题。

毕飞宇热衷于对“历史”的书写，在他看来，“历史”制约和决定着人类的现实与未来，是人类生存必须面对和思考的话题。他的许多小说里，第一主人公都是与史学相关的研究者，如《叙事》和《驾纸飞机飞行》。但与此同时“历史”也是不确定的，它充满主观性和意识形态性。正因如此，大众广为熟知的“历史”与那些隐藏其后的“真实历史”常常形成错位情境，这种“错位”直接关系“历史”存在的本源与真相。毕飞宇在小说中直面于此，从而形成小说人物生活的悲剧与荒诞。《孤岛》既有关于“历史”语境的书写，又展现了作者对历史的追问和哲学反思。“扬子岛”本是一座远离人类文明的封闭孤岛，它以原始神秘的“历史”而存在，但文廷生、熊向魁、旺猫儿的意外到来，打破了这里原先稳定的“历史”。自此，孤岛的“历史”成了三人的钩心斗角，在个人权力欲望的支配下，鲜活的生命成了“历史”的牺牲品，“历史”显示出血腥残暴的面貌。作家笔下的“历史”又存在哲学上的形而上学追问和反思，它具有象征性。到了《楚水》和《叙事》中作家又将更多的文化、家族和个人命运掺杂到“历史”的“错位情境”中。《楚水》的叙事建立在强制性的、难以改变的“天灾”（水灾）、“人祸”（日本侵华战争）的历史背景上，它在打乱原有社会生活秩序的同时，使楚水的文化与“历史”进程因此改变。与《孤岛》呈现“历史”的“错位”主题不同，《楚水》重点探讨的是主人公面对这种无法改变的“错位境遇”时的态度，以及他们生活方式和心理状态的变化。作家把“历史”的荒诞与人性人情的荒诞相融合，以完成对“历史”的批判。小说在对冯节中从崇拜忧国忧民的屈原这一“诗人”形象堕落成为追求物质享受而不择手段的错位情境进行揭露嘲讽的同时，也对人性的苟且和堕落予以批判。“历史”寓言类短篇小说《是谁在深夜说话》中，作家将“历史”的“建构”与“解构”置于直观的语境中，并用哲学思维去展现“历史”。在这部作品中，作家把对“寓言”、对“历史”的形而上“抽象”融入具体的“城墙”意象中，表现出作家的“哲学思索”和对“历史”的感受。

3.2 对内部精神空间的关注

巴什拉的《空间诗学》从现象学和象征意义学角度出发，对家宅、角落、缩影等意象进行分析，他强调注重心灵的主观性体验和关注文化原型在认识世界中的重要意义和价值，并从心理学角度去研究读者对空间意象的现象学感知。毕飞宇的这类小说着重以描写现实的破碎为对象，主要剖析现代人的生存困境，挖掘人类的生存心理和人性异化心理。

《雨天的棉花糖》中作家用沉重的笔调叙述了个体生命在面对现实社会、文化和家庭等方面的“异化”时的表现，并揭示出深层次中“性情角色错位”的边缘人物生命扭曲后的悲剧命运。文本中红豆命运的首要悲剧是他的性别异化，他本为男儿身，性格却显示出与之完全相反的女性化趋势，这种“异化”自然会给红豆增添一些无端的尴尬与困扰，但在作家笔下，红豆心理抑或生理上都是一个完整健康的生命个体。红豆的自我意识在面对公众文化心理冲突时所造成的异化，其实是他宿命悲剧的真正内核，他的“死”给家人或是生活的社会圈子带来的欣慰远大于哀伤，但他以“俘虏”的身份回来后，身边最亲近的家人都对他产生厌弃。在过去残酷的战争带来的恐惧和现今巨大的精神刺激下，红豆内心产生焦虑和绝望的情绪，于是迷失了自我，在精神分裂下绝望地选择死亡。

毕飞宇这类小说更多地是着眼于对人类“异化”状态的生存心理和情感意识的深层解剖，如《生活边缘》《五月九日或十日》《哺乳期的女人》《九层电梯》《那个男孩是我》《武松打虎》等小说。其中，《生活边缘》描写平凡生活中关于精神、心理和情感带来的压力使人生活改变，陷入一种无奈激愤的困境中。

3.3 实现空间并置效果

弗兰克在《现代文学中的空间形式》中提出“空间形式”的概念。空间形式，指的是对文本的时序设置关系、情节关系的一种象征和隐喻的表达。这一概念明确阐发了文学表现中的空间形式问题，是他对现代小说使用的一些叙事技巧的归纳总结，并认为现代作家往往采用空间并置手段来打破时间与因果顺序的空间特征。并置手段是指在文本中并列地放置各种意象，以此来完成暗示、象征和联系的作用，并且使它们在文本中取得连续的参照与前后照应关系的作用，从而结合成一个整体。它强调的是打破叙述的线性时间流，并列置放那些或大或小的意义单位，使文本的统一性不是存在于时间关系中，而是存在于空间关系中。空间并置的使用在减弱文本时间性的同时，使文学作品取得空间艺术效果和提高文学性。

毕飞宇小说中的并置手段包含场景间并置、情节并置和结局并置三个层面。如《明天遥遥无期》中，对陆府场景的描写同时在三个层次中展开，每一层次的物理位置都成了独特的思想意蕴标记：在最低的层次上，陆府陆老爷、太太和舒月各自对着椒兰香想着各自的心事；第二个层次是管家姚老头突然跨进堂屋门槛禀告大少爷的头被日本人悬在城头，伴随着众人异样的反应和太太被吓到流产；第三个层次是大少爷名义上的妻子若冰还未知悉大少爷死讯时对自己怀孕的事忧心忡忡。这三个场景是同时发生的，人物不连续地出现。这一写法使读者在片刻的时间内并置小说人物的不同意象，以此实现对时间流逝的感知和体验，并且把人物的感受完全联结调动起来，从而把人物深层次的纯粹观相展现出来。这样产生的结果就是在分开描述这些场景时，允许读者的感觉把这些观相相融合，读者通过阅读感知作者在文字世界里所设定的空间，其个人的自我意识形态与空间所蕴含展现出的文化意义相磨合，并将其内化为带有自我认知色彩的新空间，从而实现空间的再现。也就是说，在这一刻时间流是暂停的。毕飞宇同时描述三个场景，展现了同一瞬间发生的不同行为，变传统的“历时性”为“共时性”，呈现出空间化特征，即瞬时并现，它是场景之间并置采取的主要艺术手段。在这一叙述中，以空间为主要向度的共时性叙述替代了以时间为主要向度的历时性叙述。

4 空间叙事的表现意义

文学与空间的研究密不可分，从空间角度来对文学进行研究并不是一种最新的研究视角。但文学的叙事手法独特，注重故事在时间线上的发展，而空间概念过于复杂抽象，不同学科的学者对它的定义各不相同，难以统一。在文学研究领域逐步思考文学中的空间元素，诸如福柯、列斐伏尔等学者都认为空间同时间一样，是社会关系和文化构建中至关重要的一个维度。因而文学空间的研究更具有价值，本文从作家创作层面、读者接受层面和小说文本层面分析毕飞宇小说空间叙事的意义。

4.1 彰显作家思维感知

当社会现实世界布满困惑时，文学的价值就是使人从这些困惑中找寻人性的美好和生存的勇气。从先锋文学谱系转型为反思型作家的毕飞宇此时显示出他思想中的批判质疑、创新和理性反思精神，即福柯的启蒙理性精神。基于此种精神和对文学理想的追求，毕飞宇摒弃样式繁复、晦涩抽象的叙事和审美方式，将叙事视点聚焦到当下的现实人生，回归到传统的叙事模式，将自身对现实生活的细微体验融合进城市和乡村的本土化中，情感关照和人文关怀更加细腻多样。

毕飞宇一直保持着对历史情怀的关注，其创作转型前期是在历史的布局下借先锋叙事进行形而上的哲理反思，同时用虚构的故事去解读历史，继而达到启蒙批判的目的；之后则是从新方向新角度开始，从自身真切体验人生百态入手，思考人性本质。前后期对历史情怀关注的热情本质上都源于作者悲悯的现实主义情怀。毕飞宇对于城市，始终以自己独立的批判姿态去观照市民价值，城市使人改变的这一力量强大的同化力在他这里被忽视甚至嘲讽。他总是人为刻意地对城市保持某种警惕，以免被动地陷入城市的洪流，迷失自我。

4.2 折射读者领悟体验

接受美学创始人姚斯认为，作品的意义并不是固有不变、直接隐藏在文本之中的，而是存在于读者对文本的阅读活动中，是从具体化的阅读活动中生成的，是读者和文本相互作用的结果。同一部作品在不同的读者面前会显示出不同的观点。因此，解释文学文本时，读者与文本的对话和交流就显得尤为重要。而由于接受主体的素质有别，阅读文本的目的、态度不同，以读者为主体、以文学文本为对象、以把握文本深层意蕴为旨归的阅读和再创造活动会呈现出不同的层次，概括而言，主要有欣赏、批评、借鉴三个层次。在此，笔者试以著名翻译家葛浩文和林丽君二人合译的英译本 *The Moon Opera*（《青衣》）和 *Three Sister*（《玉米》《玉秀》《玉秧》）为例加以论述。

欣赏性接受，其接受主体主要是普通的大众读者；欣赏性接受着眼于对文本的阅读欣赏，目的在于通过对文本审美性的感受、体验、赏玩，获得精神上的愉悦和享受。它满足的是个体性读者的审美需要，着重实现的是文本的审美价值。以美国亚马逊网上的评论为例，美国大众读者对这两部小说的评价褒贬不一，褒奖者纷纷为小说展现出独特的中国乡村生活图景、细腻传神的女性心理世界和中国特有的传统文化所折服；而批判者也毫无例外指向小说的文学表述，包括小说晦涩难懂且相对零散杂碎的语言表述、多次灵活转变的叙述人称和时间轴的大幅度交叉跳跃或是时间线难以明晰，导致大众读者难以将小说人物和情节统一为整体，增加了阅读难度，难以理解小说的深层意蕴。这些在大众读者眼中难以理解的小说叙事方式，正是毕飞宇空间叙事的特点，在欣赏接受对象上要求读者具备一定的专业理论素养，从而更深入地理解文本深层意蕴。

批评性接受，其接受主体主要是学者和批评家这类具有专业素养的读者。它侧重于对文本的鉴赏研究和理性批判，是在欣赏性接受这一审美体验的基础上，依据一定的理论观点和审美标准，对文本进行理性的分析、研究、评价和判断，是一种建立在审美接受活动基础上的科学活动，是审美性和科学性的统一。《青衣》中神秘而充满魅力的“中国戏剧”和东方国度温婉而复杂的“女性世界”获得美国专业读者的高度评价，除此之外，专业读者还利用相关理论针对作品深层的文学的“隐喻性叙事”和情感表达的内在意蕴进行分析阐述和挖掘。

不置可否，不管是以欣赏为主的大众读者，还是以批评为主的专业读者，他们对于毕飞宇作品的阐释既基于文本的形式和内容，同时又考虑到文本外的意识形态问题。这就要求读者必须具备一定审美经验和独特的审美意识。

4.3　反映文本风格意蕴

毕飞宇作品具有自身独特的风格，属于风格化作家。他与同样活跃在当代文坛的江苏青年作家叶弥、荆歌等，具有相似的背景文化、相近的人情事态体验，同时涉足文坛的时间也大致相近，他们的作品自然存在着某些共通之处:对世俗深沉的关怀和对生活的经验性成长力量的关注。但毕飞宇作品中的成长经验，主要体现出社会底层人物在现实生活中的迷茫和困惑，揭示他们对于人性、生命本质问题的思考。这种思想上的深感度可能会让读者在被动和不自觉间陷入伤感、忧郁的情感漩涡难以自拔，也可能会让普通读者在理解文本深层意蕴和思想主旨时产生障碍。同时，毕飞宇作品的不足还显示在他的语言描摹上过于细腻，难免有繁杂赘述之感，构造人物背景的格局也相对狭窄，不够宏大，等等。

创作早期，毕飞宇以叙述语言荒诞诡异的“先锋派”初露锋芒，语言风格上多呈现出偏激、凌厉和声嘶力竭之感，这其实是他在未形成自身独特艺术风格前对“先锋派”的刻意模仿，这种艺术能力的欠缺导致前期作品难以成为独具个人风格的代表作。同时，自身对哲学显示出的兴趣让他对形而上问题高度关注。这一时期的作品显示出抽象的历史问题和理性的思辨特点，而由于文学叙事中注重时间在叙事中的线性发展，大多数叙事小说明显忽略空间在叙事中的作用，例如舞台、洋楼等空间对照小说主人公心理变化，也会被人理解成是为故事在时间叙事上的变化发展服务的。然而，空间这一概念在文本叙事中复杂且抽象难懂，不同学科学者从心理、历史、文化、社会等多学科多角度对其进行阐释，这种跨学科的研究无疑为毕飞宇小说空间叙事研究和其他结合新奇理论研究文本增加了难度。因此,研究者和学者对其小说的研究多集中在几部热门的获奖作品上,研究内容和分析角度也大多雷同,难出新意,而他早期一些冷门佳作却鲜有人问津,给学界进一步解构毕飞宇作品带来困难。

文学世界中所构筑的时间与空间,同在文本中发挥着独特的叙事功能,文学空间在显示出明确清晰的地理空间,体现独具特色的人文价值和地域文化价值的同时,也在影响着文本读者对空间的认知体验与再现形态。空间并非一成不变始终保持静止状态,它在文本里不断变化,体现出文学的空间性。这种文学的空间性蕴含着作家独有的精神状态和思想情感,而通过读者的阅读品味,又更进一步地将作者笔下的文学空间转换为具有个人自我意识中的另一个空间,实现空间的再现。因此,作家带有个人风格印记的创作、读者自我意识的转换接受和文本主题的多样复杂体现出毕飞宇文学空间叙事的独特意义。

5 结语

现代小说已然对空间叙事技巧开始注重,甚至利用该技巧推进小说整个叙事的进程。毕飞宇作品一直以来对城乡等真实的地理空间和异质的心理空间有所关注,他用细腻的笔法和对细节的详细叙事技巧来减缓整个文本的叙事节奏,在时间维度上处于停滞不前的状态,同时用对细节最大限度放大、人物多重话语共时呈现、人物个体心理直接切入延伸、充实故事场景和话语空间等策略,将叙事重点放在空间维度,完成空间叙事。

空间这一概念复杂且难有具体完整的定义,交叉应用于地理学、社会学和心理学等多个学科领域。将空间研究映照到文学研究,将会实现文学地域文化、社会文化和心理学的交叉综合研究,实现多维度多方面系统地考察文学深层次的思想意蕴,从而可以更深入更具体地探讨文学的价值,因此,从空间角度对文学进行研究具有十分重要的探索价值和意义。但由于空间概念过于抽象、繁杂且缺乏恰当而准确的定义标准,文学空间理论研究始终具有一定难度和挑战。本文在细读毕飞宇文学作品的基础上,对其作品中的空间叙事进行探究,同时综合多位学者关于空间理论的研究成果进行分析,但依旧存在许多尚不成熟的论述和观点,还需进一步完善。本文旨在更好地理解毕飞宇作品文学空间的价值和意义,为文学未来的创作和文学批评研究略尽薄力。

参考文献:

[1]毕飞宇.毕飞宇文集·这一半[M].江苏文艺出版社,2004:1.

[2]毕飞宇.毕飞宇文集·轮子是圆的[M].江苏文艺出版社,2004:15.

[3]包亚明.后现代性与地理学的政治[M].上海:上海教育出版社,2001.
[4]巴赫金.巴赫金全集[M].白春仁,晓河,译.石家庄:河北教育出版社,1998.
[5]龙迪勇.叙事学研究的空间转向[J].江西社会科学,2006(10):61-72.
[6]龙迪勇.论现代小说的空间叙事[J].江西社会科学,2003(10):15-22.
[7]魏杨斌.毕飞宇小说中的文学空间解读[D].兰州:兰州大学,2015.
[8]董之林."身上的鬼"和"日常的梦"——关于毕飞宇的小说[J].文艺争鸣,2004(5):166-171.
[9]余新明.小说叙事研究的新视野——空间叙事[J].沈阳大学学报,2008(2):79-82.
[10]约瑟夫·弗兰克.现代小说中的空间形式[M].秦林芳,译.北京:北京大学出版社,1991.
[11]包亚明.现代性与空间的生产[M].上海:上海教育出版社,2003.

指导教师评语:

本文从空间叙事的表现形式、表现效果和表现意义三个方面来探讨毕飞宇小说的文学空间叙事,角度新颖,层次清楚,论据充分,显示了作者良好的理论素养和写作基本功。作为一名大三的本科生,能写出这样颇有创见的论文,实属难得。论文第三部分谈表现意义时,倘能从毕飞宇文学空间叙事本身来归纳,文章将更加完善。

文学院郭传梅副教授

新华社旗下“两微”媒体内容分析对比研究
——基于中美贸易战报道

周　普
（新闻与传播学院）

摘　要：本文通过分析新华社旗下“两微”平台（微博、微信公众号）对中美贸易战报道内容的呈现，对比得出两种媒介的特征。尽管这两家媒体同属新华社旗下，但在时效性、内容、舆论引导能力、多媒体运用质量和传播效果等方面都存在很大不同。本文通过研究发现，新华社旗下的微信公众号存在微博化的倾向。

关键词：微博；微信公众号；内容分析；对比分析

1　研究缘起

不同的传播媒介，拥有不同的传播特征。微博和微信公众号（简称“两微”媒体）作为新媒体的代表，虽然特征有所重合，但仍然存在很多不同之处。微博讲求短、快、多样化，微信讲求深度、精致，这些特征使它们发布的内容偏向不同的特征。同一个新闻事件，微博上的内容可能是三分钟的视频和几十个字，微信就可能花上上千字解读与其关联的方方面面；相应的，微博仅仅是把现场搬运到受众眼前，而微信文章更多地承担深度解析和评论的工作。

时至今日，以新华社为代表的大量传统媒体成立了专门的新媒体中心以运营新媒体。不同媒体平台需要采用不同的新闻生产方式已经成为业界共识，一个合格的新媒体运营者应该对这种区别带来的影响有所了解，以指导自己在合适的平台发布合适的内容。

正如麦克卢汉所言，“媒介的‘内容’好比是一片滋味鲜美的肉，破门而入的窃贼用它来涣散思想看门狗的注意力”[1]，将注意力集中在“两微”媒体的内容分析上，可以更加透彻地观察到媒介的特征。

2 研究对象介绍

2.1 微信公众号:新华社官方微信

新华社官方微信是新华通讯社官方微信公众号,官方介绍为:“新华通讯社官方账号。新华社是中国国家通讯社,现场新闻、原创新闻报道的大本营。”账号主体是新华新媒文化传播有限公司,成立时间为2013年5月23日,经营范围为门户、资讯、论坛。

该账号于2016年3月9日完成微信认证,粉丝数、发稿量等数据只有管理员才能看到。根据2017年7月新华社官方微信发布的推送《刚刚,我们的粉丝数破了一千万》来看[2],到2018年4月,新华社官方微信的粉丝数可能在1500万到2000万。

2.2 微博:新华视点

新华视点是新华社法人微博,官方介绍为:“新华视点是新华社官方微博,重大新闻权威首发平台。”该账号已有3000多万粉丝关注,通过新浪微博蓝V企业认证。

新华视点微博第一次发布内容是在2010年2月28日,内容为“新华社将推出两会全媒体盛宴,超过300人的两会报道军团阵容强大,7种语言滚动报道,集文、图、视、听于一体,网络、手机报道、流动电视、户外屏幕和新华08金融信息平台全联动,形式多样,值得期待”。这篇微博获得了1个赞,1次转发。时至今日,该账号已经发博95559篇,其中长文章401篇。

3 “两微”媒体内容对比分析

本研究采用内容分析法,分析样本来自新华社旗下两种新媒体平台微信公众号和微博,时间起止选择为2018年3月1日至2018年6月5日。

“内容分析是对大众传播的显性内容进行的客观、系统、定量的分析。”这是20世纪50年代美国传播学者贝雷尔森做出的经典定义,内容分析需要客观地、量化地描述媒体传播的内容。本文意图从样本选取、报道量、报到时间、报道内容、多媒体利用程度以及与用户交流程度等方面进行叙述,其中后四个部分进行量化分析。

3.1 样本选取

以“贸易战”“贸易摩擦”“301调查”等为关键词,使用搜狐搜索中自带的“微信搜索”等高级选项,查找新华社官方微信在3月1日至4月12日发布的内容,得到《贸易战打响?特朗普先生,连苹果手机和大盘鸡都不答应》等36条内容。其中，剔除了《对这18个问题，李克强总理的回答很给力》等干扰项，最终得到31条内容。

进入微博新华视点，以"贸易战"等为关键词，挑出其中发布于3月1日至4月12日的内容，得到"#反击贸易战#【指责中国进口关税高所以贸易不公平？看看这些例子吧！】"等108条内容。

3.2 报道量和报道时间：微信文章的时效性弱于微博

3.2.1 报道量与报道日期

报道数量的变化与中美贸易争端的事态发展密切相关。一方面，随着事态的逐步升级报道量稳定增多；另一方面，当出现危机事件时，如4月4日，美国政府发布了加征关税的商品清单，报道数量出现激增。报道数量的变化表明中美贸易战相关内容越来越多地进入我国媒体的议程中，同时也展现了新媒体在这一事件中起到越来越重要的作用。从报道量上看，微博动态发布量远远大于微信公众号，对新闻的敏感度也更高。图1所示为本研究中微信公众号和微博的报道日期-报道量统计。

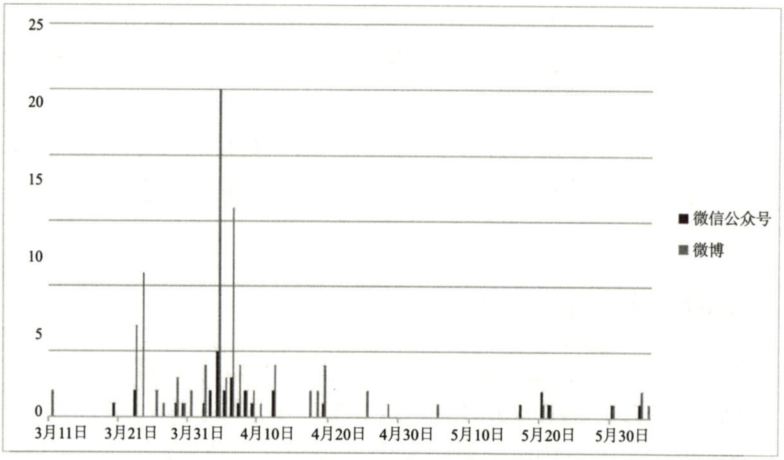

图1 报道日期-报道量统计

3.2.2 内容发布时间

从图2可以看出，本研究中微博和微信公众号一天内的内容发布量有两个高峰，分别为上午8:00—12:00和下午18:00—22:00。其中，上午的内容大多与美国方面于北京时间凌晨做出的行动有关，下午的高峰大多与中国政府的回应有关。我国媒体更偏向于报道中国方面发布的信息。

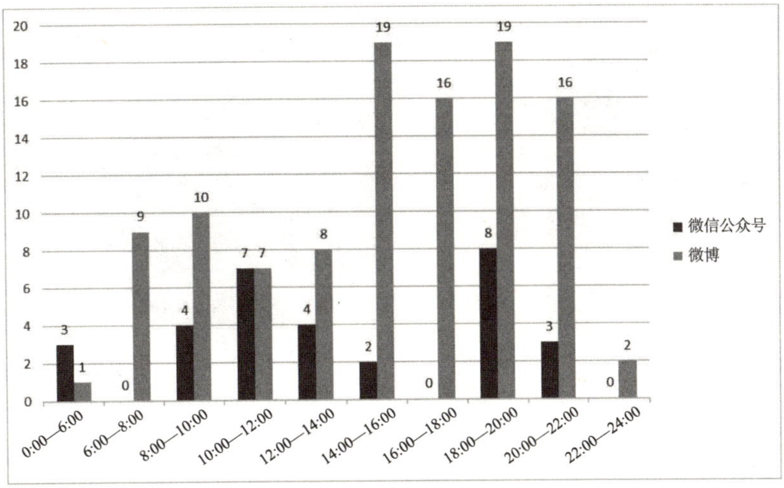

图2 发布时间-报道量统计

在分析报道量与发布时间的关系时发现,微信公众号内容发布的早高峰比微博要晚。考虑到新闻源在凌晨发布,到媒体的上班时间信息已经公布出来了,因而最有可能的原因是微信文章的制作占用了更多时间。

相比之下,微博作为根植于移动端的网络媒体,甚至不需要发布者到达工作场所即可运营,时效性强得多。微信的限制则相对较多,除了需要排版和审核以外,还需要公众号运营者向账号管理者发送即时请求才允许发布内容,这一点对时效性产生了一定影响。此外,微信文章的编辑工作也更加复杂,在移动端上制作难以完成。微信内容需要时间加工,微博内容则随录随发。微博的特征就是为时效性服务的,所有的操作都可以在智能手机上完成。

3.3 报道内容:微信文章比微博更精致,舆论引导能力也更强

3.3.1 报道篇幅

本研究中微信公众号和微博报道篇幅分布统计见表1和图3所示。

表1 报道篇幅分布统计

	微信公众号	微博
200字以内	5	74
200~1500字	15	28
1500字以上	11	6

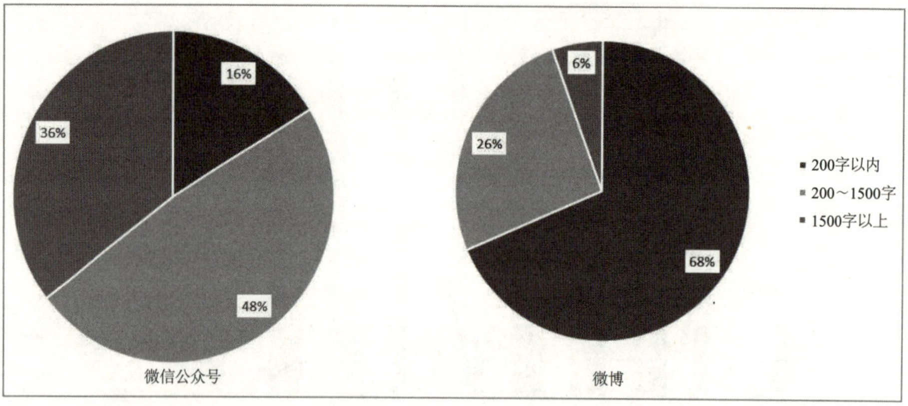

图3　报道篇幅分布统计

3.3.2　文章类型

本研究中微信公众号和微博文章类型分布统计见表2和图4所示。

表2　文章类型分布统计

	微信公众号	微博
消息	10	71
通讯	5	17
时评	16	20

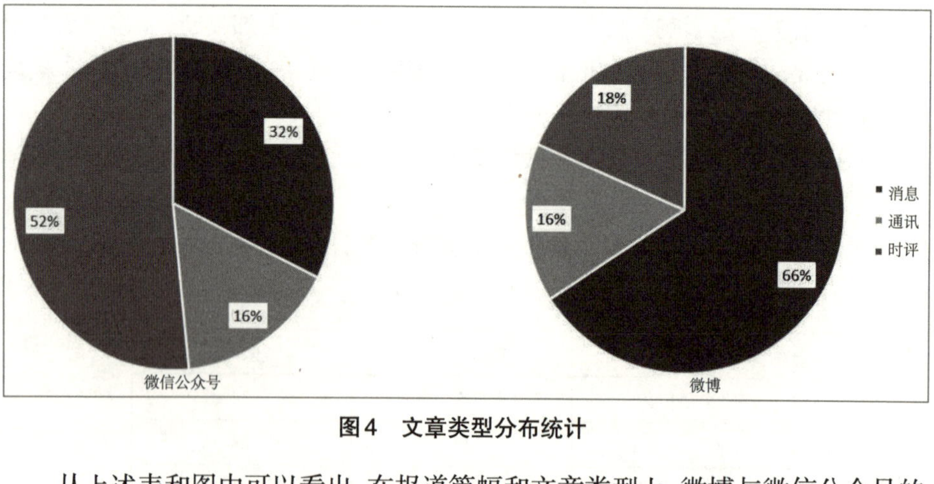

图4　文章类型分布统计

从上述表和图中可以看出，在报道篇幅和文章类型上，微博与微信公众号的主体要素正好相反。尽管微博内容是微信的近四倍，但七成多的微信文字都在千字左右，而微博内容能达到千字的寥寥无几。

由于微信文章大多很长，为写作者提供了发挥的空间，很多微信文章使用贴合现实的举例或者风趣的笔调将深刻的经济学原理和现象介绍给普通受众。也有很多“权威发布”使用大量篇幅解读外交部的回应与中国政府的立场,其中不少重要的句子都被加粗突出显示出来。微信公众平台拥有的排版功能是微博所无法比拟的,它有多元化的配件和免费的编辑器主题供用户选择,运营者可以快速上手,给阅读者带来更好的阅读体验。

3.3.3 叙事态度

这个指标主要用于考察推送内容的感情色彩。比如说,如果文章主要叙述贸易战带来的风险和危害,即归为消极悲观;如果主要内容为我国积极抗争并抵消贸易战带来的影响,即归为积极乐观;如果主要内容仅仅是叙述了一个事实或分析了一次发言,不带有明显的倾向即为中立态度。本研究中微信公众号和微博报道的叙事态度分布统计见表3和图5所示

表3 叙事态度分布统计表

	微信公众号	微博
积极乐观	18	20
中立	5	73
消极悲观	8	15

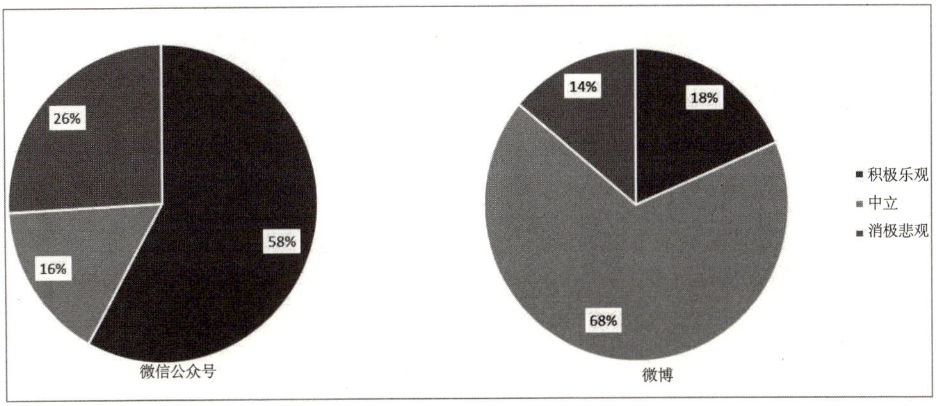

图5 叙事态度分布统计

从上述表和图中可以明显地看出,微信公众号内容的篇幅更大,发挥空间自然也更大。很多微信文章并非单一的新闻报道或者政策解读,而是夹叙夹议,不可能做到完全中立。比如微信文章《商务部、外交部再回应:如美公布新增征税产品清单中方将立刻进行大力度反击!》中,虽然主要内容是报道商务部新闻发言人在吹风会上的表态,但大标题、小标题都不可避免要提炼出其中的观点,并

产生舆论导向的效果。

相比之下,微博则简洁了很多,短篇文字概括一下,再附上一段视频或者几张图片,信息就这么多了,读者看到的是未经传播者加工过的相对原始的素材,舆论导向当然可以通过议程设置的方式实现,但宣传效果无疑弱化了很多。

此外,微信公众号的留言经过筛选后才能显示,往往我们看到的留言已经是议程设置的结果;微博则需要关闭评论才能达到同样的效果,但舆论导向的效果就大打折扣了。

3.4 多媒体利用:微博质量高于微信

3.4.1 图片出现频率

本研究中微信公众号和微博中图片出现频率分布统计见表4和图6。

表4 图片出现频率分布统计

	微信公众号	微博
3张以下	18	96
3~6张	8	2
6张以上	5	10

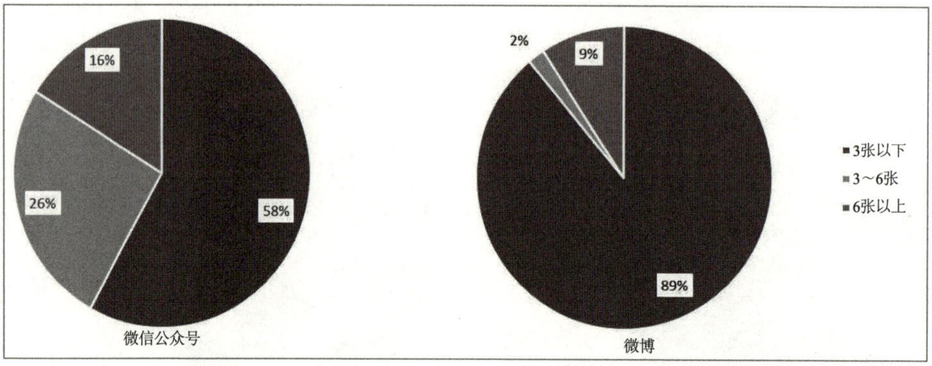

图6 图片出现频率分布统计

3.4.2 视频出现频率

本研究中微信公众号和微博中视频出现频率分布统计见表5和图7。

表5 视频出现频率分布统计

	微信公众号	微博
无视频	30	90
1条视频	1	18

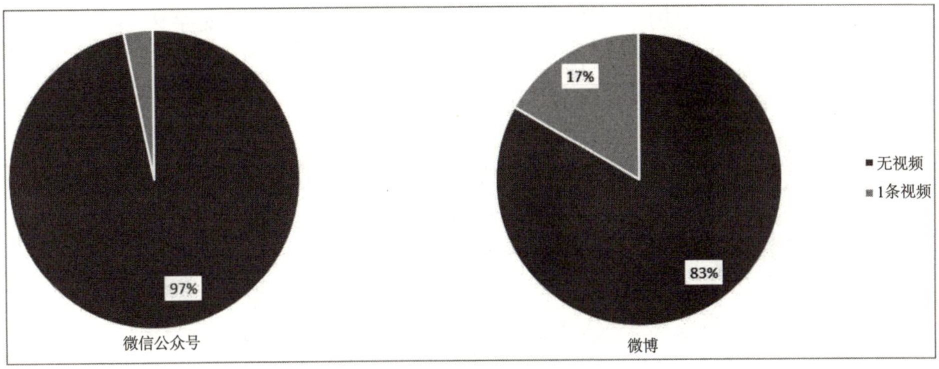

图7　视频出现频率分布统计

3.4.3　内容与正文契合程度

本研究中微信公众号和微博中内容与正文契合程度分布统计见表6和图8。

表6　内容与正文契合程度分布统计

	微信公众号	微博
纯粹装饰	5	0
文章配图	23	80
代替文字承载内容	3	27

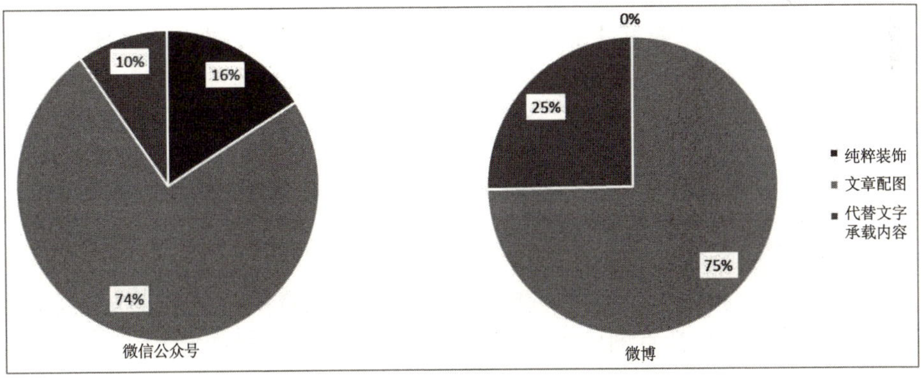

图8　内容与正文契合程度分布统计

平均来说，微信公众号里的图片出现得比微博要频繁。信公众号中一般隔一段文字就会插入一张图片，其中大多数是与文字存在一定关系的图片，如下文中的图9或事件现场的照片。当段排版内没有合适的图片呈现的话，就会使用装饰性图片，与文字内容完全无关，这是微信文章独有的。此外，微信公众号内有时还会出现“一张图读懂××”类型的完全以图片代替文字内容的情况。

而微博中图片的使用不那么频繁，每张图片的出现都与文字内容贴合得很紧密。一般来说，微博中出现的图片有三种类型：补充或者替代正文文字内容，介绍标题或者吸引人注意(图10)，以及事件现场的照片。

图9　微信图片示例

图10　微博图片示例

相较于微信，微博的优势在于快捷。比文字描述和解析更快捷的方式就是把现场的内容直接录下来或者原话记下，提炼一下新闻要素直接发布。这就是样本中大多数微博的内容构成。此外，微博对移动端的良好支持使它得以方便调用手机摄像头等设备。

微博的多媒体运用质量高于微信的另一个方面是，微博的多媒体内容与文字联系更加紧密。微信的文字内容要庞杂得多，为了维持阅读体验的水准，常常需要插入照片进行分段或者装饰页面。通常没有足够数量的高质量照片时，微信编辑者会降低筛选标准，很多与本文内容不沾边的图片也作为装饰加入了文章中。这种现象在微博上几乎不存在。微博中有照片就放照片，没照片就放一张标题图，如上文中的"最新消息"，有时候发布的信息里甚至看不到文字，完全由图片或视频来呈现。

3.5　传播效果

对点赞、转发等指标构建评价体系是一个难题，因为此体系内的数据多样化，且数据量庞杂，难以度量。

根据最高人民法院、最高检察院关于办理利用信息网络实施诽谤等刑事案件的司法解释，利用信息网络诽谤他人，同一诽谤信息实际被点击、浏览次数达到5000次以上，或者被转发次数达到500次以上的，应当认定为刑法第246条第1款规定的"情节严重"，可构成诽谤罪。

这一解释较为权威，说明新媒体内容的点击数量达到5000次，或者转发达到500次以上的，即可造成一定社会影响。因此，本研究借用此标准作为传播效果分析的指标。

3.5.1　点赞数量

本研究中微信公众号和微博的点赞数量分布统计见表7和图11。

表7　点赞数量分布统计

	微信公众号	微博
点赞数<5000	6	86
点赞数>5000	25	22

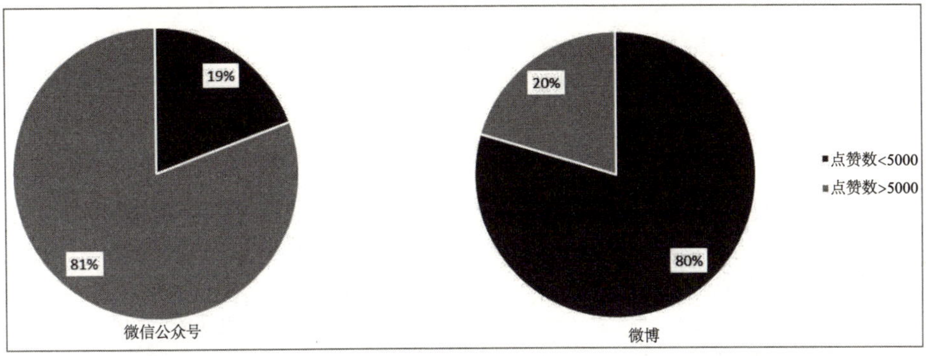

图11　点赞数分布统计

3.5.2　浏览量(微信)

本研究中微信公众号和微博浏览量分布统计见表8。

表8　微信浏览量分布统计

	微信公众号	微博
浏览量<100000	2	6%
浏览量>100000	29	94%

3.5.3　转发量(微博)

本研究中微信公众号和微博转发量分布见表9。

表9　微博转发量分布统计

	微信公众号	微博
转发量<500	84	78%
转发量>500	24	22%

在微信公众平台,几乎每篇文章都能爆红,大多数文章的点赞量和浏览量都很高。微博则恰恰相反,大多数微博仅仅收获几十个赞或者转发,能达到四位数的微博寥寥无几。颇为巧合的是,根据统计,样本中获赞大于5000的微博和微信公众号内容十分接近,这种现象虽然不能代表整个新媒体,但一定程度上反映两者的传播效果实际上殊途同归:微信依靠精心的制作,微博依靠海量信息和实时碎片化传播。

3.6 微信公众号的"微博化"倾向

说到新华社官方微信，就不得不提去年刷屏的"刚刚体"了。2017年6月21日，新华社官方微信用了一条极其简短的微信文章阐述了一场中东政局的变动（图12）。该微信文章推出十分钟后点击量突破10万，在一定程度上甚至重塑了新华社官方微信的形象。这种发文方式引起了大规模的效仿，很多官方媒体乘机蹭了一把热点，以拉近与用户之间的距离。

刚刚，沙特王储被废了

新华社 2017-06-21

沙特国王萨勒曼21日宣布，废除王储穆罕默德·本·纳伊夫，另立穆罕默德·本·萨勒曼为新任王储。

来源：新华社

监制：刘洪

编辑：王朝、关开亮、陈子夏

图12 新华社微信文章

到2018年的三四月份，这种现象愈发频繁。样本中有八分之一的内容在200字以下，有近一半内容使用图片不超过3张，其中不少文章属于快讯。比如《特朗普要求额外对1000亿美元中国进口商品加征关税》，全文只有一句话，加上一张标题图就是一条推送，与微博的形式十分相似。"刚刚体"作为新华社官方微信的首创，满足了当前碎片化阅读的需求，同时也增加了新闻的趣味性。在评论区，工作人员与用户积极互动，俏皮的回复吸了大量用户的注意。这种形式使微信文章更短，更即时，更像微博。

新华社"刚刚体"的走红不是偶然现象，而是适应移动互联网活泼氛围和语境的结果[3]。总体来说，这种形式虽然借鉴了微博的碎片化特征，但是放弃了微信文章的深度，也未能获得微博的轻便，实际上并不适合在微信公众平台长期使用。昙花一现的“刚刚体”像每个网络热词一样，刷了一段时间的屏以后恢复沉寂。但是微信公众号的创新不会停止，微博和微信为了改善用户体验而进行的相互借鉴不会停止。

4 讨论与建议

4.1 原因讨论

4.1.1 容量限制

微博与微信公众号最明显的差别就在于内容的量上。2016年取消字数限制之前，微博只能发表140字以内的短内容。受这种特征影响，微博上的信息往往短小精悍，但发布十分频繁，而且尽可能地利用多媒体弥补文字上的不足。字数限制取消后，微博的总体风格仍然保留这些特征。

在微信公众平台上，也有字数限制，每篇原创文章字数至少300字，至多不超过20000字。对内容影响最多的限制是前者。因而微信文章总是有着更大的篇幅，更充足的内容，更大的发挥空间。

4.1.2 排版条件

微信公众平台的编辑界面自带齐全的排版工具，但它仍然支持大量第三方编辑器，比如秀米编辑器、135编辑器等。这些编辑器不仅在图文排版上起到了非常大的作用，而且形成了一条完整的生态链，从新手教程、混搭部件到完整的主题乃至收费内容，一应俱全。在这样完善的排版环境中编辑文章，想不精致也难。

微博的排版系统就相形见绌了。微博的排版系统没有图文混排，也不支持设置字体与颜色，更不用提样式与主题了。先天的排版条件决定了微博与微信的用户体验呈现不同的特征。

4.1.3 对移动端操作的友好程度

微信公众号的后台运营和内容排版完全依赖于电脑操作，在移动端寸步难行。即使能够在智能手机或平板上打开，也很难实现精准操作。因此，微信文章基本上告别了新闻现场，只有将素材采集完成并汇总以后，内容编辑的工作才能开始。

微博则完全不同。作为一种典型的自媒体，运营者和普通用户打开的界面是一样的，而且都非常简单、便捷。微博可以便捷地传达新闻现场的音视频信息，而且是实时传达。因此，在信息传播的时空方面限制减少了，时效性会得到增强,来自第一时间第一现场的内容也更丰富[4]。

4.1.4 发布流程的繁琐程度

每一条微信文章和微博的推送都需要经过一定程序。首先,进入微信公众号后台就需要账号管理者的线上确认,发布内容又需要一次确认。确认必须在一定时间段内完成,而且运营账户的数量有限,还给微信内容的推送添加了很多限定条件:编辑和领导必须在时间上取得一致,最好还能在空间上取得一致。这使得微信文章的发布流程十分繁琐,进而对时效性造成影响。微博则完全不存在这方面的顾虑,只要登入微博账号,就可以操作。

4.1.5 用户需要

对于大多数用户来说,微博更娱乐化,而微信公众平台则更严肃。此外,微博用户更习惯于碎片化的阅读,而微信公众号用户则更期望干货内容。相应地,微博上理应出现更多具有活力的视频和图片,而在微信公众号里则应该是深度的解读。

虽然新华社官方微信和新华视点微博同属新华社旗下,但为了争取各自平台的用户,不得不针对各自平台的独有特征进行运营。在新媒体时代,迎合用户习惯是必须考虑的。微信、微博作为不同的媒介,使用的人群不同,要有不同的使用动机来满足各自需要。这是造成微博与微信差异的根本原因之一。

此外,由于微博和微信都属于社交媒体,用户各自的交往圈会对他们的使用产生影响。不同的交往环境,影响了用户的信息需求。

4.2 建议

4.2.1 微信运营者:保持内容的深度,通过创新吸引用户

在媒介融合的背景下,内容为王依旧是新旧媒体的发展之道[5],内容的重要性不言而喻。微信文章之所以能在新媒体中占据一席之地,很大程度上是因为它拒绝了过度娱乐化,使知识生产和资讯分享成为微信公众号中的主流内容。立足于高质量的内容,才能使微信与今日头条、抖音、快手、微博等快节奏、新鲜化的媒体抗衡。既然时效性上存在天然缺陷,那就扬长避短精心做内容。

但同时,不要忘了通过创新改善用户体验。一味高冷或者死气沉沉并不能带来好氛围,一定的俏皮可以为用户带来不一样的感受,新华社官方微信的“刚刚体”就是一个绝佳的例子。

4.2.2 微博运营者:全方位呈现新闻现场,避免过度娱乐化倾向

相较于微信,微博的优势在于对新闻现场的实时呈现,劣势在于对导向的控制力太弱。微博的运营者们应该利用好手中的移动设备,将随时随地作为发布新闻的标准。微博能够将多媒体利用到极致,为用户带来全方位的视听呈现,但

微博的媒体形态使得资讯被迅速更迭，也被表泛化和碎片化，导致了微博媒体公信力无法构建的矛盾[6]。

微博本身就是一个广场，一定的娱乐化是需要的，但不能任由娱乐泛滥，新闻工作者应该做好“把关人”的角色，严选推送内容。同时，我国媒体作为党的喉舌，应该保障舆论引导的效果。微博在阻断谣言传播路径上功能有限，但在传播真相、舆论宣传上有巨大潜力。

参考文献：

[1] 马歇尔·麦克卢汉．理解媒介：论人的延伸[M].何道宽，译．北京：商务印书馆，2000：46.

[2] 凤凰财经．刚刚，10000000+！[DB/OL].[2017-07-02](2018-06-15).http://finance.ifeng.com/a/20170702/15504853_0.shtml. http://finance.ifeng.com/a/20170702/15504853_0.shtml，2017-07-02.

[3]赵新宁．从“刚刚体”看中央级媒体话语体系转变[J].青年记者，2018(3)：44-45.

[4] 彭兰．网络传播概论[M].4版．北京：中国人民大学出版社，2017：113.

[5]高贵武，刘娟．内容依旧为王：融合背景下的媒体发展之道[J].电视研究，2015(4)：28.

[6]蔡露芹．传统媒体与新媒体互动融合的现状与困境——以江西广播电视台、江西日报、江西出版集团为例[D].南昌：南昌大学公共管理学院，2017：16.

指导教师评语：

微博与微信作为当下最为典型的两大社交平台，不仅是当下用户获取新闻的重要渠道，也对人们的日常生活产生了重要影响。新华社旗下的媒体虽然不足以涵盖其他媒体的所有特征，但在该选题下具备一定的代表性，有推论价值。这篇论文在统计归纳“两微”媒体的特征后，进行了原因分析并提出自己的建议，选题紧扣社会热点，思路清晰，具备一定的理论和应用价值。希望周普同学继续努力，取得更大进步。

新闻与传播学院林燕副教授

基于SWOT分析的传统媒体融合困境与突围路径探析

——以安徽广播电视台《法治时空》栏目为例

崔雪美

（新闻与传播学院）

摘　要：互联网时代，网络技术催生的新媒体形态日新月异，引发了传播时空的全方位震荡。面对新媒体的突起，传统媒体将“融合”概念引入发展战略中。本文以安徽广播电视台《法治时空》栏目旗下的新媒体部门为研究对象，通过SWOT分析法分析融合过程中传统媒体内部优势、劣势、外部机会和威胁，并在此基础上提出传统媒体的突围路径应从管理体制、自身定位等因素出发。在新媒体环境下，传统媒体急需找到突围路径，以实现自身的融合发展。

关键词：媒体融合；电视频道；SWOT分析；发展对策

新媒体凭借自身的优势对传统媒体造成了巨大的冲击，传媒业态、传媒格局乃至整个传媒生态都发生了巨大的变化。一时间部分学术界、业界人士纷纷唱衰传统媒体的发展，但这也引发了对“传统媒体消亡论”的质疑。虽然新媒体的发展在一定程度上冲击了传统媒体的发展，但互联网技术的发展也为传统媒体与新媒体融合发展带来了无限可能性，并形成了一种新的发展模式。

1　传统媒体融合之路的全景扫描

根据美国传播学者的定义，一种媒体使用的人数达到全国人口的五分之一，才能被称为大众传媒。而在美国，达到5000万人使用的界限标准的大众传媒，广播用了38年，电视用了13年，有线电视用了10年，而互联网只用了5年[1]。继报纸、广播、电视三大传统媒体之后，互联网被称为“第四媒体”。它改变了已有的传播环境，促使社会信息传播基本格局发生变化，作为一种新媒体、新技术，对传统媒体的传播方式、传播结构等方面发起了挑战。新媒体环境下，传统媒体面临着变革，学界人士在此环境下提出了“媒体融合”概念。

1.1 概念厘定

1977年，美国学者法悖和巴冉在《计算和通讯系统的融合》一文中，第一次提出了两大系统走向融合的概念。然而，使“媒介融合”概念被广泛认知的却是美国麻省理工学院的尼古拉斯·尼葛洛庞蒂，他用图例来演示三个相互交叉的圆环趋于重叠的聚合过程，这三个圆环分别代表计算机工作、出版印刷工业和广播电影工业，他认为不同的工业正在走向融合，而媒介融合表明“各种各样的技术和媒介形式都在汇集到一起”。

1983年，伊契尔·索勒·普尔教授提出了“传播形态融合”(the Convergence of Modes)。他指出，电子信息技术将使传统媒体相互隔离的传播模式彻底改变，从而向新的融合模式演进[2]，意指“各种媒介呈现出多功能一体化的趋势”。国外研究中的“Media Convergence”(媒介融合)一词通常也被表述为“Convergence”(融合)，随之被引入中国，通常有“媒介融合”及“媒体融合”两种说法。

2014年8月18日，习近平同志在中央第四次“深改组”全体会议上发表讲话，将媒体融合提高到国家战略的高度，“媒体融合”概念也被写入政府报告。一时间，这个词成为业界和社会各界热议的话题。但在传统媒体与新媒体融合转型发展过程中，“媒体融合”概念又将如何界定?

李良荣、周宽玮认为，媒体融合是指各种媒体形态的边界逐渐消融，多功能复合型媒体逐渐占据优势的过程和趋势。它不是单纯媒体形态的融合，而是一种全方位、深层次的融合[3]。他们还提出，新媒体就是融合媒体，业界无需再人为地合成一个融合媒体[3]。他们更多地以不同的媒介形态融合在一起并形成一种新的媒介形态这个说法来理解媒体融合。保罗·莱文森在《数字麦克卢汉：信息化新千纪指南》中说：“不仅过去的一切媒介是互联网的内容，而且使用互联网的人也是其内容。”[4]其中，每一种后继的媒介都是对前一种媒介的功能性补救，而互联网则是对前面所有媒介的功能性补救，它融合了所有媒介的功能，这样来看，新媒体在一定程度上是取代了传统媒体。但媒体融合的核心是借助新媒体传播信息形式的优势，提升传统媒体的传播效率，适应新媒体环境下的传播环境、传播结构等，并不是传统媒体被新媒体所取代。

新华社前社长李从军在《谁能引领现代舆论场》一文中提出：媒体融合是传统媒体从信息生产商向信息集成服务提供商的转型过程。在这个过程中，传统媒体自身定位发生变化。在此，笔者较认同陈国权在《媒体融合·媒介融合：一字之差 立意有别》一文中提到的有关“媒体融合”的陈述：按照密苏里新闻学院的观点，“媒体融合”是媒体增加新闻和信息平台的数量，使稀缺的媒体资源得到最优配置。也就是一个传媒集团拥有多个媒介平台，实现内容的多平台出口，让传播能力最大化，这是媒体融合模式的典型特征。提升传播力的明确指向，坚守舆论阵地的核心诉求，这是媒体融合的主要目的。

1.2 研究与探索

1.2.1 学界研究

国内外有关媒体融合发展的研究有很多丰富的成果，笔者基于中国知网平台以“媒体融合发展”为主题进行搜索，限定学科为新闻与传媒，最终结果共有12411条，时间跨度从1999年2月10日至2018年3月27日；以“传统媒体融合发展”为主题进行搜索，限定学科为新闻与传媒，共有3476条结果，时间跨度从2002年3月25日至2018年3月15日。

纵观搜索结果，国内外学者有关新闻学与传播学方向的传统媒体与新媒体融合发展的研究可从宏观研究与微观研究两个方面进行概述：宏观研究的基本框架可概述为三部分——传统媒体与新媒体融合发展的总体概况与整体态势，分析融合发展过程中存在的问题，并就其问题提出自己的看法及建议；微观研究又可细分为基于不同主体的研究和基于不同方向的研究。

笔者在本文中更多地从微观层面对安徽广播电视台科教频道《法治时空》栏目旗下新媒体部门进行研究，探析新媒体环境下基于内容优势的传统媒体叙事方式及发行渠道在以用户为核心导向的新媒体环境下是否发生改变，帮助传统媒体找准自身定位，提高自身的传播力、影响力、公信力、引导力。

1.2.2 业界探索

学界对于“媒体融合”概念研究广泛，业界又是如何对媒体融合进行实践的呢？我国媒体融合发展情况又是如何呢？

2014年，光明日报社成立融媒体中心，打造移动客户端产品“光明云媒3.0”；2015年，集深圳晚报与移动客户端ZAKER内容优势与技术优势于一身的深圳ZAKER上线，它是中国传统区域纸媒第一次真正意义上与互联网强势媒体实现全区域的融合。

媒体融合发展如火如荼，但传统媒体发展相较于新媒体发展，优势较弱，在融合过程中暴露了一系列问题。在一定程度上，有些媒体机构只是简单地理解了“媒体融合”的概念，便心急地走上了“伪媒体融合道路”，迎合新媒体环境下受众的阅读兴趣，不免染上新媒体的一些恶习。传统媒体的优势在新媒体环境下并没有发挥多少，更多地是借鉴新媒体发展的经验，企图转移新媒体的受众注意力，赢取他们的注意。

2 传统媒体融合发展的SWOT分析

2.1 栏目介绍

本文将以安徽广播电视台科教频道《法治时空》栏目旗下的新媒体部门为研究对象，探析新媒体环境下传统媒体发展困境及突围。之所以选定这个研究对象，原因有两个：其一，该部门是典型的传统媒体与新媒体融合发展的产物；其二，笔者在该部门实习过一段时间，也曾参与其中进行策划与写作，对部门多媒体平台日常运营较为熟悉。表1所示为安徽广播电视台及《法治时空》栏目相关介绍。

表1 安徽广播电视台及《法治时空》栏目介绍

安徽广播电视台创建时间	1960年
安徽广播电视台地点	安徽省合肥市
科教频道介绍	2003年12月29日，安徽广播电视台科教频道正式开播，以宣传科学精神为立足点，向大众普及科学文化知识，传播现代教育理念，服务百姓
《法治时空》栏目介绍	科教频道旗下栏目之一，安徽省唯一一档全媒体法治民生栏目，它是基于传统媒体与新媒体融合发展趋势构建的内容传播机制，是报道新近发生的法律事件，面向安徽百姓的维权帮忙栏目
《法治时空》栏目新媒体部门运营内容	收录每日新闻，制作成新媒体稿件，且上传至全媒体平台；收听热线电话，记录并整理成新闻线索；负责策划和执行大型活动；自主创新新媒体内容
新媒体部门运营平台	微信公众号（AHTV法治时空），新浪微博（AHTV-法治时空），今日头条号（AHTV法治时空），网易媒体号（AHTV-法治时空），腾讯企鹅号（阿斌帮忙团），优酷大鱼号（AHTV-法治时空）

2.2 媒体融合的原因分析

美国研究者菲利普·迈耶曾思考一个问题，即“正在消失的报纸”。他根据绘制的“日报读者数散点模拟图”提出了自己的观点：“我们会发现，到2043年第一季度晚些时候，日报就没有读者了”[5]。

传统媒体面对来势汹汹的新媒体，不得不调整发展战略。下面以中国的电视媒体为例进行分析。

图1数据显示了2007—2017年全国人均收视时间的走势，从图中可明显看出：用户观看电视时间在2009年达到峰值176分钟/天，随后开始出现持续下降，2012年出现缓慢上升情况，但在2013年之后用户观看电视时间又持续下降，到2017年为148分钟/天。互联网的兴起、网络电视的发展对传统媒体——电视——发起了挑战。

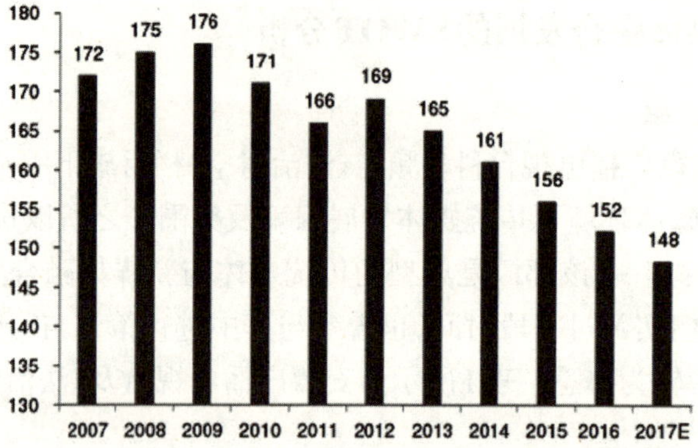

图1　2007—2017年全国人均收视时间(分钟/天)

数据来源:中国产业信息网,https://www.chyxx.com/industry/2017/578425.html。

新媒体迅猛发展,在各个领域落地开花,传统媒体面临困境。根据中国社科院新闻所发布的《新媒体蓝皮书:中国新媒体发展报告No.7(2016)》,2015年中国互联网媒体广告收入首次超过电视、报纸、电台和杂志四家传统媒体广告收入总和。

图2所示为2010—2018年我国电视广告收入规模。图中数据显示,2013年以后,我国电视广告收入持续下降。

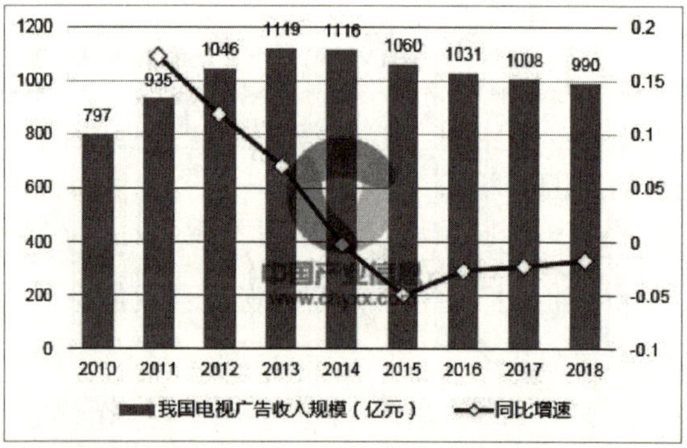

图2　2010—2018年我国电视广告收入规模

数据来源:中国产业信息网,https://www.chyxx.com/industry/2017/578425.html。

表2所示为2015年中国媒体广告收入分析。表中数据显示,2015年中国互联网广告市场规模达2096.7亿元,电视广告收入为1219.69亿元,报纸为324.08亿元,杂志为65.46亿元,广播为134.30亿元。2015年广电报刊四大传统媒体行业的广告收入之和为1743.53亿元,远低于互联网广告市场的营业收入。

表2　2015年中国媒体广告收入分析

媒体广告收入	金额(亿元)	上升率
互联网广告收入	2096.70	36.10%
电视广告收入	1219.69	-4.60%
报纸广告收入	324.08	-35.40%
杂志广告收入	65.46	-19.80%
广播广告收入	134.30	1.10%
四大传统媒体广告收入	1743.53	-12.59%

数据来源:《新媒体蓝皮书:中国新媒体发展报告No.7(2016)》。

传统媒体不会持续停留在这种式微状态,不做改变,传统媒体与新媒体融合发展是必然趋势。笔者将基于SWOT分析来了解融合过程中传统媒体内部优势、劣势、外部机会和威胁等。

2.3　基于SWOT分析法分析传统媒体融合过程

SWOT分析法是将通过调查列举出的与研究对象密切相关的各种内部优势、劣势、外部机会和威胁等因素集中在一起,按照矩阵形式排列,用系统分析的思想,把各种因素相互匹配起来加以分析、评估,从中得出一系列相应地带有一定说服力和决策性的结论[6]。

SWOT分析中,既有内部优势、外部机会,又有劣势、威胁,对研究对象所处语境进行以全面、系统的研究,以此得到的分析较客观。

2.3.1　栏目的优势分析

安徽广播电视台位于安徽省合肥市,作为省内唯一的省级电视台,其优势是明显的。首先,作为传统媒体,新闻从业人员的专业性是新媒体无法比拟的。传统媒体注重新闻从业人员的专业能力,而新媒体平台上,人人都有麦克风,正如网络上流传已久的话语:你永远不知道坐在电脑对面的是人还是狗。新媒体时代,新媒体工作者面临去专业化、去职业化、新闻专业主义缺乏等问题,传播的新闻内容泛滥且存在一定问题,如真实性、客观性乃至于新闻内容及结构方面的问题等等。其次,在传播新闻方面,新媒体新闻来源有时还来自传统媒体,新媒体不具有正式的新闻采访权,传统媒体占据信息主导地位。最后,虽然如今处于网络信任遭受考验的时代,但传统媒体的可信度和公信力强于新媒体,在信息传达过程中,它仍旧牢牢把握权威话语体系,在舆论引导方面,传统媒体致力于传播主流声音。传统媒体在其发展过程中,有其自身的一套相对成熟的运作机制。

2.3.2 栏目的劣势分析

在融合发展道路上，安徽广播电视台也存在一定的劣势。在新闻专业人才问题上，一方面，传统媒体发展式微，对人才的吸引力较弱，人才流失是其必须重视的情况，新媒体人才也较为缺乏；另一方面，也正是由于传统媒体发展式微，媒体内部在不断缩减人员，外面的人很难进入体制内部。广告年营业收入逐渐下降，传统媒体发展难以维持，面临着冲击。

2.3.3 栏目融合过程中的机会分析

2014年8月18日，习近平同志在中央第四次“深改组”全体会议上发表讲话，将媒体融合提高到国家战略的高度。国家重视传统媒体与新媒体融合发展之路，一定程度上为传统媒体的发展带来了机遇。而新媒体的迅猛发展带来的传播环境变化，促使信息机制发生改变。安徽广播电视台在此环境下，得以借势新媒体平台，通过网络媒体传播自身的内容，从而在传统媒体发展中注入新的源泉，比如数据挖掘进入了传统媒体的视野中，它也开始重视数据挖掘在新闻信息来源获取中的作用。传统媒体在发展中也不断审视自身，逐渐发现问题，淘汰一些落后机制。

2.3.4 栏目融合过程中的威胁分析

在媒体融合过程中，传统媒体与新媒体处于相爱相杀的状态，新媒体给传统媒体的发展注入新的活力，但发展过程中也会给传统媒体带来压力。首先，传统媒体的传播方式仍旧以单向传播为主，受众虽然也可以就电视媒体报道的内容进行反馈，但反馈机制落后，互动形式单一，过程中存在议程设置，是“筛选”过后的反馈。其次，传统媒体较新媒体，不论是内容方面，还是传播方面，存在诸多限制，新媒体的发展较为灵活。再次，新闻传播时效性较慢，传统媒体在信息获取方式上远比不上新媒体依靠大众生产信息，而在发布一条新闻之前，传统新闻面临着新闻来源真实性的审核，新媒体传播新闻往往缺乏相对真实性，从而导致网络谣言的兴起，这也是新媒体为人所诟病之处。最后，传统媒体传播内容新颖性不足，新媒体涵盖多种媒介，丰富了新闻报道内容，使新闻更加直观生动，增加了受众的在场感。上述所说的传统媒体的优势，在新媒体环境下面临着新媒体的冲击，这在某种程度上也会转化为传统媒体的威胁。

2.4 分析模型构建

基于前文所述的SWOT分析，下文将构建分析模式。结果见表3所示：

表3 基于SWOT分析构建安徽广播电视台优势、劣势、机会和威胁分析模式

内部因素 / 外部因素	省级电视台，具有权威性； 新闻从业人员的专业性； 传统媒体具有话语权和主导权； 传统媒体的可信度和公信力	传播方式单一，反馈机制落后； 新媒体人才匮乏； 传播内容限制，新颖性不足； 传播时效性弱
机会	优势–机会战略(SO)	劣势–机会战略(WO)
国家战略支持； 新媒体平台支撑	传统媒体应抓住机遇，依托国家政策支持，扩大信息的传播，推动传统媒体摆脱困境	利用新媒体技术，淘汰一些落后机制，适应新媒体环境下的信息传播机制
威胁	优势–威胁战略(ST)	劣势–威胁战略(WT)
新媒体发展的冲击； 广告投入减少； 新闻专业人才的流失； 新闻工作者新媒体意识缺乏	利用新闻人才的专业性、传播过程中的主导权，扩大信息传播范围，提高受众的关注度，实现“二次售卖”过程和创收，从而吸引人才的加入，并提高新闻工作者的新媒体意识	面临劣势以及威胁的情况，传统媒体既要发挥内部优势，也要依托外部优势，在弥补内部劣势下规避外部威胁

2.5 安徽广播电视台融合发展过程中的困境分析

对传统媒体的SWOT分析之后，笔者发现传统媒体在融合过程中也会产生一系列的问题。在此，笔者以2017年4月6日至2017年8月6日《法治时空》栏目旗下新媒体部门在《今日头条》上所发表的文章为例，基于内容分析，探究该部门在媒体融合过程中的特征及其产生的相关问题。

2.5.1 内容分析

身份与职业重构危机。传统媒体中的传播者即新闻从业人员，在转型过程中新媒体意识不够强。该部门在四个月的时间内，于《今日头条》平台共发布516新闻报道，其中以文字形式为主的报道共284篇，占比约55%，以视频形式为主的报道共232篇，占比约45%。从数据中明显发现，该部门前期以文字形式报道为主，在6月28日之后，新闻报道多以视频报道为主；在新闻报道数量方面，6月28日依然是个节点，在这之前，该部门新闻报道的数量没有规律可循，每天或多至6篇，或少至1篇，6月28日之后，该部门新闻报道的数量保持在每天4篇以上。对比数据内容，该部门新闻报道立足于安徽省内大众，标题内注明事件发生地，致力于报道省内法治事件，新闻内容传播形式较单一。

2.5.2 受众分析

笔者通过该部门在《今日头条》上发布的新闻报道下受众点击视频的播放量及评论量来研究受众在接触新闻报道时，倾向于点击什么样的新闻报道，喜欢对什么样的报道发表自己的看法。

笔者对全部数据进行整合排列，选取播放量最多的前十条新闻报道进行分析。结果显示，受众点击量多的情况出现在6月份往后，且都是以视频形式进行的报道。

通过对比发现，受众倾向于点击及评论的视频多为负面报道。虽然，我们也可以看出，该部门的新闻报道在后期产生的影响远大于前期，播放量、评论量多，且存在受众打赏情况，但其中的问题慢慢地也暴露出来。传统媒体经过议程设置将新闻报道出来，现如今，新闻报道的中心发生了转移，即从传者为中心移向用户为中心，受众的阅读兴趣将会对媒体的报道产生影响。媒体融合过程中传统媒体在新闻报道中将会暴露很多问题，这些问题在媒体融合发展过程中将传统媒体引入困境中。

2.5.3 传播机制分析

传播机制的桎梏。在传播渠道上，传统媒体只能依托互联网技术下的新媒体平台，缺乏核心技术和平台。在传播新闻上，不免受到一些限制，诸如新闻发布篇数、新闻标题字数、新闻内容形式以及新闻内容遇敏感词遭屏蔽等问题。

2.5.4 功能定位

对于自身定位不够准确。传统媒体的定位与新媒体不同，在媒体转型过程中，传统媒体面临着能否正确定位的困境。新媒体立足于服务受众，传统媒体如果也这样定位的话，那么传统媒体的专业性会降低。另外，传统媒体如果倾向于商业化，在带来经济利益的同时，也会产生诸多弊端。作为“把关人”“社会公器”的传统媒体，应保持自身独立，一旦牵扯到经济利益，在新闻报道时应保持客观公正。

2.5.5 管理体制

中国传统媒体与新媒体融合发展的道路仍在探索中。传统意义上，我国媒体发展一直是独立发展，电视、广播、报刊等媒体一直独立运营，长期存在“事业单位企业化管理”的管理体制。但在新媒体环境下，它们虽然已经向着融合发展的趋势靠拢，但由于时间较短，部分媒体不免具有“伪媒体融合”的嫌疑。

3 传统媒体有效“融合”的路径选择

3.1 转变理念，提高新闻从业人员的新媒体素养

在新媒体环境下，新闻工作者不能仅限于新闻的采编，身处传统媒体体制内，专注于自己的一亩三分地的做法在新媒体环境下是不可取的，应提高互联网意识，与时俱进，加强自身新闻专业能力建设。另外，有些新闻从业人员的职业道德有待加强。现如今，依托互联网技术发展，有些新闻从业人员进行报道时，

新闻来源模糊不清，未经证实便急切发出去博关注，更有甚者制造假新闻。新闻工作者应该成为习总书记所说的政治坚定的新闻工作者、引领时代的新闻工作者、业务精湛的新闻工作者、作风优良的新闻工作者。

3.2 创新内容，提升信息的传播力和影响力

2016年2月19日，习总书记在党的新闻舆论工作座谈会上发表重要讲话，提出有关党的新闻舆论工作的职责使命：高举旗帜、引领导向，围绕中心、服务大局，团结人民、鼓舞士气，成风化人、凝心聚力，澄清谬误、明辨是非，联结中外、沟通中国。这正是新闻工作者在进行新闻报道过程中所要坚持的理念，值得新闻记者铭记于心，并在新闻实践中付诸行动。新闻工作者在坚持创新内容建设的同时，还要让新闻报道贴近群众，成为人民大众喜闻乐见的内容，提高新闻报道传播力、影响力、引导力、公信力。

3.3 协调机制，为传统媒体融合保驾护航

以往，传统媒体的新闻从业人员不熟悉新媒体技术，这造成他们在媒体融合过程中对新媒体的过度依赖。因此，在发挥自身内容优势的同时，传统媒体应紧跟科技发展，化技术依赖为掌握核心科技，牢牢把握新闻报道主导权，将新闻报道数据可视化，并高度重视传播手段建设和创新，为融合发展保驾护航。

3.4 整合资源，形成传统媒体与新媒体优势互补的格局

传统媒体与新媒体功能不一，作为党和政府的喉舌，传统媒体起着宣传的作用，并不能如新媒体一般娱乐化、商业化倾向过重。“泛娱乐化”现象在我国电视媒体中显而易见，最近几年综艺节目呈现井喷式爆发，节目同质化现象严重，且有些内容含有掺杂低级趣味的倾向。正如李良荣教授在《新闻学概论》中提到：“坚持严肃的态度和生动活泼的文风的统一。”[7]因此，传统媒体在此环境下，应找准自身定位，不能随波逐流，坚持党性原则，保持自身工作作风的严肃性。不过工作作风和工作态度应保持严肃性，但文风还应生动活泼，这样更有利于传播。

3.5 转型发展，改革管理体制

旧有的管理体制在新媒体环境下同样面临着转型，传统媒体需要转型，改革管理体制。对于新闻从业人员在融合过程中出现的相关问题，需要管理规范；不同媒体融合层面的问题，同样需要管理。媒体外部管理体制与内部管理体制应协同改革，建构科学的运行机制，引进完善的管理方法，以推动传统媒体与新媒体融合道路发展。

4 结语

随着互联网技术的进步，新媒体迅猛发展，传统媒体发展过程中的诸多问题在新媒体发展参照下暴露出来，一时间许多人猜测传统媒体将会走向消亡。相较于新媒体，强大的内容生产力是传统媒体的优势。在媒体融合过程中，传统媒体应牢牢把握自身优势，加强新闻从业人员专业能力建设，理解“媒体融合”概念，从内容、运营、渠道等多方面融合发展，并在融合过程中借势新媒体，改进自身问题，占据融合主导权。

参考文献：

[1]谷岩.传统媒体网络化生存问题研究[D].郑州：郑州大学，2002.

[2]王喜涛，李永华.从媒介融合到媒体融合的认知演进及其概念辨析[J].中国传媒科技，2017，27(4)：59-60，79.

[3]李良荣，周宽玮.媒体融合：老套路和新探索[J].新闻记者，2014，31(8)：16-20.

[4]保罗·莱文森.数字麦克卢汉：信息化新千纪指南[M].2版.何道宽，译.北京：北京师范大学出版社，2014：104.

[5]周伟红，许海滨.从媒介融合看报纸的生存空间[J].中国报业，2009，22(1)：43-45.

[6]陈丹.基于SWOT分析法的实际应用与思考[J].21世纪(理论实践探索)，2009(8)：128-130.

[7]李良荣.新闻学概论[M].6版.上海：复旦大学出版社，2018：202.

指导教师评语：

该论文立足当下传播新格局，从实际问题出发，选择较为熟悉的安徽广播电视台《法治时空》栏目为研究对象，针对媒体融合中的问题、困境和突破路径进行有益地探索。论文既有理论方面的关注，依托SWTO分析法对研究对象进行分析和建模，也有实践方面的探索，从内容、架构、人员队伍、技术等方面进行了路径探索。论文逻辑结构完整，书写规范，数据真实，分析合理，是一篇较为优秀的本科生学术论文。

新闻与传播学院张军辉副教授

视觉传播语境下传统文化的影像叙事与价值建构

——以湖南卫视《中华文明之美》为例

汪芳苗

（新闻与传播学院）

摘　要：伴随着媒介技术的演进与受众审美的变迁，社会文化形态逐渐从以语言文字为中心转向以影视图像为中心。《中华文明之美》作为湖南卫视推出的原创性首档文化礼仪公益节目，正是传统文化与视觉传播语境产生律动的重要表现。本文以该档节目作为研究对象，立足视觉传播的时代背景，从影像叙事、价值建构方面对其予以具体分析，深挖影像视觉媒体与传统文化传播的诸多契合点，试图探寻和创新中华传统文化的传播策略，以期更好地实现对传统文化的认同和承传。

关键词：视觉传播；影像叙事；价值建构；文化传承；《中华文明之美》

1　绪论

1.1　研究背景

电子媒体的异军突起击溃了漫长时间以来大众生活被印刷文字统治的局面，而使人们涌入视像浸润的世界。在庞大的消费社会里，大众的视觉需求越来越倾向于简单化、形象化，诉诸于文字的人物、故事以及藏匿其中的思想在技术支撑下逐渐被虚拟物化，或成为描绘在纸张上的图画，或成为铺设在音轨上的音频，抑或成为呈现在屏幕上的影像。人们生存在由大多数形象所展现的世界里，并被其深深地影响和改变着。当文化的各个层面越来越倾向于高度视觉化，从语言文化的思维模式转变为视觉文化的思维模式也就成了生存所需，可视性和图像阐释成为文化生产、传播、流通和接受活动的主要维度[1]。视觉传播思维高潮迭起，为包括民间艺术、优良美德等在内的中华传统文化的创造性转化与创新性传承提供了崭新的思路和契机。

21世纪初曾被汤一介老先生看作中国文艺复兴的前夜，回归传统、诵读经典、复兴国学的浪潮在这时候悄然兴起。《三字经》《弟子规》的文字读本被彩绘出版，《红楼梦》《水浒传》等经典名著被影视改编，诸如成语故事、礼仪道德也渐被形象创作，成为宣传壁画、教学视频或者趣味短剧。电影《孔子》、电视剧《琅琊榜》、纪录片《记住乡愁》，涉及传统文化的影视传播产品层出不穷，越来越多的中华传统文化被影视包装，成为读图时代的消费品，借助电子科技实现文化与经济双重价值。近年来，以中华传统文化资源作为创作题材的电视节目逐步开始了其探索的步伐。立足于中国语言文字的《中国汉字听写大会》，植根于中国文史典籍的《百家讲坛》，依托于中国诗歌文学的《中国诗词大会》，这些传统文化类电视节目的竞相迸发，使对文化经典渐趋淡漠的大众逐渐找到了精神皈依和情感认同。

2008年8月4日，湖南卫视大型公德礼仪脱口秀节目《天天向上》在成立之初就开辟了《中华礼仪之美》板块，以情景剧的演绎重现中华传统文化魅力，一坐一站，一叩一拜，尽显礼仪中国的优雅。多年来，该节目题材愈发多元，情节设计逐渐巧妙，内容底蕴日益深厚。2015年，该节目更名为《中华文明之美》，其后一年，拓展升级，以全新独立的幽默短剧式电视节目呈现在观众面前。相较于其他传统文化类节目，《中华文明之美》以不足十分钟的时长，尽显碎片化视觉传播的时代特色，其节目的幽默风格契合当前大众娱乐化的审美趣味以及对“精致”“质感”“小而美”的审美追求。作为视觉传播语境下中华传统文化传播的创新产品之一，《中华文明之美》改变言语叙事与文本叙事的风格，将经典文化故事影像化与虚拟化，从主体多元、平台大众、内容趣味等多方面实现了价值输出与意义建构。由此也成为笔者倾向于研究的对象，以期探析视觉传播语境下传统文化的影像叙事和价值建构。本文着重对图像表意产品《中华文明之美》进行剖析，以一窥十，深入了解媒介技术演进下传统文化与视听媒体的嫁接，反思图像时代传统文化生存空间与生存策略，以期实现传统文化的情感认同和创新继承，同时为其衍生的视觉消费产品的生产与输出提供有效借鉴。

1.2 研究综述

1839年，摄影术的发明第一次开始打破社会文化被单一文字语言统领的局面，随之而来的千姿百态的图像逐步吸引大众的视线，由纸质印刷主导的意识传播渐趋向电子图像靠拢，大众行为被视觉符号支配，文化形态发生了翻天覆地的变革。早在20世纪初，匈牙利电影理论家巴拉兹就在《电影美学》一书中预言，随着电影的出现，一种新的视觉文化必将取代印刷文化。随后，20世纪30年代德国哲学家海德提出了“世界图像时代”的著名表述，并预言人类世界将作为图像被把握和理解。英国学者约翰·伯杰在《视觉艺术鉴赏》一书中写道：“历史上也没有任何一种形态的社会，曾经出现过这么集中的影像、这么密集的视觉信息。”[2]视觉图像语言传达成为当前文化传播形态的重要特征。“视觉传达就是以视觉可以认知的表现形式传递信息的过程”[3]。关于视觉传播的研究，已经蔓延到包括文学、艺术学、教育学、建筑学、美学、传播学、营销学等在内的诸多领域。景观电影、文学图像化、教育的视觉转向、传统文化的影视化等以视觉传播为主题的研究成果层出不穷。借助于融文字、图像、声音于一体的影视文本，包括服饰、中医、茶道等在内的诸多中华传统文化实现了更形象、更广泛的传播。对于传统文化的视觉传播研究，国内学者大多将目光聚集于电影、动漫、电视剧、纪录片以及综艺节目等影视作品上。尤其是21世纪初以来，一系列关于传统文化，如汉字、诗词、姓氏等的影视作品源源不断地被创作生产，更在学界和业界掀起了一股研究热潮。如2009年中国传媒大学科研培育项目“基于中国传统文化的动画创作题材研究”，2013年度国家社科基金艺术学青年项目“冯小刚喜剧电影的文化传承与当代中国电影发展研究”，等等。

纵观有关视觉传播语境下传统文化的研究成果，大多表现出这样的几个特点。其一，立足点与落脚点大多集中于传统文化的视觉传播特征、效果及策略，如张成良在其论文《新媒体语境下传统文化的视觉传播研究》中提出的开放性和公共性、立体性和丰富性、时代性和多样性等特征。其二，依托的研究文本或研究案例的文化性内涵与价值观导向明确，如通过《朗读者》《记住乡愁》等不同的影视节目分析探究对于家文化、礼文化等传统文化和价值观的传递。总体来说，传统文化的视觉传播就是传播者依托传统文化资源创造视觉文本，通过视觉传播载体向受众传递传统文化及价值观的过程。通过阅读传统文化视觉传播的相关论文能够发现，新媒体视觉传播语境下的传统文化更加关注在数字艺术、审美倾向等方面实现紧跟社会热潮的效果。如传统文化节目在表达方式上呈现的动画、特效、虚拟现实等元素的运用，以及在传播载体上呈现的电视、网站、移动APP等多方位的传输。尽管传统文化视觉传播主题研究众多，但对于其影像叙事及价值建构的专门性探索还比较稀少。《中华文明之美》作为一档明显区别于其他传统文化节目的情景剧，或者短视频类的文化节目，在体现当前视觉传播语境快餐化、浅阅读的时代特点与受众需求上具有代表性意义，其在对数字时代的影像叙事以及文化传承的价值建构上较为巧妙地达到了和谐统一。但从研究结果上来看，关于这档代表性节目的专门性研究目前只有湖南广播电视台卫视频道节目导演胡悦的文章《浅析戏剧类短片的视听节奏性——以<天天向上—中华文明之美>为例》以及江西财经大学艺术学院李苏云的文章《文化类电视节目的数字艺术应用——以〈中华文明之美〉为例》。这两篇文章分别从视听节奏和数字艺术两大不同的角度对《中华文明之美》进行解读，分析该档节目在影视化与数字化上所具备的特点。基于这样的研究基础,本文希望借助对《中华文明之美》的文本分析,尤其是着重探讨传统文化在视觉传播时代的影像叙事和价值建构,以期能够为传统文化的创新继承及涉及传统文化的影视作品的创作提供行之有效的策略。

1.3 研究方法

1.3.1 文献研究法

首先,搜集、查阅、整理国内外相关的视觉文化与视觉传播理论,并对其予以探究思考,以此为本论文选题的阐述与证明提供一个较为详细的背景介绍以及坚实的理论支撑。其次,阅读传统文化视觉传播的相关研究论文,并进行概括分析,仔细寻找其研究盲点与创新点,以此确定本文的逻辑思路与框架内容。

1.3.2 理论演绎法

本文使用视觉文化传播、影像叙事、价值创新、视觉营销等相关理论,并结合美学、哲学等有关知识,作为论文的行文理论基础。通过对《中华文明之美》这一具体的影视作品进行理论演绎及文本分析,研究其叙事特点与价值建构。

1.3.3 案例分析法

案例分析是本文重点使用的研究方法。本文主要使用《中华文明之美》这一主要影视文本案例对视觉传播语境下传统文化的影像叙事和价值创新予以研究。在行文过程中,穿插个别有关影视作品的相关分析,以此作为全文的个案支撑。

2 视觉传播:从“言”以载道到“像”以弘道

2.1 视觉传播语境下传统文化的生存态势——影视转向

长期以来,中华传统文化在向大众传播和普及的过程中,大多以口口相传或文字典籍的形式呈现。随着印刷时代被电子时代所取代,涉及传统文化的单纯读本渐渐不能满足大众的审美需要。传播科技带来了大众的视觉狂欢,以生动形象的叙事艺术描述中华传统文化成为最佳的传播手段。诉诸文字的文化读本在视觉化与影像化的过程中,慢慢显现出“去精英化”的特点,越来越为大众使用与满足,中华传统文化渐趋完成从“言”以载道到“像”以弘道的蜕变。

2.1.1 物化手段:传播科技与电子媒介

技术的变革改变了文化的表现形式,中华传统文化的视觉传播与影视转向依托于传播科技与电子媒介而发生。纵观整个人类文明发展史,可看作传播媒介的发展史,从口语传播时代、文字传播时代、印刷传播时代、电子传播时代到信息时代,传播科技与媒介的每一次变革都必然引起社会文化形态的改变。无论是电影、电视剧还是纪录片、真人秀,对中华传统文化的注入都经过拍摄、剪辑等多种影像制作技术的加工才能物化而成,而面向大众的传播与呈现更不能缺少电子媒介的助力。传播科技与电子媒体为中华传统文化的视觉传播带来了可供广泛受众接收的渠道,而这成为新时代弘扬传统文化最恰如其分的技术支撑。

2.1.2 生存空间:消费社会与审美取向

当文字主导的社会文化形态被图像所取代,自然而然地带来了大众消费取向的转变。以“看”作为消费动力的大众,攫取来自市场的各类视觉商品。图像成为这个时代取之不尽用之不竭的日常资源,同时也成为人们舍弃自我、簇拥狂欢的景观符号,成为一个从思想政治化社会趋向于消费娱乐化社会的歌舞升平的盛大仪式[4]。被视像所浸润的消费社会为传统文化的视觉传播带来了市场的生存空间,大众的审美取向不再依附于理性严肃的文字书本,而转变为感性生动的影视作品,视像符号所包裹的传统文化由于声画具备而越发适应受众的审美需求。正如杰姆逊所说:“后现代主义的文化已从过去那种特定的‘文化圈层’中扩张出来,进入了人们的日常生活,成为了消费品。”[5]视觉传播激发了传统文化潜在的消费属性,越来越多的诸如服饰、中医、茶艺、儒学等中华传统文化被发掘运用,摇身一变,成为畅销的影视文化产品以及附属的衍生商品,读图时代的消费者俨然折服在层出不穷的视像商品中而乐此不疲。

2.1.3 经济驱动:影视产业与文化营销

随着电子技术发展和消费观念转变而迅速突起的影视产业在囊括市场收入方面向来占据重要的一席之地,成为公认的朝阳产业。立足于中华传统文化资源,让影视产业拥有了更加丰富的创作空间,也成为激发受众共鸣的良好催化剂。影视产业不仅是一种文化的表达方式及艺术审美的表现形式,同时也是时代主题的体现和对主流思想的传播[6]。传统文化的影视传播一方面能为影视产业注入有内涵的基础资源,另一方面能为传统文化的视觉营销提供强大的助力。运用大众最直观的视觉体验表现方法,传统文化在影视化的过程中慢慢渗入并影响受众的价值观念。影视文化的直观性和娱乐性与影视产业的兴盛发展为传统文化的视觉传播带来了重要的经济驱动力。

2.1.4 战略支撑:回归传统与文化复兴

传统文化是历史的结晶,但它并不只是博物馆里的陈列品,而是有着活的生命[7]。实施中华优秀传统文化传承发展工程,是建设社会主义文化强国的重大战略任务。视觉传播是应对当前读图时代下创新传承中华传统文化的一种有效策略。回归传统文化的风潮已经在社会大众之中普及开来,如《中国汉字听写大会》《中国成语大会》《中国谜语大会》《中国诗词大会》《国家宝藏》《经典咏流传》,

央视对原创传统文化节目源源不断的推出显示了国家对传统文化影视化的高度重视，依靠直观的视觉语言，渐被遗忘的古老传统被大众知晓，形成强大的文化自信与民族自信。立足于国家战略的传统文化，越发被大众的视听所感知，而显现出复兴回归的态势。

2.2 视觉传播语境下传统文化的影视创作——《中华文明之美》

视觉传播语境下传统文化的影视创作立足于丰富多样的文化资源而衍生，每一档影视作品的生产制作都或多或少地被赋予时代潮流作用的痕迹。作为万千传统文化节目的其中之一，《中华文明之美》将中华传统文化的严肃性与厚重感以娱乐的形式通俗化，是视觉传播语境下受众的审美所需。不及《中国汉字听写大会》《中国诗词大会》等原创传统文化节目时长十分之一的《中华文明之美》，不仅没有将传统文化的韵味过度简单化，反而成为“730”黄金时段的一股清流，其极具创造性的幽默短剧打破了一般传统文化节目枯燥沉闷的一味解读。“课堂教学”“背景演绎”“故事再现”等板块在短暂的八分钟内安排得当、紧凑有序。创作团队“为八分钟的节目付出八十倍精力”的理念和共识成为其高质量、高标准出品的强大推动力。

2.2.1 节目由来与衍变——“730”文化带

《中华文明之美》每周日至周四晚“730”黄金时段播出，是湖南卫视重磅打造的“730文化带”。“2008年奥运会时，为了让中国人学习礼仪，也为了向世界展示中国的传统优良文化，《天天向上》就开辟了《中华礼仪之美》这么一个板块，通过师父和阿毛演绎情景剧的形式展现传统文化。”[8]《中华文明之美》原名为《中华礼仪之美》，是2008年湖南卫视上映的大型礼仪公德娱乐脱口秀《天天向上》的重要板块，其通过3分钟左右的迷你短剧手法向广大受众展示中华文明的见面礼、行走礼、做客礼等各种礼仪文化。随后，节目题材走向多元，由单纯的礼仪延伸至其背后的文化。2015年，《中华礼仪之美》更名为《中华文明之美》。为了响应国家新闻出版广电总局2013年出台的规定“上星综合频道公益性节目播出比例要达30%”，2016年，《中华文明之美》板块从《天天向上》中被单独分割，自成一家，成为一档独立的文化节目，实现了时长设置从3分钟到8分钟、深度广度从“1.0”到“2.0”的全新蜕变。

2.2.2 节目定位与性质——快乐文化

作为湖南卫视原创文化礼仪公益节目，《中华文明之美》成立之初就被打上了湖南卫视“快乐中国”核心理念的烙印，“快乐文化”是节目制片人秦明对《中华文明之美》的节目定位。《中华文明之美》依托湖南卫视而发声，娱乐立台观念影响着该节目的内容制作与传播策略。作为一档传统文化节目，《中华文明之美》

将知识文化性与娱乐趣味化融于一体，通过人物演绎与情景再现的方式，介绍与宣传中华传统文化。

2.2.3 节目内容与影响——文化追求、观众喜爱

《中华文明之美》作为湖南卫视首档弘扬中华优良传统文化的节目，其采用迷你的情景剧手法，通过师父学童共同参与的课堂形式串联起经典故事，向广大受众展示中华文明的诗书礼乐之美。古风场景的配置与明星的扮演更为其在节目吸引力与影响力上添砖加瓦，构筑起传统文化教育的良好情境。节目结合时事热点，紧扣时代脉搏，与时俱进，为观众展现最新鲜、最实时、最具文化内涵的优质内容。直至目前，《中华文明之美》已经播出包括中国传统民间艺术、传统美食、传统节气、传统礼仪等在内的多种文化以及《才德的女子》《居住有道》《名医》等多个系列，总体期数已达数百期。该节目形象生动与轻松活泼的视觉呈现形式为中华传统文化的影视传播带来了具有代表性的佳作。雅俗共赏的“730文化带”犹如泛娱乐时代的一股清流，让广大受众在寓教于乐中浸染中华积淀几千年的文化气息，《人民日报》曾评价《中华文明之美》为一档在坚持文化追求的同时受到观众喜爱的节目。

3 影像叙事：从想象语境到虚拟再现

“从叙事学的角度说，电视节目是运用特殊的叙事方法对受众讲故事的过程。因此在节目策划中便面临着如何与受众面对面地完成叙事的过程，并在这个过程中双方完成对符号的解码和诠释。”[9]以《中华文明之美》作为代表的传统文化影视改编作品，将世代相传的传统文化故事予以视像呈现，影像叙事替代话语叙事，实现了文本从纯粹想象到虚拟再现的艺术创作过程。在视觉文化语境中，传统文化的影像叙事需要兼顾文化、经济、艺术等多重价值目标，而其在主题、人物、结构等方面的设置以及在视听语言符号的运用上必然与传统文本有所区别。

3.1 叙事艺术

3.1.1 主题内容的定位——文化内涵、即时可变

包括《中华文明之美》在内的众多传统文化影视产品，大多立意于期望传统文化渗入并占据预期受众的认知意识，而这必须以清晰分明的节目定位为首要条件。美国著名营销专家艾·里斯与杰克·特劳特于20世纪70年代提出定位理论，他们认为，定位要从一个产品开始，这个产品可能是一种商品、一项服务、一个机构甚至是一个人，也许就是你自己。纵观《中华文明之美》的主题内容，无一不是极具古典韵味的中华传统文化，或中医、或茶道、或姓氏、或兵器，抑或勤俭、

清廉的道德。与一般文化节目不同,《中华文明之美》对于简易性与碎片化的时长设置,意味着其每一期播出主题的连续更改,而这恰为该节目的高明之处,既能源源不断地挖掘可供创作的传统文化资源,又能为受众提供接受全新节目内容的心理期待。《中华文明之美》颇有特色的变化属性使其在追逐时事热点方面更胜一筹,受众在不同的现实情境中接收相应的文化信息,从而加深对文化内容的亲切感与代入感。如2017年1月特别播出的"回家过年""年终大扫除""'年货'的由来""除夕的年夜饭""春节的历史起源"连续五期内容中,就对"家""迎春日(扫尘日)""年集""春联""除夕""春节"等诸多传统文化进行了来历追溯与内涵解读。随着农历新年的逐渐临近,《中华文明之美》的年味也愈发浓烈。丰富多样的传统文化被加诸于不同的主题拓展中,通过一个又一个简单而完整的分主题叙事共同构筑起"中华文明之美"的宏观主题。

3.1.2 人物形象的塑造——鲜明可知、主流向上

任何叙述都离不开叙述者,只要有语言就有发出语言的人,只要这些语言构成一个叙述文本,那就意味着必须存在一个叙述主体,有一个叙述者"我"存在[10]。传统文化在走向影视传播的过程中,大多伴随着古人物形象的虚拟还原,在众多的传统文化节目中,《中华文明之美》的剧情叙事手段是最接近电影、电视剧的存在,而其在人物塑造上大胆运用孩童扮演更让其独具一格。与电影、电视剧不同的是,《中华文明之美》由于各期故事的完整性与独立性,其对于人物的阐释只能局限于短短的8分钟或者由上下两期构成的16分钟之内,这意味着对故事所涉及的每一个人物只能被简单地处理与渲染,而远远不能达到如电影、电视剧那般彻底细化。尽管如此,《中华文明之美》在对人物价值观的鲜明传递上并未有半分逊色。以"四大贤母"系列为例,孟母的"孟母三迁""断机教子",陶母的"封坛退鲊""截发延宾",欧母的"画荻教子",岳母的"岳母刺字""精忠报国",《中华文明之美》将中国历史典故中的这些母亲形象搬上荧幕,她们在教导子嗣时的苦心与期望、忧虑与欣慰,通过身体语言传达给受众,配以音乐的渲染,生动可感。罗伯特·麦基认为,人物塑造是一切可以观察到的人的素质总和,一切通过仔细考察便可获知的东西[11]。在快时代面前,如何通过简化的中华历史典故塑造鲜明可知的人物形象,传递主流价值观,显得尤有意义。而这是《中华文明之美》在弘扬中华传统文化道德上所作出的创新探索。

3.1.3 逻辑结构的搭建——简单直接、手法多样

影像叙事与话语叙事由于在叙事要素组成上迥然不同,通过不同的逻辑结构搭建而形成的叙事效果与叙事内涵自然有所差异。叙事逻辑,即组合叙事要素的方式和规律。在叙事文本中,它主要通过叙事结构或叙事方式体现出来。

相较于《中国汉字听写大会》《中国诗词大会》等原创传统文化节目所运用的层层推进的参与式处理以及长篇电影、电视剧、纪录片隐晦冗长的剧情节奏，8分钟短片《中华文明之美》在叙事结构和叙事情节上更加简单直接，显现出短、平、快的特点。《中华文明之美》情景剧的设定要求其结构逻辑的严谨性，“课堂教学”“背景演绎”“故事再现”作为该节目的三大主要板块，其起承转合与流畅连接是节目导演在编排每一期节目中需要考虑的重点。《中华文明之美》讲故事使用的多种手法，如顺叙、倒叙、插叙、收尾回环等，让每一期节目不仅在主题内容上富于变化，还使其在情节发展上不至于千篇一律。如“穆桂英挂帅”，采用一般的顺序通过人物饰演对文化故事的始末娓娓道来，而“闻鸡起舞”“凿壁偷光”等成语故事中，则运用的是收尾回环的叙述手法，从阿毛与师父的生活情境引入成语故事，再回到现实，形成对故事情节的回应与延续，首尾呼应，有条不紊。

3.2 视觉语言

3.2.1 场景环境设计——古风基调、清幽雅致

中华文明向来注重“仪式感”，《中华文明之美》对于传统文化的传播则以半山学院的传道授业解惑作为宏观外围的场景仪式，师父与弟子共处教学情境中，通过师父的视角，将流传悠久的文化故事娓娓道来。“课堂教学”“背景演绎”“故事再现”，《中华文明之美》的每一个板块都未忽略场景设计与传统古风的结合。场景设计的职责就是创造一个符合节目内容、体现节目主题的空间承载，通过其造型形式感产生的视觉感染力来确定一个节目的视觉基调，解释这个节目的主题[12]。《中华文明之美》节目组通过对场景细致地设计与搭建，给予受众以身临其境的视觉感受，其对古风基调与求知氛围的表现映衬着弘扬传统文化的宏观主题。在《中华文明之美》中，如课堂教学，堂前悬挂孔子画像，画像两侧垂有韩愈“书山有路勤为径，学海无涯苦作舟”的劝学诗句，堂下整齐摆放书案，两侧有青竹点缀，整体看来，场景设计雅致清幽，给受众以耳目一新之感。除此之外，《中华文明之美》节目更是吸取了电影电视剧对话语改编的技巧，依据不同的文化故事对朝堂、市集、寒门、战场等情境予以场景还原，设计简单却表意明晰，在不同场景的变换中实现主题输出。

3.2.2 镜头画面剪辑——动静结合、大小相映

《中华文明之美》给予受众以视觉审美感受的不仅在于其内部场景设计的精致，还在于其镜头画面剪辑在动态与静态、全景与细节等方面的多样转换中呈现的美观。画面对于传统文化影视传播而言的重要性自不必多说，生动感性的形象与其内在的审美意蕴通过一帧又一帧的画面整合传递给受众，形成丰富深刻的视觉感染力。在《中华文明之美》中，片头伊始，水墨渲染的手法剪辑将传统文

化极具标志性的元素，如“夫子”“汉服”“茶道”“书简”等铺展开来，深深给予受众的脑海以传统文化节目的定位和印象。镜头节奏的快慢、画面的大小影响着影视作品对于不同细节的强调作用，《中华文明之美》在对中国传统手工艺、如雕刻、编织、塑、刺绣以及传统民间艺术，如剪纸、皮影等的宣传介绍上，大多使用特写镜头，将传统工艺予以最大角度地呈现，而对于一般空旷的学院内廷、繁华喧闹的市集街道等则多采用全景，为主题价值的传播做适当的背景陪衬。

3.2.3 屏幕文字辅助——善用书法、富于变化

《中华文明之美》寓教于乐的表达在一定程度上需要多样字幕的配合。视觉文化的来临使文字主导被图像主导所代替，但这并不意味着话语叙事手段的消逝。在传统文化影像叙事的过程中，屏幕文字作为传播方式的一种，依然占据了重要的一席之地。字幕传播一般伴随着画面与声音一起出现，并依附于画面和声音表达其需要阐释的意义。不同于电影、电视剧台词字幕单一的呈现，《中华文明之美》在对字幕的设置上使用多样化的手法，从而映衬文化主题。字幕具有点题功能，“它意在能对观众不熟悉或较陌生的知识或生活经验提供提示与解释，实现节目主题的理解与传达”[13]。《中华文明之美》对传统文化的传播常常伴随着对某一传统文化知识的介绍，这些设置使屏幕文字的出现具有了重要的意义。此外，节目所运用的字幕在不同的情境中也具有大小、字体、排列等多种变化，充分展示了汉字书法的博大精深，这使得整个文化节目的形式富于生动活泼之感。

3.3 听觉元素

3.3.1 音乐与歌曲——中国风

音乐作为重要的话语表达手段，不仅能够实现语意的延伸，还能够造成强烈的听觉感染。《中华文明之美》在对音乐的展示上呈现出的最大特点便是其中国风的属性，而这与传播中华传统文化的节目主题实现了高度契合。中国风，是指三古三新（古辞赋、古文化、古旋律、新唱法、新编曲、新概念）结合的中国独特乐种[14]。《中华文明之美》对中国风的展示不仅表现在中国传统乐器合奏出的优美的背景音上，也表现在与故事主题相呼应的嘉宾演唱的歌曲中，如阿兰的《千古》、《萧忆情》的《拜无忧》、清弄的《刹那芳华曲》等等。《中华文明之美》在每一期的短片中，大多使用平和欢快的音乐，尤以半山学院学童的生活表现最为明显，如学童与学童之间、学童与师父之间以及学童与父母之间的趣事。一般来说，背景音乐的设置与剧情的起承转合息息相关。比如，与简单舒缓的音乐相比，神秘跳动性的音乐则更能够表现故事的悬念性与冲突性。在《中华文明之美》“穆桂英挂帅”上下两期中就使用了戏剧音乐以及强烈的鼓点旋律表现故事推进，增强

了受众的紧张感。

3.3.2 台词与解说——半白式

作为传统文化影视节目,《中华文明之美》在故事还原板块中所使用的台词大多来源于历史典籍,这些付诸文字的声音通过扮演者传达给受众。该节目情景短剧式的特点使其与电视剧极其相似,可谓缩小版剧场。然而其在选角上大胆采用少年演员,使其表现效果完全不同于一般化的电视剧,而这也成为节目的一大亮点。少儿演员们的台词功底虽然尚不成熟,但其对传播传统文化的投入性却能感染大多数受众。除此之外,《中华文明之美》的解说也富于文化内涵,在解读概念、传递信息的过程中具有重要价值。作为一种声音符号,该节目的解说词充分发挥了中华汉字文化的表达意义,促进了受众对传统文化内容的直观了解。如20171220期中有对本草的解说:"药,治病草也。古代中药类的书籍,多称本草。"又如20160714期中对书房的解说:"子曰:智者乐水,仁者乐山。中国古代文人普遍认为,书房应处僻静优雅之所,以便寄情于山水草木。书房,又叫书斋、文房。它不仅是一处用来读书、藏书和书写的地方,更是宅院民居中独有的审美空间。"简洁文雅的半白式解说词配以精致清幽的画面,一方面消除受众对传统文化的陌生感,另一方面给予受众以独具文化韵味的审美感受。

4 价值建构:从温"故"知新到情感认同

传统文化影视节目除了追求节目形态的独具一格之外,更重要的是通过意蕴深长的节目内容构建主流向上的意识认知与价值观念。《中华文明之美》在价值建构上的主要特色便在于其温故知新,运用契合当今时代受众的审美接受方式,回味与传递传统经典故事中所蕴藏和积淀的文化价值,实现受众的情感共鸣与价值认同。

4.1 价值建构方式——符号聚合与榜样激励

4.1.1 符号聚合:构建想象性主题,形成修辞性视野

符号聚合理论认为,人们有关现实生活的形象受到了一定故事的引导;这些故事反映出受众对故事的看法。这种引导是在小规模群体的符号互动中创造出来的,并在群体与群体、人与人之间形成了一个又一个完整而牢固的故事链。作为该理论的两大核心概念,想象性主题包括人物、线索、情节、场景和公认的中介,修辞性视野则是对事物过去完成的、现在进行的以及未来将要发生的评判和看法。《中华文明之美》对传统文化的价值建构便立足于一个个经典故事的符号聚合之上。在《中华文明之美》众多的传统文化故事中所描绘和表现出的人物形象大多具有勇敢、勤俭、清廉、贤德、孝顺等标签化的特点,通过半山学院师父与

学童之间的轻松教学与道理传输，这些具有代表性的想象性主题以高辨识度引发受众的关注，从而在社会大范围内形成修辞性视野，以此影响受众的观念和认知。关于《中华文明之美》对于想象性主题的构建如表1所示。

表1 《中华文明之美》构建的部分想象性主题及其构成元素

想象性主题	人物	情节线索	场景	公认的中介
勤学好问 锲而不舍	诸葛亮	为了向水镜先生司马徽学习更多知识，动脑筋阻止公鸡打鸣下课	教学课堂	用戏剧表演的方式生动还原传统文化故事的场景；半山学院师父与学童的互动问答
有胆有识 智勇双全	荀灌娘	宛城被困，勇敢请缨突围，奔波襄城求援兵	宛城前线	
廉洁公正	包拯	不受端砚	端州	
百善孝为先	房彦谦	早晨请安，日日如一；照顾长辈，侍奉床榻；为母守孝，不食荤腥	房府	
勤俭节约	晏婴	穿缁衣，吃粗粮，驾驽马，居陋室，多次谢绝齐王赏赐	晏府	

《中华文明之美》对每一个经典故事的叙述大多伴随着特定的主体人物性格与情绪的想象性主题，如诸葛亮与勤学、荀灌娘与勇敢、包拯与廉洁、房彦谦与孝顺、晏婴与勤俭等等。该节目致力于创造符合故事情节展开的叙述环境，通过影视制作相关技术模拟搭建当时场景，以师父与学童的视角作为全知中介，形成真实化与完整性的故事链条，从而共同营造传统文化道德在受众之间传递的社会氛围，实现聚合传播。

4.1.2 榜样激励：实现情感认同，激发向上动机

社会心理学家认为，榜样的激励价值主要表现为他们形成的精神力量可以迁移。《中华文明之美》作为湖南卫视首档弘扬中华优良传统文化的节目，其公益性与教育性显而易见。该节目主张还原和塑造经典人物，如花木兰、荀灌娘、孔子等等，通过他们在行为表现中所展示的意志和观念从而影响受众的道德判断。《中华文明之美》通过还原故事、塑造人物、展现品质，使受众产生对经典人物的情感认同，获取顺从、模仿的心理动机，从而在价值取向上深刻作用于社会群体，引发积极向上的学习氛围。

4.2 价值建构特色——情景短剧与寓教于乐

尼尔·波兹曼在《娱乐至死》一书中认为，一切公众话语都日渐以娱乐的方式出现，并成为一种文化精神。一切文化内容都心甘情愿地成为娱乐的附庸，而且毫无怨言，甚至无声无息，其结果是我们成了一个娱乐至死的物种。电视媒体的兴起改变了话语叙事的内容与意义，传统文化在影视传播的过程中面临过度娱乐化与庸俗化的威胁。而《中华文明之美》对于中华传统文化的呈现却巧妙地实

现了文化教育与娱乐意趣的平衡统一,在寓教于乐中达成价值输出。

4.2.1 幽默短剧:审美接受的"碎片化"

《中华文明之美》从2008年尚未独立至今,一直以短小精悍的视觉形象呈现在受众面前,这也成为其区别于其他原创传统文化节目的最大亮点。在后现代化的社会语境中,受众的生活节奏快速,其对于媒介产品的审美要求呈现出碎片化、精简化的特点。与《中华文明之美》相比,如《中国汉字听写大会》《中国诗词大会》等原创传统文化节目在播出时间上更具有延续性,在整个表现过程中也更容易引发受众审美疲劳。《中华文明之美》则反其道行之,利用丰富多样的中华传统文化,形成板块化教学与传播,形成独具一格的节目风格,给予受众以清新特别的感染力。

4.2.2 师生互动:"授道"与"受道"

由严格慈爱的师父与搞笑逗趣的学童共同组成的半山学院的"教"与"学"是《中华文明之美》最大的叙事线索。师生的互动串联起一个又一个经典的文化故事,在一问一答中给予受众以丰富多彩的知识输出。节目中的求学问道可以被想象成现实中的课堂教学,每一个受众都能被代入虚拟情境中,期待师父的传道授业解惑。在半山学院中,师父满腹经纶、博闻强识,学童天真活泼、虚心好学。《中华文明之美》节目组致力于将师生生活场景与传统文化故事形成完美的衔接与过渡,作为叙述线索的师父"授道"与学童"受道"自然成为关注重点。在《中华文明之美》中,包括师生台词、表情、动作等在内的所有互动要素都被精心设计,学童以颇为天真的问题回应常被忽视的疑惑,师父以最简单的话语讲述最复杂的为人处世,形成轻松幽默的教学风格。

4.2.3 动画制作:创意构想与感官刺激

在"眼球经济"时代,受众对影视产品的艺术表现力要求更为严格,创意性的包装对电视节目形象传播的作用可谓画龙点睛。随着电脑制图与影视剪辑技术的越发成熟,动画元素在节目包装中所占据的空间越发广泛。动画渲染作用下的画面与音效对受众注意力的吸引以及艺术观赏感的提高有着重要价值。动画由于其灵活的表现形式、丰富的素材资料在实现内容创新与拓展上发挥着重要作用。动画元素的使用弥补了《中华文明之美》"短、平、快"节目形式所带来的信息容量的不足,增强了其综合表现力。如片头的水墨渲染、师父的文化解读、经典的故事还原等方面皆有动画元素的使用,从而造成明显的感官刺激,为中华传统文化的简易化信息传输创造了更为生动的呈现形式与更为丰富的艺术价值。

4.2.4 明星加盟:意见领袖与粉丝凝视

《中华文明之美》延续了众多电视真人秀节目的一贯做法,邀请明星加盟,利用他们作用于粉丝的强烈凝视增强其吸引力与影响力。品牌代言、明星效应向来是企业在对外产品输出与形象建构过程中使用的有效手段。明星嘉宾参演《中华文明之美》,根据节目既定的设计情境与规则,通过亲身体验与言行演绎,为广大受众呈现传统文化的内涵与魅力。明星自身的形象与节目本身的定位相互融合,共同建构传播传统文化的和谐语境。如20160717期王祖蓝、李亚男夫妇“洞房花烛”,20160720期曹格父子“孔融让梨”,陆毅父女“扇枕温衾”,等等。此外,在《中华文明之美》中,《廉颇蔺相如列传》《曹刿论战》《公输班》等经典作品更邀请“小戏骨”演绎,尽管表演稚气未脱,但言行有状,义正词严,让人耳目一新,又不失文化的庄重。

5 创新传承:读图时代传统文化生存策略反思

正如有学者所指出的那样:“图像时代是人类借助视觉机器及其技术来‘看’的时代,机器媒介的技术工具理性主导了人的视觉审美。”[15]在视觉文化兴盛的如今,承载于文字话语中的传统文化为了实现广泛和有效的传播效果,需要寻找契合时代发展与受众审美需要的生存手段,实现创新性传承。诸如《中华文明之美》《中国汉字听写大会》《经典咏流传》等原创传统文化节目,在文化传播的图像虚拟化、受众参与性等方面都作出了或多或少的探索。传统文化借助更新换代的媒介技术手段实现创造和蜕变,从而作用于社会大众的价值取向与意识形态。

5.1 深化文化内容,满足受众需求

媒介产业一向被视作为内容产业,“内容为王”的理念法则在媒介市场畅行已久。受众对影视产品的关注一方面来源于其独具一格、出奇制胜的表现形态,另一方面立足于其丰富多样、意蕴深远的文化内容。读图时代受众对于内容的需求越发呈现出个性化、差异化的特点。传统文化的影视传播对于内容的选择与表达是其实现社会教育传播功能所必须关注的重点。中华传统文化形态多样、博大精深,譬如经典故事、历史人物、民间工艺、节日习俗等等,皆能成为有效的传播资源。如以书信作为内容的《见字如面》、以汉字作为内容的《中国汉字听写大会》、以诗词作为内容的《经典咏流传》和以礼仪道德、民间习俗、历史故事等多种文化作为内容的《中华文明之美》,这些原创传统文化节目的诞生,为传统文化在影视传播语境中进行内容表达提供了渠道和载体,它们对于主流价值的体现迎合了当下受众对于深层次文化内容的需求。读图时代传统文化生存的基本立足点是其自身所具有的文化性与思想性,以此满足当今时代受众的内容需求。

5.2 变换话语表达,契合受众审美

但凡思想的传播都离不开媒介,媒介的形式甚至决定着文化承传的方式、范

围和效果[16]。视觉文化时代传统文化的呈现更多依附于形象化、便捷化的媒介载体，利用视听语言组合形成的影像叙事手法是其话语转换的最佳途径。读图时代的受众在审美上的精致主义的追求需要意蕴丰富的传统文化与日新月异的媒体技术的两相结合，在不同的媒介情境中，传统文化应被赋予不同的话语表达。从文字表意、意象表意到影视表意、仿象表意，传统文化在传播上的形象化与直观化转变是其契合受众审美的基本要求。立足于传统文化资源的影视作品在主题定位、内容选材、时间设置上的差异要求其适时的话语转换与多样的形态呈现。

5.3 使用象征符号，强化受众记忆

在五千年悠久的历史长河中，一代又一代的中华儿女用智慧创造了绚丽多姿、精彩绝伦的文明景观。以形写神观念影响下的中华传统文化向来具有鲜明的象征性意义。题材广泛、形式多样的文化符号成为中华传统文化的重要代表。寓意团圆的中国结、寓意吉祥的喜鹊鸟、寓意高洁的麒麟兽都是中华传统文化具有象征性的视觉符号，更有琴、筝、箫、笛、二胡、琵琶、丝竹、鼓等乐器代表着中华传统音乐文化。视听符号对于中华传统文化的影视呈现意义重大。新的思维观念与技术手段为视听象征符号的设计与表现提供了更为广泛的空间维度。诸如国画、书法、笔墨、竹菊等“看”的意象在传统文化影视节目中的运用是受众找准定位、强化记忆的有效手段，再加之以动听唯美的传统乐器的演奏，中国风歌曲、民间童谣等的歌唱，很大程度上增强整个影视作品的视听感染力。

5.4 传播主流价值，构建受众认同

利用仿真化、戏剧性的叙事手法打造想象性主题，构建主流价值取向是传统文化在影像传播中最主要的目的和意图。中国传统文化内涵丰富、包罗万象，集聚着几千年来中华民族形成的道德观念与精神意志，“以和为贵”的和合精神、“先天下之忧而忧、后天下之乐而乐”的爱国情操、“仁义礼智信”的儒家五常，这些内涵深意充裕在传统文化的肢体中，是当今时代大众价值观引导的重要立足点。以《中华文明之美》为代表的原创传统文化节目在表现和承传价值理念上的简易化与接近性对于受众的意识引导与榜样激励作用颇为深刻，明显地体现了电视节目的教育功能与公益价值。传统文化的影像创作需要本着传播主流价值的意图，才能在传播过程中引发受众的情感共鸣，产生深刻的认同感与归属感。

6 结语

中华传统文化是历史的，也是现代的，既具有民族性的精神内涵，也具有世界性的文化价值。传统文化的呈现与传播随着媒介技术的演进与消费观念的更

新而变化，影视化带来的广泛化影响与艺术性感染都使传统文化在视觉文化时代具有了可供受众观赏与认同的驱动力。传统文化的影视转向一方面要注重影像叙事的运用，另一方面要强调价值观念的构建，力图在内容选择、话语表达、视听符号以及主流价值等多方面进行有效探索，实现传统文化的观念输出与情感认同，进而增强文化自信、建构国家形象。

参考文献：

[1]朱宝洁.视觉传播时代的图像意识生产与实践——米歇尔的“文本—图像”观及其反思[J].传媒观察，2017(9)：40-42.

[2]王健名.商业图形的符号学分析[D].成都：四川大学，2005：2.

[3]何洁，等.广告与视觉传达[M].北京：中国轻工业出版社，2003：120.

[4]龚勋.转向：文学“被把握为图像”[J].甘肃广播电视大学学报，2010(3)：13-17.

[5]杰姆逊.后现代主义与文化理论——杰姆逊教授讲演录[M].唐小兵，译.陕西：陕西师范大学出版社，1986：148.

[6]张艺军.试论中国影视产业发展的战略[J].企业导报，2016(4)：48-49.

[7]张岱年，方克立.中国文化概论[M].北京：北京师范大学出版社，2004：7.

[8]钱力.湖南卫视《中华文明之美》创新升级：如何做好“文化餐”？[EB/OL].[2016-09-06](2018-04-09).https://www.toutiao.com/i6327180844729369090/.

[9]杨一.电视叙事文学的感染力研究——从《亮剑》看电视叙事文学中的通俗文学与纯文学[J].电影评介，2009(13)：17.

[10]罗钢.叙事学导论[M].云南：云南人民出版社，1994：217.

[11] 罗伯特·麦基.故事：材质、结构、风格和银幕剧作的原理[M].周铁东，译.天津：天津人民出版社，2016：110.

[12]张峥.电视场景的视觉造型语言[J].影视制作，2012，18(7)：89-91.

[13]胡果.湖南卫视《天天向上》节目中传统文化传播研究[D].长沙：湖南大学，2013：21.

[14]朱学蕊.中国风音乐：民族文化传播新途径[J].青年记者，2009(5B)：55.

[15]高字民.从影像到拟像——图像时代视觉审美范式的变迁[J].人文杂志，2007(6)：119-124.

[16]黄文彩.儒家文化图像化传承及其策略初探[J].理论月刊，2012(1)：70-74.

指导教师评语：

作为湖南卫视推出的原创性寓教于乐的文化礼仪公益节目，《中华文明之美》通过短剧的形式表现中华文化的传统美德与诗书礼乐的人生情怀。作者以《中华文明之美》为案例，对视觉传播时代电视媒体如何充分利用影像叙事法则来建构价值、传播和弘扬中华美德予以阐述，具有一定的研究意义。作者从视觉传播、影像叙事、价值建构和文化传播等几个方面进行了较为细致的分析，尤其着重探讨了传统文化在视觉传播时代的影像叙事特点和价值建构途径，以期能为传统文化的创新传承及编播涉及传统文化的影视作品提供思路。论文结构合理、思路清晰、文字流畅。但论文也存在两点不足之处：其一，大量铺陈传播学理论概念，对这些概念与论证之间的关系语焉不详；其二，对节目本身的分析较为肤浅、深度不够。但从文章总体水平来看，这是一篇相当优秀的本科生论文。

新闻与传播学院朱晓凯教授

社会保障对于安徽省减贫作用研究
——基于安徽省跨县数据的实证研究

陈甜甜，韩晶晶
（历史与社会学院）

摘　要：本文主要通过实证分析、定量分析的方法，首先对安徽省2016年的贫困与减贫状况、社会保障状况进行了统计和分析；然后通过因子分析和多元线性回归建立一个分析框架，对影响安徽省贫困发生率的社会保障要素进行相关性分析，研究社会保障对于安徽省减贫发挥的作用，从而让人们重视发挥社会保障对减贫的作用。

关键词：减贫；社会保障；数据分析

1　引言

我国作为发展中大国，贫困问题依旧是制约经济发展的重大问题，党的十八大以来，习近平总书记从人民利益和幸福出发，提出了“精准扶贫”的战略思想，并要求：扶贫要实事求是，因地制宜；要精准扶贫，切忌喊口号。五年来，在党中央的全面领导下，我国扶贫取得举世瞩目的成就，人民群众的生活水平在不断改善，幸福指数节节攀升。在2017年10月18日召开的党的十九大上，习近平总书记再次把扶贫提高到新的战略高度，提出了“坚决打赢脱贫攻坚战”的新任务、新要求。为了更好地打赢“脱贫攻坚战”，有必要对贫困以及减贫问题进行研究，本文收集安徽省2016年各县数据，重点针对社会保障因素进行分析，研究社会保障因素对安徽省减贫的作用。

贫困受收入水平、健康和教育等人类和社会发展的多方面因素的影响，因此，减贫需要从多方面入手。本文认为社会保障水平与各县市的减贫幅度呈正相关关系，拟从就业保障、教育保障以及医疗保障三个方面切入，探究社会保障制度的减贫效应。

2 社会保障水平与各县市的减贫幅度呈正相关关系

2.1 安徽省各县市地区的数据统计与分析

基于《安徽统计年鉴(2016)》、安徽政府网以及各个县市地区的统计年鉴等数据来源,我们对安徽55个县市的减贫幅度进行了实证研究。在这里,我们使用普通最小二乘估计法建立回归模型。在研究中,我们拟建立两类模型,一类是多元回归模型,$Y=\alpha_0+\beta_1\chi_1+\beta_2\chi_2+\beta_3\chi_3+\cdots\beta_p\chi_p+\varepsilon$[1];另一类是一元回归模型,即上一类的模型中只存在一个自变量的情况。其中,Y表示被解释的变量,在本文中它代表各个县市的减贫幅度;α_0是回归常数,$\beta_1,\beta_2\cdots\beta_p$分别表示各自变量的偏回归系数,$\varepsilon$为随机误差,$\chi_1,\chi_2\cdots\chi_p$为模型的各解释变量”[1]。表1给出了各类变量的描述性统计。

表1 各类变量的描述性统计

变量	N	极小值	极大值	均值	标准差
人均教育支出(元)	54	554	1486	955.69	233.07
人均医疗卫生与计划生育支出(元)	54	452	1060	672.65	140.49
就业人员平均工资(元)	55	39176	61401	49954.96	5072.59
就业人员工资总额(千元)	55	282685	4663441	1470064.45	815333.599
交通运输(万元)	55	26	576	185.56	121.48

对此我们先提出三个假设:

假设1:控制其他因素条件下,就业人员工资水平越高,各县市的减贫幅度会越大。

假设2:控制其他因素条件下,各县市人均教育公共支出与其减贫幅度呈正比。

假设3:控制其他因素条件下,各县市人均医疗与计划生育支出越大,减贫幅度越大。

对于选定的变量,经相关分析得知,人均工资、人均教育支出、人均医疗支出与减贫幅度的相关系数均通过了相关性检验,分别为0.251、0.360、0.261。因此,可以进行回归模型分析。当然,在此之前先介绍可能影响减贫幅度的因素,即汇总了有关的三个自变量:

2.1.1 就业保障变量

在就业方面,提高工资水平会改善人们的生活水平,整体上县市减贫情况也会有所改善。考虑到就业对减贫幅度影响的可能性,我们选择就业人员的平均工资作为自变量，通过人均工资水平状况反映社会保障机制中对于就业方面的举措，以此来验证社会保障水平与各县市的减贫幅度呈正相关关系。

2.1.2　教育保障变量

十九大报告中，以习近平为领导的党中央提出，重点攻克深度贫困地区脱贫任务，确保到2020年我国现行标准下农村贫困人口实现脱贫，贫困县全部摘帽，解决区域性整体贫困，做到脱真贫、真脱贫。本文从教育方面的公共支出与农村贫困角度，分析扶智对扶贫的影响，探讨教育水平是否可以提高农村扶贫效率，是否受教育程度越高，扶贫贡献越大。

2.1.3　医疗保障变量[2]

人们的健康水平与贫困之间有很大关系，政府所采取的在医疗方面的保障措施对于减贫来讲是相当重要的解释变量。在数据分析过程中，我们选择自变量为医疗支出，但是我们需要的变量是人均数据，因此，这一指标的具体计算公式如下：

人均医疗支出=医疗支出÷各个县市的总人口数

前面已经介绍过模型中使用的因变量是各个县市的减贫幅度，即反映的是年度县市减贫、脱贫的比率和程度，之所以采用因变量是为了直观地反映各个县市的减贫权重，从而更好地体现各个县市的脱贫情况。

作为本研究的主要内容，我们将自变量范围界定在社会保障层面，因此，可以通过回归分析将社会保障分为三大部分，即就业保障、教育保障（即人均教育支出）、医疗保障（即人均医疗支出）。在表2中我们可以了解到工资水平、教育、医疗都通过了显著性检验，对于各县市的减贫幅度都具备显著性影响。

表2　相关性检验统计

	1县市减贫幅度	2就业人员平均工资	3人均教育支出	4人均医疗支出	5就业人员工资总额	6人均交通运输
1县市减贫幅度	1					
2就业人员平均工资	0.251*	1				
3人均教育支出	0.360**	0.315**	1			
4人均医疗支出	0.261*	0.361**	0.567***	1		
5就业人员工资总额	0.315	0.035	–0.170	–0.348	1	
6人均交通运输	0.145	0.320**	0.447**	0.462***	–0.236	1

注：*代表相关系数的显著性水平，*，**，***分别表示 $P<0.1$，$P<0.05$，$P<0.01$。经过分析，我们依次加入影响减贫幅度的自变量进行观测，形成了表3、表4这2个回归模型。

2.2 社会保障制度构成及其减贫效应的模型构建与分析

2.2.1 就业保障与各县市的减贫幅度分析

首先,作为我们数据研究的一个核心解释变量,在表3的模型1中因变量被控制变量解释的程度为0.2%,随着自变量的加入,被解释的比率即调整后的R方值由0.2%变为21.1%,拟合优度提高了20.9%(21.1%-0.2%=20.9%)。在表3的模型3中可以看出减贫幅度与就业人员的平均工资成显著性正相关,这说明各县市对于就业的保障水平越高,县市的减贫幅度就会越大。我们认为这和恩格尔系数或者基尼系数的作用是一样的,当人们的收入水平提高的时候,人们的生活质量就有了相应的提升,对贫困家庭的脱贫有正向影响,这是就业方面的保障对减贫幅度起促进作用的有力证据,说明假设1成立。

表3 线性回归数据分析

因变量:减贫幅度			
	模型1	模型2	模型3
人均交通运输	0.145 (1.058)	0.245* (1.886)	0.159 (1.201)
就业人员工资总额		0.422* (3.255)	0.426** (3.395)
就业人员的平均工资			0.272** (2.110)
R方	0.021	0.189	0.256
调整后的R方	0.002	0.158	0.211
F	1.118	5.960	5.726
N	55	55	55

注:①表中系数为标准化回归系数,括号内数值为T检验值;②*,**,***,分别表示P<0.1,P<0.05,P<0.01;③经过诊断,以上各模型各变量之间均不存在共线性问题,且模型均没有受到异常值的影响(vif值最高为1.2)。

2.2.2 教育保障对各县市减贫幅度的分析

党的十八大就提出了教育扶贫的观念,政府从以往经济方面的扶贫转换到人力资本投入的思路上。从人力资本的角度来讲,在教育方面,农村地区之所以贫困是因为劳动者没有受到相应教育或者是高质量的教育,文化素质不高,所获得的收入低,生活水平不高,同时由于农村没有形成专门的农业技术培训系统,贫困农户几乎没有接受过农业技术培训,人力资本存量提高困难,农业机械化发展受阻,农业收入提高有限。由此我们借助具体的数据分析了教育保障对安徽县市减贫幅度的影响,其中,人均教育支出在表4中得到了显著性检验,并且回归系数均呈现正向回归趋势，人均教育每增加1%的标准差，各县市的减贫幅度会增加0.290～0.360的标准差。这说明伴随着各县市对教育投资的增多，教育水平得到提高，县市内部的减贫数会增多，幅度增大，假设2得到论证。

表4　多元回归数据分析

因变量:减贫幅度			
	模型1	模型2	模型3
人均教育支出	0.360** (2.784)	0.293** (2.134)	0.290** (2.018)
人均医疗支出		0.271* (1.880)	0.268* (1.784)
就业人员工资总额		0.509*** (4.219)	0.510*** (4.164)
人均交通运输			0.012 (0.091)
R方	0.130	0.362	0.362
调整后的R方	0.113	0.323	0.310
F	7.751	9.441	6.942
N	55	55	55

注：①表中系数为标准化回归系数，括号内数值为T检验值；②*，**，***，分别表示P＜0.1，P＜0.05，P＜0.01；③经过诊断，以上各模型各变量之间均不存在共线性问题，且模型均没有受到异常值的影响（vif值最高为1.2）。

2.2.3　医疗保障对各县市减贫幅度的分析

在医疗条件方面，设施不完善或者大病预防机制不足，都会致使农民经济不稳定，易受健康方面的打击。通过线性回归来分析医疗保障对各县市减贫幅度的影响，发现县市的减贫幅度与医疗保障有很大的关系，在表4模型2中我们得出医疗保障与各县市减贫幅度呈正相关关系，相关系数大约为0.271，而在加入控制变量后相关系数基本稳定在0.268。这说明人均医疗支出是有关减贫幅度的核心变量之一。而且，拿模型3来讲，各个县市在医疗方面的投资每增加1个单位，对应的县市内部的减贫幅度会增加0.268，这与我们预期的假设是一样的，同时也能从日常的生活常识中得出，有些贫困家庭存在家庭成员的突发健康危机，造成生活水平下降，家庭贫困。此时，如果医疗保障比较完善和及时的话（类似大病保险等社会保障机制），这类家庭所遭受的经济打击不会过大降低该家庭的生活水平。通过以上分析，假设3成立。

2.2.4　关于控制变量分析

拿交通来讲，交通方面的投入可能会对县市内部的某些因素，如劳动力流动性、经济流动性等都有影响，所以我们将交通作为对减贫幅度的一种控制变量。研究中我们观测在加入控制变量后，我们所认为的对于因变量有解释作用的自变量能否经得住检验，是不是还是具备解释的条件，所以控制变量在整个回归模型中发挥着调试剂的作用。至于另一个控制变量就业人员的工资总额是本文的回归模型中比较特殊的控制变量，它对于各县市的减贫幅度来讲有一定的促进作用，所以接下来需要用模型展开具体数据分析。

在上述分析中我们采用的自变量都是在控制变量加入后，才能对自变量解释程度进行认可。表4中我们所运用的回归模型是分层回归，即产生的回归方程为多元回归。故从模型2到模型3，在多元回归方程中的拟合优度出现0.323~0.310的变化。同时，表3所反映的为线性回归模型，它的拟合优度也不大。幅度不大说明这个控制变量对整体回归方程不存在较大影响。其次，模型3是加入交通运输以及就业人员的工资总额这两个控制变量后所生成的模型。可以看到，无论是表3的医疗、教育还是表4的就业，它们对于减贫幅度的显著性检验都未发生改变，这说明社会保障对于减贫幅度有明显效果。除此之外，交通运输在显著性检验中并未通过检验，所以它对于减贫幅度的影响相对于社会保障来讲并不突出。

3　充分发挥就业、教育以及医疗等社会保障领域的减贫作用

本文以社会保障对减贫的作用为主题，从就业保障、教育保障以及医疗保障三个方面切入，对2016年安徽省各县市的统计数据进行定量分析，各项研究都得到验证。本研究表明，要发挥社会保障对减贫的作用，应综合考虑就业、教育以及医疗方面的因素，发挥其在减贫中的作用。

3.1　积极发挥就业保障制度的减贫效应，借助就业拉动减贫的幅度

第一，切实完善就业的政策支持体系，这是实现就业减贫的前提条件。

考虑到55个县市的具体情况太过复杂，我们抽取了两个典型的县市，从就业的角度出发分析其对于减贫的拉动作用。以安徽省的两个县市——泾县和肥西县为例，这两个县市在2015年的减贫幅度如表5所示，肥西县的减贫幅度远远超过了泾县。出现这种差距不是偶然，泾县有关减贫、脱贫的就业政策支持体系匮乏，就业政策体系未成型；而肥西县在扶贫方面的就业政策支持体系已经具备一定的规模，比如对贫困人员进行摸底建档工作、落实贫困人员的就业社保补贴、引导贫困人员积极就业等等。从就业角度对这两个县进行分析，我们认为还应该切实解决劳动力供求量和劳动力结构性矛盾突出的问题，统筹城乡和区域就业政策，同时实行有利于促进就业的产业政策、经贸政策、财政政策等。如果

实现了上述措施，伴随着乡镇就业平衡的实现，就业市场的吸纳能力增强，面向贫困人员的就业机会就会增加，各个县市的人民生活水平提升，脱贫工作自然完成。

表5 泾县、肥西县2015年减贫幅度

县市	减贫幅度
泾县	15.90%
肥西县	98.70%

第二，加强落实工资正常增长机制。

当前人们对生活质量的要求在逐步提升。可是现实问题是工资增长与经济增长出现了脱轨现象，这是减贫道路上不可忽视的硬障碍。因此，只有将工资增长幅度与物价水平、经济增长水平相结合，实现三者的同步增长，促进资源的合理配置[2]，才能对减贫、脱贫有一定的拉动。

第三，完善各个县市的就业信息平台，充分利用互联网，建立属于自己县市的人才资源库，实时掌握就业情况。

3.2 发挥教育在减贫中的作用，大力投资人力资本，实现脱贫致富

第一，发挥政府和社会对于教育发展的作用，增加教育投入，提高教育水平。

伴随着教育投资的增加、教育水平的提高，各县内部的减贫人数在增加，幅度也在增大。以科学发展观为指导，提高认知，重视教育，加大教育投资。在知识经济时代，经济增长方式已由传统的增加投入转变到依靠科技进步的人力资源能力提高，即经济的发展关键在人才，需要培养与经济社会发展相适应的高素质人力资源。

第二，加强扶贫宣传以及职业教育培训的力度[3]。

现在国家对于地方的扶贫是项目扶贫，试想倘若各地方贫困人员对于项目扶贫的认知度不高，并且不具备一定的专业知识，那么贫困主体与扶贫项目的契合度不高，扶贫就会大打折扣。因此，首先应该进行宣传，让贫困主体自发形成认知，了解项目扶贫是快速有效脱贫的一条捷径；其次应加强贫困人员能力培训[4]。

3.3 重视医疗保障在减贫中的作用

医疗保障作为整个社会保障制度的重要组成部分，是人们生命质量提高的基本前提，是保障人们生活、发展经济的有力保障。医疗保障作为关系国计民生的总要问题，一直受到政府的重视，应充分发挥政府的作用。

第一，应重视对医疗保障制度的建立与完善，加大在医疗方面的补贴幅度。

通过更优惠的政策改变人们的观念，增加人们的参保意识，避免“小病抗、大

病拖”的情况[4]。对于贫困人员来讲，就医是非常费钱的事情，如果家庭成员中有某人得了重病是天塌下来的事。完善的医疗保障制度，比如大病保险等，至少会使他们的生活有所保障。

第二，健全医疗保障立法，发挥在医疗卫生市场上的监督管理职能。政府规范医疗活动，有利于人们有法可依，为人们提供了医疗方面的法律保障。

第三，加大在医疗保障方面的资金投入。比如给医疗机构资金支持，改善其硬件设施，提高人们看病的软硬件环境，避免出现看错病、看不了的情况。

通过对2016年安徽省各县市统计数据的定量分析，发现社会保障对减贫有较大的作用，因此，必须要发挥社会保障对减贫的作用，通过就业保障、教育保障以及医疗保障三管齐下，最大限度地发挥社会保障对减贫的作用。

参考文献：

[1]孔卫拿，肖唐镖．财政转移支付、地方治理结构与中国农村基本公共品供给质量——基于2011年全国23省149村抽样调查的实证分析[J]．人文杂志，2013(12)：110-118.

[2]王国祥．健康投资及其与农村贫困的关系研究[D]．杭州：浙江大学，2007.

[3]欧文福．西南民族贫困地区的教育与人力资源开发——基于产业发展与人力资源能力建设[D]．重庆：西南大学，2006.

[4]刘喜平．人力资本与农村贫困循环累积因果关系研究——基于中国农村数据的PVAR分析[D]．大连：东北财经大学，2016.

指导教师评语：

贫困是在特定的社会环境中，人们明显缺乏的达到社会公认最低生活水准的一种能力状态。贫困程度的高低，势必直接影响新时代民众的获得感与幸福感。因而，长期以来，我国政府始终将解决绝对贫困问题视作政府工作的一项重要议程。积极探究相关反贫困制度对减贫的现实作用，有益于当前反贫困工作的深入推进。本文基于安徽省各县市地区2016年统计年鉴等统计数据，通过因子分析和多元线性回归构建分析框架，对影响安徽省贫困发生率的就业、教育和医疗等社会保障要素进行了相关性分析，指出各县市的社会保障水平与其减贫幅度呈正相关关系，明确了社会保障制度的减贫效应。当然，作者在研究模型设计、部分行文表述方面仍存有些微瑕疵，但瑕不掩瑜，全文观点明确，论证清晰合理，分析框架搭建富有逻辑性，不失为一篇优秀的本科生科研论文。

历史与社会学院朱丽霞讲师

淮北市高中生体育锻炼现状与对策研究

陈露亭
（体育学院）

摘　要：随着时代的不断发展，人们越来越关注“健康”二字，体育锻炼有助于人们身心健康发展。本研究运用问卷调查法、文献资料法、数理统计法等研究方法对淮北市高中生体育锻炼现状进行调查研究。此次调查研究从淮北市6所高中随机分层抽取540名学生作为研究对象。研究结果：①大部分学生没有主动将体育锻炼理论转换为实践；②许多家庭未能加强学生健康锻炼意识的培育；③学生认为在校获得的关于体育锻炼的知识不够。

关键词：高中生；体育锻炼；现状与对策

1　前言

当今社会趋向多元化发展，各国的科技较量实际上是人才的较量，高中生则是祖国的储备力量之源。目前高中生面临着高考的压力而努力学习，但一味地只顾学习不顾健康对其有很大的危害。据调查发现，我国高中生在身体机能、身体素质等方面有不同程度的下降，许多高中生每天体育锻炼时间不到半小时。目前，国家重视高中生的全面发展，而高中生的体质不断下降，参加体育锻炼项目并不理想，鉴于此我们开展了此次调查研究。

1.1　研究意义

高中生身体素质的下降引起了很多人的关注，高中阶段是学生人生的一大转折与跳台，是人生接受教育的一个关键阶段，是锻炼人的逻辑思维与意志的阶段，对今后人生道路的拼搏也很重要。想要顺利渡过这一阶段，健康的体魄是基石，没有健康的体魄，成才则是虚无缥缈的事情。国家重视学生的德智体美全面发展，其中体育教育就是一个重要的因素。高中生的体育教育和体育锻炼是其他工作的基础，健康的精神寓于健康的体魄，唯有健康的身体才是为祖国奉献一切的前提。通过体育锻炼可以使高中生拥有健康体魄，磨炼其意志，帮助其抵抗疾病，从而更好地完成学业，早日成才，为人民服务。现如今许多高中生并没有把体育锻炼当成必修课，没有在规定时间完成该工作。本次调查从自身、家庭、学校等环境因素方面进行分析，研究表明家庭因素并不是影响学生体育锻炼的主要因素，其主要因素是学校及自身，而家庭因素为辅。为了具体分析导致体育锻炼情况不理想的因素，以及如何改善不良情况，此次调查还展开了对学生认为应当从哪些方面来丰富体育锻炼知识话题的讨论。为了解淮北市高中生的体育锻炼情况，本研究抽取不同层次学校年级的高中生进行测试，并分析影响高中生体育锻炼的因素，找到相应的解决方法，为培养全面性人才提供理论参考。

1.2 相关定义解释

1.2.1 体育锻炼

体育锻炼是指人们根据身体需要进行自我选择，运用各种体育手段，并结合自然力和卫生措施，以发展身体、增进健康、增强体质、调节精神、丰富文化生活和支配余暇时间为目的的体育活动。它有助于人体骨骼、肌肉的生长，增强心肺功能，改善血液循环系统、呼吸系统、消化系统的机能状况，有利于抵抗疾病，使人体适应内外环境变化，保持肌体生命活动的正常进行，增进健康，使疲劳的身体得到休息，使人精力充沛地投入学习工作中。

1.2.2 健康

传统的健康观念认为，健康就是不得病，“无病即健康”，不涉及生活质量的好坏。随着生产力的发展、科学技术的不断进步，人们的生活不断改善，生活水平不断提高，世界卫生组织（WHO）在1946年将健康观念定为“健康不应该只是没有疾病和身体虚弱，而是身体、心理和社会适应的完美状态”，从而提出了一种“三维”健康观。之后，世界卫生组级将健康理念又进一步修改为“健康不应该只是没有疾病和虚弱，而是生理、心理、社会适应能力和道德上的完满状态”，形成了“四维”健康理念。

2 调查对象与研究方法

2.1 调查对象

本研究调查对象为淮北市第一中学、淮北市濉溪中学、淮北市第十二中学、淮北市实验中学、淮北市第八高级中学、淮北市开渠中学高一到高三年级的高中生、共540人（见表1）。

表1 调查对象分布

抽取学校	高一	高二	高三
淮北市第一中学	30	30	30
淮北市濉溪中学	30	30	30
淮北市第十二中学	30	30	30
淮北市实验中学	30	30	30
淮北市第八高级中学	30	30	30
淮北市开渠中学	30	30	30
总计	180	180	180

2.2 研究方法

2.2.1 问卷调查法

本研究根据研究目的，制定了所需的问卷《淮北市高中生体育锻炼现状研究问卷》。为了保证问卷的可靠性，在部分高中生中进行了预测，不断完善问卷，确保问卷的真实可靠性，最后经过专家的反复查看、筛选、改正，最终确定了27个问题术语，涉及锻炼方式、时间、强度、场地、参加频率、目的等。此次调查共发放540份问卷，回收540份，回收率100%，有效问卷523份，有效率为96.8%。

2.2.2 文献资料法

本文利用中国知网数据库，阅读了学校体育学、教育学及各类体育锻炼相关文献资料，并通过互联网查询所需的信息，充分了解当前最新的高中生体育锻炼研究现状。

2.2.3 数理统计法

此次调查采用无记名纸质版问卷方式，通过excel对回收调查问卷结果进行统计分析。

3 研究结果与分析

3.1 淮北市高中生对体育锻炼的基本认识与态度

3.1.1 淮北市高中生对体育锻炼的重要性的认识

对体育锻炼的认识是进行体育锻炼的前提，良好的认识将会促进学生积极参加体育锻炼。随着体育锻炼的不断加强，高中生对体育锻炼有了正确的认识（见表2）。

表2 淮北市高中生对体育锻炼重要性的认识

认识程度	人数	百分比
不重要	15	2.9%
重要	271	51.8%
一般	108	20.6%
十分重要	129	24.7%
总计	523	100%

表2显示有76.5%的学生认为体育锻炼有益于身心健康发展，有2.9%和20.6%的学生认为体育锻炼是不重要或一般。此数据表明绝大部分学生对体育锻炼已有正确的认识，初步具备了进行体育锻炼的基础。但还有23.5%的学生没有正确认识体育锻炼的益处，对此应当多丰富他们这方面欠缺的知识，使他们正确认识体育锻炼。

3.1.2 淮北市高中生进行体育锻炼的态度

体育态度是学生对体育学习和锻炼活动所具有的认知评价、情感体验和行为意向的综合表现。若给出多个活动项目（包括体育锻炼）作为娱乐放松方式，让学生进行选择，较少部分学生将体育锻炼作为首选（见表3）。

表3 将以下几种娱乐方式作为放松首选

娱乐方式	人数	百分比
手机上网	100	19.1%
图书阅读	107	20.5%
体育锻炼	154	29.4%
睡觉休息	106	20.3%
吃喝聊天	56	10.7%
总计	523	100%

依据表3可以明确看出选择体育锻炼的学生仅占29.4%，其余70.6%的人并不是把体育锻炼当作娱乐放松项目。大部分学生认识到体育锻炼的重要性，但是在面临选择时仅有少数同学会选择体育锻炼，有20.3%和10.7%的学生选择睡觉休息和吃喝聊天，虽然有意识到体育锻炼的作用，却未及时端正自己的态度，错失了体育锻炼的机会。态度是个体对特定对象（人、观念、情感或事件等）所持有的稳定的心理倾向。这种倾向蕴含着个体的主观评价以及由此产生的行为倾向性。针对这种情况应及时端正学生的体育锻炼态度。

3.2 淮北市高中生参加体育锻炼基本情况

3.2.1 淮北市高中生体育锻炼的目的

体育锻炼动机是学生进行体育锻炼的内驱力，需要是动机的源泉，每个人的需要不同，则要达到的目的不同。以下是本研究中学生体育锻炼目的的表现(见表4)。

表4 淮北市高中生参加体育锻炼的目的

目的	人数	百分比
减轻学习压力	66	12.6%
身体健康	165	31.6%
减肥健身塑型	115	22.0%
兴趣爱好	66	12.6%
被逼无奈	47	9.0%
其他	64	12.2%
总计	523	100%

由表4看出，有31.6%的学生参加体育锻炼是为了身体健康，12.6%的学生是为了减轻学习压力，随着社会潮流的跟进，22%的学生将体育锻炼视为减肥健身塑形的手段，也有12.6%的学生因为兴趣爱好，但仍有9%甚至更多的学生没有认识到体育锻炼对身体的作用。由此可见，还要加强学生对体育锻炼目的的选择与确定。在研究调查中还发现有50.7%的学生通过参加体育锻炼达到自己进行体育锻炼的结果，这也反映了有49.3%的学生进行体育锻炼却未能达到心仪的结果，这种情况是否更加值得我们深究呢？答案是肯定的。我们应该及时从各个因素中寻找影响未达到心仪结果的因素，并给出解决方法。

3.2.2 淮北市高中生体育锻炼的时间

体育锻炼需要达到一定强度和时间才能有效果。国家体育总局判断体育人口的三个标准为：①每周身体活动频度3次(含3次)；②每次身体活动的时间为30分钟；③每次身体活动强度在中等强度以上。科学证明，锻炼达到30分钟后，体育锻炼的功效才会显现。国家规定学生在校的体育锻炼时间每天不少于一小时。表5显示了淮北市高中生进行一次体育锻炼所持续的时间长度。由表5可知，大部分学生未能达到国家规定的体育锻炼时间，因此，该市学生参加体育锻炼持续时间还有待提高。有接近2/3的学生反映家庭作业较多，这也许是影响学生参加体育锻炼持续时间不足的因素。

表5　淮北市高中生进行一次体育锻炼所持续的时间长度

时间长度	人数	百分比
0～0.5 h	234	44.7%
0.5～1 h	180	34.4%
1～1.5 h	66	12.6%
>1.5 h	43	8.3%
总计	523	100%

3.3　影响学生参加体育锻炼的因素

3.3.1　自身因素对学生参加体育锻炼的影响

影响学生参加体育锻炼的因素很多，其中，自身因素是内因。经调查，学生自身对体育锻炼重要性的认识基本到达要求，但仍有一部分学生无法遵守体育锻炼的要求，态度并没有端正。表6所示是对自己在体育锻炼时间上的安排。

表6　淮北市高中生有无规定时间安排体育锻炼

规定时间安排体育锻炼	人数	百分比
有安排	174	33.3%
无安排	349	66.7%
总计	523	100%

由表6可以看出，除了体育课老师安排规定的体育活动外，学生中仅有33.3%的人在规定时间安排体育锻炼，绝大部分学生对自己的体育锻炼没有任何安排。这说明学生自身对待体育锻炼的行为并未达标，应当及时纠正其体育锻炼态度，正确对待体育锻炼，学会制订一个计划表，无论碰到什么事都要学会安排体育锻炼的时间，没有计划是万万不可的。我也曾对他们的体育消费行为做了调查，有23.3%的学生从来不进行体育消费，这也间接表明了学生对待体育锻炼的态度。

3.3.2　家庭因素对学生参加体育锻炼的影响

家庭成员在学生参加体育锻炼行为中的态度也是十分重要的影响因素。在调查中发现，仅有1.7%的学生接受的体育锻炼知识是从家庭中获取的，为此我们调查了学生参加体育锻炼时家长的态度。

由表7可知，64.7%的家长支持学生进行体育锻炼，换而言之，他们是十分了解体育锻炼重要性的。可是还有31.9%的家长对之态度冷淡，甚至会有3.4%的家长对学生参加体育锻炼持反对态度。有研究表明，家长的体育态度对学生的体育锻炼行为有直接影响，因此，家庭中父母对学生参加体育锻炼的态度是很重要的，应当加强家庭成员对孩子参加体育锻炼的重视程度，积极调动他们鼓励学生参加体育锻炼的积极性，真正让学生参加体育活动。

表7　淮北市高中生家庭成员对学生参加体育锻炼的态度

家长态度	人数	百分比
支持	263	50.3%
不支持	18	3.4%
一般/不过问	167	31.9%
十分支持/重视	75	14.4%
总计	523	100%

3.3.3　学校因素对学生参加体育锻炼的影响

近年来，学校实行新课程标准，体育教学目标也进一步明确。经调查有63.9%的学生是通过体育课中与教师或与同学的交流获取有关体育锻炼的信息，因而教师的指导在学校方面是一个重要的因素，也是十分值得我们调查的问题。下面将探讨学生参加体育锻炼的积极性与教师的关系（见表8）。

表8　淮北市高中生参加体育锻炼的积极性与教师的关系

积极性变化	人数	百分比
积极性上升	281	53.7%
无变化	171	32.7%
积极性下降	71	13.6%
总计	523	100%

调查数据显示，有53.7%的学生参加体育锻炼会因教师的参与指导而积极性加强，说明教师的指导令大部分学生更加热心于体育锻炼，同时有32.7%的学生处于无变化状态，还有13.4%的学生会因教师的原因而积极性下降，这部分学生的积极性变化应当及时引发我们的思考。经过与学生的谈话发现有些教师的教学内容、方法比较狭隘单一，调查数据显示69.2%的学生觉得学校布置的家庭作业较多、没时间成为阻碍学生参加体育锻炼的因素。针对这些情况，首先应当从教师入手，改善教学方法，激发学生兴趣，增强学生参加体育锻炼的积极性，做到让学生正确认识并积极参加体育锻炼，以达到增进健康、增强体质的效果。

4 结论与对策

4.1 结论

（1）影响学生体育锻炼的因素很多，其中学校中的场地设备、教师指导都占有一定比例。但近两年国家投入学校建筑的资金不断充足，场地器材的限制已不是影响学生参加体育锻炼的主要因素，更多地是教师的指导方法、教学内容对学生参加体育锻炼的影响。据调查，有一部分学生因教师的加入反而导致参加体育锻炼的积极性下降或无变化，这是一个比较严重的问题。学校教师应当考虑自身的指导方法问题。

（2）家庭成员对学生参与体育锻炼的态度是一个值得关注的话题，研究发现有近一半的学生家庭成员对学生参与体育锻炼的态度并不热情。

4.2 对策

4.2.1 学生自身

学生自身应制订计划表，按规定的时间练习。首先要将自己对待体育锻炼的态度表明。现在许多实际情况是学生无法真正做到将体育锻炼纳入自己的习惯中。养成一个好习惯使人受益终身，巴金说过，对孩子的成功教育从好习惯培养开始，那么我们首先就要学会自己养成好习惯，学会制订计划。根据自身喜好单独制订或者同学们集体共同制订计划表，互相监督，这样的锻炼就会更加有效。

4.2.2 学校教师

学校教师应充分了解学生，因材施教，针对不同学生适量布置家庭作业，充分给每位同学安排合理的学习、锻炼时间。学会用不同方法激发学生参与体育锻炼的热情，及时进行小结，发现问题并解决问题。

4.2.3 家庭成员

学生要学会积极影响家庭成员对体育锻炼的热情，带动家人和自己一起进行锻炼，这样还可以营造和谐良好的家庭关系。

4.2.4 自身、学校及家庭

可将学校因素和家庭因素结合起来，将家庭融入学校或者将学校融入家庭，比如开展各项运动会时可以邀请家庭成员助力，共同享受运动带来的荣誉和快乐，平常可以在一起练习、锻炼，共同进步，体验家庭、学校带给我们的快乐。

参考文献：

[1]叶钢．泸州市高中生体质健康现状调查及对策研究[D]．成都：四川师范大学，2014.

[2]马亮亮.滨州市高中生课余体育锻炼的现状调查与对策研究[D].济南:山东师范大学,2011.

[3]葛蔚.对南京市大厂高级中学学生课余体育锻炼的调查与研究[J].当代体育科技,2017,7(1):72-73.

[4]李旭.淄博市普通高中体育与健康课的现状与对策研究[D].武汉:华中师范大学,2015.

[5]张连成,窦皓然,高淑青.体育锻炼提高身体自我概念的心理机制[J].天津体育学院学报,2015,30(3):190-194.

[6]杨斌斌.太原市高中生课外体育活动的现状及对策研究[D].太原:太原理工大学,2014.

[7]张纪伟.河南省中学生体育兴趣现状调查的分析与对策[D].开封:河南大学,2010.

[8]张妮玲.对现代高中生健康意识的调查研究[J].科技信息,2009(2):292.

[9]丁鹏,蔡小英,蓝心.体育健康促进研究综述[J].体育科技文献通报,2017,25(8):163-167.

[10]刘子毅,李惟英.高中生主动体育锻炼现状的调查与建议[J].湖北体育科技,2016,35(11):1023-1025.

[11]冯帅.淄博市城镇高中生体育参与影响因素研究[D].济南:山东师范大学,2015.

[12]杨有潭.互助县高中生体育锻炼状况调查研究[J].科技视界(学术刊),2014(29):240-241.

[13]赵建章,仲卫,陈家麟.扬州市高中生体育锻炼情绪效应的调查研究[J].扬州教育学院学报,2013,31(1):84-87.

[14]王冬.江苏省高中生体育锻炼态度的调查研究[J].宿州教育学院学报,2012,15(6):170-174.

[15]卜元君,田静.体育锻炼对高中生家长焦虑影响的调查报告[J].湖北体育科技,2011.

指导教师评语:

该生通过查阅有关论题的资料和信息,在吸收学术研究成果的基础上,能够良好地运用自身所学知识对论题进行较为深入的分析和研究。整篇论文的论述观点正确,论点突出,材料充实,叙述层次分明,文字通顺、流畅,有较强的逻辑性和良好的时效性。此外,论文格式正确,结构科学,书写规范,条理清晰,符合所要求的标准和规范,有一定的创新见解,但对有关问题研究的深入程度不足,望以后改进。

体育学院骆午凤讲师

附录：

淮北市高中生体育锻炼现状研究问卷

亲爱的同学们：

您好！为了更好地掌握高中生的身体、心理状况及其对体育锻炼的兴趣，以便探索出高中阶段更有效的体育锻炼途径，特展开这次调查。您的建议会为我们的研究提供非常宝贵的信息，非常感谢您能抽出时间填写这份问卷。祝您学有所成！

1. 您的年级(　　)

A. 高一　　B. 高二　　C. 高三

2. 您的性别(　　)

A. 男　　B. 女

3. 你对体育锻炼重要性的理解？(　　)

A. 不重要　　B. 一般　　C. 重要　　D. 十分重要

4. 你参与一次体育锻炼的持续时间(　　)

A. 0～0.5小时　　B. 0.5～1小时　　C. 1小时～1.5小时　　D. 1.5小时以上

5. 您主要通过什么运动方式进行锻炼(　　)

A. 跑步　　B. 球类　　C. 舞蹈　　D. 两操　　E. 其他

6. 平常的体育锻炼需要他人陪同吗？(　　)

A. 自己即可，有或没有都行　　B. 必须有人陪同，不然不去

7. 您获取体育锻炼知识通常的渠道？(　　)

A. 体育课　　B. 上网　　C. 学生互相交流　　D. 父母传授　　E. 其他

8. 您通常参加体育锻炼的强度？(　　)

A. 没啥感觉　　B. 微微出汗　　C. 有点累　　D. 很累

9. 您的父母支持或重视您参加一些体育锻炼吗(　　)

A. 不支持　　B. 一般/不过问　　C. 支持　　D. 十分支持/重视

10. 参加体育锻炼场地的稳定性(　　)

A. 经常换场地　　B. 场地固定

11. 你每周参加体育锻炼的频率？(　　)

A. 不参加　　B. 1～2次　　C. 3～4次　　D. 每天坚持

12. 您参加体育锻炼的主要目的(　　)

A. 减压　　B. 为了健身　　C. 减肥　　D. 爱好

E. 被逼无奈　　F. 其他

13.体育锻炼有没有达到您想要的结果(目的)?(　　)

A.到达　　B.未达到

14.平常的日常作业多吗?(　　)

A.不多　　B.有点多　　C.超多

15.学校的场地设备是否能满足您的锻炼需求?(　　)

A.不能满足　　B.基本可以　　C.十分满意

16.如果您选择的体育锻炼时间正好与其他一些事情冲突,你会怎样安排?(　　)

A .放弃锻炼　　B.坚持锻炼

17.有没有给自己规定特定的时间进行体育锻炼?(　　)

A.没有规定　　B.有明确规定

18.您参加体育锻炼的主要场所?(　　)

A.校内场地　　B .家中　　C.健身房　　D.公园　　E.无　　F.体育馆

19.影响您体育锻炼的阻碍因素(多选题)(　　)

A.学习任务重,没时间　　B.自己不喜欢,没兴趣　　C.喜欢但是比较懒

D.没人陪就不去　　E.场地限制

20.如果有以下5种娱乐方式,你会首选何种娱乐方式(　　)

A.手机上网　　B.图书阅读　　C.体育锻炼

D.睡觉休息　　E.吃喝聊天

21.您对体育锻炼的消费如何(比如体育运动装备)(　　)

A.从来不买　　B.偶尔消费　　C.经常消费

22.有老师指导进行体育锻炼,您的积极性会怎样(　　)

A.无任何变化　　B.积极性会下降　　C.积极性会上升

23.您觉得在学校学到的体育锻炼知识足够了吗?(　　)

A.不够　　B.差不多够了　　C.再增加一些

24.您觉得体育知识应该从以下哪几个方面多做普及呢(多选题)(　　)

A.家　　B.学校　　C.社会　　D.自身

25.体育课中的运动项目是您喜爱的项目吗?(　　)

A.没有一个喜欢的　　B.少数喜欢　　C.都喜欢

26.在做这张问卷之前能不能很好地意识到体育锻炼的益处?(　　)

A.已有较强的意识　　B.无意识　　C.有一点意识

27.你觉得体育锻炼对您自身有哪些好处?(请用一句话概括)

幼儿教师家庭教育指导现状的调查研究
——以安徽省芜湖市幼儿园为例

陈海韵
（教育科学学院）

摘　要：家庭教育对于幼儿身心发展具有不可代替的作用。不良的家庭教育将会对幼儿发展产生严重不良的影响，对幼儿家长进行有效的家庭教育指导至关重要。幼儿教师作为家庭教育指导的主要指导者，其家庭教育指导的专业化水平直接影响着家庭教育指导的质量。本研究通过对幼儿教师的家庭教育指导现状进行分析发现：①幼儿教师对“家庭教育指导”的理解模糊，且其家庭教育指导的自觉水平以及专业化水平都有待提高；②在家庭教育指导的指导主体方面，幼儿教师的认知与幼儿家长的认知存在较大差异，幼儿教师家庭教育指导的自主意识较弱；③多数幼儿教师期望受到第三方的协助。同时，针对上述问题，本研究提出以下建议：①整合政府相关部门及社区资源，共同推进家庭教育指导工作；②充分发挥幼儿园在家庭教育指导中的作用；③加强专业化幼儿教师队伍的建设。

关键词：幼儿教师；家庭教育；家庭教育指导

1　前言

父母是幼儿的第一任老师，家庭环境是幼儿生活的第一环境，因此，家庭教育的影响在幼儿的身心发展中起着不可估量的作用。这一点已为社会各界所广泛认同，同时越来越多的家长也意识到家庭教育的重要性。然而观念的转变与行动之间往往出现脱轨，特别是3～6岁幼儿家长，在进行家庭教育的过程中依然出现了许多不容忽视的问题。

1.1　幼儿的家庭教育中存在亟待解决的问题

首先，家长自身的儿童观直接导致了家庭教育观的偏差。有的家长认为“儿童是个小大人”或者把孩子当作自己的私有财产，忽视了幼儿的独立自主性。其次，家长家庭教育知识的缺乏导致家长进行家庭教育力不从心。很多家长意识到家庭教育的重要性,但往往由于家庭教育的知识储备不够,家长容易在家庭教育中感到手足无措。最后,父亲在家庭教育中的缺位也是家庭教育中存在的一个不容忽视的问题。受中国传统教育观念以及社会对男性与女性的性别角色期待的影响,进行家庭教育的主体往往是母亲,父亲在家庭教育中经常缺位。上述幼儿家庭教育中存在的问题,不仅不利于家长与幼儿建立亲密的依恋关系,同时会给幼儿社会性的正常发展以及人格的健全发展带来不利影响。因此,对家长进行家庭教育指导,提高家长家庭教育能力,对于幼儿的身心健康发展必不可少。而如何对家长进行家庭教育指导,谁应成为家庭教育指导者,已成为家庭教育指导研究领域的一个重要问题。

1.2 幼儿教师在家庭教育指导中具有不可取代的地位

幼儿教师作为对3~6岁幼儿进行教育的主要工作人员,不仅是幼儿成长的照顾者,游戏同伴,幼儿学习活动的支持者、引导者、观察者,也是学前儿童的研究者。因此,相比其他群体,幼儿教师对于家庭教育中所存在的问题具有更高的敏感性,同时幼儿教师作为教育幼儿的主要工作人员不仅具备一定的家庭教育专业知识以及指导能力,而且积累了丰富的家庭教育指导实践经验,这使得幼儿教师能够提供更具针对性和有效性的指导。因此,幼儿教师无疑是对家长进行家庭教育指导的得天独厚的资源。

1.3 幼儿教师的家庭教育指导能力有待提高

现实中,在幼儿家庭教育指导方面,幼儿园方面给予的指导力度还不足,指导影响力也不大[1]。幼儿教师是幼儿园进行家庭教育的主要力量,幼儿园在家庭教育指导中所存在的问题无疑直接反映了幼儿教师的家庭教育指导能力较为薄弱。另外,由于幼儿教师的所受教育程度以及专业素养等存在个体差异,其家庭教育指导能力的水平也参差不齐。因此,本研究以幼儿教师的家庭教育指导现状为立足点,通过文献法、调查法,以幼儿教师自评和幼儿家长他评的方式,恰当分析幼儿教师家庭教育指导能力的现状,从而提出相应建议,逐步提高幼儿教师的家庭教育指导能力。

2 概念界定

2.1 幼儿教师

《中国学前教育百科全书》将幼儿教师定义为“在幼教机构中,对3~6岁幼儿进行教育的主要工作人员,即指受社会的委托,在幼儿园或其他幼教机构中对儿童的身心发展施加影响、从事教育和保育工作的教育工作者,又称教养员”[2]。因此,本研究的幼儿教师指的是在幼儿园中,对3~6岁幼儿进行教育的主要工作人员,从事教育和保育工作的工作者。

2.2 家庭教育指导

目前国内外学者对家庭教育指导这一概念各有见解,尚无统一且清晰明确的概念界定。但在我国近些年来的家庭教育指导研究与活动中,李洪曾教授对该概念的界定得到广泛采用。李洪曾指出,“家庭教育指导一般是指:由家庭外的社会组织及机构组织的,以儿童家长为主要对象,以提高家长的教育素质、改善其教育行为为直接目标,以促进儿童身心健康成长为目的的一种教育过程”[3]。

2.3 家庭教育指导能力

在《现代汉语词典》中,“指导”一词解释为“指示教导;指点引导”[4]。本研究中,幼儿教师的家庭教育指导能力主要指:幼儿教师通过各种活动,主要包括集体指导活动以及个别指导活动,指导家长提高家庭教育能力,改善教育行为,以促进幼儿身心健康发展而采取相应的指导方式和指导过程。

3 文献综述

3.1 关于幼儿教师职业能力的研究

(1)幼儿教师职业能力的内涵界定。教师职业能力是指从事幼儿教育教学活动必须具备的,并在幼儿教育教学活动中表现出来的多种能力的综合,包括专业能力、方法能力和社会能力。幼儿教师职业能力对于完成教育教学任务,实现教育教学目标,全面提高教育教学质量和促进幼儿的全面发展具有十分重要的作用[5]。

(2)幼儿教师职业能力的构成分析。对于幼儿教师职业能力的研究主要有宏观和微观两个层面。其中宏观层面主要是学前教育理论研究者和政府侧重于幼儿教师的教师角色对幼儿教师职业能力的构成要素及其相互关系进行整体研究。如黄慕琼指出幼儿教师的能力结构包括观察判断评价幼儿的能力、组织管理能力、幼教科研能力和语言表达能力[6];袁爱玲则把幼儿教师职业能力分为13种,其中既包括弹、唱、跳、画、讲等技能,也包括科研能力、心理健康教育能力、创设环境的能力、随机教育的能力、制订教育计划的能力以及组织一日生活的能力[7];饶淑园从幼儿教师职业活动对象及其工作的性质角度出发,指出幼儿教师职业能力主要包括认知能力、教育能力和职业技能3个层面[8];张元以《幼儿园教育指导纲要(试行)》为依据,认为幼儿教师专业能力应当包括学科知识和专业知识、实践智慧、合作和反思能力、人文素养以及批判理性五个方面[9]。而微观层面的研究主要侧重于幼儿教师的教学能力。

(3)幼儿教师职业能力的标准构建研究。目前关于幼儿教师职业能力标准的研究比较少,主要研究者有康建琴和刘丽琼。康建琴建立的幼儿教师教育专业能力标准框架主要包括了解幼儿、环境创设、活动设计与组织、教学策略、资源利用和专业发展等6个专业能力维度,每个维度都有细分的专业能力标准以及对此标准的解释[10];而刘丽琼通过文献法、开放式访谈法以及问卷调查构建了一个包含8个方面,共25项基本能力的幼儿教师专业能力评价指标体系,其中8个方面分别为教学能力、保育能力、评估能力、班级管理能力、行政能力、沟通能力、情绪管理能力、专业发展能力[11]。

(4)幼儿教师职业能力的培养策略。幼儿教师职业能力的培养策略研究主要从职业能力的培养意识,提高专业知识素养,各级行政部门、幼儿园和社区提供协助,构建幼儿教师职业能力训练模式以及幼儿教师职业资格认定制度等几个方面进行。

3.2 关于幼儿园家长工作的研究

(1)幼儿园家长工作的概念界定。幼儿园家长工作主要是指幼儿教师及管理人员和幼儿家长都把自己当做幼儿身心发展的促进者,双方相互沟通支持,发挥各自的积极作用,共同促进幼儿身心健康发展[12]。

(2)幼儿园家长工作的形式。我国幼儿园家长工作的基本形式大体上可归为日常性的家长工作、阶段性的家长工作、家长委员会及家长学校等多种形式。其中日常性的家长工作主要包括利用早晚接送幼儿的时间与家长交谈、家园联系手册、家长宣传栏、家长园地、幼儿园网站、园报等常规性形式;阶段性的家长工作则指家长会、家长开放日活动、家访等定时性、计划性的形式;家长委员会的成员主要由从各班家长中选派的1~2名家长代表组成,负责协调家长与幼儿园的关系;家长学校的开办形式主要是依据幼儿的年龄阶段或者幼儿家长的需求对幼儿家长进行相关指导工作以及专业的指导培训[13]。

(3)幼儿园家长工作存在的问题。幼儿园家长工作存在的问题研究主要从社会、幼儿园以及家长3个层面进行分析,社会层面主要包括政策指导、制度保障、师范院校家长工作教学内容的缺失、社会宣传力度等几个维度,幼儿园层面主要是对家长工作的重视程度、幼儿教师的专业素养、家长工作的落实程度等几个方面进行分析;家长层面的研究主要是从家长的受教育程度和自身素质、时间精力不足以及教育观念存在的误区等几个维度着手[12]。

(4)幼儿园家长工作的实施策略。关于幼儿园家长工作的实施策略一般是从相关规章制度、家长工作管理体系、对家长的重视程度、幼儿师资培养、家园交流、家长科学教育观的树立等几个方面进行分析。

3.3 关于学前家庭教育指导的研究

国内学术界对于学前家庭教育指导的研究多是对家庭教育指导的内容、形式以及指导者的研究，现将关于学前家庭教育指导的研究整理如下：

（1）家庭教育研究的理论框架。李洪曾等提出了家庭教育研究的“4421”结构。其中第一个“4”指的是“组织管理者”“指导者”“家长”“儿童”等四类对象；第二个“4”指的是组织管理者对家庭教育指导工作的“组织管理过程”、指导者对家长的“指导过程”、家长对子女的“教育过程”以及儿童身心的“发展过程”等四个过程；其中的“2”代表“物质环境”和“精神环境”等两种环境，这两种环境对上述四种对象和四个过程直接发生作用；最后一个“1”代表“社会大背景”，“社会大背景”通常间接影响上述四类对象以及四个过程。这四类对象、四种过程、两个环境以及一个背景构成了家庭教育指导的全过程[14]。

（2）家庭教育指导的内容。根据李洪曾等对上海地区家庭教育指导工作的调查总结，学前儿童家庭教育指导的内容可归为以下几类：①基本理论知识，幼儿身心发展的基本规律以及家庭教育的基本理论问题；②行为矫正，以幼儿发展的年龄特点为切入点，提出幼儿成长过程中常见的问题以及家长在进行家庭教育过程中常见的误区，并提供相应的解决策略；③社会热点问题，即围绕社会热点问题进行交流讨论[15]。

（3）家庭教育指导的组织形式。国内学者对于家庭教育指导的组织方式的研究角度各异，尚无清晰统一的结论。但综合李洪曾、杨宝忠、沈建平等学者的划分角度，家庭教育指导的组织形式大体上可以分为个体指导与集体指导两种。

（4）家庭教育的指导者。多方参与是目前家庭教育指导的一个共识，往往根据被指导对象的不同而不同，力求各种资源的效用最大化。其中家庭教育指导师成为家庭教育指导这个领域的新兴职业，为家庭教育指导提供专业化、高素质的指导者。较早的家庭教育指导师兴起于20世纪80年代的美国。其中美国20世纪80年代初实施的全国性家长教育普及项目“家长教师计划”成为美国家庭教育指导师的资格认定体系的催化剂，使有关家庭教育指导师的方方面面迅速发展，日益完善[16]。

4 研究设计

4.1 研究目的

目前以“幼儿教师家庭教育指导”为主题展开的研究屈指可数。现有关家庭教育指导研究的文献资料大部分是关于家庭教育指导的对象、内容、形式以及幼儿园家庭教育指导活动等方面的研究，而针对幼儿教师这一群体的家庭教育指导现状的研究为数不多。因此,通过本项调查研究活动,有助于进一步了解幼儿教师家庭教育指导现状,从中发现问题并提出相应建议,有助于进一步提高幼儿教师家庭教育指导能力,从而提高家庭教育指导质量。同时,本研究也有助于丰富幼儿教师家庭教育指导研究的调查数据,有助于推进幼儿教师家庭教育指导研究进程,为后续的深入研究奠定基础。

4.2 研究对象

本研究调查问卷发放对象主要是从安徽省芜湖市随机选取的具有代表性的幼儿园的幼儿教师与幼儿家长,共回收问卷210份,其中幼儿教师家庭教育指导发展现状调查问卷回收100份,幼儿家长接受家庭教育指导现状调查问卷回收110份。

4.3 研究方法

4.3.1 文献法

在分析和研究的过程中,首先利用文献法对相关理论、研究成果进行归纳整理,为本研究提供可借鉴的概念界定以及理论基础,找到本研究的研究依据和研究方法。

4.3.2 问卷调查法

本研究使用的调查问卷主要包括以下几个方面的内容:①对幼儿教师以及幼儿家长的基本情况进行简单了解;②幼儿教师对自身的家庭教育指导能力的评价以及幼儿家长对幼儿教师进行家庭教育指导的评价;③幼儿教师以及幼儿家长对家庭教育指导的期望。通过问卷的发放、回收和数据处理,获得幼儿教师家庭教育指导能力现状的数据资料。

5 研究结果

5.1 幼儿教师家庭教育指导发展现状调查

本部分调查内容分为幼儿教师的个人情况、家庭教育指导观、家庭教育指导自我效能感及幼儿教师的家庭教育指导现状、对家庭教育指导的期望几个维度,旨在从教师自身角度了解幼儿教师的家庭教育指导发展现状。本研究共回收幼儿教师家庭教育指导发展现状调查问卷100份,现对调查结果分析如下。

5.1.1 幼儿教师的个人情况

如表1所示,幼儿教师样本中,调查对象以主班教师居多,占样本的51%;其次是带班教师,占样本33.00%;最后是生活教师,占12%;剩下的4%分别为副园长以及实习教师。所调查的幼儿教师分布较为均衡,30%为大班教师,37%为中班教师,余下的33%为小班教师。

表1 幼儿教师的个人情况

项目	类别	人数	百分比
职位	主班教师	51	51%
	带班教师	33	33%
	生活教师	12	12%
	实习教师	3	3%
	副园长	1	1%
所在班级	小班	33	33%
	中班	37	37%
	大班	30	30%

5.1.2 幼儿教师的家庭教育指导观

在表2的数据分析中，49%的幼儿教师表示听说过“家庭教育指导”，但不太了解，另外36%的幼儿教师表示比较了解，仅有11%的幼儿教师表示自己很了解，并且知道怎么指导。此外，仍有4%的幼儿教师表示自己没听说过。在家长是否需要接受家庭教育指导的问题上，86%的幼儿教师都认同幼儿家长非常需要接受家庭教育指导，但对于家庭教育指导的责任主体，83%的幼儿教师表示对幼儿家长进行指导应当由教育专家承担，其次是社会相关部门，占样本的74%，然后是幼儿园，占69%，幼儿教师排其后，占56%，最后是政府，占45%。从这些数据中可以分析出，虽然大部分幼儿教师都意识到了幼儿家长接受家庭教育指导的必要性，但幼儿教师对“家庭教育指导”的认识不够透彻，不够深入，同时幼儿教师进行家庭教育指导的自觉意识较弱。

表2 幼儿教师的家庭教育指导观

项目	类别	人数	百分比
对“家庭教育指导”的了解	很了解，并且知道怎么指导	11	11%
	比较了解	36	36%
	听说过，但不太了解	49	49%
	没听过，不了解	4	4%
家长是否需要接受指导	非常需要	86	86%
	比较需要	13	13%
	不确定	1	1%

续 表

项目	类别	人数	百分比
家庭教育指导的责任主体	政府	45	45%
	社会相关部门	74	74%
	教育专家	83	83%
	幼儿园	69	69%
	幼儿教师	56	56%

5.1.3 幼儿教师家庭教育指导自我效能感

通过SPSS 18.0对调查问卷最后一题的数据进行频率以及均值、标准差的分析可以得出如表3、表4所示的结果。其中,“良好的沟通合作能力”一项中,均值为3.99,同时其标准差最小,为0.43797。在这一项中,选择“比较符合”的87人,占总体的87%,选择“完全符合”的7人,由此可以得出大多数幼儿教师对自己与家长沟通合作能力的评价较高。在“足够的家庭教育、心理学知识”一项中,均值最小,为3.52,标准差最大,为0.79747,其中选择“不确定”的43人,占总体的43%,选择“比较符合”的47人,占总体的47%,选择“完全不符合”的1人,占总体的1%,选择“比较不符合”的6人,占总体的6%,余下的3%的幼儿教师则表示“完全符合”,因此幼儿教师对于自身的家庭教育指导专业知识的自我认知存在较大差异,且仍有大部分教师并没有对自己的家庭教育专业知识储备形成正确的认识。在“科学的家庭教育观”一项中,比重集中在“比较符合”一项中,占总体的73%,幼儿教师在“家庭教育观”这一维度的自我效能感较高。在“有指导家长的能力”一项中,均值为3.55,标准差为0.72995,幼儿教师的选择集中在“不确定”与“比较符合”两项中,其中选择“不确定”的38人,占总体的38%,选择“比较符合”的52人,占总体的52%。在“自身的家庭教育指导能力有很大发展空间”一项中,均值较大,为4.26,同时选项集中在“比较符合”以及“完全符合”两项中,其中选择“比较符合”的占52%,选择“完全符合”的占38%,从中分析得出,大多数幼儿教师认同自己的家庭教育指导能力有待进一步提高。

表3　幼儿教师家庭教育自我效能感

		良好的沟通合作能力	足够的家庭教育、心理学知识	科学的家庭教育观	有指导家长的能力	自身的家庭教育指导能力有很大发展空间	希望组织家庭教育指导培训
N	有效	100	100	100	100	100	100
	缺失	0	0	0	0	0	0
均值		3.99	3.52	3.67	3.55	4.26	4.48
标准差		0.43797	0.79747	0.60394	0.72995	0.70525	0.83461

表4　频率表

a.“良好的沟通合作能力”的频率表

良好的沟通合作能力					
		频率	百分比	有效百分比	累积百分比
有效	比较不符合	2	2%	2%	2%
	不确定	4	4%	4%	6%
	比较符合	87	87%	87%	93%
	完全符合	7	7%	7%	100%
	合计	100	100%	100%	

b.“足够的家庭教育、心理学知识”的频率表

足够的家庭教育、心理学知识					
		频率	百分比	有效百分比	累积百分比
有效	完全不符合	1	1%	1%	1%
	比较不符合	6	6%	6%	7%
	不确定	43	43%	43%	50%
	比较符合	40	40%	40%	90%
	完全符合	10	10%	10%	100%
	合计	100	100%	100%	

c."科学的家庭教育观"的频率表

科学的家庭教育观					
		频率	百分比	有效百分比	累积百分比
有效	完全不符合	1	1%	1%	1%
	比较不符合	4	4%	4%	5%
	不确定	22	22%	22%	27%
	比较符合	73	73%	73%	100%
	合计	100	100%	100%	

d."有指导家长的能力"的频率表

有指导家长的能力					
		频率	百分比	有效百分比	累积百分比
有效	完全不符合	2	2%	2%	2%
	比较不符合	3	3%	3%	5%
	不确定	38	38%	38%	43%
	比较符合	52	52%	52%	95%
	完全符合	5	5%	5%	100%
	合计	100	100%	100%	

e."自身的家庭教育指导能力有很大发展空间"的频率表

自身的家庭教育指导能力有很大发展空间					
		频率	百分比	有效百分比	累积百分比
有效	完全不符合	1	1%	1%	1%
	不确定	9	9%	9%	10%
	比较符合	52	52%	52%	62%
	完全符合	38	38%	38%	100%
	合计	100	100%	100%	

5.1.4　幼儿教师的家庭教育指导现状

幼儿教师的家庭教育指导现状分析主要包括幼儿教师对幼儿情况的了解频率、对幼儿家长的指导频率以及常用的指导方式三个维度。本研究对所收集数据进行分析(见表5)可以得出:①76%的幼儿教师会主动与家长聊起幼儿在园情况,54%的幼儿教师表示会经常主动询问幼儿在家情况,两者之间存在较大差异。②在对家长的指导频率方面,选择"随机,家长说起就进行指导"的人数最多，占总体的46%；其次是“偶尔”，占总体的28%；再次是“经常”，占总体的25%。这说明大多数幼儿教师的家庭教育指导缺乏系统性、目的性以及计划性，具有随机性。③幼儿教师的家庭教育指导方式较为多样，按其比重由大到小依次排序为：“家长接送幼儿时简短交流”，占总体的88%；“网络聊天”“打电话”，同样占总体的64%；“家长来园面谈”，占总体的56%；“家访”，占总体的32%；最后是“发短信”，占总体的22%。其中值得注意的是“网络聊天”的比重较大，这提醒着我们这是一个网络时代，家庭教育指导方式也应当与时俱进，充分利用时代资源。

表5　幼儿教师的家庭教育指导现状

项目	类别	人数	百分比
主动聊起幼儿在园情况	经常	76	76%
	偶尔	24	24%
主动询问幼儿在家情况	经常	54	54%
	偶尔	45	45%
	从不	1	1%
指导频率	经常	25	25%
	偶尔	28	28%
	随机，家长说起就进行指导	46	46%
	从未有过	1	1%
常用指导方式	家长接送幼儿时简短交流	88	88%
	网络聊天	64	64%
	打电话	64	64%
	家长来园面谈	56	56%
	家访	32	32%
	发短信	22	22%
实用性最强的指导方式	家访	45	45%
	家长接送幼儿时简短交流	25	25%
	家长来园面谈	13	13%
	打电话	10	10%
	网络聊天	7	7%
	发短信	0	0%

5.1.5 幼儿教师对自我的家庭教育指导发展的期望

如表6所示，幼儿教师对第三方提供的协助的需求较为多样，按选择比重由大到小依次为："专门的、规范化的家庭教育指导培训"，占84%；"定期的家庭教育指导经验交流会/研讨会"，占79%；"定期的家庭教育系列讲座"，占71%；"幼儿园统一订阅家庭教育书籍、报刊"，占70%。

表6　幼儿教师希望第三方提供的协助

项目	人数	百分比
专门的、规范化的家庭教育指导培训	84	84%
定期的家庭教育指导经验交流会/研讨会	79	79%
定期的家庭教育系列讲座	71	71%
幼儿园统一订阅家庭教育书籍、报刊	70	70%

同时，使用SPSS 18.0对数据进行多重响应分析，结果如表7所示：

表7　幼儿教师对所期望接受的协助的排序

项目		响应		个案百分比
		N	百分比	
第一位[a]	家庭教育指导培训	53	53%	100%
	家庭教育指导经验交流会/研讨会	32	32%	60.4%
	家庭教育系列讲座	10	10%	18.9%
	幼儿园订阅书籍、报刊	5	5%	9.4%
总计		100	100%	188.7%
第二位[b]	家庭教育指导培训	24	24%	32.4%
	家庭教育指导经验交流会/研讨会	50	50%	70.4%
	家庭教育系列讲座	16	16%	22.5%
	幼儿园订阅书籍、报刊	10	10%	14.1%
总计		100	100%	139.4%
第三位[c]	家庭教育指导培训	16	16%	23.5%
	家庭教育指导经验交流会/研讨会	11	11%	16.2%
	家庭教育系列讲座	40	40%	58.8%
	幼儿园订阅书籍、报刊	33	33%	48.5%
总计		100	100%	147.1%

续 表

项目		响应		个案百分比
		N	百分比	
第四位[d]	家庭教育指导培训	8	8%	15.4%
	家庭教育指导经验交流会/研讨会	6	6%	13.5%
	家庭教育系列讲座	34	34%	65.4%
	幼儿园订阅书籍、报刊	52	52%	100%
总计		100	100%	194.2%

注：a.值为1时制表的二分组；b.值为2时制表的二分组；c.值为3时制表的二分组；d.值为4时制表的二分组。(数字1为第一顺位，数字2为第二顺位，数字3为第三顺位，数字4为第四顺位)

根据表7可以得出，总体来说，幼儿教师对所接受的协助的期望程度由高到低依次为：家庭教育指导培训、家庭教育指导经验交流会、家庭教育系列讲座/研讨会，最后是幼儿园订阅相关书籍、报刊。

5.2 幼儿家长接受家庭教育指导的现状调查

本部分选取安徽省芜湖市部分3～6岁幼儿家长作为调查对象，调查内容分为幼儿家长的个人情况、家庭教育观、接受家庭教育指导现状以及对幼儿教师现有的家庭教育指导能力的评价、对家庭教育指导的期待等几个维度，旨在从幼儿家长的角度了解幼儿教师的家庭教育指导现状。本研究共回收幼儿家长接受家庭教育指导现状调查问卷110份，现对调查结果分析如下。

5.2.1 幼儿家长的基本情况

幼儿家长的基本情况（幼儿家长的基本信息及家庭教育观）见表8、表9所示：

表8 幼儿家长的基本信息

项目	类别	人数	百分比
问卷填写人	父亲	13	11.82%
	母亲	97	88.18%
幼儿班级	小小班	5	4.55%
	小班	30	27.27%
	中班	32	29.09%
	大班	43	39.09%

表9 幼儿家长的家庭教育观

项目	类别	人数	百分比
家庭教育主体	父亲	40	36.36%
	母亲	92	83.63%
	爷爷	17	15.45%
	奶奶	32	29.09%
	外公	5	4.54%
	外婆	6	5.45%
家庭教育地位	非常重要	101	91.82%
	比较重要	9	8.18%
	一般	0	0.00%
	不重要	0	0.00%
是否需要指导	非常需要	23	20.91%
	比较需要	78	70.91%
	不太需要	8	7.27%
	不需要	1	0.91%
指导主体	幼儿教师	64	58.18%
	教育专家	46	43.63%
	社区工作人员	4	3.63%
	其他	5	4.54%

根据表8可知,幼儿家长样本中,调查对象以母亲为主,占总体的88.18%;父亲较少,仅占总体的11.82%。在幼儿所在班级中,大班、中班以及小班的人数差异不大,其中大班幼儿居多,占总体的39.09%,而小小班的幼儿最少,仅占11.82%。

根据表9可知,在家庭教育方面,91.82%的幼儿家长认为家庭教育非常重要,剩下的8.18%认为家庭教育比较重要,这表明家庭教育的重要性已被幼儿家长所认可;但在家庭教育主体方面,差异较为显著,其中母亲的选择最多,占83.63%,而父亲的选择比率与之差异颇大,这反映了家庭教育中父亲缺位的现象。在家庭教育指导方面,91.82%的家长表示目前需要家庭教育指导,而对于家庭教育指导的主体,58.18%的家长选择了幼儿教师,43.63%的家长选择了教育专家,这证明了幼儿教师在家庭教育指导中不可或缺的地位。

5.2.2 幼儿家长接受幼儿教师家庭教育指导的现状

幼儿家长接受幼儿教师家庭教育指导的现状见表10。根据分析可得出：①大多数家长只是偶尔会跟幼儿教师交流育儿问题，只有36.36%的家长会经常跟幼儿教师交流育儿问题，这说明家长的家园合作意识有待提高；②幼儿园常用的集体指导方式主要有亲子活动、家长会以及幼儿园半日开放活动，其中亲子活动最为常见，占总数据的76.36%，另外还有一些幼儿园会通过开展孩子的家庭教育经验交流会、家教展示栏或家教园地以及家庭教育讲座等方式进行指导，分别占21.81% 、21.81%、19.09%；③幼儿园常见的个别指导形式主要有网络聊天，占54.54%；家访以及家长接送幼儿时简短交流，各占41.81%。从这些数据中可以发现家庭教育指导方式的网络化倾向，这也提醒我们家庭教育指导方式应当与时俱进，善用资源，以提高指导的效率以及质量。

表10 幼儿家长接受幼儿教师家庭教育指导现状

项目	类别	人数	百分比
与教师交流育儿问题	总是	1	0.91%
	经常	40	36.36%
	偶尔	62	56.36%
	从未有过	7	6.36%
幼儿园集体指导	亲子活动	84	76.36%
	家长会	52	47.72%
	幼儿园半日开放活动	41	37.27%
	家教展示栏或家教园地	24	21.81%
	孩子的家庭教育经验交流会	24	21.81%
	家庭教育讲座	21	19.09%
实用性最强的集体指导方式	家庭教育经验交流会	35	32.11%
	亲子活动	31	28.44%
	家庭教育讲座	26	23.85%
	家长会	10	9.17%
	幼儿园半日开放活动	5	3.67%
	家教展示栏或家教园地	3	2.75%

续 表

项目	类别	人数	百分比
幼儿园个别指导	网络聊天	60	54.54%
	家访	46	41.81%
	家长接送幼儿时简短交流	46	41.81%
	打电话	39	35.45%
	发短信	28	25.45%
	家长来园接待	22	20.00%
实用性最强的个别指导方式	家访	36	33.03%
	网络聊天	32	29.36%
	家长接送幼儿时简短交流	20	18.35%
	家长来园接待	8	7.34%
	打电话	8	7.34%
	发短信	5	4.59%

同时,通过SPSS 18.0对幼儿园常用的集体指导方式以及个别指导方式与家长认为最有帮助的集体指导方式以及个别指导方式进行对比分析(见图1、图2)可得出:幼儿园常用的集体指导方式前三位为亲子活动、家长会以及幼儿园半日开放活动,而家长认为最有帮助的指导方式前三位为家庭教育经验交流会、亲子活动以及家庭教育讲座,两者之间存在显著性差异。而幼儿园常用的个别指导方式与家长认为最有帮助的方式差异不大,前三位都是网络聊天、家访以及接送幼儿时简短交流。现将这个结果的原因分析如下:①幼儿园常用的指导方式如亲子活动、幼儿园半日开放活动,解决的往往是活动过程中遇到的实时问题,难以为家长的家庭教育问题提供更具针对性的建议以及意见,而家庭教育经验交流会以及家庭教育讲座的核心本身就是家庭教育,因此更具专业性,也更有针对性;②幼儿园的集体活动很容易形式化、表面化;③个别指导是以家长在家庭教育中遇到的具体问题为导向进行的,因此更能提供可操作、更具针对性的指导,这也是幼儿园常用个别指导方式与家长认为最有帮助的方式差异不大的重要原因。

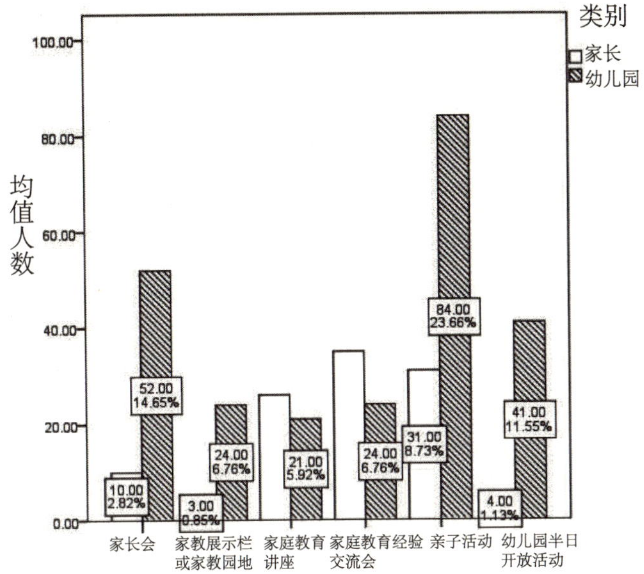

图1　幼儿园常用集体指导方式与幼儿家长认为最有帮助的方式对比

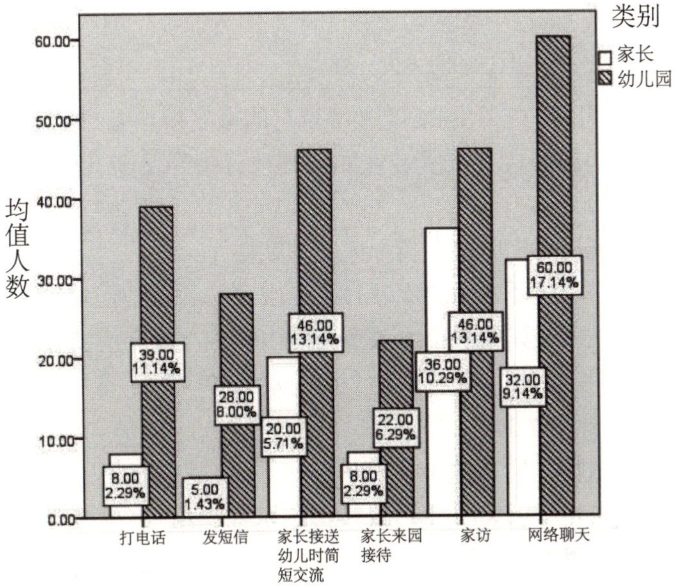

图2　幼儿园常用个别指导方式与家长认为最有帮助的方式对比

5.2.3　幼儿家长对幼儿教师家庭教育指导能力的评价

幼儿家长对幼儿教师家庭教育指导能力的评价见表11所示。由此可以得知,50.91%的家长认为幼儿教师现有能力偶尔能够解决自己在家庭教育中遇到的问题，31.82%的家长表示幼儿教师经常能够解决自己在家庭教育中遇到的问题，但仍有11.82%的家长表示幼儿教师并不能解决自己在家庭教育中遇到的问题，仅有5.45%的家长认为幼儿教师总是能够解决自己在家庭教育中遇到的问题。另一方面，52.73%的家长表示幼儿教师非常需要接受指导培训，40.00%的家长认为幼儿教师比较需要接受指导培训，仅有1.82%的家长表示幼儿教师不需要接受指导培训。

表11　幼儿家长对幼儿教师家庭教育指导能力评价

项目	类别	人数	百分比
幼儿教师现有能力能够解决家长在家庭教育中遇到的问题	总是	6	5.45%
	经常	35	31.82%
	偶尔	56	50.91%
	不能	13	11.82%
幼儿教师是否需要接受指导培训	非常需要	58	52.73%
	比较需要	44	40.00%
	不太需要	6	5.45%
	不需要	2	1.82%

从这些数据可以分析得出：幼儿教师现有的家庭指导能力水平参差不齐，有待提高；同时，幼儿教师应当接受专业的家庭教育指导培训，以提高家庭教育指导的专业化水平。

5.2.4　幼儿家长对家庭教育指导内容的期望

幼儿家长最期望接受到的家庭教育指导内容见图3所示。由图3可以得知，接受调查的幼儿家长最期望的家庭教育指导内容依次排序为："社会交往"，占总体的40.37%；"知识技能"，占总体的29.36%；"语言领域"，占总体的16.51%；"营养卫生"，占总体的7.34%；"艺术领域"，占总体的6.42%。"社会交往"方面居首位，其次是"知识技能"，从这个比例中可以看出，幼儿家长的教育观念正在逐渐改变，教育内容也更为健全，不再是片面追求知识化教育，培养幼儿社会交往能力的重要性已为越来越多的家长所意识到。

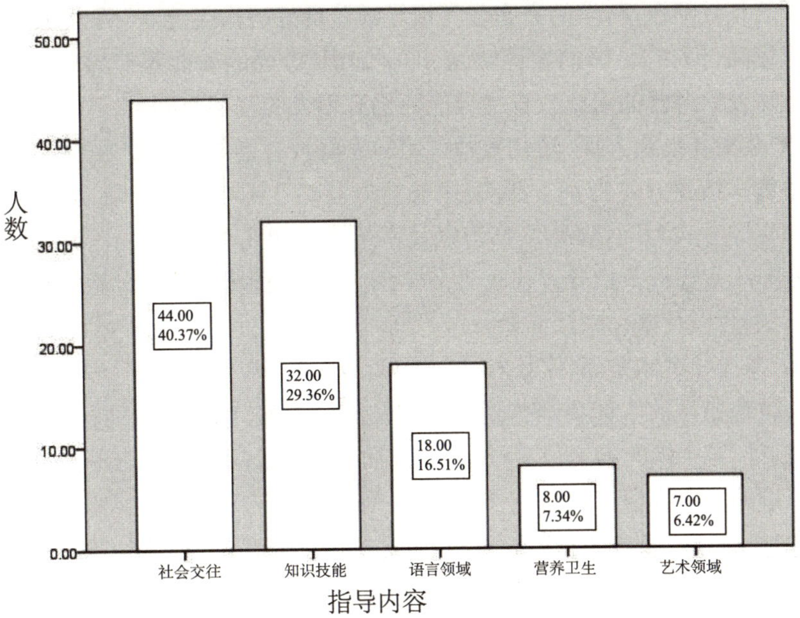

图3 幼儿家长对家庭教育指导内容的期望

6 调查结果总结

(1)在概念认知方面,幼儿教师对"家庭教育指导"的概念认知不够深入透彻。在对"家庭教育指导"概念的认知调查中,较大比例的幼儿教师表示听说过"家庭教育指导",但对家庭教育指导的指导形式、指导内容以及指导者等都不太了解。此外,仍有少数幼儿教师表示自己从未听过这一概念。

(2)在自觉水平方面,幼儿教师家庭教育指导的自觉水平有待提高。结合幼儿教师的自评以及幼儿家长的他评可以分析得出:幼儿教师家庭教育指导的自觉意识较弱,并没有意识到自己应当成为家庭教育指导的主要责任主体,同时虽然经常与幼儿家长聊起幼儿在园情况,但对幼儿的在家情况缺乏了解,家庭教育指导的自觉水平有待提高。

(3)在专业化水平方面,幼儿教师家庭教育指导能力的专业化水平有待提高。幼儿教师家庭教育指导能力参差不齐,特别是在专业知识素养方面,幼儿教师之间存在较大差异,而且接受调查的家长中,过半家长认为幼儿教师现有能力只能偶尔解决自己在家庭教育中遇到的问题,难以提供针对性强、专业化且具有建设性的高质量家庭教育指导。

(4)在家庭教育指导自我效能感方面,幼儿教师自我效能感在各方面的差异较大。幼儿教师在“科学的家庭教育指导观”“良好的沟通能力”两个方面的自我效能感较高,但在“足够的教育学、心理学知识”方面的效能感差异较大,大多数幼儿教师表示自己的家庭教育指导能力仍有很大的发展空间。

(5)在指导形式方面,幼儿教师常用的家庭教育指导方式较为多样。幼儿园常用的集体指导方式为亲子活动、家长会以及幼儿园半日开放活动;另外,常用的个别指导方式为网络聊天、家访以及家长接送幼儿时简短交流。接受调查的幼儿教师的家庭教育指导方式较为多样,主要有家长接送幼儿时简短交流、网络聊天、打电话以及家长来园面谈。

(6)在指导主体方面,家长和幼儿教师的认知存在较大差异。大多数家长认为家庭教育指导的主体应当为幼儿教师和教育专家,而大多数幼儿教师则表示家庭教育指导主体的前三位为教育专家、社会相关部门以及幼儿园,幼儿教师家庭教育指导的主体意识较弱。

(7)在指导内容方面,幼儿家长对内容的需求类型较为多样。接受调查的幼儿家长最期望接受的家庭教育指导内容依次排序为:社会交往、知识技能、语言领域、营养卫生以及艺术领域。

(8)在幼儿园与幼儿家长对比分析方面,幼儿园常用的集体指导方式与家长认为最有帮助的集体指导方式存在较大差异,而幼儿园常用的个别指导方式与家长认为最有帮助的个别指导方式差异并不显著。

(9)在对家庭教育指导的期望方面,大多数家长表示幼儿教师应当接受专业的家庭教育指导培训,以提高家庭教育指导的专业化水平;同时,多数幼儿教师也表示期望能够受到第三方的协助,其中对专门的、规范化的家庭教育指导培训的期望程度最高。

7 相应建议

7.1 整合政府相关部门及社区资源,共同推进家庭教育指导工作

(1)推进幼儿教育相关制度建设,提高幼儿教育的社会地位。学前教育作为基础教育阶段,应当得到社会的高度重视。同时,幼儿教育的社会地位直接关联着幼儿教师的社会地位,幼儿教育的社会地位得到提高,幼儿教师的社会地位也会随之提高。而幼儿教师社会地位的提高对其家庭教育指导自我效能感起着积极作用,这对家庭教育指导质量的提高不可或缺。因此,政府相关部门应当加快推进相关制度建设,特别是幼儿教育的经费投入、幼儿教师师资队伍建设以及幼儿教师的薪资待遇等相关制度。

(2)社区开展相关宣传活动,提高家长参与家庭教育指导活动的积极性。家

长的积极配合是家庭教育指导活动能够顺利进行的前提条件，社区可以积极开展家庭教育指导或者家庭教育的相关活动或者讲座，加大宣传力度，增进幼儿家长对家庭教育以及家庭教育指导内容、形式及主体的认识和了解，逐步培养幼儿家长的科学家庭教育观以及提高其寻求幼儿教师帮助的意识，同时还可以增进幼儿家长对幼儿教师的信任感，为家庭教育指导活动的开展奠定观念基础和情感基础。

7.2 充分发挥幼儿园在家庭教育指导中的作用

(1)幼儿园应当加强与家长的沟通交流，促进家园共育。幼儿园与家长之间沟通交流的不足，很容易带来幼儿教师与家长之间的互不信任，互相猜忌，最终会严重影响家庭教育指导的质量。因此，幼儿教师应当经常主动与家长进行沟通交流，在及时反馈幼儿在园情况的同时，也要积极主动了解幼儿的在家情况，从而取得幼儿家长的信任，这也是家庭教育指导顺利展开的前提条件。

(2)依据实际，制定具有较强针对性的、专业的本园家庭教育指导方案。家庭教育指导的内容、指导方式应当多样化，但每所幼儿园的家庭教育指导经验不一样，幼儿家长的素质、需求也各不相同以及每所幼儿园拥有的基础设施、师资力量也存在较大的差异，因此，每所幼儿园都应当依据本园的实际情况，制定具有本园特色的家庭教育指导方案。同时幼儿教师要积极主动与幼儿家长交流沟通，以便及时更新对幼儿家长进行家庭教育现状的认知，从而不断改进本园的家庭教育指导方案。

(3)建立健全幼儿教师家庭教育指导效果的评价体系。对幼儿教师家庭教育指导活动进行后续评价有利于从中发现问题，从而有针对性地对幼儿教师进行指导培训，以提高家庭教育指导的质量。对幼儿教师的家庭教育指导能否达到预期效果可从家长、幼儿以及幼儿教师三个层面进行分析。在家长层面，又可分为幼儿家长的儿童观是否发生转变、家庭教育观是否发生变化、教育方式以及教育内容等教育行为是否发生变化这三个评判标准。在幼儿方面，主要依据幼儿对待家长的态度是否发生转变、对幼儿实施的教育内容能否对幼儿产生影响以及幼儿的“问题行为”能否得到改善这三个方面进行分析。在幼儿教师方面，评价标准可分为幼儿教师对自身家庭教育指导质量的自我评价、幼儿教师能否和家长保持良好的沟通合作，提供具有针对性的指导以及幼儿教师的家庭教育指导意识是否增强三个方面。需要注意的是，家庭教育指导质量的提高并不是一蹴而就的，同时幼儿教师家庭教育指导能力的提高也是一个循序渐进的动态发展过程，因此，对幼儿教师家庭教育指导效果的评价也应当是一个动态过程。

7.3 加强专业化幼儿教师队伍的建设

（1）开展系列家庭教育指导宣传讲座，提高幼儿教师的家庭教育指导自觉水平。通过开展系列家庭教育指导讲座，加大家庭教育指导的宣传力度，可以丰富幼儿教师对家庭教育指导的指导主体、指导内容以及指导方式等相关内容的了解，从而引导幼儿教师树立进行家庭教育指导的主体意识。

（2）通过第三方提供协助，提高幼儿教师家庭教育指导能力的专业化水平。提高幼儿教师家庭教育指导能力的专业化水平应当成为社会共识，而不应该是幼儿教师的个人意识，因此，应当科学合理地利用社会相关部门、幼儿园等第三方资源，构建家庭、社区、幼儿园三位一体的指导模式。通过组织专业化、系统化的指导培训，开展家庭教育指导经验交流会，开展系列讲座等方式，提高幼儿教师的家庭教育指导专业知识素养以及家庭教育指导专业能力。

8 研究小结与研究反思

8.1 研究小结

本研究从幼儿教师自评以及幼儿家长他评两个角度，通过文献法及问卷调查法对幼儿教师的家庭教育指导现状进行分析。研究发现：①在概念认知方面，幼儿教师对“家庭教育指导”的认知不充分、不全面。②在自觉水平以及专业化水平方面，幼儿教师家庭教育指导的自觉水平和专业化水平都有待提高。③在指导形式方面，幼儿园常用的集体指导方式为亲子活动、家长会以及幼儿园半日开放活动，但家长认为最有帮助的集体指导方式依次为家庭教育经验交流会、亲子活动以及家庭教育讲座。④在指导主体方面，幼儿教师的认知与幼儿家长的认知存在较大差异。幼儿教师认为家庭教育指导主体应当为教育专家、社会相关部门以及幼儿园，而幼儿家长则表示家庭教育指导主体应当为幼儿教师以及教育专家。⑤在指导内容方面，接受调查的幼儿家长最期望接受的家庭教育指导内容依次排序为：社会交往、知识技能、语言领域、营养卫生以及艺术领域。⑥在未来期望方面，大多数幼儿教师表示期望第三方能够提供协助以提高自己的家庭教育指导能力，且幼儿教师对第三方提供的协助类型的需求较为多样，按选择比重由大到小依次为：专门的、规范化的家庭教育指导培训，定期的家庭教育指导经验交流会，定期的家庭教育系列讲座以及幼儿园统一订阅家庭教育书籍、报刊。

同时，针对调查结果提出以下建议：①整合政府相关部门及社区资源，共同推进家庭教育指导工作；②充分发挥幼儿园在家庭教育指导中的作用；③加强专业化幼儿教师队伍的建设。

8.2 研究反思

首先，本研究样本容量较小，总共回收210份调查问卷，代表性较弱，因此，调查结论有待进一步验证。其次，由于本人缺乏实证研究经验而且研究能力有限，对调查结果的分析不免带有一定的局限性，分析容易停留在一般层面而没有上升到理论高度。再次，相应建议的可操作性有待提高。有关政府相关部门以及社区方面的建议较为空泛，可操作性较弱。最后，本研究的研究主体——幼儿教师范围过大，没有考虑到新手幼儿教师与专家型幼儿教师的家庭教育指导能力的差异。因此，在接下来的研究中，将对新手幼儿教师与专家型幼儿教师的家庭教育指导现状的差异进行深入的调查研究。

参考文献：

[1]李路．幼儿园开展家庭教育指导的现状调查[J].广西教育，2014(13)：10-11.

[2]卢乐山，林崇德．中国学前教育百科全书·教育理论卷[M].沈阳：沈阳出版社，1995：157.

[3]李洪曾．近年我国学前家庭教育的指导与研究[J].学前教育研究，2004(6)：10-13.

[4]中国科学院语言研究所词典编辑室．现代汉语词典[M].6版．北京：商务印书馆，2012：1675.

[5]王淑宁．近20年以来我国幼儿教师职业能力的研究及其展望[J].湖南师范大学教育科学学报，2012，11(1)：110-113.

[6] 黄慕琼．从幼儿改革趋势谈幼儿教师的能力结构[J].教育导刊，1994(6)：45-47.

[7] 袁爱玲．对未来社会幼儿教师素质与能力的透视[J].教育导刊(幼教版)，1997(A1)：12-14.

[8] 饶淑园．幼儿教师职业能力结构的理论构想[J].江西师范大学学报(哲学社会科学版)，2002，35(4)：111-113.

[9] 王杰．甘肃省农村幼儿教师专业成长研究[D].甘肃：西北师范大学，2004.

[10] 康建琴．幼儿教师专业能力标准框架的初步构建[J].继续教育研究，2007(3)：109-112.

[11]刘丽琼．幼儿园教师专业能力评价指标体系的初步构建[J].教育测量与评价(理论版)，2011(2)：35-38.

[12] 田红霞．济南市幼儿园家长工作现状研究[D].辽宁：辽宁师范大学，2016.

[13] 刘芳．幼儿园家长工作的问题、成因及对策研究[D].武汉：华中师范大学，2006.

[14] 李洪曾．如何进行幼儿家庭教育指导实验[J].学前教育研究，1998(2)：30-34.

[15] 李洪曾．家庭教育指导工作的对象、内容与形式[J].上海教育科研，2000(6)：35-39.

[16] 袁淑英．美国家庭教育指导师历史沿革述评[J].继续教育研究，2014(8)：143-144.

指导教师评语：

“幼儿教师家庭教育指导现状调查研究”此选题具有一定的创新性和学术价

值,在一定程度上可以丰富家庭教育指导领域的研究数据;同时也具备一定的应用价值,对幼儿教师家庭教育指导能力的提升有一定的提示和促进作用。此外,本研究通过对幼儿家长及教师的问卷调查进行论证分析,研究方法恰当可行,研究较为严谨。

教育科学学院张更立教授

附录一:

幼儿教师家庭教育指导发展现状调查

尊敬的老师:

您好!我是安徽师范大学2015级学前教育专业学生,首先衷心感谢您能协助我们完成本次调查。本次调查旨在了解您对幼儿家长进行家庭教育指导的现状以及您对家庭教育指导的期望。问题答案均无对错之分,请在符合您情况的项目上打"√"。同时,对您的回答结果我将严格保密,请您如实填写即可。

1.您在幼儿园的职位是:

□ 主班教师　□带班教师　□生活教师　□其他

2.您所在的班级是:

□小小班　□小班　□中班　□大班

3.在本次调查之前,您了解"家庭教育指导"这个概念吗?

□很了解,并且知道怎么指导　□比较了解

□听说过,但不太了解　□没听过,不了解

4.您认为家长需要接受家庭教育指导吗?

□非常需要　□比较需要　□不确定　□不太需要　□不需要

5.您认为承担家庭教育指导的责任主体是(可多选):

□政府　□社会相关机构　□教育专家　□幼儿园　□幼儿教师　□其他

6.您会主动同家长聊起幼儿在校表现情况并给予相应建议吗?

□经常　□偶尔　□从不

7.您会主动询问幼儿在家表现情况并给予相应建议吗?

□经常　□偶尔　□从不

8.您对家长进行家庭教育指导的频率是:

□经常　□偶尔　□随机,家长说起就进行指导　□从未有过

9. 您通常会通过什么方式对家长进行教育指导?(可多选)

□①家访

□②家长来园面谈

□③打电话

□④发短信

□⑤网络聊天

□⑥家长接送幼儿时简短交流

□⑦其他

请问您认为这些方式中实用性最强的方式是:

10. 您希望第三方(相关教育部门、相关社会机构、幼儿园等)为您的家庭教育指导提供的协助有(可多选):

□①组织专门化、规范化的家庭教育指导培训

□②定期的家庭教育指导经验交流会/研讨会

□③定期的家庭教育系列讲座

□④幼儿园统一订阅家庭教育书籍、报刊

□⑤其他

11. 以下途径中,请您按照所期望接受的协助的程度由高到低进行排序:

□①专门化、规范化的家庭教育指导培训

□②家庭教育指导经验交流会/研讨会

□③定期的家庭教育系列讲座

□④阅读家庭教育相关书籍、报刊

□⑤其他

12. 请在与您最贴合的选项下打"√"

	A完全不符合	B比较不符合	C不确定	D比较符合	E完全符合
1. 我认为自己有科学的家庭教育观					
2. 我认为自己有足够的家庭教育、心理学知识能够解决家长的家庭教育问题					
3. 我认为自己拥有良好的与家长沟通、合作的能力					
4. 我认为自己有指导家长的能力					
5. 我认为自身的家庭教育指导能力仍有很大的发展空间					
6. 我希望相关部门能够组织家庭教育指导培训					

附录二：

幼儿家长接受家庭教育指导现状调查

尊敬的家长：

您好！我是安徽师范大学2015级学前教育专业学生，首先衷心感谢您能协助我们完成本次调查。本次调查旨在了解您在幼儿园接受的家庭教育指导的现状以及您对家庭教育指导的教育需求。问题答案均无对错之分，请在符合您情况的项目上打“√”。同时，对您的回答结果我将严格保密，请您如实填写即可。

1.您是孩子的：

□父亲　□母亲　□爷爷　□奶奶

□外公　□外婆　□其他

2.平时在家里负责教育孩子的主要是(可多选)：

□父亲　□母亲　□爷爷　□奶奶

□外公　□外婆　□其他

3.您的孩子所在的班级是：

□小小班　□小班　□中班　□大班

4.您认为家庭教育重要吗？

□非常重要　□比较重要　□一般，不会有什么大的影响　□不重要

5.您目前是否需要家庭教育的指导？

□非常需要　□比较需要　□不太需要　□不需要

6.您认为为您提供家庭教育指导的主体是(可多选)：

□幼儿园教师　□幼儿园教育专家　□社区工作人员　□其他

7.您主动跟幼儿教师聊过教育孩子的问题吗？

□总是　□经常　□偶尔　□没有

8.您认为幼儿教师现有能力能够很好解决您在家庭教育中遇到的问题吗？

□总是　□经常　□偶尔　□没有

9.您认为幼儿教师有必要接受家庭教育指导的培训吗？

□非常需要　□比较需要　□不太需要　□不需要

11.幼儿园开展集体指导常用的方式是(可多选)：

□①家庭教育讲座

□②孩子的家庭教育经验交流会

□③幼儿园半日开放活动

□④亲子活动

□⑤家长会

□⑥家教展示栏或家教园地

□⑦其他

您认为以上几种方式对您的帮助最大的是:

12.幼儿园开展个别随机指导的方式有哪些(可多选)

□①家访

□②家长来园接待

□③打电话

□④发短信

□⑤网络聊天

□⑥约家长见面交谈

□⑦家长接送幼儿时简短交流

□⑧其他

您认为以上几种方式对您的帮助最大的是:

14.以下是幼儿家庭教育指导中涉及的内容,您最希望幼儿教师提供的指导内容是:

□①知识技能方面的教育,比如如何丰富幼儿感性知识,激发智能

□②营养卫生方面的教育,比如如何均衡幼儿饮食,加强幼儿营养保健,促进身体发展

□③社会交往方面的教育,比如如何增强幼儿的社会适应性,培养儿童良好的人际交往能力

□④语言领域的教育,比如如何帮助幼儿获得良好的语言表达和前阅读能力

□⑤艺术领域的教育,比如如何引导幼儿感受和发现美,以及表现和创造美

问卷到此结束,再次感谢您的支持与配合!

基于人力资源管理的初创型企业困境分析与对策
——以芜湖为例

莫　燏
（经济管理学院）

摘　要:近几年,国家高度重视创新创业工作并出台了一系列政策助力其发展。在市场经济的大潮中,初创型企业为国家经济增长做出了重要的贡献。但是在初创型中小企业快速发展的同时,不可避免地出现一些发展困境或瓶颈,如规模小、资金少、自身管理水平低等,尤以其人力资源管理问题较为突出,导致其在市场经济环境下的生存与发展日益艰难。本文结合芜湖地区初创型企业的基本情况,对其人力资源管理现状进行了调查研究,力求找出缓解人力资源管理问题的对策,从而提高初创型企业在市场经济中的竞争力。

关键词:初创型企业;人力资源管理;困境;分析与对策

1　引言

近年来,市场经济瞬息万变,我国初创型企业凭借其灵活性、新颖性,在经济市场中占有重要地位。初创型企业为我国国民经济发展做出了重要贡献,既为国家增加了税收收入,也为大量劳动者提供相应的就业岗位,在一定程度上解决了愈演愈烈的大学生"就业难"的问题,开创了大学生创业就业的新潮。所谓初创型企业,泛指刚刚创立且没有足够资金以及资源的工商注册不满5年的企业。这类企业往往都有资源紧缺、产品或服务不完善、人才匮乏、市场开拓吃力等问题。而在这些问题当中,一个极为突出的就是对人力资源的管理问题。在现有文献中,关于中小型企业现状的分析与研究较为成熟,国内文献中对于初创型企业的研究较少,国外文献大多是关于企业运营的相关理论研究或是只针对成熟企业,或是将人力资源管理理论放置于整个企业生命周期中来看,完全从人力资源管理角度分析研究初创型企业困境的成果相对较少。

"长江巨埠,皖之中坚",自古以来,芜湖优越的地理位置为其带来了生机和发展,"城乡一体"是芜湖始终坚持的统筹发展战略。其间,芜湖地区市场经济与和谐社会协调发展。2017年，芜湖的综合实力居全国百强城市之列，是一个快速发展的新新城市。自进入新世纪以来，芜湖市场经济快速发展，地区生产总值显著增长，人民生活水平不断提高，现在的芜湖，已成为一个经济发展快速、社会环境稳定、人民安居乐业的城市。截至2017年，全市共有17家省级以上科技企业孵化基地，孵化面积38万7000平方米，其中，国家孵化基地2个，省级创造空间20个，其中有5个国家级。芜湖市高新技术开发区的创业服务中心目前已连续三次获得全国百强科技企业孵化基地称号，且芜湖市高新技术开发区获批国务院第二批“大众创业、万众创新”示范基地称号。结合我国经济发展国情，全国上下在经历了大规模经济增长后，为稳定发展，以党中央决策为引导的各个地区经济发展速度逐渐放缓，经济下行压力增大，加之市场竞争加剧，许多初创型企业陷入窘境。就目前的形势来看，企业之间财力、物力的竞争已经开始转向人力资源的竞争。芜湖地区初创型企业众多，且每年的数目都在增加，真正渡过初创期进入成长期的不过三分之一，这一现象已经开始引起众多经济学家、企业家的注意。

2 国内外研究现状

2.1 国内研究现状

对于现如今日趋重视的初创型企业人力资源管理问题，国内部分学者进行了深入的探究。蔡海月指出，初创型企业的人力资源管理大多为家族式的，企业的员工大多是靠同学圈、朋友群组建的，缺乏规范的管理制度，更多地是诉诸感情。同时，由于人才数量较少，员工往往身兼数职并且工资不高，一定程度上造成了初创型企业的员工流动性强、流失率高等问题，对企业的长期稳定发展具有巨大的不利影响[1]。刘元丽在其研究过程中指出，初创型企业要想取得较快发展，就要坚持“人才为本”，做好员工满意度调查，在招聘管理、员工培训、薪酬绩效、职业发展和劳动关系这些方面采取有效措施，努力提高员工满意程度[2]。张雷森从初创型企业如何建立一套合理有效的人力资源管理体系的角度出发，指出在体系设计前要对企业内外环境进行全面分析，同时，根据初创型企业资金较为匮乏的现实，在体系建设中应学会抓住若干重要模块重点设计，抛弃中长期暂不需要的模块，并且他还认为这一体系建设需要全公司从上到下都予以重视、积极配合[3]。陈瑞朋也指出，目前初创型企业普遍存在管理随意化、员工凝聚力差等人力资源管理问题，并提出用公司文化感染和股权激励等方式凝聚员工的建议[4]。

2.2 国外研究现状

与国内不同，国外相关的人力资源管理理论发展较早，体系较为成熟。R.韦恩·蒙迪和罗伯特·M。诺埃提出通过有效运用企业人力资源实现组织目标，人力资源管理部门负责完善组织的人力资源管理体系，以最有效合理的配置运用企业的人力资源[5]。国外学者关于中小企业人力资源管理的研究集中于人力资源管理实践与企业生命周期之间的关系方面。例如，Philip和Donald等人指出，根据企业寿命周期理论，企业不同成长阶段受到的风险制约程度是不同的，要保证其健康成长，企业组织必须进行相应的管理变革，而人力资源管理活动将成为企业管理变革成败的关键[6]。Matthew与Paul等人也通过研究分析得出，中小企业处于初创期的工作重点是招聘员工，处在成长期的工作重点是员工开发，而处在成熟期的工作重点是员工支持。国外对于企业运营的相关理论研究大多针对成熟企业，完全从人力资源管理角度研究初创型企业困境的研究成果相对较少[7]。

结合国内外的研究现状来看，国内仅有较少的针对人力资源管理的初创型企业研究，且没有形成一定的理论体系。国外尚无适合中国实际的案例分析，也并没有着重分析初创型企业。基于此，本文力争从我国实际国情出发，选取合适的调查地点、对象，以人力资源管理的视角对初创型企业存在的问题进行分析，并对此提出相应的对策建议，为完善基于人力资源管理角度的初创型企业研究相关理论做出参考和贡献，也为同类的理论研究提供资源。

3 芜湖地区初创型企业现状与调查

3.1 芜湖初创型企业现状

《芜湖市人民政府关于发展众创空间推进大众创新创业的实施意见》(芜政〔2015〕74号)指出，芜湖市政府将“通过发展众创空间，推进结构性改革、体制机制创新，为有创新创业意愿的人群提供综合性服务，支持各类市场主体不断开办新企业、开发新产品、开拓新市场，培育新兴产业，引导有梦想、有意愿、有能力的各类市场创业主体投身创业，激发全社会创新潜能和创业活力，为芜湖市经济结构的优化调整开拓新领域、提供新动力”[8]。

同年政府文件中还指出，要将创业要素集聚化、孵化主体多元化、创业服务专业化、运营模式市场化、创业资源开放化的模式推向芜湖市，推广到全社会，把芜湖市打造成全省乃至全国的创业首选城市。

首先，政府需按众创空间建设分类推进。2015年，按照全市不少于5个(每个区不少于1个)的目标任务，在市区率先启动众创空间建设工作。自2016年起，按每县区每年新增不少于1个的目标任务，全面推进众创空间建设。到2017年，全市建有众创空间20个以上，其中，重点打造在全省领先、具有区域影响力的众创空间3～5个。

其次，激励各类创业群体积极创业。通过众创空间的辅导孵化，影响带动一批人投身创业，形成以引进项目团队转化创业、高校毕业生在芜创业、领军企业和高等院校人才溢出创业、在外人员返乡创业为主体的四支创业队伍。到2017年，开展基于互联网的线上线下创客培训不少于5000人（各县不少于500人，各区不少于600人），通过各众创空间直接引进和培育创客1000人左右，新增创客创业项目500个以上。

最后，也是非常重要的一点，确保创业金融资源不断丰富。成立众创空间投资管理有限公司，设立众创创业股权投资基金，管理资金规模5亿元以上。到2017年，全市引进和培育种子基金、天使投资等服务创客空间的金融服务主体10个以上；全市创业担保贷款担保基金2亿元以上。

这两年芜湖的创新创业不断发展，创业孵化基地此起彼伏，初创型企业一时间在芜湖遍地开花。初创型企业遇到的管理问题阻碍创业者继续前进的现象，成为社会的关注焦点。初创型企业出现的人力资源管理问题，也是初创型企业投资者重点关注的因素。

3.2 芜湖初创型企业人力资源管理调查

3.2.1 调查目标

实地调研芜湖地区多家工商注册不满5年的初创型企业，采用调查问卷法以及访谈法深入研究企业的人力资源管理运行现状以及出现的问题，并针对出现的问题提出相应的解决方案。

3.2.2 调查内容

（1）初创型企业人力资源管理规划现状的调查。对于初创型企业来说，缺少正规的人力资源管理规划，企业的管理就会陷入混沌、模糊的困境。因此，本研究的小组成员将实地调查企业人事部是否分工明确，是否进行人力资源管理规划，以及规划流程是否正确，是否遵从人力资源管理原则。

（2）初创型企业人才招聘与培养方案的现状及问题。如何获取所需人才是企业必然面临的问题，小组成员将通过调查问卷以及访谈的方式对企业的人员招募、人员甄选以及人员聘用与招聘评估等方面进行一系列的统计和了解。高质量的人力资源一方面可以从市场获取即招聘，另一方面来自对现有人员的培训与开发。因此，还应了解企业的日常员工培训和人才开发的方法以及企业是否为员工个人职业生涯规划提供帮助。

(3)初创型企业绩效管理、薪酬管理的运行现状以及企业内部员工劳动关系的现状。调查企业管理人员是否注重绩效管理的沟通以及绩效管理是否符合正确的流程,考察企业绩效考评体系。同时了解企业的薪酬水平、薪酬体系、薪酬结构、薪酬形式以及是否就薪酬管理问题与员工进行充分沟通。采用问卷调查法和访谈法了解企业雇员与雇主双方的合作和冲突的根源以及表现形式,了解企业劳动关系管理的内容及目标。

(4)结合调研结果,整理分析初创型企业人力资源管理的现状、存在的问题,并探究针对所出现问题的解决途径和方法。

3.2.3 调查过程

(1)从人力资源管理的角度进行观察,初步了解初创型企业现状。采用文献研究法,通过多种途径,查询、搜集关于初创型企业、中小型企业生命周期、人力资源管理现状以及人力资源管理方法等多方面信息,经过研究分析,得出两点:

其一,创业者总体特征:以90后创业者为主体,也有有较长企业工作经验的管理层。

其二,造成初创型企业人力资源管理困境的原因可能有:①创业者对市场与资金的关注分散了其对人力资源管理的精力。②初创时期企业资源匮乏,容易形成依靠朋友圈形成的人力资源,导致形成"家族式"管理,难以确立并执行严格的规章制度。③缺少企业文化而导致员工凝聚力的缺乏。④缺乏有效的激励机制而致使人才流失。

(2)选取芜湖市初创型企业进行考察。采用调查法,包括问卷调查法、访谈调查法以及实地观察法。

首先,对芜湖市实际初创型企业相关人员的不同阶层进行调查。

对初创型企业的管理层采用访谈调查法,主要从以下几个方面入手:是否关注过企业内部的人力资源管理状况;是否认为自己的企业内部存在人力资源管理问题,包括哪些方面;对于企业内部的人力资源管理问题是否采用过解决方法,出台相应的企业政策,反馈情况如何,是否取得一定的成效;对于当前企业的发展来说,最大的挑战是什么,从人力资源管理这方面来说,面临的最大挑战又是什么。

对初创型企业的员工采用访谈调查法或者问卷调查法,主要从以下几个方面入手:对企业在人力资源管理方面的水平做评价;站在自身的角度,希望企业能够给与一个什么样的管理政策;对于自己来说,最能让自己产生归属感,坚守在自己的工作岗位并能产生工作满足感的方法是什么。

其次,在条件允许的情况下,进入企业进行实地观察,观察内容包括:

①企业的整体工作环境；②企业各阶层的工作状态；③企业各阶层之间、同阶层之间、人与人之间的人际关系状况。

(3)调查社会整体对于初创型企业的看法，包括对人力资源管理方面的理想化想法，尤其是注意考察高校大学生、研究生等即将踏入工作岗位或者具有一定工作经验想要换工作求转型的年轻阶层。

采用问卷调查法或者访谈调查法，从以下几个方面入手：

①对于初创型企业是否有就业的意向，理由是什么；②如果进入初创型企业，认为初创型企业最吸引你的是什么；③就初创型企业的规章制度、企业文化、激励机制等多方面谈谈个人理解。

(4)分析企业困境产生的原因，并提出对应策略。采用统计分析法，根据文献研究以及实际调查收集到的数据结果进行统计，分析企业在人力资源管理方面主要存在的问题，以及各阶层对初创型企业的人力资源管理的理想化模型，并根据存在的问题以及人力资源管理的理想化模型分析其困境产生的原因，给出相应的对策。

(5)结合芜湖市初创型企业的实际情况进行反馈，将调查结果效益最大化。采用调查法，通过上述方法分析初创型企业人力资源管理困境以及相应对策，在条件允许的情况下，给予前期参与调查的企业反馈，使芜湖市初创型企业认识到人力资源管理的重要性。一段时间之后，调查分析企业的管理层以及企业员工对于相应人力资源管理方案的评价以及感受，以此来判断相应对策的实际可行性。

(6)综合上述步骤，根据实际情况反馈以及最终数据结果分析，撰写相应的调查报告，论文分析结果与对策得到认可后形成最终结果反馈给部分芜湖初创型企业。

4 芜湖初创型企业人力资源管理现状

此次初创型企业人力资源管理现状的调研以芜湖市四个辖区为主要调研区域，其中弋江区占比35%，镜湖区占比35%，鸠江区占比25%，三山区占比5%。调研以调查问卷为主要形式，辅以企业主的访谈，从客观和主观两个方面全面了解企业情况。调查问卷设计整体结构明确，模块明晰，以选择题为主。为了真实了解初创型企业的情况，问卷加入了主观论述题，用于了解初创型企业的运营现状和人力资源管理的开展情况。

本次调研共发放调查问卷217份，收回有效问卷200份。问卷有效回收率为92.2%。

本次调研的企业数量众多，初创型企业占77.5%，成熟企业占22.5%。涵盖的人员众多，回收的调查问卷中，52.5%的人员属于基本员工，27.5%的人员为中层管理者，20%的人员为高层管理者。

4.1 人力资源概况

样本数据显示，51%的初创型企业员工数量在20人以内，54.5%的初创型企业部门近三年离职人数在5人以内，77.5%的初创型企业每年新进员工数量在10人以内。同时，初创型企业中，设置人力资源（人事）部门与未设置该部门的初创型企业分别占48%和52%（见图1、图2、图3、图4）。

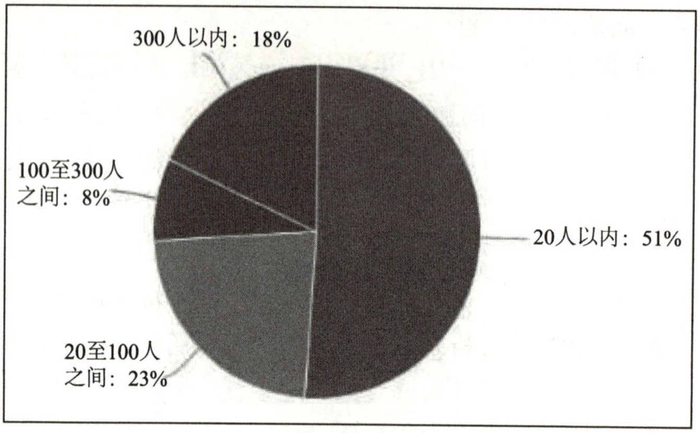

图1　初创型企业员工规模

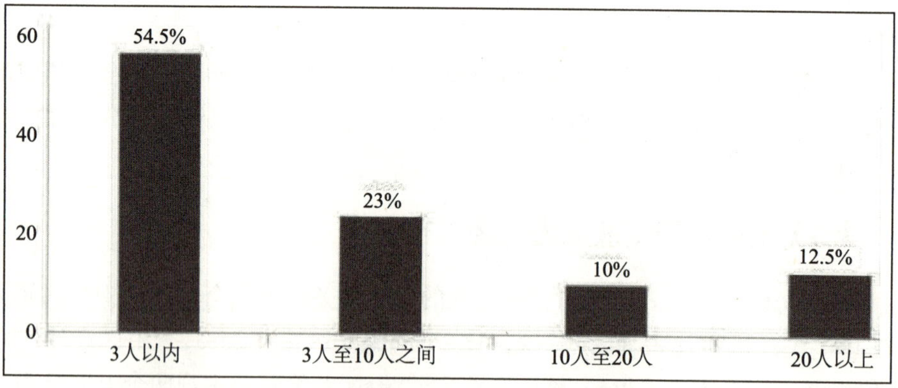

图2　初创型企业部门近三年离职人数

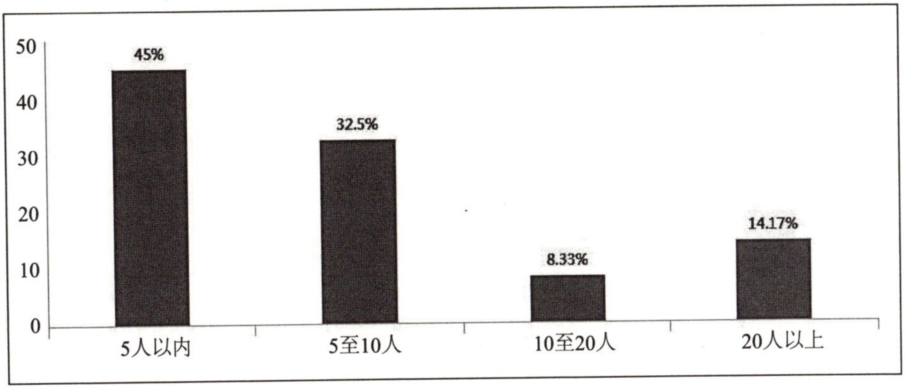

图3　初创型企业每年新进员工数量

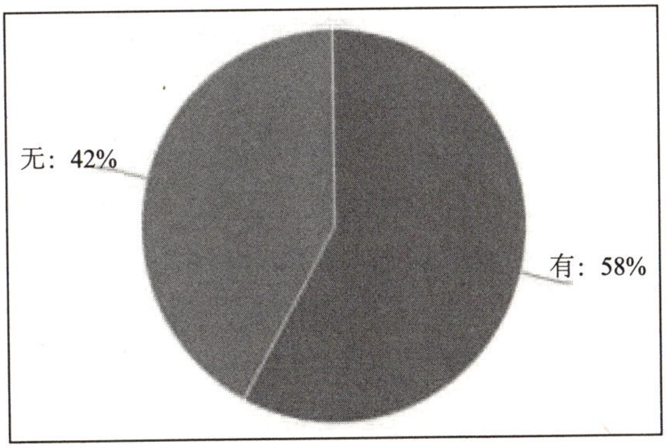

图4　初创型企业人力资源(人事)部门设置比例

经调研发现,大多数初创型企业员工规模偏小,员工的流动性不强。同时,许多初创型企业已经意识到人力资源管理的重要性,并设置专门职能部门具体实施,但设置率总体偏低。

4.2　人力资源规划概况

样本数据显示,58.5%的初创型企业表示企业的人力资源规划被所有员工知晓,41.5%的企业表示规划主要是制定者与各级管理者知晓(见图5)。

经调研发现,初创型企业员工对企业人力资源规划知晓度较高,这与此类企业员工规模较小可能存在一定关系。

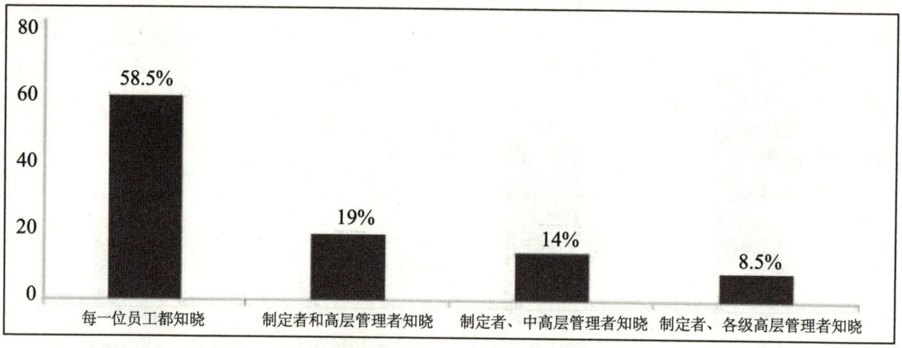

图5　初创型企业员工人力资源规划知晓情况

4.3企业招聘概况

样本数据显示，在招聘渠道上，初创型企业选择较多的为网上招聘、员工推荐、人才市场和院校招聘，分别占到61.5%、43.5%、45%、39%；在招聘周期上，66%的初创型企业表示视情况而定；在应聘者素质上，初创型企业比较看重专业技能、工作态度、工作经验和职业道德，分别占到71.5%、73%、67%、49.5%(见图6、图7、图8)。

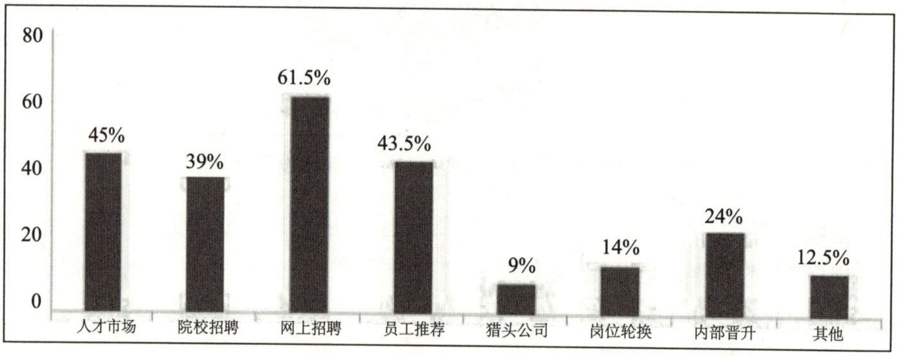

图6　初创型企业招聘渠道选择

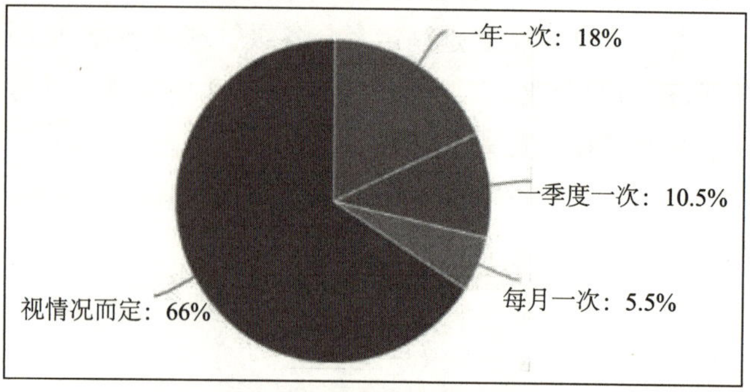

图7　初创型企业招聘周期

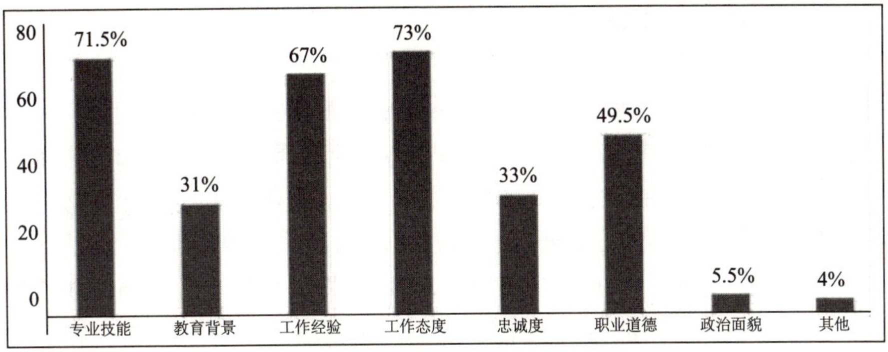

图8　初创型企业对应聘者素质的选择

经调研发现，在招聘渠道上，初创型企业大多数会采用网上招聘、员工推荐、人才市场和院校招聘等渠道，其中，网上招聘和员工推荐是其员工的最主要来源；在招聘周期上，初创型企业往往没有固定的招聘周期，大多是依据自身需求确定招聘的时间；在应聘者素质上，初创型企业更注重员工的专业技能、工作态度、工作经验和职业道德这些方面，其中，对专业技能和工作态度看得尤为重要。

同时可以看出，目前，初创型企业在招聘过程中遇到的最大问题是所招人员不能很好满足业务发展的需求、人岗匹配度不高，这也是影响初创型企业发展的一个重要因素(见图9)。

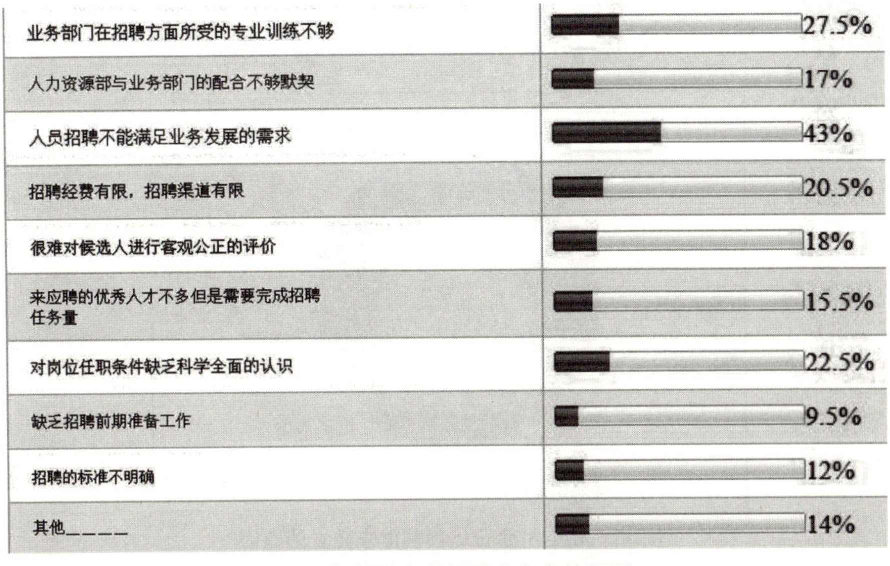

图9　初创型企业招聘中存在的问题

4.4 培训与开发概况

4.4.1 培训体系

样本数据显示，在培训制度及执行情况方面，63.33%的初创型企业选择“有，按制度执行”，另有各占18.33%的初创型企业选择“有，但不按制度执行”和“无”（见图10）。对于制度未建立的原因，48.33%的企业认为是此类企业规模较小，暂时没有建立培训制度必要（见图11）。在培训的类型方面，初创型企业中67.5%有员工在岗培训、65%有员工岗前培训（见图12）。同时，78.5%的初创型企业员工表示接受过岗前培训（见图13）。另外，从培训周期来看，30%的初创型企业培训周期不固定，24.5%、13%的此类企业培训周期分别为一个月一次和一周一次（见图14）。

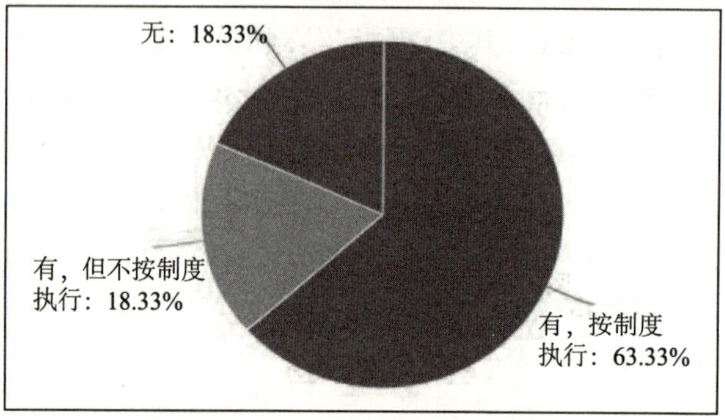

图10 初创型企业培训制度及其执行情况

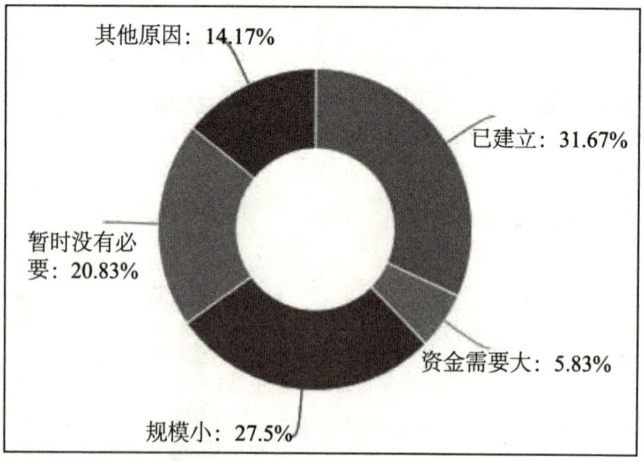

图11 初创型企业培训制度未建立的原因

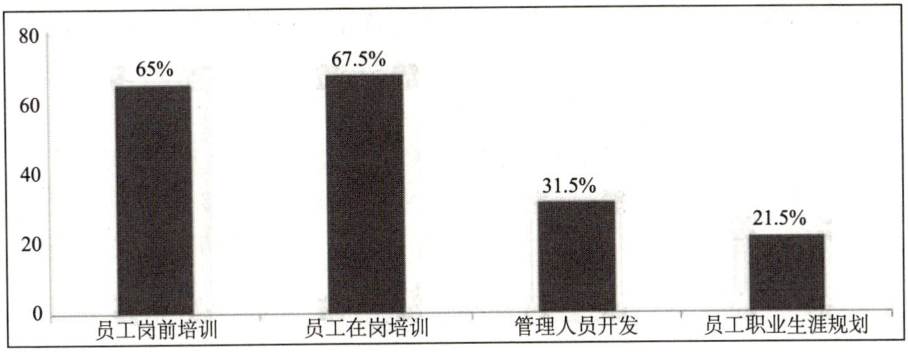

图12 初创型企业培训类型

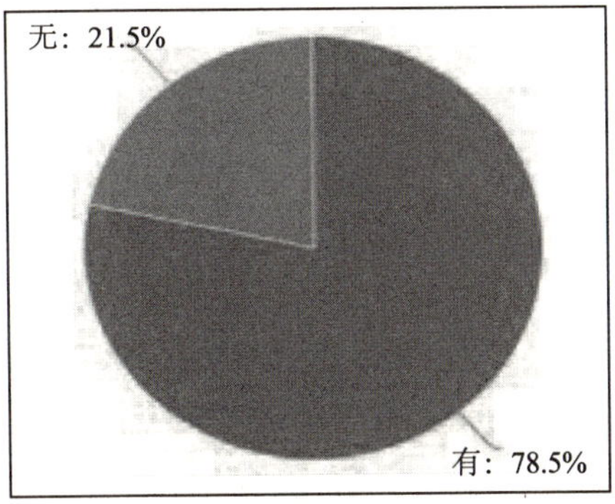

图13 初创型企业员工岗前培训情况

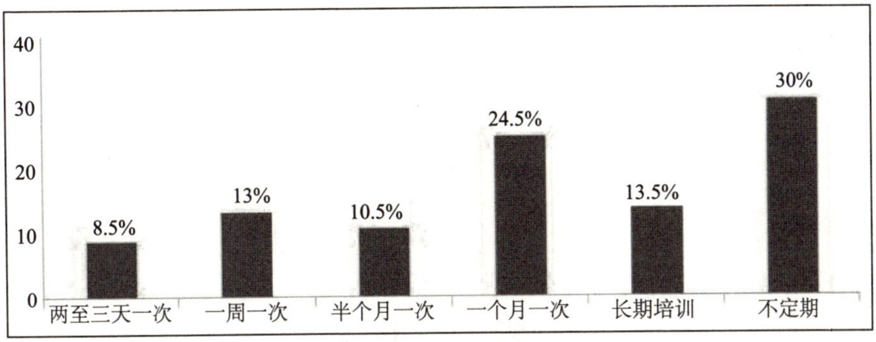

图14 初创型企业培训周期

经调研发现,绝大多数初创型企业意识到员工培训的重要作用,但是在企业中实施起来却困难重重。其中,部分企业有意识地制定了相应的培训制度并按制度执行,但仍有企业并未制定相关制度,其主要原因是认为企业规模较小,暂时没有制定该项制度的必要。同时,调研数据表明,初创型企业对员工的培训集中于岗前培训和在岗培训,在管理人员开发和员工职业生涯规划方面仍有欠缺。培训周期上，大部分初创型企业具有相对固定的培训间隔，每月一次或每周一次居多。

4.4.2　培训方法和培训需求

样本数据显示，在培训方法上，74%和45%的初创型企业分别选择由公司内部有经验的人员进行讲授和安排受训人员到外部培训机构接受系统训练（见图15）；在培训需求上，48.5%的员工认为“有培训需求，但不迫切”，41.5%的员工有较高的接受培训的欲望，这其中有19%的员工认为培训需求非常迫切（见图16）。

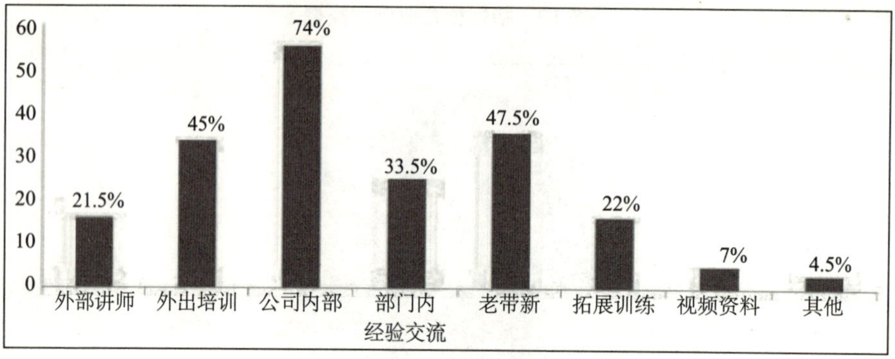

图15　初创型企业培训方法选择情况

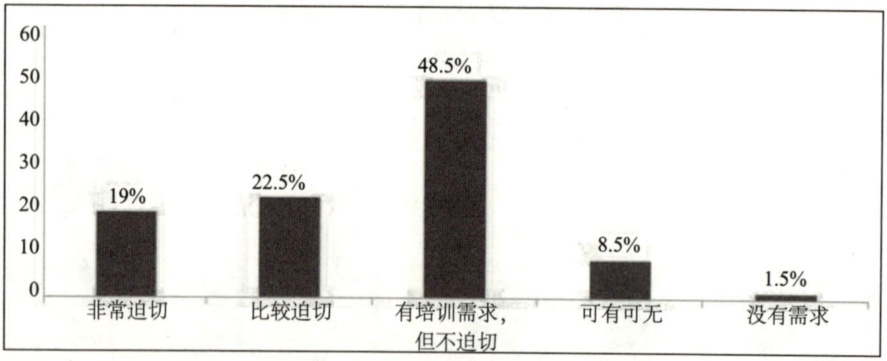

图16　初创型企业培训需求情况

经调研发现，初创型企业的培训主要以内部培训为主，仅有少部分此类企业邀请外部讲师进行培训，这与内部培训成本低有一定关系。同时，数据也表明，初创型企业员工接受培训的欲望和需求较低，大部分员工尚未认识到培训的重要性。

4.5 绩效管理概况

4.5.1 员工激励与绩效评估

样本数据显示，在员工激励方面，63.33%的初创型企业选择发放年终奖这一方式，口头表扬、给予员工学习与培训机会、给予员工适当假期、给予员工更大权利等方式均只占到样本总量的30%左右（见图17）。同时，针对现阶段企业绩效评估存在的问题，初创型企业员工选择较多的是“主要内容没有细化标准，较笼统”“评估流于形式”“反馈信息模糊”“评估内容不全面”这些方面，分别占样本总量的37.5%、35%、34.17%、33.33%（见图18）。

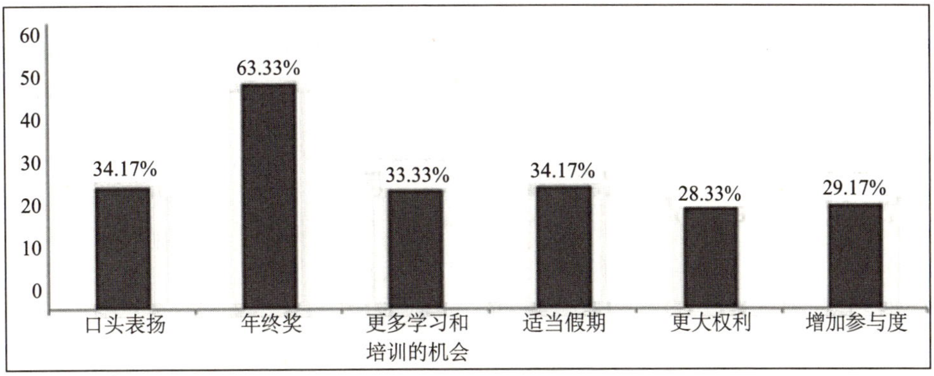

图17 初创型企业员工激励方式

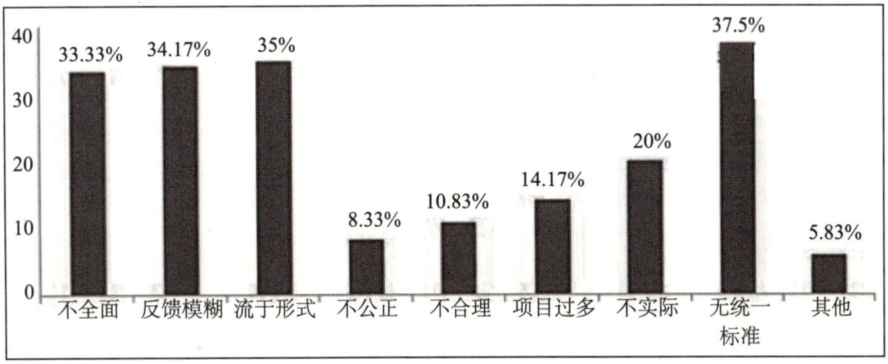

图18 初创型企业绩效评估常见问题

经调研发现，初创型企业目前的员工激励方式以发放年终奖为主，但其中也有部分采用其他方式或者混合使用多种激励手段，从而达到提高员工绩效的目的。同时，调研数据表明，目前初创型企业的绩效评估问题集中于评估内容过于笼统、不全面，评估的形式感强，不能准确反映绩效信息等方面。

4.5.2 绩效考核

样本数据显示，在绩效考核周期方面，初创型企业中43.33%选择进行月度考核，31.67%选择进行季度考核，14.17%选择每半年考核一次，10.83%选择进行年度考核(见图19)。在绩效考核基本指标的选择上，个人业绩和工作态度分别占到68.33%和60%，专业技术能力、个人学习与创新能力、遵守章程规定情况分别占到52.5%、50%和49.17%(见图20)。除此之外，在应加强考核的内容方面，55.83%的初创型企业员工选择工作能力，26.67%、10.83%、6.67%的初创型企业员工分别选择了工作业绩、行为态度和职业道德(见图21)。

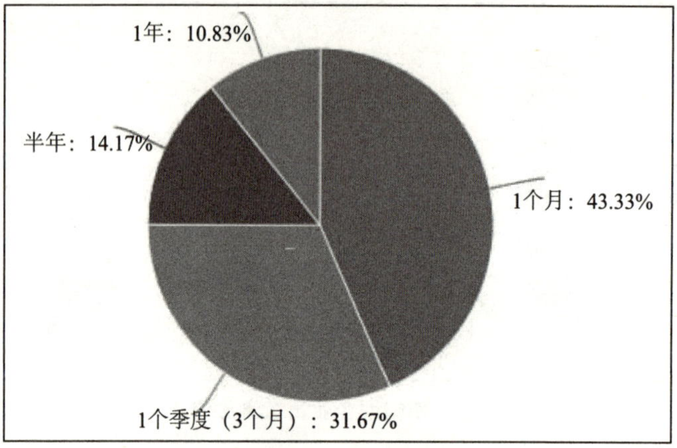

图19 初创型企业绩效考核周期

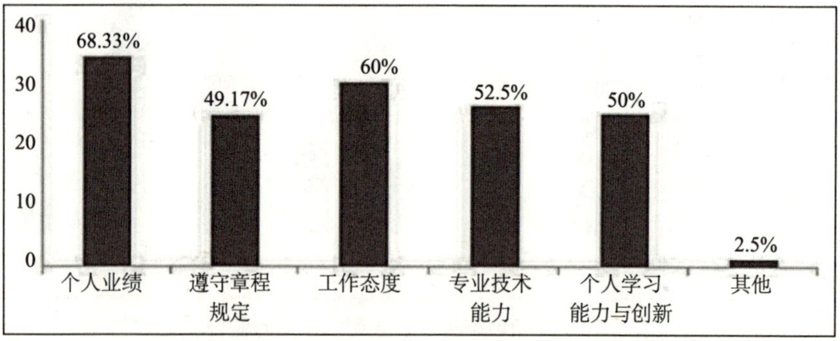

图20 初创型企业员工认为应有的绩效考核基本指标

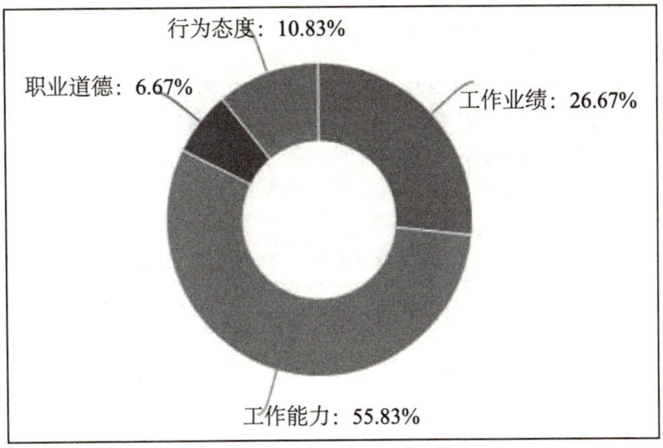

图21　初创型企业员工认为应加强考核的内容

经调研发现，初创型企业的绩效考核周期一般以月度和季度为主，少量实行半年考核一次或每年考核一次。关于绩效考核应包含的基本指标，初创型企业员工大多认为个人业绩和工作态度是其中重要内容，同时有部分人员认为规章制度遵守情况、专业技术能力和学习创新能力也应纳入考核范围。除此之外，初创型企业员工多数认为应加强工作能力的考核，而认为需加强职业道德和行为态度考核的人员较少。这反映出初创型企业在绩效考核方面更注重工作能力，对职业道德和行为态度重视程度相对较低。

4.6　薪酬管理概况

样本数据显示，在薪资水平方面，60%的初创型企业员工月薪在3500元以内，其中月薪在1500～2500元的占24.17%，月薪在2500～3500元的占35.83%（见图22）；除此之外，也有25.83%的员工表示其月薪在4500元以上。在员工对薪资公平性的感知情况方面，初创型企业员工中10.83%认为当前薪资非常公平，53.33%认为比较公平，30.83%认为一般（见图23）。在员工对当前薪酬的满意度方面，66.67%的初创型企业员工表示满意，其中有5%表示非常满意；同时，也有33.33%的初创型企业员工对当前薪资的满意度较低（见图24）。

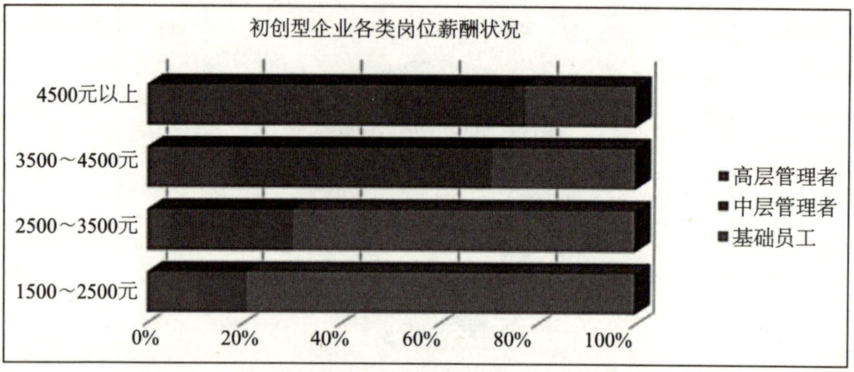

图22　初创型企业各类岗位薪酬状况

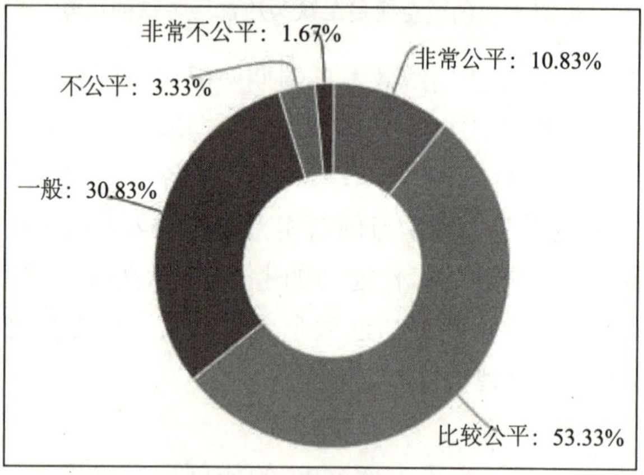

图23　初创型企业员工对薪资公平性的感知度

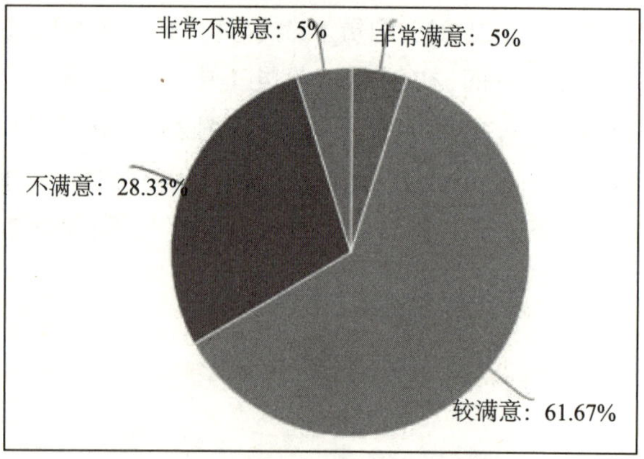

图24　初创型企业员工的薪资满意度

经调研发现，从整体工资水平来看，初创型企业员工都达到了芜湖市2018年的最低工资标准。其中，员工每月薪酬大多在3500元以下，以2500～3500元居多；从各类岗位来看，月薪在4500元以上的以高层管理者居多，月薪在3500～4500元的以中层管理者居多，月薪在1500～3500元的以基础员工居多。

调研数据还表明，在薪酬公平性方面，绝大多数初创型企业员工认为其非常公平或比较公平，部分员工认为一般。在薪酬满意度方面，大部分初创型企业员工处于比较满意水平，但仍有一定数量员工满意程度较低。

4.7 劳动关系管理概况

样本数据显示，65.83%的初创型企业员工表示本公司未建立工会组织，20.83%的初创型企业员工表示不清楚，仅有13.33%的此类企业员工明确表示本公司已建立工会组织（见图25）。同时，68.33%的初创型企业员工表示已与公司签订劳动合同，其中55%签订个人合同，13.33%签订集体合同；另外，仍有31.67%的初创型企业员工表示尚未签订相关劳动合同（见图26）。

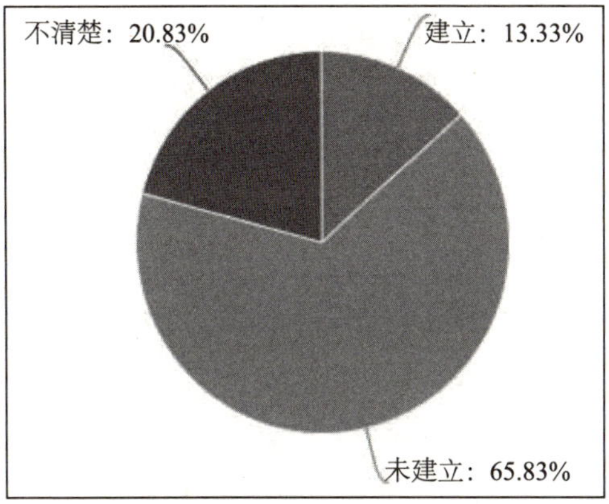

图25 初创型企业工会建立情况

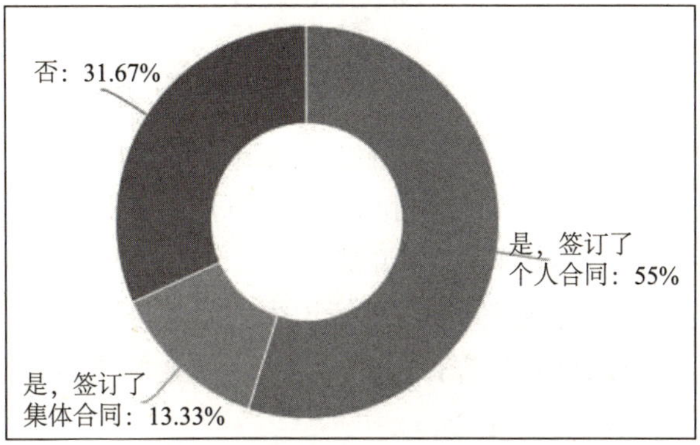

图26 初创型企业员工劳动合同签订情况

经调研发现,初创型企业中建立工会的比重较低,多数初创型企业中未形成固定的工人组织。另外,现阶段初创型企业与员工签订劳动合同的意识与水平较高,但仍有一定数量的此类企业并未关注劳动合同的签订事宜。

5 芜湖初创型企业人力资源管理困境分析

本文选取了芜湖地区200家企业,包括初创型企业和非初创型企业,其中120家企业创立时间1~5年,35家企业创立6~10年,45家企业创立10年以上。由于人力资源管理很难量化,故问卷设计多为定性分析,结合上述数据,具体分析如下所示。

5.1 人力资源现状

初创型企业大多规模小、员工少,员工基数小让流动率居高不下。芜湖的初创型企业一半以上都没有设立独立的人力资源(人事)部门,但随着企业自身慢慢的规范化,人力资源(人事)部门开始建立起来。随着初创型企业渡过成长期,进入成熟期,人力资源(人事)部门是一个必不可少的要素。

通过企业实地访谈,企业创始人认为,人力资源管理对于企业整体发展而言具有重要作用,即使是初创型企业,也需要系统的、专业的及相适应的人力资源配套模式与公司运行机制相融合,规范统一公司制度,以便后续工作开展。在企业创立的初期,创立者与加盟者励志将公司做大做强,一人身兼数职,甚至一人一个部门。但随着企业投资扩大,人员数量增加,制度管理规范,企业务必有完善组织架构、改变管理模式、积累人力资源的意识,系统化、规范化、制度化人力资源管理工作[9]。

5.2 员工招聘

近年来,初创型企业时时刻刻面临着"招人难、留人难"的困境,每次临近各个企业招人之际,初创型企业的一场硬战也就随之而来。初创型企业受各种因素的限制,导致以下几点缺陷:

5.2.1 工资低,福利差

在招聘市场上,初创型企业的薪酬水平很难与大型成熟企业产生竞争力,人才招聘工作自然难以胜出。即使招到了人才,但企业成立初期急于完成项目投放市场,每天的工作任务对于员工来说都是挑战,长时间的高负荷工作却不能带来同等的回报甚至拖欠工资,员工主观意识受到了不公平对待后就会降低对该工作、该公司的满意度,面对外界待遇优渥的大型企业的诱惑,离职是必然结果。

5.2.2 内部控制机制不健全

责任不明,互相指责,缺乏沟通。出现沟通缺陷但没有相应的审批和风险控制程序来弥补，往往导致企业出现各种问题并陷入混乱，久而久之，员工会对自己的选择产生怀疑，对企业的信任度和忠诚度降低，此时，员工离职也不远了。

工作职责模糊不清。员工没有规定好的工作内容，哪里需要去哪里，既有员工过度劳累也有员工偷懒懈怠，管理起来，员工责任难定。

5.2.3 领导者特征占主导因素

公司规模小，员工经常接触领导者，领导者也越级给员工安排工作。此时，领导者的态度及行为在员工眼中被放大。领导者缺乏自我表述宣传，与员工缺少及时沟通，不能及时向员工传达自己的新想法和资源，使得员工没有办法站在领导者的角度看到一些背后的情形。一旦初创型企业无法让员工看到未来前景，平常繁冗琐碎的工作内容会让这些原本具有梦想和抱负的员工失望。

以上提出的多为员工不愿去初创型企业以及在初创型企业待不长久的原因，正是这些不想去、想离职的员工在该行业之中对公司形成声誉影响，初创型企业招聘问题陷入恶性循环[10]。

从反面来看，员工之所以会选择到初创型企业工作，除了工资能得到满足，最重要的一点就是企业与员工能够持有共同理念，有一个能为之共同奋斗的理由，初创型企业能够给员工提供自身发展的舞台。而刚刚建立的企业迫切需要发展，对员工的专业技能尤为看重，复合型人才在初创型企业看来更为吃香[11]。

针对企业招聘情况的调查，芜湖市200家企业中，初创型企业和非初创型企业对于招聘渠道的选择基本上有7种，包括人才市场、院校招聘、网上招聘、猎头公司、员工推荐、岗位轮换以及内部晋升[12]。其中尤以网上招聘、人才市场和员工推荐最为普遍。将公司的创立时间与招聘渠道的选择进行交叉分析，可知初创型企业和非初创型企业的招聘渠道有哪些差异（见表1）：

表1　公司创立时间与企业招聘渠道交叉分析

招聘渠道	1～5年	6～10年	10年以上	总计	X^2	P
人才市场	50	18	22	90	1.398	0.497
院校招聘	42	15	21	78	2.138	0.343
网上招聘	76	21	26	123	0.467	0.792
猎头公司	6	6	6	18	6.21	0.045*
员工推荐	55	17	15	87	2.525	0.283
岗位轮换	12	5	11	28	5.674	0.059
内部晋升	19	9	20	48	14.75	0.001*
其他	15	2	8	25	2.62	0.27

注：*表示 $p<0.05$，**表示 $p<0.01$。

7种招聘渠道中，仅两项与企业创立时间有关：猎头公司和内部晋升。猎头公司提供的一般为大型企业人才，因成本过高，初创型企业不宜选择。而内部晋升的前提是需要一个完整的组织架构，显然这是初创型企业基本上无法满足的条件。这两方面的缺陷，初创型企业都可以用先进的经营理念和创始人出色的个人魅力来进行部分弥补。

目前而言，我国中小企业招聘中存在的问题有招聘原则模糊、招聘缺乏重视、缺乏岗位正确定位、招聘意识薄弱、人力资源规划规范程度低、招聘人员专业性低、缺少招聘评估、招聘渠道狭窄、招聘预算投入不足、公司缺乏竞争优势等。根据调查数据，将企业招聘存在的问题与公司创立时间进行对比分析，结果如表2所示：

表2　公司创立时间与企业招聘存在的问题的对比分析

招聘存在的问题	*P*
与业务需求契合度低	-0.168*
业务部门合作度低	0.076
岗位分析科学性低	-0.016
业务部门招聘专业度低	-0.019
招聘前期准备不足	0.085
招聘标准不明确	0.074
招聘工作得不到重视	0.036
人才甄选能力有提高	0.008
招聘数量硬性要求较高	0.111
其他＿＿＿＿	0.183**

注：*表示 $p<0.05$，**表示 $p<0.01$。

利用相关分析去研究公司创立时间与招聘存在的问题之间的相关关系，使用Pearson相关系数表示相关关系的强弱情况。通过具体分析可知，公司创立时间和“与业务需求契合度低”之间的相关系数值为-0.168，呈现出0.05水平的显著性，因此，公司创立时间和“与业务需求契合度低”之间有着显著的负相关关系。由此可以看出，越是创立年份少的企业对于“员工完成业务”的需求就更高，与初创型企业急于完成项目投放市场的趋势是一致的。初创型企业招聘侧重的人员具有较高的专业技能和其他所需能力，旨在招聘高能力、高绩效以及能为公司谋切实发展的人才。

5.3 员工培训体系、方法、需求

在人才市场供不应求的情况下，企业要想具备人力资源管理层级的竞争力，毫无疑问的，拥有一大批高素质员工是必备条件，除了招聘直接挖掘优秀人才外，科学、合理的员工培训是提高员工素质非常重要的手段之一。企业培训是企业发展所需人力资源的重要手段，是企业人才培养最重要的方法，在企业发展中起着重要作用。企业要想超越竞争对手，方法之一就是制定一套完善科学的培训体系，使公司内部员工比竞争对手学得更快，企业本身也应重视培训、重视员工全面素质的提升。

在培训类型上，芜湖地区非初创型企业对各类培训的重视程度较初创型企业都有所提升，尤其是更加注重管理人员开发和员工职业生涯发展规划。在培训方法上，非初创型企业邀请外部讲师进行集中培训，请经验丰富的老员工进行一对一培训和拓展训练，企业内部集中讲授培训由于其便利性和低成本的优点仍广受青睐。

在培训需求上，初创型企业迫切需要发展。初创型企业大多采用任务导向的经营方式，任务完成大于天，领导者和员工无暇顾及自身培训的需求性，往往都是在完成任务的过程中学习新知识、掌握新技能。初创型企业日常的培训方式基本为非正式培训，但由于人员数量过少，同等成本的情况下非正式培训的效果往往优于正式培训。非初创型企业随着公司的渐渐扩大和组织架构的规范化，分离出了领导层、管理层和基层，且基层人数偏多。而基层员工之中不乏技能学习和职业发展的需求，管理层也需及时掌握先进的管理理念和学习科学的管理方法，因此，整个企业的培训需求量比较大，企业也就需要将其作为员工的管理问题来进行解决，培训的需求程度和迫切度自然提升了[13]。

企业在新进人员不能满足发展需求时，认识到员工培训的重要作用。部分企业有意识地制定了相应的培训制度并执行，但仍有部分企业并未制定相关制度。企业创立前期对于人力资源管理规划的意识比较薄弱，在培训这一块也可以窥见一斑。多数企业仅仅知道需要培训，是为了培训而培训，并没有结合企业的现状进行调查、总结，没有结合公司的实际情况制定相应的培训计划，也没有进行员工实际需求的培训活动。

5.3.1 培训体系

2017年10月18日，习近平总书记在十九大报告中指出，要“完善培训体系，深化产教融合、校企合作”。完整的培训体系包括课程体系、讲师管理、评估、培训管理，尤以前三项为培训体系的三大核心。除此以外，人力资源管理六大模块彼此之间是相互联系、相互沟通的。培训体系必须与晋升体系、薪酬体系相吻合[14]。培训体系是一个动态的平衡的体系，涉及的培训课程和培训讲师都需要按照企业的需求和员工个人的需求来进行调整。

但是由于初创型企业内部结构尚未完善，晋升体系和薪酬体系皆不完备，往往缺乏一整套有计划、有系统的培训体系[15]。在随着初创型企业成长、成熟的过程中，公司的各种人力资源管理规章制度都会一一完善，培训体系也会在这个过程中渐渐形成、成型。

5.3.2 培训方法和培训需求

初创型企业的培训主要以内部培训为主，且大部分培训很不规范，边工作边培训，在完成任务的同时，接受来自各个方面的知识和技能的提升，以一对一教授和自学的方式为主。也存在少部分初创型企业邀请外部讲师进行培训的方式，这些都和企业内部培训成本较低、培训意识薄弱、培训需求较低有一定关系。但数据也表明，初创型企业员工接受培训的欲望和需求较低，大部分员工未感受到接受培训的迫切性。

5.4 绩效管理

绩效管理，企业为了达到一定的共同目标，全员参与针对绩效计划制定、沟通、考核、评价、应用、目标提升的循环过程，绩效管理的最终目标是为了提升员工、部门和组织的绩效[16]。

绩效管理是一个循环往复的过程，由四个阶段组成，分别为计划、辅导、考核、反馈。激励性绩效管理，强调员工的工作积极性，管控型绩效管理强调员工的行为。一般在初创型企业，制定的绩效管理规定大多为激励型，而成熟型企业由于有完善的绩效管理规定和体系，绩效管理多为管控型，约束员工的行为即可。

初创型企业的绩效管理主要围绕项目是否完成、业务量是否增加等具体的工作结果展开。一方面，这种任务导向型的绩效管理方式有利于企业快速发展业务，持续经营下去；另一方面，这种形式单一的方法可能并不能适用于公司扩张后的绩效管理。

目前，初创型企业的绩效评估问题集中于评估标准难以确定，评估结果信度和效度较低。普通公司绩效考核周期一般以月度和季度为主，少量实行半年考核或年度考核。其在绩效考核方面更注重工作能力，对职业道德和行为态度重视程度较低，且一般以个人业绩为主要考核指标，较少关注员工行为表现[17]。考核人员的主观性对绩效考核结果也具有一定程度的影响。

5.5 薪酬满意度波动

关于薪酬管理这一方面，在企业初期发展的过程中并不规范，少数人以按劳分配的方式领取工资，而创始人甚至并不领取工资，到了后期逐渐规范化，企业员工开始按公司制定的规章领取薪酬。研究发现，在初创型企业中，各个岗位等级薪酬在初创型企业中差距不大。

除了发展较好的初创型企业员工月薪在4500元以上外，大多的集中在3500元以下，尤以2500～3500元这个水平的居多；从岗位类型上观察，月薪在4500元以上的大多是高层管理者，而中层管理者大多在3500～4500元，基础员工的薪酬大多集中在1500～3500元。关于薪酬公平性，除了部分员工认为一般外，绝大多数员工的态度是认为其非常公平或比较公平。最后，从薪酬满意度方面分析，虽然大部分员工觉得比较满意，但满意程度较低的员工也占据了一定的比例。

初创型企业由于种种因素的限制，往往不能提供全面系统的薪酬体系方案，有的靠直接抬高到手薪资或者人情策略来留住人才；非初创型企业在发展过程中渐渐规范化，薪酬的设计开始丰富化、层次化和结构化，但到手的现金与初创型企业没有竞争力，两者皆有利有弊。非初创型企业在成长期和成熟期，员工的薪酬满意度会经历一个先下降后提高的过程，这主要是由于成长阶段员工工作压力较大造成的。

5.6 劳动关系管理

研究发现，初创型企业中建立工会的比重尤其低，多数初创型企业中未形成固定的工人组织，甚至还没有建立工会的意识。另外，现阶段即便是初创型企业，员工签订劳动合同的意识较高，虽有一定数量的初创型企业并未涉及劳动合同的签订事宜，但基本以家庭、朋友的形式居多，于此，心理契约占比较多。

员工之间的心理契约是初创型企业中的劳动关系管理的重点。在90%以上的初创型企业中，关于劳动关系并未制定比较全面的企业制度。在一些初创型企业的人力资源管理工作中，工作过程往往比工作结果更重要，规章制度也要为人情味让步[18]。当利益大于人情时，一系列冲突就有可能发生，很多时候，初创型企业会缺乏这种意识从而任其发展，最终导致问题积累直至爆发，企业无法长远发展。

在企业发展进入稳定阶段过程中，工会组织的比重在逐渐提高。在此过程中，企业和员工之间所签订的劳动合同水平在显著提高，并且大多数非初创型企业也开始和员工之间签订相对规范的书面劳动合同。同时，劳动合同的期限也是随着企业由初创期、成长期走向成熟期这个过程逐步延长[19]。

6 建议与对策

在初创型企业中，人力资源管理显得尤为重要。但由于受到规模小、管理不当及资金少等局限性的影响，初创型企业很难形成系统化、规范化的人力资源管理体系，且规章制度的约束力不高等问题也凸显出来。据此，本文结合芜湖地区初创型企业自身实际，提出如下几点建议。

6.1 重视招聘，留住人才

初创型企业结合其快速发展的需求，应高度重视招聘工作。

首先，应结合单位岗位特点来选择合适的招聘来源与渠道。对于每个企业来说，其独特的企业文化和职责使命决定了它们对员工素质的需求有所不同。鉴于此，符合组织自身的要求才可视为成功的招聘。其次，由于岗位类型的不同，招聘的来源与方法也因岗位类型的不同而不尽相同。每个单位应根据自身的实际，再决定采用什么样的方式、方法，招聘不同岗位的人员时必须根据自己的实际情况而定，这样才能为单位及时地提供优秀人才。这样做还可以降低招聘的失误率，减少员工流动率，避免出现招进来又辞退等事件的频繁发生。初创型企业的招聘渠道主要集中在网上招聘、人才市场，虽然这两个招聘渠道较为便利且成本较低，但是对于初创型企业复合型人才的需求就无法满足，网上招聘以及人才市场应聘者水平良莠不齐，初创型企业很难在这种情况下找到合适的人才[20]。更好的选择是进入当地高等院校寻找拔尖人才，这样既能保证员工的质量，也能在一定程度上了解员工的基本信息。

人力资源对于初创型企业的发展尤为重要，尤其是优秀的人力资源，既可以给予企业新鲜的活力，又能为企业发展提出独特的方案，并能够用自己的工作能力为企业的业务发展做出巨大的贡献。

6.2 完善体系，自主培训

若企业员工不能够满足业务部门的需求，并且在社会上招聘也很难招聘到对口的员工，那么注重培训，完善企业的培训体系就是一个急需解决的问题。除了考虑企业发展需求外，还要重视员工情商和潜能的发挥、个人职业生涯的设计等方面，使培训成为员工个人今后事业发展的一种准备工作，这样的培训就会从“要你培训”变为“我要培训”，取得截然不同的理想效果。培训的目的绝不仅仅是有利于企业的经营、发展，还应对员工自身的技能的掌握、专业知识的学习以及工作经验的积累起到至关重要的作用[21]，从而提升员工综合素质，激发员工接受培训的欲望。

为节约成本，企业应鼓励员工进行自主培训，将自主学习的意识融入企业文化中,完成学习型组织的转变。培训的竞争,就是企业学习力度的竞争。初创型企业在资源方面没有优势,但是在自身灵活以及转型速度上具有一定的优势。员工学习意识的培养和建立主要依靠创始人的模范带头和宣传作用,要将员工的“要你培训”意识转变为“我要培训”。现如今,网上资源丰富,拥有“我要培训”意识的员工自然可以找到自己需求的资源。与此同时,初创型企业也要在拓展培训途径、加大培训成本、提高员工技能和产出等方面下功夫,通过培训的方式使竞争能力得到提升,进而拥有一批高素质的人才。

6.3 两大原则,动态循环

绩效管理一直是企业关注的重点,不管是成熟企业还是初创型企业都需借助绩效管理提升企业的业务发展[22]。初创型企业由于体系不完善,没有办法进行管控型绩效管理,只能在激励型绩效管理的基础上进行提炼,注重绩效管理的两大原则。

6.3.1 组织目标为主,个人目标为辅

初创型企业处于企业初创期,其组织目标一般来说是在企业得以继续生存的基础上,积极发展公司业务,不断扩大公司规模,促进企业成长,同时不断规范公司各项规章制度。对于初创型企业员工来说,他们一般是为了某种共同的愿景集合在一起,以心灵契约为纽带,维系企业的整体运营。在绩效管理时,将组织目标与个人目标相结合,让员工认识到,个人目标的完成在不断地推动组织整体目标发展。与此同时,在企业物质资源困乏的情况下,精神激励变得尤为重要。一般在初创型企业,员工激励措施主要为精神激励,辅之以物质激励。因此,这就要求企业在绩效管理方面花更多的精力在精神层面上,在不断完善激励政策的同时,必须考虑初创型企业的组织目标以及员工个人目标、自身需求。

6.3.2 物质、精神相结合

而由于初创型企业本身盈利小,资金短缺,初创型企业必须根据自身能力,进行适当的物质奖励或者利用期股计划,让员工成为企业的一分子,将企业的发展和员工自身利益相结合。所以初创型企业前期基本上都是以家庭、朋友为组成形式,更多地通过人性化管理,利用心灵契约的方式进行双方的约束和激励,使员工产生强烈的归属感和工作动力。

6.3.3 及时反馈,推进循环

绩效管理是一个动态循环的过程,没有终点[23],及时反馈推进绩效管理整体运行。企业上下各层员工都应了解绩效管理的积极作用,及时向上级反馈绩效管理的效果,配合管理层进一步完善绩效管理的方法和体系。

6.4 全面薪酬，全面激励

目前来看，初创型企业留人的策略集中在个人发展和企业股份上。借助初创型企业的平台，员工个人有较好的发展前景，并且能够在一定程度上拥有相应的社会地位，员工愿意为了自己的个人发展留在企业继续工作并能够和企业荣辱与共。而股份制则是属于“金手铐”策略，给予工作满规定年限的工作人员一定的企业股份，促使员工由于未来长期的利益留在企业并且提高了员工的主人翁意识，促使他们尽自己最大的努力让企业的发展更上一层楼，企业的利益即员工个人的利益。

初创型企业不但需要合理提高员工工资水平，使用股份制保留人才，同时还应在基于公司自身能力的基础上提高员工的福利待遇，注重企业的人才政策。如果物质薪酬无法使员工获得持久性的满意，不能实现对员工长期激励，初创型企业应该在仔细了解员工需求之后，提供给员工获得更多知识、机会和发展空间的途径，从而发挥全面薪酬的作用，激励员工努力工作。

6.5 采用“点”关注劳动关系，提高员工满意度

企业目前尚未有能力与成本建立健全的工会组织，但是对于企业的劳动关系管理也不可疏而不管，可采用“点”关注的形式进行劳动关系的管理。管理层设有一人针对劳动关系进行兼职，管理层下方对接各个部门的负责人，管理层从一点展开，发散型对接负责人。负责人将平时的劳动关系问题及时记录在册，定期汇报给管理层，管理层针对出现的问题集中讨论，制定对策，以最小的成本最大化解决问题。

对于初创型企业来说，管理者应注重提高员工满意度。在心灵契约的基础上，加强与员工之间的沟通交流，鼓励员工积极对企业提出建议并对其中的合理成分予以采纳，广泛促进“平等团结、和谐共赢”的企业文化的形成，提高员工之间的凝聚力和各自的归属感，旨在加强企业文化的贯彻和渗透，提高人才保留率。要尽快将企业与员工之间的关系由心灵契约逐渐向书面化、标准化的劳动合同方向转变，加强企业文化的灌输。一方面，用规范约束员工的行为；另一方面，用企业文化感化员工，使其身心两方面都完全接受企业，从而保证人员的合理流动，促进企业管理向制度化和规范化方向改进。

7 结论

初创型企业是市场经济持续发展的希望，虽然因其规模小等一系列问题遭遇夭折的可能性高，但是成功渡过初创期进入成熟期进而成为成熟企业也比比皆是。成功不可以复制，但是初创型企业如何避免一些困境依旧是有迹可循

的。人力资源作为现如今最具竞争力的资源，初创型企业应引起高度重视，遵循上述建议、对策，结合自身的实际情况，扎实走过每一阶段，争取成功渡过举步维艰的初创期，顺利发展。

当然，针对初创型企业的研究不能仅仅局限于理论、局限于芜湖地区，今后的研究中需进一步跟踪调查已将结果反馈的企业，收集整理其改善数据及情况。与此同时，前往南京、杭州、深圳等初创型企业云集的地方进行区域对比分析。前往北京、上海等地对处于成长期、成熟期甚至衰退期的企业进行调查，及时分析企业的生命周期与企业发展特点有何关系。最后将以上调查结果结合在一起进行数据整合分析，完善对初创型企业发展的建议和对策，并进行及时反馈。

参考文献：

[1] 蔡海月．创业企业如何规范人力资源管理[J]．科技创业，2003(2)：64.
[2] 刘元丽．提高员工满意度之：初创型企业篇[J]．科学大众(科学教育)，2014(6)：164，36.
[3] 张雷森．JZ公司初创期人力资源管理体系设计[D]．杭州：浙江工业大学，2014.
[4] 陈瑞朋．微型初创型企业管理问题研究[J]．商场现代化，2015(9)：123.
[5] R．韦恩·蒙迪，罗伯特·M．诺埃．人力资源管理 [M]．6版．葛新权，郑兆红，王斌，等译．北京：经济科学出版社，1998.
[6] 杨凌燕．成长期民营企业的人力资源管理[D]．北京：对外经济贸易大学，2007.
[7] RUTHERFORD M W，BULLER P F，MCMULLEN P R. Human resource management problems over the life cycle of small to medium-sized firms [J]. Human Resource Management. 2003，42(4)：303-320.
[8] 芜湖市人民政府关于发展众创空间推进大众创新创业的实施意见[EB/OL]．[2016-02-22](2018-09-12)．http://www.gov.cn/zhengce/2016-02/22/content_5044533.htm.
[9] 文亮，贾厚光．初创小微企业创业机会对商业模式的影响研究[J]．山东社会科学，2012(11)：162-165.
[10] 国家发展和改革委员会中小企业司．中国中小企业发展报告(2007)[M]．北京：机械工业出版社，2007：8-9.
[11] 苏晓枫．初创型企业人力资源管理现状、问题与对策研究[J]．商场现代化，2017(1)：114-115.
[12] 何强．共建企业心理契约型的人力资源文化[J]．民营科技，2006(4)：19-20.
[13] 闫海强．以人为本是民营企业实现可持续发展的出路[J]．太原理工大学学报(社会科学版)，2005，23(A1)64：79-81.
[14] 张云．创业企业人力资源管理的问题及对策[J]．科技创业月刊，2009(1)：106-107.
[15] 刘艳，徐茜．中小企业创业期人才困境与对策[J]．经济师，2005(6)：159-160.

[16] 陈陆陆.新创企业的人力资源独特管理[J].市场周刊(理论研究),2007(9):144-146.
[17] 张进芳.浅析企业人力资源管理中激励机制的问题与对策[J].管理与财富,2009(12):31.
[18] 张凤美.初创型企业人力资源管理现状、问题对策研究[J].现代经济信息,2017(13):103.
[19] 刘琼芳.企业人力资源配置存在的问题及管理对策[J].企业改革与管理,2016(6):89.
[20] 曹旸.现代企业人力资源的配置问题及其管理模式探析[J].人力资源管理,2015(8):94.
[21] 张文.基于L公司实践的医用纺织企业初创阶段的人员选拔与培养体系研究[D].天津:天津大学,2014.
[22] HEATHFIELD S M. Performance management process checklist [EB/OL].[2016-10-13](2018-09-10).https://www.thebalance.com/performance-management-process-checklist-1918852.
[23] ABDULI S. The role of human resources in performance management of SMEs: the case of republic of macedonia [D]. Tetovo:South East European University, 2013.

指导教师评语:

本文基于人力资源管理视角,对芜湖初创型企业进行了调查研究,找出了问题并提出对策。选题适当,有较好的理论意义与实际意义。论文研究方法和论据选取都较为合适,论证过程适当,结构安排逻辑性较好,格式符合规定。论文结合大样本调研对研究主题进行了分析描述,对研究对象有清晰的定位,分析过程较为透彻,语言组织准确。较广泛地查询阅读了有关国内外文献资料,充分掌握资料,运用贴切,综合运用分析能力强。作者具有扎实的理论基础和系统的专业知识。论文从一般理论分析到具体分析,再到理论结合实际,都较好地体现了基本科研能力。在理论、实践方面有一定见解。

经济管理学院何建华教授

附录:

初创型企业人力资源管理现状调查问卷

您好!我们是安徽师范大学经济管理学院参与暑期社会实践的学生,我们是赴芜湖市初创型企业人力资源管理现状调查团队,目的是了解目前芜湖市初创型企业人力资源管理现状,分析其中存在的问题,提出针对性措施及建议。这份问卷旨在依据您的回答了解初创型企业人力资源管理现状。本问卷的问题并无对错,所以您可依据您最真实的状况和意见来填写,回答结果保密。问卷采用无记名方式,仅供调研分析,不会做其他用途,敬请放心作答。非常感谢您能抽出宝贵的时间填写该问卷,祝您工作顺利,生活愉快!

1. 你在贵公司的职位是［单选题］［必答题］

○ 高层管理者

○ 中层管理者

○ 基础员工

2. 贵公司的创立多长时间［单选题］［必答题］

○ 1～5年

○ 6～10年

○ 10年以上

3. 贵公司员工人数规模［单选题］［必答题］

○ 20人以内

○ 20至100人

○ 100至300人

○ 300人以上

4. 您所在部门近三年员工离职人数［单选题］［必答题］

○ 5人以内

○ 5至10人

○ 10至20人

○ 20人以上

5. 贵公司的招聘形式［多选题］［必答题］

□ 人才市场

□ 院校招聘

□ 网上信息

□ 员工推荐

□ 猎头公司

□ 岗位轮换

□ 内部晋升

□ 其他

6. 企业每年进人情况［单选题］［必答题］

○ 5人以内

○ 5至10人

○ 10至20人

○ 20人以上

7. 您是否经过岗前培训［单选题］［必答题］

○ 有

○ 无

8. 公司是否有独立的人力资源管理(或人事劳资)部门［单选题］［必答题］

○ 有

○ 无

9. 贵公司的人力资源规划是否被每一位员工知晓［单选题］［必答题］

○ 是,每一位员工都知晓

○ 不是,只有制定者和高层管理者知晓

○ 不是,制定者,中层管理者和高层管理者知晓

○ 不是,制定者和各级管理者知晓

10. 贵公司每年招聘的次数［单选题］［必答题］

○ 一年一次

○ 一季度一次

○ 每月一次

○ 视情况而定

11. 企业在招聘时最看重应聘人员哪方面的素质? ［多选题］［必答题］

□ 专业技能

□ 教育背景

□ 工作经验

□ 工作态度

□ 忠诚度

□ 职业道德

□ 政治面貌

□ 其他______

12. 您觉得贵公司人员招聘存在的最主要的问题是什么? ［多选题］［必答题］

□ 业务部门在招聘方面所受的专业训练不够

□ 人力资源部与业务部门的配合不够默契

□ 人员招聘不能满足业务发展的需求

□ 招聘经费有限,招聘渠道有限

□ 很难对候选人进行客观公正的评价

□ 来应聘的优秀人才不多但是需要完成招聘任务量

□ 对岗位任职条件缺乏科学全面的认识

□ 缺乏招聘前期准备工作

□ 招聘的标准不明确

□ 其他_____

13. 贵公司有无明文的培训与开发制度？是否按制度执行？［单选题］［必答题］

○ 有，按制度执行

○ 有，但不按制度执行

○ 无

14. 贵公司培训的类型有哪些［多选题］［必答题］

□ 员工岗前培训

□ 员工在岗培训

□ 管理人员开发

□ 员工职业生涯规划

15. 鉴于贵公司的业务特点，您认为最有效的培训方法是什么？（请选出您认为最有效的3种）［多选题］［必答题］

□ 邀请外部讲师到公司集中讲授

□ 安排受训人员到外部培训机构接受系统训练

□ 由公司内部有经验的人员进行讲授

□ 部门内部组织经验交流会进行分享讨论

□ 由有经验的老员工进行一对一岗位培训

□ 拓展训练

□ 光碟、视频等声像资料学习

□ 其他_____

16. 贵公司未建立培训制度的原因是？［单选题］［必答题］

○ 已建立

○ 资金需要大

○ 规模小

○ 暂时没有必要

○ 其他原因

17. 就您而言，您认为自己对于企业培训需求的迫切程度如何？［单选题］［必答题］

○ 非常迫切

○ 比较迫切

○ 有培训需求,但不迫切

○ 无所谓,可有可无

○ 没有培训需求

18.(公司已建立培训制度)贵公司培训的频率一般为?(公司尚未建立培训制度)如果贵公司设立培训制度,您能接受的培训频率是? [单选题][必答题]

○ 两至三天一次

○ 一周一次

○ 半个月一次

○ 一个月一次

○ 长期系列培训

○ 不定期

19. 公司对您所在部门的绩效考核是多久进行一次? [单选题][必答题]

○ 1个月

○ 1个季度(3个月)

○ 半年

○ 1年

20. 就您的工作而言,您觉得应该加强哪方面的考核? [单选题][必答题]

○ 工作业绩

○ 工作能力

○ 职业道德

○ 行为态度

21. 您认为绩效考核应包括哪些基本指标? [多选题][必答题]

□ 个人业绩

□ 是否遵守公司日常规章制度

□ 选项106工作态度

□ 专业技术能力

□ 个人学习能力与创新

□ 其他_____

22. 您认为公司绩效评估体系存在的最大问题是什么? [多选题][必答题]

□ 评估内容不全面

□ 反馈信息模糊

□ 评估流于形式

□ 不公正
□ 内容不合理
□ 项目过多
□ 没有结合部门特殊情况
□ 主要内容没有细化标准,较笼统
□ 其他______

23. 贵公司有哪些激励措施? [多选题][必答题]

□ 口头表扬
□ 年终奖
□ 给予员工更多的学习和培训机会
□ 给予员工适当的假期
□ 给予员工更大的权利
□ 提供员工参与和自身利益相关的讨论的机会

24. 您的薪资水平(月薪)[单选题][必答题]

○ 1500~2500
○ 2500~3500
○ 3500~4500
○ 4500以上

25. 您认为目前的薪酬制度公平吗? [单选题][必答题]

○ 非常公平
○ 比较公平
○ 一般
○ 不公平
○ 非常不公平

26. 您对自己目前的薪酬是否满意? [单选题][必答题]

○ 非常满意
○ 较满意
○ 不满意
○ 非常不满意

27. 您所在的企业建立了工会组织吗? [单选题][必答题]

○ 建立
○ 未建立
○ 不清楚

28. 您是否与企业按照《劳动合同法》的要求签订了书面劳动合同[单选题][必答题]

○ 是,签订了个人合同

○ 是,签订了集体合同

○ 否

29. 您与企业签订的劳动合同期限是多久[单选题][必答题]

○ 1年以内

○ 1~2年

○ 2~3年

○ 3年以上

30. 为了公司更好的发展,对于人力资源管理这一方面,您还有什么建议?[填空题]

____

问卷填写结束,再一次感谢您抽出宝贵的时间!祝您工作顺利,生活愉快!工作顺利,生活愉快!

债转股运行效果与历史借鉴
——基于20世纪90年代债转股企业调研报告的研究

李昕雅

（经济管理学院）

摘　要：20世纪90年代，面对国企“三年脱困”难题，国务院出台文件实行债转股方案。本文梳理了我国7个省、市债转股企业调研报告，统计分析发现，虽然债转股企业大体能够减轻债务负担，但仍然存在问题。针对这些问题，政府相关部门应在企业提升自身综合竞争力、完善股权退出机制、银行主动确立转股方案、建立市场定价机制等方面发力。

关键词：债转股；不良资产；国企改革

1　引言

2016年10月10日，国务院正式出台《关于积极稳妥降低企业杠杆率的意见》及其附件《关于市场化银行债权转股权的指导意见》。这标志着我国市场化债转股进入了实施阶段。2018年3月5日，李克强总理在政府工作报告中明确提出加快市场化、法治化债转股。可以预期，市场化债转股将成为今后一段时间内中国金融运作中的一个令人瞩目的现象[1]。

债转股作为处理不良资产、降低债务风险的一种方法，在国际上多有运用。实施债转股的最终目的在于，通过调整银行与实体企业之间的债权和股权关系及结构，有效降低相关商业银行的资产风险和实体企业的债务风险，提高银行资产的运行质量和安全程度。1999年，为处置国有独资银行及国有企业债务风险问题，中国进行了一轮债转股。学术界与实务界对债转股问题十分关注，从理论支撑、国际经验、典型案例等方面多有论述。但是，目前学界鲜有系统研究20世纪90年代债转股效果的论著，更少有分析各省调研报告的论述。此轮市场化债转股既有自己的特点，也有与上一轮债转股的相似性，有必要进一步探讨20世纪90年代债转股的情形、经验，为本轮债转股提供历史经验与借鉴。因此，本文通过收集、分析我国7个省、市20世纪90年代债转股企业调研报告，总结其运行效果，为本轮债转股提供历史借鉴。

2　20世纪90年代债转股政策实施概况

债转股即债权转股权，根据承载主体的不同可以简单分为直接和间接两种模式。直接模式，银行单方面将对企业的债务权利转换为对企业的股份享有权，其过程中并不涉及其他机构；间接模式，是银行委托资产管理公司作为投资人，将原本由银行持有的不良资产置换成为资产管理公司对债务人的股份享有权。这样一来，原来债权人与债务人的借贷关系就转化为资产管理公司与企业的直接投资关系。另外，按照其性质，债转股有广义和狭义之分。从广义上来看，债转股是具有商业属性的，它是指某企业对商业银行的债务，转换为对企业的投资，其本质上是一种增加企业的资本金的一系列法律行为；狭义的债转股则是具有政策属性的，是指国有银行以降低国有大中型企业资产负债率为目的，以国家发布相关政策使银行对企业债权转化为股权为方法的一项国企改革[2]。债转股实际上就是商业银行重新整合处置债权债务的一种特殊的方法。

20世纪80年代中期，由于“拨改贷”政策的全面实行，我国国有企业的债务出现了大面积急剧上升的现象。进入20世纪90年代，我国社会主义市场经济制度改革不断深化，但由于国企企业治理结构单一，经营效益低下，技术、产品创新力缺乏，债务负担繁重等原因，不能适应市场经济要求的现象逐渐凸显。1997年，14923家国有中大型企业中，有6042家面临亏损，亏损面为40.5%，亏损率高达52.7%[3]187，再加上市场整体疲软，通货紧缩压力加剧，后期亚洲金融危机波及等诸多因素，不少企业下岗职工累积上千万，有部分企业甚至徘徊在破产倒闭边缘，这使“国企改革”迅速变成社会各界的关注重点。

1997年9月，党的十五大指出：三年内要让面临亏损的国企走出困境。国家决定通过债权转股权的方法，引导部分大型国企走出债务危机。1999年7月，国家经贸委和人民银行下发《关于实施债券转股权若干问题的意见》(国经贸产业[1999]727号)，提出组建四大金融资产管理公司——信达、长城、华融和东方。每个资产管理公司注册资金100亿元，用于对部分国有企业实施债转股政策。

1999年8月，有601家企业列入计划。601家转股企业中，有365家企业账面亏损，236家虚盈实亏，转股额共计4596亿元人民币，其中3834亿元属于银行不良资产，占比八成以上。这些企业主要涉及冶金、有色金属、石油、石化、煤炭等国家“两基一支”领域重点企业和集团企业。表1展示了国家开发银行1999—2002年债转股企业分类情况，可以看出，在众多债转股企业中，煤炭、汽车、冶金、有色金属占据主要地位，分别占比27.78%、8.33%、8.33%、8.33%；从占股金额来看，首先是石油石化，转股金额为275.53亿元，占总金额的62.66%，其次是煤炭，转股金额为59.6亿元，占总金额的13.55%[3]189。

表1　国家开发银行1999—2002年债转股企业分类

所属行业	企业个数	占总企业个数百分比	转股金额(亿元)	占总金额百分比
石油石化	2	5.56%	275.53	62.66%
有色金属	3	8.33%	17.43	3.96%
煤炭	10	27.78%	59.6	13.55%
冶金	3	8.33%	40.07	9.11%
汽车	3	8.33%	22.7	5.16%
其他	15	41.67%	24.4	5.55%
合计	36	100%	439.73	100%

2000年12月，实施债转股的企业已突破580户，转股总金额为4 040亿元人民币。此外，这些企业在2000年4月1日正式开始停息，当年减少约200亿元人民币的利息费用，大大减轻企业债务负担。转股后企业资产负债率由大于等于七成降到五成，曾经那些资不抵债濒临破产的困难企业中八成以上当年就可扭亏为盈。

3　20世纪90年代各省市债转股调研报告分析

20世纪90年代，国务院出台了《关于实施债权转股权若干问题的意见》，随后各省、市积极响应按照该方案推行债转股。本文收集了上海市、安徽省、福建省、湖南省、江西省、重庆市、黑龙江省等7个省、市债转股企业的调研报告(见表2)，通过统计分析，探究20世纪90年代债转股企业的具体实行情况。

表2　7个省、市企业实施债转股的基本情况

地区	拟推荐数量	数量	拟转股数额	实际转股数额	转股前资产负债率	转股后资产负债率	资产负债率下降	减少利息支出(亿元)
湖南	26	–	70.5	–	75%	49%	26%	3.4
江西	25	24	70	–	80%	70%	10%	5.7
上海	25	22	210	–	–	–		10
黑龙江	24	21	159	123.2	75.5%	46.1%	29.4%	–
安徽	23	15	140.45	116.56	–	–		7.26
福建	–	7	–	–	92.5%	47.5%	45%	1.8243
重庆	–	3	–	–	87.87%	57.87%	30%	

目前看到的7份调查报告中，湖南、江西、上海、黑龙江、安徽、福建均是关于该省市债转股的整体报告，重庆是关于三家债转股企业的调查报告。调查报告显示，债转股后企业的资产负债率均有不同程度的下降，其中福建省达到45%，江西省下降幅度最小，也有10%。

报告显示，截至2001年上半年，上海市与资产管理公司签署正式协议的共计22家企业，协议拟转股金额为210亿元。其中，国务院同意批复实施的企业共18家。转股后，22家转股企业的资产负债率下降8%~50%，并使上海市工业系统的负债率降低2%~3%。同时，转股企业每年可以减少10亿元人民币的利息费用。根据测算，上海市“债换股”企业2000年可实现879亿元的销售收入，与上年同比增长13%以上，其中地方政府可实现33.7亿元人民币的利税收入，同比增长450%。2001年上半年，上述企业可实现销售收入共计426亿元，同比增长11个百分点，此外实现利税共计14.1亿元人民币，同比增长20个百分点[4]。

至2000年7月底，安徽省先后有15家企业签署了债转股协议或框架协议，转股金额116.56亿元，占国务院要求调减转股金额的83%，占各商业银行剥离数的92.86%。报告中显示，15家债转股企业都是国有大中型企业，其中3家特大型，9家大型。

报告揭示，2000年1—6月，15家企业共实现营业收入90.4亿元，同比增长21.2%。由于转股企业全面停息，这些转股企业每年可减少7.26亿元的利息费用，降低30%的平均资产负债率。另外，安徽省15家企业中35.7%企业的非生产性经营资产已经全部剥离；14.3%的企业大部分剥离，14.3%的企业少数剥离；其余35.7%的企业尚未剥离[5]。

2000年年初，福建省南平铝厂、大田水泥厂、青州造纸厂、马尾造船厂等7家企业被列为全国实施债转股改革试点企业。据统计，实施债转股的7家企业，转股前资产负债率高达92.50%，负债压力极大，转股政策实施以后，资产负债率骤降45个百分点，维持在47.50%。2000年度利息费用支出为7476万元，相比1999年减少18243万元，同比下降70.93%，这无疑为企业减负重组做好了准备[6]。

通过实施债转股方案，企业深化了内部制度改革，精简了机构，加快了非生产性经营资产剥离，减少了承担社会责任如教育、医疗的职能，剥离了企业办学与医院，组合出击为企业减负。报告中显示，福建省7家债转股企业政策执行后，共减少富余人员1651人(见表3)，降低职工薪酬支出成本1695万元。

表3　福建省部分转股企业分流富余人员情况

企业	分流富余人数(人)
大田水泥厂	138
南平铝厂	109
青州造纸厂	470
马尾造船厂	779
南平水泥股份有限公司	155
合计	1651

2000年10月初,湖南省签订债转股协议的企业共有26家,拟转股金额约为70.5亿元。从行业分类来看,转股企业中机械制造、冶金占很大比重,纺织、建材、化工紧随其后。这些企业具有资产负债率居高不下的特点,政策实施前平均资产负债率高达75%。报告显示,湖南省26家企业转股后,资产负债率可以减少到约50%,而且每年可直接减少财务费用支出约3.4亿元。其中,衡钢集团与南方公司组建的新的债转股公司每年都可以降低7360万元的利息费用支出,这无疑大大减轻了企业的债务负担,为企业提供了充足的整改时间。调查报告还指出,1999年衡钢集团经营不善损失共计5560万元,此外若把财务费用支出的7000万元计算在内,则一共损失了12560万元,然而转股后加上立即停息,下一年将会获利1000万元[7]。

江西省债转股企业有25家,计划转股70多亿元,实际有24家企业与相对应的资产管理公司完成正式拟转股协议。转股企业的具体形式:国有及国有控股企业共计25家,其中有14家国有企业,9家国有独资公司,2家国有控股公司;17家企业规模为大型,占比七成,11家特大,剩下的6家企业均为中型企业。据测算,债转股后,24家企业一年可减轻利息费用5.07亿元,同比下降40%,企业研发和开发费用增幅较大为28.5%,达5529万元。截至2000年上半年,企业非经营性资产剥离约231.22亿元,企业资产同比减少1.4%,年末共有161.54亿元的负债金额,同比下降13.7%,平均资产负债率由上年同期80%下降为70%。24家企业从业人员共12.71万人,同比下降4.7%,其中管理人员10376人,同比减少2462人,占从业人员的比重由9.6%下降为8.2%[8]。

截至2000年6月末,黑龙江省21家企业已与信达、长城、华融、东方公司签订相关的协议,占拟转股企业数的87.5%,实际转股金额为123.2亿元。转股后,这些企业的平均资产负债率由转股前的75.5%下降为46.1%。从转股企业行业分布情况来看,黑龙江省债转股企业主要集中于机械、煤炭、化工等重工业,共占总转股企业的61.9%[9](见表4)。

表4 黑龙江省债转股企业的行业分情况

行业	数量	占比
机械	7	33.3%
煤炭	3	14.3%
化工	3	14.3%
轻工	2	9.5%
森工	1	4.8%
电子	1	4.8%
纺织	1	4.8%
其他	3	14.3%

长安(集团)有限责任公司、重庆特殊钢公司、四联仪器仪表集团三家公司分别涉及汽车、冶金、新仪表领域,都是行业地位领先、市场份额占比较高的大型企业,此外这三家企业还具有债务还款负担高、还本付息压力大的共同特点,其中重庆特殊钢公司转股前资产负债率高达119.6%,其余两家分别为76%、68%。从经营效益来看,1998年三家企业亏损较大,分别为1.91亿元人民币、1.15亿元人民币、0.15亿元人民币,均面临较大的债务风险。转股后,三家企业资产负债率大幅下降,其中重庆特殊钢公司下降最多为59.6%,下降60个百分点,其余两家企业转股后资产负债率分别为58%和56%[10](见表5)。

表5 重庆市三家债转股企业转股基本情况

企业	所处行业	负债总额(亿元)	转股前资产负债率	转股后资产负债率
重庆特殊钢公司	冶金	38.7	119.6%	59.6%
长安(集团)有限责任公司	汽车	13	76%	58%
四联仪器仪表集团	新仪表	67	68%	56%

4 20世纪90年代债转股的收益与问题

20世纪90年代,我国债转股的初衷是要化解银行与企业的债务困境,是要实现“双赢”的理想境界。然而,通过各省的调研报告可以发现,债转股所带来的正面效应并没有想象中那么好,债转股政策实际上还存在很多没有得到解决的问题。根据中金公司的测算,1999年共有1.4万亿元人民币的不良资产被剥离,大约只有0.4万亿元人民币是通过债转股的方式化解的,占比仅达到30%[11]。转股成效低于预期的六点原因:债转股无法改善企业自身盈利能力;债转股审批流程繁杂,新公司挂牌进程缓慢;企业剥离所承担的部分社会功能难度大;股权退出形式单一,企业回购压力大;企业法人治理结构没有优化;多方道德风险难以防范。

4.1　债转股的积极作用

从政策目的和实行的效果来分析,债转股可以减轻债务负担,从而推进企业的改革:一方面,通过资产管理公司在某一个阶段内持股,减轻企业债务负担,给予困难企业时间整改、重组,同时促进国有企业股份制改革,最终摆脱困境。另一方面,银行剥离企业的不良贷款,使金融资产转劣为优,大大降低了金融机构的风险和危机。

4.1.1　减轻债务负担,缓解通缩压力

1997年年底,我国国民经济处于通货紧缩状态。从经济学的角度,在市场状态良好,货币政策宽松的通货膨胀状态下,企业负债会相应贬值,对高负债企业有缓慢的促进作用;相反,通货紧缩无疑使原本负债压力巨大的国企雪上加霜,甚至形成企业为银行"打长工"的现象。因此,停息转股等相应的债转股政策对缓解企业通货紧缩压力具有促进作用。虽然债转股不能相应削减企业获取资本所需要付出的相应成本,但是通过债权转换成股权的方式可以降低企业的负债率,也就意味着企业信贷的价值、企业的实际融资能力随之得到增长,因此,可以预计最终将会促使企业的信贷可得性得到增长。此外,商业银行如果把不良资产大幅度处理掉以后,那么银行自身的信贷扩张力也会自然而然地得以增强[12]。

4.1.2　减少国有资产损失,推进自身整改重组

立足于20世纪90年代我国政治、经济国情,债转股相比直接破产清算可以减少国有资产的损失。我国资本市场起步晚,制度不健全,法律监管不完善,加之市场环境疲软,长期计划经济制度的缺陷,任由大批国有企业破产清算会使经济深陷通缩的泥淖,并且引发国有资产的流失,对国有经济造成重创。因此,债转股给予那些由于受整体经济形势影响,自身还有发展空间的企业更多的时间,暂时减轻负债压力,从而推进其自身改革重组,改善经营,摆脱困境。

4.2　债转股存在的问题

早在1996年,北京大学中国经济研究中心就曾指出,债转股面临的问题主要来自以下三个方面:"一是在政策和操作上把服务国企脱困、减轻债务担负当作债转股的主要目标,把债务重组演变成债务豁免,导致债转股走偏;二是有关各方的道德风险激励不容忽视,操作不当有可能将债转股变为一场逃废债行动;

三是债转股的操作难度,特别是资产管理公司的退出问题不容乐观。”[13]。具体表现在以下方面:

4.2.1 企业扭亏容易,脱困难

安徽省的调查报告指出,很多企业实行债转股政策以后,在很短的一段时间内是可以扭转之前持续亏损局面的,但是要想从根本上通过提升企业自身盈利水平来帮助企业摆脱困境还是很难实现的。其原因在于债转股后发生的直接停息能够减轻企业很大一部分的债务负担,可以帮助企业扭亏。但是企业又将面对新的问题,债转股后,企业一方面要按照持股比例给资产管理公司分红,另一方面还需要拿出一大笔资金用于回购股权。

债转股政策不是免费午餐,债务利息的转移不能从根本上弥补转股企业自身盈利能力差的缺陷。以安徽省为例,2000年,债转股企业中12家并未扭亏,包括长安机器总厂、合钢等,占总转股企业的80%。具体来看,2000年合肥钢铁集团有限公司获利41万元,相比上一年降低亏损额5165万元,实际上是因为732万元利息没有考虑在内,如果将其抵消盈利后,企业当年不仅没有盈利反而损失691万元。同年,芜湖一汽扬子获得1.6万元的利润,但剔除275万元利息费用后,实际亏损273.4万元。同年,蚌埠灯芯绒集团创造的利润不足万元,其500万元的亏损触目惊心。该报告还指出,2001年亏损企业占比有增无减。2000年,15家转股企业共实现利润-4786.3万元人民币;4月1日实行停息,以转股515276.31万元人民币的金额,可减少23187.44万元的利息支出[14]。如果不实施债转股政策,那么加上需要支付的利息费用,亏损可达27973.74万元人民币。由此可见,转股后实现盈利的企业,大多只是由于停息冲减了账面部分财务费用,却并不能从根本上提升企业的盈利水平。

4.2.2 债转股审批流程繁杂,新公司挂牌进程缓慢

从成为债转股对象,到与资产管理公司签署协议,再经由国家经贸委、财政部、央行等部门的层层审核,债转股政策的运行流程可谓费时费力。且由于新公司挂牌进展缓慢,资产管理公司与转股企业意见、利益难以调和等问题,转股过程不仅需要花费企业大量时间与精力,而且对企业日常经营活动也会造成一定程度的影响。

4.2.3 企业剥离所承担的部分社会功能难度大

企业在剔除承担的部分社会功能如医药、学校等难度大。黑龙江省债转股企业中鹤岗、七台河、双鸭山矿务局均是规模较大的小型社会,企业办学多,负担重,加大了转股企业脱困难度。其中,鹤岗、七台河、双鸭山矿务局分别办学41所、41所、33所[9],每年亏欠补贴共计34840万元。根据地方相关规定,一时间企

业无法将学校交给社会，且地方财政无力承担办学费用。福建省债转股企业在解决富余人员分流中也面临相当大的困难。一是企业长时间冗员较多，企业职工思想观念较落后，部分职工裙带关系、家族化网络复杂难以处理，职代会难以通过；二是企业职工素质有限，就业困难，地方个企、私企、民企较少，就业门路窄，再加上地方财政有限，职工安置资金短缺，转股企业面临人员安置等问题。

4.2.4 股权退出形式单一，企业回购压力大

政策上要求资产管理公司股权退出方式包括出售、协议转让、上市筹资等等，但具体到签协议时，资产管理公司一般要求企业保证在6～8年内用企业利润实施股权回购。从调查报告来看，短时期内，大额的回购开支远远超过了企业的承受能力。

江西制药转股总金额为1.07亿元，根据协议约定，企业当年就要回购1.5%的股权，即160万元，然而其在上半年实现利润总额只有45万元，下半年可获得利润不及60万元，企业盈利能力与回购目标相去甚远，再者，如果想要填补往年的损失与欠款，企业根本无法达成回购的目标[8]。福建省马尾造船厂是转股金额小，效益较好的转股企业。2000年，该企业实现利润300万元人民币并按33%计提所得税、按5%提取公益金、按10%提取公积金以后结余可分配利润为170万元。1999年，该企业回购的金额达到75万元，假设未来几年企业盈利能力呈上升态势，第二年回购500万元，则实现1.22亿元股权回购的期限长达25年[6]。

安徽省淮北矿业集团，按照协议需在十年内完成18.9亿元的股权回购，并归还未转股长期借款6.4亿元，合计25.3亿元，平均每年用于股权回购和归还借款的资金为2.53亿元[5]。

如此一来，如果企业要按协议完成回购且没有能力短期内大幅提升盈利能力的话必将动用流动资金，那么企业背负巨额负债的可能性就会大大增加。

4.2.5 企业法人治理结构没有优化

债转股后，资产管理公司对企业享有股权，但是不同于普通股，资产管理公司并不能行使普通股东权力，不能参与企业的实际经营决策。20世纪90年代实施的债转股，金融资产管理公司没有对于企业真正的股东大会、董事会的组织权利，没有选任董事长和总经理的人事权利，实质上没有重大事项的决策权利和监督权利，并且资产强制处置和收益强制分红权利也没有明确予以规定。这种形同虚设的股权约束比原来的债权约束更软[15]。因此，转股后企业法人治理结构并不能从根源上得到优化。

此外，资产管理公司只是短暂持有转股企业股份，但实际上缺少足够动力和相应的管理能力参与企业的正常经营决策以及企业改革。一方面，资产管理公

司希望企业盈利早日回购以取得经济利益，而企业则视债转股为免债灵药，两者利益有根本分歧，意见难以一致，极有可能降低企业效率；另一方面，资产管理公司作为金融机构对企业实际经营行业、市场并不十分了解，而且缺乏精通公司治理的人力资本，因此很难在监督跟决策上发挥作用以帮助企业完成其治理结构的改革。在经营权与所有权无法对等的情况下，股权相比债权更加弱化财务约束，债务减负、新股东无法干预经营，债转股更容易促使经营者的决策倾向短期投资，在原企业激励制度没有较大改善且自身盈利能力没有提高的情况下，债转股无疑加重代理成本[12]。

4.2.6 多方道德风险难以防范

地方政府作为促进区域经济发展、维护社会稳定、保证就业的地方守护者，可能利用自身转股推荐、审批的特权，造成转股过程不透明、不公平。另外，一方面，由于信用制度不完善、银行信息不完全对称等缺陷，原本已经资不抵债、本身企业经营能力差、产品已无发展空间的企业可能会被强行拉入债转股名单，致使银行表内资产风险暴露。另一方面，债转股也意味着商业银行可以以这种特殊的方式进行客户的筛选。某些大型国有企业转股过程往往涉及不止一家银行，那么申请成为主办银行的过程中可能会产生利益输送与配套优惠政策。从本质上看，债转股拉长银行应收账款回收期，只是短期内缓解银行大面积呆账风险，并不能根除危机。相应的银行资产周转率降低，其他贷款优惠政策难以避免造成不良资产的产生，对银行潜在风险暴露又有很大的影响。再者，对于企业而言，由债转股所导致的财务纪律的逆向选择问题不可小觑[11]。本可以正常还本付息的企业看到债转股停息的甜头，可能想分一杯羹，拖延还本付息，而本该破产清算的僵尸企业也可能搭上债转股的顺风车继续苟延残喘。这不仅影响银行的正常运行，浪费大量社会资源，而且会扰乱市场秩序、降低经济效益增加系统风险。

5 对本轮债转股的建议

随着2008年金融危机席卷全球，全球经济低迷，我国经济也进入新常态，GDP增速维持在7%以下，宏观经济增长放缓，部分产业产能过剩，企业负债率、银行不良资产占比居高不下。2016年10月10日，国务院正式出台《关于积极稳妥降低企业杠杆率的意见》及其附件《关于市场化银行债权转股权的指导意见》，标志着市场化债转股进入实施阶段。

20世纪90年代债转股是利用体制机制改革的有利时机，通过财政机制和行政机制对银行不良资产进行处理，不存在市场竞争机制的问题。本轮债转股模式，很难复制上一轮政策性债转股的效应。债转股只是企业的资金形态发生了一定程度上的变化，而企业资金的使用效率无法从本质上产生很大的突破性进展[16]。基于20世纪90年代债转股的实践经验，本文认为本轮债转股应注意以下几点：

(1)提升企业自身综合竞争力。分析20世纪90年代债转股的实践经验，发现债转股并不能从根本上解决企业自身盈利能力差、产能过剩、技术落后、产品缺乏市场等问题，只能暂时性缓解企业的债务压力。因此，企业想要扭亏为盈还得从自身综合竞争力的提升上下功夫：对于产能过剩的企业要及时调整产业结构，立足国家供给侧结构性改革；加强中西部及海外市场的开拓与营销方式的优化；遵循集约化经营原则，整合业务管理流程，增进企业技术创新，降低产业成本；强化企业战略管理，把国有经济战略性退出运用到债转股的实践中去。通过民间资本的引入来推进国企混合所有制改革，不仅缓解了国企债务负担，大大减少了银行债务风险，而且避免了通过简单债转股所带来的企业治理结构的弱化。通过完善公司治理组织结构，以发挥企业组织结构的制约机制，完善内部控制机制与风险管理机制，削减由于国企所有权经营权分离所引发的代理成本。用市场的方式选择一部分有发展前景的企业，同时用市场的方式淘汰一部分资不抵债的僵尸企业，真正做到让市场充分发挥其在资源配置的全过程中应有的作用。

(2)强化资本运作，完善股权退出机制。不同于20世纪90年代，随着中国多层次的资本市场的基本建成，债转股不是最终目的，转股之后的股权退出与增值才是衡量债转股政策效应的关键指标。为避免国有资产的流失，“股权回购”作为上一轮债转股最普遍的股权退出方式，对促进与巩固债转股企业扭亏为盈成果，与推进债转股企业长远发展的效应十分有限，甚至弊大于利。因此，本轮债转股企业应把类似股权回购等的传统股权退出机制与积极引进国内外战略投资者，租赁、置换、出售、管理层收购、资产重组、不良资产证券化，引导私募股权基金对接，建立优先股转让制度相结合，完善股权退出机制。强化多层次资本市场，如主板、中小板、创业板资本市场的股权退出机制建设，同时大力发展新三板和区域股权交易中心，提高市场流动性，逐步实现投资主体多元化，通过强化资本运作，进一步完善股权退出机制。

从上一轮债转股资料来看，安徽省蚌埠电热厂就是通过引入境外战略投资者转股成功的第一个案例[14]：1998年年底，蚌埠热电厂沦为一家累计亏损7671万元人民币，资产负债率高达91.52%，濒临破产边缘的困难企业。其中，中国建设银行对其的贷款本金及利息为17294万元人民币，银行债权面临极大的风险。引入外资重组后，合作公司能源热电厂经营良好，资产负债率由91.52%下降为33%,大大降低了银行债权的风险。因此,政府应该做的是为债转股企业民营化创造优良的政策条件,降低外资、民营资本的准入门槛,撤销强制规定转股后国家持股比例等。

(3)银行掌握转股主动权,内部风控进一步完善。上一轮债转股是由政策主导的封闭的间接式的,银行在债转股过程中更多的是充当被动接受者的身份,并由此导致巨大的道德风险以及金融风险。由此看来,本轮债转股应转换实施思路,让市场发挥作用,增加银行选择转股对象的主动权,政府仅充当底线把控人的角色。商业银行作为我国最主要的金融机构应建立健全内部控制机制和征信体系,完善风险管理制度。在债转股企业的选择上,遵循预期股权价值现值高于当前债权处置价值的原则;选择只是受经济周期等宏观问题影响,暂时性的债务减负可以帮其摆脱困境的企业;特别是符合国家供给侧改革重点行业、重点企业。对于产能过剩,产品失去市场发展空间,自身经营能力差且扭亏无望的僵尸企业,以市场的规则予以淘汰绝不手软。设计灵活的转股模式,一是让资产管理公司通过对企业"暂时性持股"参与企业经营决策的全过程来管理企业;二是直接由商业银行设置投资功能的子公司或者专项资产管理计划大资管路径,集团内已有的券商直投子公司实行债转股政策。

(4)建立资产管理公司市场化定价机制。要想处理现存不良资产就要完善有关政策措施,就要让资产管理公司以市场价格进行收购,政府弱化干预,资产管理公司自己承担由于收购不良资产而产生的市场价格与账面价格之间的差价;地方政府落实各项配套措施,包括减免税收、社会保障、富余人员再就业等;完善资产管理公司组织结构,建立积极有效的激励与制约机制,提高业务的透明度,并实时接受公开审计监督;加强内部风险控制,健全评估与止损机制;增加债务重组、资产证券化等资产处置手段。

总之,本轮债转股应从提升企业自身综合竞争力着手,以市场化的运行方式为重点,进一步加强产权的约束。首先,建立规范的"三会"制度,优化公司治理的组织结构,在具体的经营决策中杜绝内部控制人的干涉,重大事宜应当发挥股东大会与董事会的决策作用。加快产业转型升级,淘汰落后产能。其次,要坚持市场化导向,监管机构严格把控债转股企业准入标准,将股权回购等传统股权退出机制与积极引进国内外战略投资者,出售、资产重组、不良资产证券化,引导私募股权基金对接等方式相结合,完善股权退出机制。最后,通过市场化债转股体制机制的建立,发挥削减商业银行不良资产风险的作用。政府在债转股的全过程中充当基础设施服务和提供法律保护的角色,而不是债转股的决策者,避免相关道德风险,真正把市场化债转股落到实处。

参考文献：

[1]王国刚.市场化债转股的特点、难点和操作选择[J].金融研究,2018(2):1-14.

[2]黄海嵩.中国国有企业改革问题研究[M].北京:中国经济出版社,2007:259.

[3]《国家开发银行史》编辑委员会.国家开发银行史(1994—2012)[M].北京:中国金融出版社,2013:187.

[4]杨群,柯晓枫,宋戈平.上海市AMC和“债转股”调查报告[J].华东经济管理,2002,16(3):20-22.

[5]郑福林.我省15家“债转股”企业调查报告[J].安徽省情省力,2000(9):21-22.

[6]陈志良,吴建清.债转股:绩效初露端倪,达标任重道远——对实施债转股企业的走访调研报告(一)[J].海峡经贸,2002(1):36-39.

[7]陈翊高.对湖南省债转股情况的调查与思考[J].时代财会,2001(2):48-51.

[8]何勇,刘凡.“债转股”回头看——江西省“债转股”企业调查报告[J].海峡经贸,2000(10):12-15.

[9]周忠诚,刘树宪.关于黑龙江省债转股工作情况的调查报告[J].黑龙江金融,2000(11):27-28.

[10] 康青山,孟辉,张成军,等.债转股绩效初评——对重庆市三家债转股企业的调查[J].财经科学,2000(A1):30-31.

[11]邓舒仁.债转股的实践经验、问题和对策研究[J].浙江金融,2016(4):38-42.

[12]吴有昌,赵晓.债转股:基于企业治理结构的理论与政策分析[J].经济研究,2000,35(2):26-33,79.

[13]北京大学中国经济研究中心宏观组.当前债转股面临的主要问题[J].经济社会体制比较,1996(6):18-28.

[14]王海彦.我省债转股企业的情况和下一步发展思考[J].安徽商贸职业技术学院学报,2002,1(1):20-22.

[15]周天勇.债转股的流程机理与运行风险[J].经济研究,2002(1):22-29.

[16]黄志凌.正确理解和运用债转股[J].中国金融,2016(19):15-17.

指导教师评语：

随着新一轮债转股进入实施阶段,市场化债转股必将成为今后一段时间内备受关注的一个问题,该论文的选题具有一定的现实意义。论文独辟蹊径,通过梳理我国7个省、市20世纪90年代债转股企业调研报告,客观、科学地论证债转股的优势及弊端,通过总结历史经验教训,为本轮债转股提出建议。该论文资料翔实,论证合理,体现了一定的经济学素养和学术能力。

经济管理学院马长伟副教授

论孟子的义利观

谢文君
（马克思主义学院）

摘　要：义与利是儒家思想、言论和行为上的重要范畴，义利之辩是《孟子》全书的第一个讨论。义利关系问题是孟子向各国推行仁政时着重阐述的问题。分析和考查孟子义利思想的理论渊源、义利内涵、义利关系以及义利取向，有助于探寻孟子义利思想对当下义利观的参考价值和意义。本文结合孟子义利思想内涵，得出以下三点结论：首先要摒弃"以利至上"的错误观点，树立"先义后利"的新观念，其次要摒弃"义利对立"的错误观点，树立"义中有利"的新观念。如此才能有助于人们树立正确的义利观念，为建设新时代中国特色社会主义社会增添一份力量。

关键词：孟子；义观念；利观念；义利关系

随着我国经济、政治、文化生活的逐步发展，中国特色社会主义走进了新时代。人民日益增长的物质文化需要，正逐渐被人们对美好生活的需要所取代。树立正确的义利观对人们解决人与人、人与自然、人与社会之间的矛盾具有重要的意义。本文从《孟子》一书出发，对孟子的义利学说进行考察，论述孟子义利观的内涵，对义利关系及义利取向进行解读，并立足于孟子义利观与大学生义利观念之间的关系，对大学生义利观的现状进行分析。本文的研究一方面有利于为中国传统思想清扫蒙尘，让孟子义利思想重新焕发鲜活的生命力，赋予其时代价值；另一方面能够让大学生更加具象立体地认识并且树立正确的义利观，同时也为弘扬社会主义义利观提供了参考，对培养人格健全的当代大学生具有重要的指导意义。

1　孟子义利观提出的时代背景和理论渊源

在战国时期，一方面是随处可见的诸侯争霸和残忍的攻伐战争，另一方面中国古代思想文化的萌芽也应运而生，这一时期，儒、道、墨、法、名各家学说相继登场,各学派思想启蒙家进行四方游说,宣扬各自的治国理政方略和大同社会理想。墨家代表平民,提出了兼爱、非攻和尚贤等思想,极力主张人人平等,反对不义战争;农家学派重视农业,鼓励农民发展生产,研究农业发展问题;奉神农以为祖师,主张劝其耕桑,以足衣食;法家主张以法为本来治国,提出了法不阿贵的主张,对新兴封建阶级起到了促进作用。杨朱,政治主张是创建一个"人人不损一毫,人人不利天下"的社会共同体,只是过分强调个人利益,从根本上忽视了国家的利益,因此产生了无君论。而孟子在吸收借鉴孔子义利思想的同时,对农家、墨家以及杨朱的义利取向进行了深入的批判,最终形成"义以为上"的义利思想体系。

1.1 时代背景

1.1.1 孟子义利观形成的经济背景

从经济层面上来说,孟子所成长的战国时代是中国历史上的一个重要时期。战国时期,中国正处于从奴隶制社会向封建社会过渡的阶段,真正进入战国时期后,中国完全进入了一个新的阶段。战国时期铁器普遍应用于日常生活。生铁冶铸技术、生铁柔化技术以及制钢技术的出现和兴起,使铁制用具逐渐运用于农业、手工业,促成了农业、手工业和社会经济迅速发展。这种状况很好地反映了科技进步对社会发展的显著影响,而人们思想中的义利观念也是由经济的发展所决定的。孟子所在的战国时期正是奴隶制末期向封建制度过渡的阶段,我国原有的奴隶制度,逐渐开始向封建土地私有制转换。手工业和工商业迅猛发展,甚至在有些地区出现了大规模的集市,富商云集,热闹非凡,对于利益,人们便有了更进一步的追求。虽然私有化程度提高,增进了人们对利益的追求,但是与此同时也加速了社会道德的败坏。孟子针对这种社会现象提出了要弘扬道德仁义的主张,倡导人们要处理好个体与个体以及个体与社会之间"义"与"利"的关系。

1.1.2 孟子义利观形成的政治背景

战国时期是奴隶制向封建制度转型的关键时期,随着生产关系的变革,生产力的大幅度提高,经济和政治制度都在发生着翻天覆地的改变,各大诸侯国纷纷用变法的方式进行改良强国,各诸侯国之间进行"合纵连横",由此大国之间的争霸变成了列国的兼并战争。在社会征战动荡中,混乱的社会秩序与频繁的战争给百姓带来无尽苦难,礼崩乐坏更是表现得尤为明显。在这个新旧社会制度交替的历史阶段,人们的价值准则和道德观念与社会制度的大转变发生脱节,原有的宗法制、分封制无法再维系新的阶级关系,由此君臣、父子的等级关系逐渐土崩瓦解,取而代之的为诸侯割据争霸、同室操戈,最终造成战国时期所特有的"社稷无常奉,君臣无常位”的局面。因此,战国时期以孟子为代表的儒家学派强调“游文于六经之中,留意于仁义之际”,十分重视君臣父子之礼,夫妇长幼之别。孟子所处的社会时期与孔子所处的社会时期相比民众生活更加凄苦,战争更加频繁。一方面,面对愈发满目疮痍的社会,孟子的义利观更侧重于政治,本着为统治者服务的宗旨,将儒家义利观融于国家治理决策当中。另一方面,又从儒家的视域构建全新的价值取向与道德伦理,使社会得以安定和谐。

1.1.3 孟子义利观形成的文化背景

战国时期,各诸侯好霸道而弃王道,崇尚武力兼并,招贤纳才,任天下之士商谈国是,选贤举能,最负盛名的便是齐国的“稷下学宫”。各诸侯有其各自的独立性和称霸天下的雄心,虽然难以对百家思想兼收并蓄,但也让天下有志之士拥有了话语权,出现空前百家争鸣的局面,带来了思想界和文化界的蓬勃发展。正是由于私有制盛行,而宗法制与礼乐制衰败,致使当时社会道德沦丧,逐利之风大起,从上至下逐利之风泛滥,无视周礼原本的伦理准则,道德与利益的冲突愈发凸显,换言之也即义利之间的矛盾日益突出,因此“义利之辨”就上升为各派思想家探讨的重要议题之一。墨家,代表着下层平民的利益,倡导兼爱、非攻、尚贤等思想,极力主张人人平等,反对有差别的爱与不义战争。法家,主张以法治国,提出了法不阿贵的主张,对新兴封建地主阶级之兴盛起到促进作用。杨朱,政治主张是创建一个“人人不损一毫,人人不利天下”的社会共同体,只强调重视个人利益,却忽视了国家利益,从而导致了无君论。孟子批判当时墨家、法家、杨朱的义利观念,并继承弘扬了孔子的德政思想,发展了仁政学说,主张“义以为上”,强调“求义”与“得利”的先后关系。这正是《孟子》中基于战国时期各国治乱兴亡的经验教训所得出的义利思想体系。

1.2 理论渊源

1.2.1 对孔子义利思想的继承与发展

孔子与孟子对待义利二者关系的态度都是“重义轻利”的,但对二者偏重的细节有所不同,他们都有着各自的理解。由于他们所处的时期不同,社会与文化生活有很大的差异,因此,他们在对人性论的理解方面存在着一些差别。所以即便他们都持“重义轻利”的观点,二者在义利的侧重程度上也有所不同。

孔子认为统治者应恪守“义”的准则,百姓才能遵行道义。统治者的道德品质在孔子看来是国家得以安定和谐非常重要的方面,《论语》中记载:“子欲善而民善矣。君子之德风,小人之德草。草上之风,必偃。”[1]127孔子要求统治者于治国理政以前一定要提升道德修养,端正品行,如此百姓会有如沐春风的感觉。如果统治者自身不能做到道德高尚,人民就很难听从统治者的号令遵行道德:“其身正,不令而行;其身不正,虽令不从。"[1]134而治国方略符合礼仪道德与否,也是人民能否道德高尚,国家能否和谐安定的重要保障:"为政以德,譬如北辰,居其所而众星共之。"[1]11由此看出,孔子把统治者道德品行与治国理政建立了极为密切的联系。

孔子认为百姓合乎"义"的准则,便能成为君子。春秋时期,人的身份等级固定具有不可流动性,然而能否成为高度自觉的君子并非以出身来决断。孔子推崇君子,是因为君子对"义"有着高度的自觉,"君子喻于义,小人喻于利"[1]38。在孔子看来,义利之间的抉择是评判君子和小人最重要的标准。孔子认为君子应该坚持"义以为质","君子义以为质,礼以行之,孙以出之,信以成之。君子哉!"[1]164在君子众多品行当中,礼让、谦逊、诚信与"义"相比都是外在表现,而"义"具有至上性和本质性。

孟子继承了孔子用"义"规范统治者的理念。十分注重统治者奉行"义"对于民众的表率作用:"君仁,莫不仁;君义,莫不义;君正,莫不正。一正君而国定矣。"[2]134如果统治者不正之风盛行,百姓官员上行下效,国家必然陷入一片混乱,国民道德修养也会丧失。孟子将"仁"从道德准则的高度上升到治理国家的高度,规劝统治者要实行仁政:"天子不仁,不保四海;诸侯不仁,不保社稷;卿大夫不仁,不保宗庙;士庶人不仁,不保四体。"[2]120

孟子发展了孔子"义"对人有重要作用的观点。孟子认为"义"对人的作用远不止于孔子所言。对于统治者,孔子倡导的是统治者躬身引导人们去躬行"义",对于普通百姓而言,孔子认为其遵行"义"就是追求道德、修养德行、提高境界。而孟子却认为"庶人不仁",则会"不保四体",孟子将"义"上升到极高的地位。他十分重视"义"对于统治者的作用,强调统治者对于百姓的榜样作用,强调"义"约束人们行为和重塑社会良好风气的严肃性和坚决性。孟子发扬了孔子用"义"引导人民完善自身德行的观点,人民追求道义也是努力实现理想人格的重要体现。

孔孟二人对于义利关系总的看法一以贯之,都是"义以为上",都强调"义"的"第一性"。道德和利禄并非水火不容之物,而是有着自然和合乎逻辑的关联。

孔子于"利"并非完全否定。孔子的确言及类似于"小人喻于利"之类的话语强调"义"之功用,但孔子往往是在区分义利何为"第一性"的时候会予以"贬利"。《论语》中曾言:"富而可求也,虽执鞭之士,吾亦为之。"[1]68由此可知,孔子对于人追求正当财富是持支持态度的,但是孔子对非义之利十分藐视:"不义而富且贵,于我如浮云。"[1]69

孟子继承了孔子不完全否定"利"的观点。这是宣传仁政思想的策略,也是孟子重要的思想。孟子认为以利求义,缘木求鱼;以义求利,得其要领。孔子针对“利”也曾说:“富与贵,是人之所欲也。”[1]35由此可知,孔子亦肯定人的正当欲求。面对人们对孟子“贬利”的惯性思维,梁启超先生给予了明确纠正:“儒家——就中孟子所以大声疾呼以言利为不可者,并非专指一件具体的牟利之事而言,乃是言人类行为不可以利为动机。”由此可知,孟子眼中的“义”是原则性、目的性和功利性的统一。“利”是“义”的自然伴生物。

孟子继承了孔子将“利”应用于国家治理的观点。尤其面对平民百姓,孟子对其追求正当利益给予了很大认可。此处,孟子对孔子“富民”的思想进行了深入的研究挖掘,主张统治者能够“制民之产”,又根据“制民之产”的思想延伸出一系列具体措施。孟子看到了物质财富对于人民幸福和国家安定而言的重要价值。孟子清楚地认识到,在百姓的具体行为中,存在着动机与结果、主观努力与客观结果、理论与现实、理想与实在等的不一致、不和谐,甚至于矛盾、冲突,这一系列的矛盾归根结底就涵摄于义利之辩中。一方面,坚信活动会成功,能得利,有好结果;另一方面,成功了固然欣慰,倘若不成功,决不能因此抛弃原则,违背道义。在孟子看来,于扑朔迷离的社会活动中,人所应为的就是尽自己的职责,尽自己的义务,换得心中坦荡。表现在义利观中,就是对“义”矢志不渝地坚持。

孟子对孔子关于统治者逐利的观点有所发展。他对于统治者追求利益的行为没有一概否定,他认为统治者也可以追求富国强兵,一统天下。但若以利求利,以利为唯一的手段和目的,不仅达不到目的,反而要失去利益,只能导致“上下交征利”。开口即曰利,举足皆涉利,国家危在旦夕。因此倡导施仁政,行仁义,方可无敌于天下。

由此看出,“先义后利”的主张都是在探讨义利逻辑顺序之时提出的,孟子认为道德仁义是获取利益的路径,也只有道德仁义才能给人带来更大而深远的利益。

1.2.2 对墨家义利思想的批判

墨子所倡导的义利关系为“义利统一”,具体而言就是“尚利、贵义”,且墨子的出发点在“利”。但由于墨子的出发点基于现实,思考如何构建理想社会,通过考量社会现实以证实自己的观点,同时墨子的观点也主要服务于社会现实,所以墨子的思想偏向于“实利主义”。“义”是由现实社会的需要而引发,如何做能够给社会带来利处,什么就是“义”。“利”是墨子行事的出发点,所作所为都是出于对利益的自觉,“义”表现为实现利益而采取的一种行为或手段,利本而义末。虽然人们一般认为这个表述出于后期墨家,但是其所表达的内涵也可以代表墨子的观点。墨子明确提出人们应以为天下兴利除害为目的与内容,所采取的道德实践,须要通过社会现实的检验才能践履及证明,社会现实即“义”的重要来源与检验标准。墨子曰："所谓贵良宝者，为其可以利也。而和氏之璧、随侯之珠、三棘六异，不可以利人，是非天下之良宝也。今用义为政于国家，人民必众，刑政必治，社稷必安。所谓贵良宝者，可以利民也，而义可以利民，故曰：义，天下之良宝也。"[3]95由此可知，墨子认为道德实践即是为现实社会提供实际利益的手段或方式。

孟子则对墨家的义利观念提出了强烈批判。在义利关系这个问题上，孟子认为"义"本身具有原则性与目的性，人们追求仁、义、礼、智本身并非为了得利，而只是因为这是上天赐给人们最宝贵的东西。得利只是一种行义的社会现象。而墨子与一位儒者的对话，可以明显体现出墨子与孟子在这方面的差别："子墨子问于儒者曰：'何故为乐？'曰：'乐以为乐也。'子墨子曰：'子未我应也。今我问曰：何故为室？曰：冬避严寒，夏避暑焉，室以为男女之别也。则子告我为室之为故矣。今我问曰：何故为乐？曰：乐以为乐也。是犹曰：何故为室？曰：室以为室也。'"[3]101由此可见，孟子批判墨子的关注点和出发点在"利"，孟子的"仁、义、礼、智"中的"义"已有了本体的意味，孟子的实践活动都是为了成全"义"，"义"所带来的利益是更大、更深远、更稳定的利益，只要是做事符合了"义"，一切皆可抛去。所以孟子说出了荣耀千古的豪言壮语："生亦我所欲也，义亦我所欲也；二者不可得兼，舍生而取义者也。"[2]245

1.2.3　对杨朱义利思想的批判

杨朱的学术思想在战国中期已为"显学"。《孟子·滕文公下》中说："杨朱、墨翟之言盈天下。天下之言，不归杨则归墨。"[2]137由此可见当时杨朱学说之盛。《孟子·滕文公下》将杨朱之学归结为"为我"，《孟子·尽心上》中又说："杨子取为我，拔一毛而利天下，不为也。"[2]289《吕氏春秋·不二》中说："阳生贵已。"[4]《淮南子·汜论训》中说："全性保真，不以物累形，杨子之所立也，而孟子非之。"[5]296《孟子》中的"杨子为我"，应当指的就是《吕氏春秋》中的"贵已"，也就是《淮南子》中的"全性保真，不以物累形"。

从《孟子》这本书对杨朱的批判来看，孟子批判杨朱的是"为我，拔一毛而利天下不为"的思想观点。孟子认为杨朱的思想违背了君臣大义，因而"是无君"者；而"无君"之人，也就缺少了对人伦原则的自觉，即君臣大义，违背了孟子所要求的"义以为上"的基本准则，故孟子斥之为"无尊"的"禽兽"。客观而言，孟子对杨朱义利思想的批判虽然有一定的合理之处，抓住了其最关键的论断，而且也十分精准地把握了杨朱义利思想可能产生的后患；但没有对杨朱的立论背景以及立论宗旨产生同理之心，杨朱所倡导的其实是个人修身和养生，它和儒家"修身、齐家、治国、平天下"的思想主张，在最终目的上其实殊途同归。虽然孟子对杨朱的义利思想进行了稍有偏颇的批判，但是在批判中也使孟子“重义轻利”“以义至上”的义利观念逐步确立。

《孟子》对孔子“义以为上”的义利思想有继承与发展，对墨子“尚利”的思想进行了客观评价，对杨朱的思想加以批判，由此完善并扩充了孟子的义利思想。

2 孟子义利思想的内容

“义”与“利”是中国哲学史上非常重要的范畴，“义利之辨”就是探讨二者关系的争论，并且作为古代思想家一直以来的重要论题之一，贯穿于整个中国哲学发展史中。这一争论在儒学上的发端可以追溯到孔子，并逐步成为儒家学说的基本问题之一，这个问题的探讨对于古代的道德观念和价值规范都有非常深远持久的影响，并且这种影响一直持续到现今中国社会。正如理学大师程颐所言，“天下之事，惟义利而已”[6]62。理学集大成者朱熹更是发出了同样的感叹：“义利之说，乃儒者第一义。”[6]62可见“义利之辨”在中国古代哲学中的地位非同一般。纵观义利思想在中国哲学史中的发展历程，孟子的义利思想在其中起着非同小可的作用。

2.1 义利本训

在对孟子的义利思想进行探究之前，本文首先对“义利”进行释义。

“义”的繁体形式是“義”，《说文解字》中解释为“己之威仪也。从我羊”[7]58。“我”代表武器，也表示仪仗，“羊”表示祭祀用的牲畜，有善与美之意。段玉裁《说文解字注》中说“義之本训，为礼容各得其宜。礼容得宜则善矣。故文王、我将、毛传皆曰，義，善也。引申之训也。从羊者，与善、美同意。”[8]2051段玉裁认为“义”字中包含“义”、“谊”和“仪”三层含义，“古者威仪字作义，今仁义字用之。仪者，度也。今威仪字用之谊者，人所宜也，今情谊字用之”[8]63。

另外，《释名》中也提到“義，宜也。裁制事物，使各宜也”[9]。可以看出，“义”的本意就是美、善和正义，表示符合道义，使思想行为符合道德准则。

“利”字是会意字，左禾右刀，表示以刀断禾的意思。《说文解字》中将其解释为“铦也。刀和然后利，从刀和省。”[7]39铦，指的是一种农具，可以当做利器使用，引申义为锋利、锐利，而“从禾”也可以指庄稼收获。可见“利”在古代的本意是指刀锋铦利，并引申为利益、顺利、赢利等意。正如张岱年先生所说：“所谓利，即是能维持或增进人之生活者，亦即能满足人之生活需要者。”广义上，“利”包括公利和个人私利两种含义。

以上是对“义”与“利”在一般层面上的解释。“义”与“利”这两字的合并使用并非起源于孔子，但在孔子之前，对二者的解释仅仅停留在上文中所提到的一般意义上的理解，其内涵意义并不是很明确，也没有特别的地位与含义。自孔子以来，特别是孟子与荀子，才赋予了“义”和“利”这对范畴以全新的内涵。

2.2 孟子对义利具体内涵的体认

“义”的内涵发源较早，直到孔子所在的时期才有了更深一步的解读。孟子也耳濡目染，受到孔子思想的影响，对于“义”的理解甚至有很多地方都与孔子相同。但是他并没有套用孔子的理论，而是在孔子的基础上进行了继承与发展。下面，本文将立足于《孟子》文本，对孟子的义利概念进行解读。

2.2.1 “义”的具体内涵

在孟子的思想中，关于“义”的内涵分为以下四个方面：

首先，“义”是与“仁”并重的先天美德。在孟子看来，仁义二者并重，并且提出了重要的“四端说”：“由是观之，无恻隐之心，非人也；无羞恶之心，非人也；无辞让之心，非人也；无是非之心，非人也。恻隐之心，仁之端也；羞恶之心，义之端也；辞让之心，礼之端也；是非之心，智之端也。”[2]72-73由此，具备“四端”与否就成了君子的衡量标准，是人性善的先天立论基础。“义”与“仁”“礼”“智”共同构成了做人的基本准则。于孟子看来，遵循道义，保持操守，把人的一切行为和欲望的满足都限制于道义的许可范围内，才能称得上君子。

正如孟子所言，恻隐之心、羞恶之心、辞让之心、是非之心共同构成了人的本性，即仁、义、礼、智的开端。孟子认为仁、义、礼、智实际上是作为人先天的部分存在的，基于此孟子从心性层面找到了行善的根源，即人善的本性。他明确指出：“仁义礼智根于心。”[2]286“仁义礼智，非由外铄我也，我固有之也，弗思耳矣。”[2]266“义”是人先天具有的能力，不是外界强加之上，而是先天的天赋，内在于心，只是个体没有觉察到而已。

《孟子·告子上》篇还记载了孟子与告子之间的“义利之辩”。告子把“以人性为仁义”[2]200比喻为“以杞柳为桮棬”[2]200，如此，“义”即成为外界强加于心的存在。孟子对此反驳道：“子能顺杞柳之性而以为桮棬乎？将戕贼杞柳而后以为桮棬也？如将戕贼杞柳而以为桮棬，则亦将戕贼人以为仁义与？率天下之人而祸仁义者，必子之言夫！”[2]200若说“义”是外在而非人的本质属性，要使人符合礼义，则必然会损伤人的本性，这样全天下的人都会反对；如果宣称“义”是外在之物，也就等同于伤害“义”本身。因此，孟子通过“义外”论所产生的后果驳斥了告子的观点，从而进一步说明“义”是人先天固有的产物。在孟子看来，“义”来自人自身，并非依赖外部经验世界。

其次，“义”是道德言行的评判准则。孟子指出：“义，人之正路也。”[2]127“义，人路也。”[2]269“义”字在这里指的就是人们应该走的道路，也就是人们生活中应当遵循的道德准则。"义"是评价人们善恶的准则,并且这一准则是至上的,并不是或有或无的,是有其权威性的。人作为道德主体,每个人都可以用"义"作为评判行为的准则,所以也应该为自己的行为负责。如果放弃了"义",也就放弃了作为道德主体本来的义务与责任。孟子认为,如果君子遭遇不幸,自身遇到了危险,此时也不可以违背"义"的准绳,应当做到"士穷不失义,达不离道"[2]246。我们可以得出,孟子认为"义"是作为君子应尽的责任与义务,也即行为的当然之则,是君子日常行为规范中不可或缺的道德法度。

再次,义是处世的规范与道理。如:"谨庠序之教,申之以孝悌之义,颁白者不负戴于道路矣。"[2]16-17"治于人者食人,治人者食于人,天下之通义也。"[2]113第一句是孟子向梁惠王阐述自己治国理政方略时提出的具体措施。认真办好学校教育,反复向人们阐述敬爱老人、尊敬兄长的道理,如此这般就不会看到街上有须发花白的老人头顶重物负重前行了。后一句的意思是被管理的人养活管理者,管理者靠被管理者来养活,这是全天下通行的道理。这两处,"义"都可以被解释为道理,这是对"义"的本意的运用。

最后,"义"是人实现理想人格的价值航标。在儒家哲学中,伦理道德的践行和社会价值的塑造是实现理想人格重要的方面。在孟子看来,"义"才是实现人理想人格的关键所在,也是人社会价值和自我价值实现的出发点和落脚点。孟子对自己的理想人格这样描绘:"生亦我所欲也,义亦我所欲也;二者不可得兼,舍生而取义者也。生亦我所欲,所欲有甚于生者,故不为苟得也;死亦我所恶,所恶有甚于死者,故患有所不辟也。"[2]245"义"在一定程度上高于人的生命,为了实现理想人格,甚至可以抛弃生命换取道义,这是孟子价值观中的重要理念,也反映出了孟子个人高尚的道德准则。"义"在此处就是指人的价值航标,能够帮助人们实现理想人格。孟子强调了"义"在提升个人修养中的重要作用,他指出人如果要实现理想人格,实现"义"的价值航标并非只有圣人才可以做到,普通人一样可以。

尧、舜、禹等圣贤被孟子极为推崇,孟子曾说"圣人,人伦之至也"[2]150,《孟子·离娄上》中记载"孟子道性善,言必称尧舜"。由此他对圣人的崇敬可见一斑。但同时孟子又指出"人皆可以为尧舜"[2]102。在孟子眼中,尧、舜就是先王中的道德楷模,是遵行仁义道德的重要代表,具备非常高的道德素质。但是他们极高的道德修养并不是望其项背的,普通百姓与圣人之间并非有很大的距离,人人都有可能成为下一个尧、舜,而个人能否成为尧、舜这样的人则取决于他(她)是否严格遵行了义的准则,即是否遵行仁义之道。孟子解释说:"圣人,与我同类者……至于心,独无所同然乎?心之所同然者何也?谓理也,义也。圣人先得我心之同然耳。”[2]272因为圣人与普通百姓都是人，所以两者的内心都会有一个共同的认同，也就是“义”与“理”，只不过圣人比普通百姓更能自觉到义理的存在罢了。寻找到深居内心的“义”，普通百姓也能构建理想人格。

孟子在此基础上指出了道德修养的办法，也就是找到深藏于心中的“义”与“理”，并不断在行为中践履它们。耳目口腹肢体为小体，“心”具有理性思维为大体，孟子言：“养其小者为小人，养其大者为大人。”[2]249恻隐之心、羞恶之心、辞让之心、是非之心都是人固有的善端，但是人们不能仅仅满足于这几种善端，而应在此基础上加以扩充，“苟能充之，足以保四海；苟不充之，不足以事父母”[2]73。如果不能对内心原本的善端扩而充之，人也会逐渐丧失为人的基本依据。

由此可见，“义”作为人的“四端”之一，不仅是人之为人的基本依据，也是普通人达到理想人格实现崇高道德理想的重要途径。因此不难看出，孟子认为“义”不仅仅是应然之则，更是一种必然之则。

综上可得，孟子对孔子“义”的思想进行了继承与发展，将“义”上升到了与“仁”同等的地位，使“义”成为人们道德行为的必然之则，是人深藏于心的内在善端，也是人实现理想人格、完成崇高理想的重要途径。不难得出，“义”的原则贯穿于孟子道德践履的始终，的确是孟子道德行为的最高准则。在孟子义利思想体系中，“义”源自内在人心，发端于人的羞恶之心，且是人道德践履的唯一来源，是孟子在道德主体的内心中找寻到的天赋，孟子将“义”这一规范上升为人的先天自觉，这是人之为人最重要的依据，“义”的本身有了自在价值，因此可以成为超越客观经验世界的存在。

2.2.2 “利”的具体内涵

在《孟子》文本中，对于“利”字的使用有以下两层含义，即本意“锐利”以及引申义“利益”。“固国不以山溪之险，威天下不以兵革之利。”[2]79“天时不如地利，地利不如人和。”[2]79“欲知舜与跖之分，无他，利与善之间也。”[2]289第一句使用的是“利”的本意，译为锐利、锋利。第二句和第三句中使用的是“利”的引申义，其意为有利于，多指物质上的利益。例如，第三句话中就说到拓与舜的差别在于一个是求利，另一个则是行善，此处，“利”则解释为利益。“利”在《孟子》中指的就是物质性的需求。

孟子很少正面谈及利益，但这并不意味着孟子不重视“利”的作用。在孟子的思想中，真正的“利”是在行义之后而产生的伴生物。对于自身，孟子不讲利，但是在涉及社会生活尤其是治国理政的时候，他重视“义”的功利性特征。他所说的“利”是社会国家整体之利，简言之即为实现王道。仁政的结果即是积极地“王天下”。孟子着重强调这一点，从《孟子·梁惠王上》的“仁者无敌”[2]12到《孟子·公孙丑上》的“行仁政而王”[2]42，以及《孟子·离娄上》的“尧舜之道，不以仁政，不能平治天下”[2]148，都是为了表达此意。

具体而言，百姓要有一定的物质基础，通过教化，人们才得以认识到遵行仁义道德的重要性，然后整个社会就会出现君义臣敬、父慈子孝、兄友弟恭、家庭和睦、健康有序的和谐景象。而且由于国家之间互相攻伐，孟子认为如果统治者能够践行大义，国家之间不义的攻伐就会被制止，然后出现天下和平一统的局面。在社会整体秩序方面，孟子认为只要按照他所说的大义去行事，就会出现圣王一统中国的大利。孟子和战国时期其他人一样都希望出现一个坚强的、稳固的社会体系，当梁襄王问孟子天下如何才能安定，孟子回答说“定于一”，也就是孟子希望中的社会应是统一、有秩序的社会。只要一国的君主能够实行仁政，那么就会“天下之民皆引领而望之矣。诚如是也，民归之，由水之就下，沛然谁能御之？”[2]9孟子极力反对用武力称霸天下，他希望此时能够出现一位圣人来治理天下，首先治理好一个小国，然后再使他国归顺于己，不战而王。就像当年的周文王，虽然管辖的只有一百里地，但是由于实行仁政，打败了殷纣王的暴虐统治，天下一统。在孟子心目中，只要一个国家的君主真真实实地实行仁政，这个国家就会不战而胜，别的国家不战而败，进而天下一统。正如孟子所说：“尊贤使能，俊杰在位，则天下之士皆悦，而愿立于其朝矣；市，廛而不征，法而不廛，则天下之商皆悦，而愿藏于其市矣；关，讥而不征，则天下之旅皆悦，而愿出于其路矣；耕者，助而不税，则天下之农皆悦，而愿耕于其野矣；廛，无夫里之布，则天下之民皆悦，而愿为之氓矣。信能行此五者，则邻国之民仰之若父母矣。率其子弟，攻其父母，自有生民以来，未有能济者也。如此，则无敌于天下。”[2]70因此，在《孟子》中，“利”大多指的是现实层面的物质利益。

2.3 孟子对义利关系的论述

在义利关系中，孟子认为“义”本身是行事的目的，而道德主体的行为就是因义行义。人们追求仁、义、礼、智，并不是为了得利，而只是因为这是上天赐给每个人的最宝贵的东西：“有天爵者，有人爵者。仁义忠信，乐善不倦，此天爵也；公卿大夫，此人爵也。”[2]250孟子只是发自内心地追随喜爱它，所以才会去追寻它，却并非为了达成何目的，只是源自内心的欢喜。在孟子个人理解中，仁、义、礼、智中的“义”已经具备了自在之物的特性，“义”在孟子眼中就是人道德践履的本体，是规范“利”的道德准绳，任何事物都是比“义”更低一等次的存在，只要做事情符合“义”，“得利”便是自然而然产生的现象了。孟子并非忽视人对客观利益的追求，孟子是讲求做事的效果的，是追求利益的。当然孟子谈及的“利”是公共之利，长远之利，而并非是不义之利。

2.3.1　先义后利，义以为上

孟子认为“义”是用于规范“利”的标准，只有行了“义”，才会出现“利”这种社会现象，只有行了“义”，才会实现更大、更稳定、更长远的利益。在这里，义利并非水火不容之物，但二者在价值位阶上，必须是“义”为第一性，强调道德、道义为原则的权威性和不可动摇性，“利”是自然而然的结果。从国家层面来看，当时的诸侯王最大的心愿便是富国强兵，进而一统天下，孟子则告诉他们，只有遵王道、行仁政才能达到这个愿景：“地方百里而可以王。王如施仁政于民，省刑罚，薄税敛，深耕易耨；壮者以暇日修其孝弟忠信，入以事其父兄，出以事其长上，可使制梃以挞秦楚之坚甲利兵矣……故曰：‘仁者无敌。’王请勿疑！”[2]9-10孟子认为，诸侯王只有行仁政，才能保证人民物质生活的富足，在不好的年份能够免于死亡，在好的年份能够在照顾到父母妻儿的基础上，进行仁义道德方面的修养，过着知礼循义的生活。这样国家就会变得富强起来，才能在与别国的战争中取得胜利，天下才能一统。这样，实行仁政之后，举国上下都遵循“义”的准则行事，无论是百姓，还是国君，就都能够获得他们想要的利益。其实这就正如《大学》中所说：“国不以利为利，以义为利也。”[10]512从个人层面来看，在面对生命与道义两难抉择时，人们应当舍弃生命而保全道义。由孟子的观点可以看出，生命固然十分宝贵，但即便如此，也不能放弃道义而勉强苟活于世，这种人生是毫无意义与价值的。一名真正的君子在面对这种道义与生命的两难抉择时，应当舍生取义，而不是为了保全性命而放弃道义苟活于世。孟子曾经说过：“生亦我所欲也，义亦我所欲也；二者不可得兼，舍生而取义者也。”[2]245这是对孟子提出君子要“杀身成仁”的观点的进一步补充。君子要拥有“富贵不能淫，贫贱不能移，威武不能屈”[2]128这样坚毅的精神。孟子为世人树立了这样的人格：孟子追求人独立而完满的人格，寻求人内在道义的价值，追求气节而弃生死于不顾。孟子还十分重视人的尊严：“一箪食，一豆羹，得之则生，弗得则死。嘑尔而与之，行道之人弗受；蹴尔而与之，乞人不屑也。”[2]246为了自我保全性命而舍弃道义于不顾是非常不耻的行为。在孟子看来，道义是人一生需要追随的行为尺度，作为君子要以维护道义作为己任，放弃不义之利，必要时舍弃生命都应该义无反顾。

2.3.2　义中有利，重义兼利

虽然孟子并不反对“利”本身，但是他强烈反对人们以“利”作为出发点和落脚点。从某种意义上说，“义”是达到“利”的目的和需要的手段及工具，是获得利益的方法和最终保障。“义”与“利”之间并非对立，孟子并非让人不考虑“利”，而是按照“义”的准则处事，必能伴生“利”。“天下之利，以义戴之。”在“义”之标准下所得的“利”才是应得之利。这主要是因为孟子认为一旦人们以“利”作为出发点，形成了以“利”为目的的思维逻辑，就有可能丧失对“义”的坚守。司马迁就有这样的论述：“余读孟子书，至梁惠王问‘何以利吾国’，未尝不废书而叹也。曰：嗟乎，利诚乱之始也！夫子罕言利者，常防其原也。故曰：‘放于利而行，多怨。’自天子至于庶人，好利之毙何以异哉！”很多人会因为追求“利”而置道义于不顾，这样社会的整体利益就无法得到保障，整个社会就会陷入混乱。所以当梁惠王向孟子询问是否有使国家获利的方法时，孟子回曰：“王何必曰利？亦有仁义而已矣。王曰：‘何以利吾国？’大夫曰：‘何以利吾家？’士庶人曰：‘何以利吾身？’上下交征利而国危矣。万乘之国，弑其君者，必千乘之家；千乘之国，弑其君者，必百乘之家。万取千焉，千取百焉，不为不多矣。苟为后义而先利，不夺不餍。”[2]1在去游说各诸侯王宣扬自己的治国安邦之道的时候，孟子时时刻刻注意自己的言行与立场，对于不符合道义的事情，坚决不做。其弟子陈代认为孟子没有必要这么严格地坚守自己的原则，并以“枉尺而直寻”[2]126这句话来劝说他，孟子认为：“且夫‘枉尺而直寻’者，以利言也。如以利，则枉寻直尺而利，亦可为与？……且子过矣，枉己者，未有能直人者也。”[2]126这里“枉”的是“义”，“直”的是“利”。这两者有质的区别。孟子主要是说以“利”作为动机时很有可能会违背道义，一旦做法违背了道义，即便动机是高尚的，也有可能引发不好的结果。在这里可以看出，孟子理解中的义利关系是紧密相连的，这样孟子就在重视道义、道德的前提下把“义”与“利”有机统一。

3 孟子义利观的现代价值

有中国特色的社会主义义利观才是我国科学合理的义利观，这与孟子的义利观之间有着历史性和现实性的紧密联系。而正确认识和面对这两者的联系与不同，对于我们发扬中华民族传统义利思想，丰富社会主义优秀文化具有十分重要的意义与价值。孟子义利观与社会主义义利观在历史上有紧密的继承与发展的关系，下面的文本将对社会主义义利观的义利概念、义利关系以及义利取向进行简要阐述，并阐述孟子义利观对社会主义义利观的参考价值以及对树立新时代大学生义利观提供的指导。

3.1 丰富社会主义义利观的文化内涵

社会主义通过自身的经济、政治、文化制度来表述社会主义义利观的具体含义，并赋予社会主义义利观以丰富的内在含义。封建主义和资本主义严重对立，导致义利内涵的对立，然而社会主义从集体的角度来谈义与利，才使得义利实现充分的社会化，也就是每一个集团都成了利益的主体，在获得社会高度认同的情况下，道义与利益都对人们有着同等重要的作用，从而也就实现了人类历史上关于利与义关系的变革。

社会主义的“义”有广义和狭义两种含义,广义的“义”等同于社会主义道德,大多数情况下二者可通用。社会主义道德是在经济发展基础上产生的道德历史类型,是无产阶级道德在历史上合乎规律的发展。狭义的“义”是指社会主义阶段人们处理人与人、人与社会、人与自身的一种善,它是人们应当遵循的伦理规范和行为准则。社会主义的“义”包含以下三个范畴:①对社会根本利益和长远利益的强调;②对个人正当利益的认同;③全社会范围内顾全大局、团结友爱的精神。社会主义的义利关系总体上是义利并重的,它既批判封建主义“重义轻利”的陈旧观念,也不赞成资本主义“重利轻义”的错误思想,主张将道义与功利、物质福利与精神福利、个人利益与社会公共利益进行有机统一,实现经济水平与文化水平、物质与精神的和谐发展。

社会主义义利观是中国特色社会主义道德的重要组成部分,这是对中国优秀传统文化的宣扬。孟子义利观的论题是中国传统道德中的重要议题,与社会主义义利观在历史背景与文化因素上相互承接,主要体现在两个方面:

一方面,孟子的义利观是中国传统义利观的重要组成部分,也是社会主义义利观在中国历史上的一种发展状态。孟子的义利观是封建社会时期的社会主流义利观之一,它在中国古代社会的发展历程中,形成了对社会情感和需要、公利与私利的鲜明的立场与观点,是当下中国义利观在历史上的一种存在形态,孟子的义利观中提出了很多重要的理论范畴,其中倡导仁爱和谐、崇尚美德、奉行道义等诸多思想值得今天继续借鉴和发扬。

另一方面,社会主义义利观是孟子的义利观在新时期、新条件下的发展与创新。孟子的义利观在各诸侯国兼并争霸的过程中虽然在不断完善和发展,但是始终没有走出封建专制的牢笼,没有摆脱为统治阶级服务的枷锁,带有一定功利主义的色彩,因此它的发展也受到一定的局限。例如孟子倡导的仁爱、民贵君轻思想仍然没有摆脱服务于封建专制统治的命运。在当今社会主义新时代,传统的阶级关系与思想桎梏被革除,孟子义利观中“崇义辨利”的基本宗旨与社会主义利益观中的伦理关系相契合,实现了在新时代的复兴与跨越,成为社会主义义利观不可或缺的重要组成部分。

3.2 引导社会主义义利观的道德践履

“义”与“利”是义利关系问题中的重要范畴,在中国传统义利思想中,由儒家义利思想最早提出,具体体现在:

一是社会主义义利观与孟子义利观的研究目标与主旨相通。社会主义义利观继承了孟子义利观的研究目标与主旨,它们共同将“义”与“利”作为研究的重要范畴，而研究的主旨都是为了通过对道德与利益的论证，改善人与人之间的关系，促进社会和谐进步。

二是社会主义义利观与孟子义利观在道德践履上具有相近的作用。首先，都是中国道德文化的重要组成部分，都在人们的日常道德行为中起到至关重要的引导作用，规范人们的视听言动。其次，指导人们做出正确的道德行为，促进社会成员之间的友爱互助，形成和谐的社会关系。

中国特色社会主义义利观对传统孟子义利观进行扬弃，坚持使用了马克思主义辩证的观点和历史唯物主义的思想，对正确思想进行吸收，对错误思想进行批判。

当代人的义利观重构需要将世俗的义利观结合优秀的传统义利观，才能形成新时代的义利观。改革开放以来，社会上出现了“金钱万能论”的思维模式，好人有好报的观念发生错位和偏离，导致很多人在行善的时候出现畏首畏尾的现象。然而我们注意到，人们的道德教育还达不到标准，致使部分人既无理想信念，也缺乏社会责任与担当意识。通过这一事实我们可以得出，在全社会开展优秀传统义利观教育迫在眉睫。通过这一教育，一方面可以培养人们的理想人格，另一方面也可以提升人们的文化自信。

3.2.1 摒弃“以利至上”的错误观点，树立“先义后利”的新观念

当下人们对待传统义利观的态度普遍是积极且理性的，但是对孟子义利思想的具体内涵和相互关系很多人仍然处于模糊不清的状态，这给当代中国人树立“先义后利”的义利观念提出了非常大的挑战。

“义”作为一种规范“利”的道德准则，只有在“行义”的行为完成之后，所获得的“利”才是应得之利，孟子既反对“非义不得利”，也反对“非义得利”。以当代中国大学生为例，当下很多大学生在工作和学习中总是把“得利”作为行事的出发点，在这种出发点下即使动机不是恶的，也极有可能导致不义的后果。因此，在义利关系上，我们应当摒弃“以利至上”的错误观点；对个人来说，在有外在利益诱惑的情况下，应该先“思义”，时刻将“义”的准绳放置在心中，用“义”的标准时刻省察自我，才能获得长久之利。只要不违背道义，人们追求合情、合理、合法的利益也是促进朋辈共同成长、共同进步的良好表现。

3.2.2 摒弃“义利对立”的错误观点，树立“义中有利”的新观念

孟子义利思想的内涵是丰富的，是在各诸侯国割据争霸、兴邦治国的历史经验教训中总结出来的智慧结晶。其中一些有关于义利的历史典故应当是人们熟知的，但是很多人对于包含孟子义利观的历史典故的积累是极其有限的，自然在人生成长的关键阶段难以获得充足的养分。在社会中出现一些“老人摔倒，路人

搀扶反被讹”的社会现象后，甚至会产生“义利对立”的错误观点，认为“善人没有善报，恶人没有恶报”，产生道义与利益错位的误解。

由此可见，当代社会中出现“各扫门前雪，莫管他人瓦上霜”的现象也是与不了解孟子“义中有利”的观念和既成的“义利对立”的错误观点密不可分的，因此，深入理解孟子的义利思想对于改善当代中国人冷漠的社会心理具有一定的积极意义。

义与利之间并非水火不容，孟子并非让人不考虑“利”，而是按照“义”的准则处事，必能获得利。“天下之利，以义戴之。”在“义”的标准下所得之利才是应得之利。这主要是因为孟子认为一旦人们以“利”作为出发点，形成了以“利”作为目的的思维逻辑，就可能会因为“利”而忽视对“义”的坚守。孟子“崇义辨利”的基本宗旨启示我们当代人要以辩证的方法对待义利关系，坚持义利统一；在中国特色社会主义现代化建设的进程当中，国家、社会应当保证个人利益得到充分的满足；关心群众诉求、为人民服务，这是“义”的要求；个人利益服从于集体的、国家的利益，这是“利”的要求。

4 结语

孟子对义与利的内涵、关系和价值取向的阐发是我们领会其为政、处世之道以及为现实生活提供参照的关键。通过对这一问题的分析，我们发现孟子对义利内涵、关系和价值取向的阐发是孟子向君王传授治国理政之法和向世人教授君子之道的主要方法。孟子提出的具体观点就是“义以为上”和“义中有利”。

在孟子看来，义利关系中“义”的本身就是目的，而主体的行为就是因义行义。人们追求仁、义、礼、智，并不是为了得利，而只是因为这是上天赐给每个人的最宝贵的东西。孟子认为义利关系中的“利”则是一种社会现象，是“义”的行为完成后的自然而然的结果。

孟子对义利关系的理解和义利取向可以分成两个层面：第一层面是“先义后利，义以为上”，义利二者并不冲突，但是二者不但在质上有异，而且在价值位阶上，必须是先义而后利，即一切利益之追求，必须以“义”为规范，以不违反“义”为原则，“利”是随之而来的自然而然的结果。第二个层面是“义中有利，重义兼利”，“天下之利，以义戴之”。在“义”的标准下所得之利才是应得之利。孟子看到了“义”与“利”紧密相连的关系，当按照“义”的准则行事的时候，所得之利才是应得之利。

在中国传统道德理论中，义利关系问题占据极其重要的地位，同时义利关系问题也是当前社会主义精神文明建设中必须正确面对并解决的重要问题。当前的社会主义义利观是当下规范人们言动视听的义利准则，但是违背道义泯灭人性的社会事件仍时有发生。是义利观准则的内容不够完善抑或是人性道德滑坡的必然趋势？我以为应当是人们对义利概念的模糊意识，以及错位的义利关系认知导致了人们义利价值取向的偏离。着眼于国家未来命运的掌舵者当代大学生，一些人出现“以利至上”“义利对立”的错误观念，这不仅与社会环境影响有关，也与缺乏对孟子义利思想的正确认识和深入理解，以及缺乏理解和遵行社会主义义利观有着紧密的关联。对此本文建议大学生应当拓宽视野，发掘更多途径深入领会孟子义利观中值得借鉴的思想，并将正确的义利思想投射到日常学习生活中来，这样才有助于实现专业上成才、精神上成人，承担起中国特色社会主义新时代的建设者和接班人的重任。

参考文献：

[1] 杨伯峻.论语译注[M].第3版.北京：中华书局，2009.
[2] 杨伯峻.孟子译注[M].第3版.北京：中华书局，2009.
[3] 朱熹.四书章句集注[M].北京：中华书局，2011.
[4] 段玉裁.说文解字注[M].北京：中华书局，2013.
[5] 梁奇.墨子译注[M].上海：上海三联书店，2014.
[6] 王文锦.大学中庸译注[M].北京：中华书局，2008：325.
[7] 冯契.中国古代哲学的逻辑发展（中）[M].上海：上海人民出版社，1984：157.
[8] 杨国荣.孟子的哲学思想[M].上海：华东师范大学出版社，2009：295.
[9] 朱贻庭.中国传统伦理思想史[M].上海：华东师范大学出版社，2003：133.
[10] 徐复观.中国人性论史·先秦篇[M].上海：华东师范大学出版社，2005：326.
[11] 王泽应.义利并重与义利统一[M].长沙：湖南人民出版社，2001：152.
[12] 朱义禄.儒家理想人格与中国文化[M].上海：复旦大学出版社，2006：325.
[13] 崔大华.儒家引论[M].北京：人民出版社，2001：126.
[14] 庞朴.儒林第三辑[M].济南：山东大学出版社，2006：199.
[15] 徐洪兴.孟子选评[M].上海：上海古籍出版社，2005：255.
[16] 杨国荣.善的历程——儒家价值体系的历史衍化及其现代转换[M].上海：上海人民出版社，1994：263.
[17] 任继愈.中国哲学史（先秦）[M].北京：人民出版社，1983：166.
[18] 侯外庐.中国思想通史[M].北京：人民出版社，1957：57.
[19] 孟培元.孟培元讲孟子[M].北京：北京大学出版社，2006：59.
[20] 张岂之.中国思想学说史[M].桂林：广西师范大学出版社，2008：98.
[21] 黄钊.中国道德文化[M].武汉：湖北人民出版社，2006：26.
[22] 杨泽波.孟子评传[M].南京.南京大学出版社，1998：159.

[23] 王泽应.义利之辨与社会主义义利观[J].道德与文明,2003(6):26-30.
[24] 高晓红.先秦儒家义利观及其现代意义[J].学术界,2006(120):218-222.
[25] 卢运山.先秦儒家义利思想对和谐社会建设的有益启示[J].理论学刊,2007(8):107-110.
[26] 李雁平.浅析孟子义利观及其对现代利益观的影响[J].重庆科技学院学报(社会科学版),2008(9):33-34.
[27] 孙金香.孟子义利观对当代大学生道德责任教育的启示[J].才智,2016(11):126-127.
[28] 王武.试论先秦儒家义利思想及其现实意义[J].内蒙古师范大学学报(哲学社会科学版),2017,46(1): 33-35.

指导教师评语:

该同学在撰写论文的过程中经过反复修改,在论文的框架结构以及行文语言上有较大的进步,将孟子的义利观研究与当下人的义利观现状的研究相结合,具有一定的现代价值,有一定研究意义。

马克思主义学院戴兆国教授

论我国债权人代位权之优先受偿规则的合理性

唐冰雪
（法学院）

摘　要："入库规则"是债权人代位权根据传统法理确立的一项重要规则。然而随着司法实践的不断深入，我国债权人代位权行使效果归属从传统的"入库规则"逐渐转变为优先受偿规则。在剖析两种规则的过程中，采用优先受偿规则的合理性可以从"入库规则"存在的问题、确立的基础以及优先受偿规则所具备的独特优势等方面找到答案。

关键词：代位权；入库规则；优先受偿；合理性

债的保全制度是指为了防止债务人不当处分其责任财产的行为损害债权人债权，法律赋予债权人对债务人或第三人行使一定的权利以排除危害其债权的行为的制度。其中，债权人代位权制度是合同保全的重要内容之一。《中华人民共和国合同法》（以下简称《合同法》）第73条规定："因债务人怠于行使其到期债权对债权人造成损害的，债权人可以向人民法院请求以自己的名义代位行使债务人的债权。但该项债权专属于债务人自身的除外。代位权的行使范围以债权人的债权为限。行使债权人代位权的必要费用，由债务人负担。"这是我国法律正式也是首次对代位权的定义，标志着债权人代位权在我国的诞生。新生的事物难免在实际运用过程中出现各种各样的疏漏，代位权制度虽经法律明文确立，但因规定内容十分抽象和模糊导致在现实操作中遇到一些问题和困惑。

1　问题的提出

1.1　"入库规则"与优先受偿规则的概念

就代位权制度而言，债权人代位权行使效果的归属问题是众多学者关注的焦点之一。其中，"入库规则"与优先受偿规则是引发学界广泛争论的两种主流学说。上述两种规则在学界均存在明确的定义，学者们对于这两种规则所包含的基本内容也达成了共识。"依传统的债权人代位法理，行使代位权取得的财产应先加入债务人的责任财产，然后再依债之清偿的规则清偿债权人债权。这一规则我们可以称之'入库规则'。"[1]优先受偿规则是指债权人通过代位权诉讼取得的财产直接用于清偿自己的债权，而不再先归属于债务人的责任财产中。由于两种学说的内容截然不同，至今学界仍对此争论不休。

1.2 "入库规则"存在的缺陷

我国在代位权行使效果归属上已经明确采用优先受偿规则，但学界反对的呼声不断。总的来说，优先受偿规则被一些学者诟病其违背了代位权制度的基本价值——债的保全，同时有悖于民法的平等原则，甚至有些学者主张我国代位权应当回归"入库规则"。鉴于我国代位权优先受偿规则的采用是根据债权人代位权制度价值和我国国情综合权衡的结果，"入库规则"存在的问题以及采用优先受偿规则的合理性自然成了拥护优先受偿规则的学者们关注的焦点。笔者在了解相关学者观点的基础上，结合有关法理，对"入库规则"存在的问题做出了以下总结。

第一，挫伤了债权人行使代位权保护债权的积极性。"代位权人不享有优先受偿权虽然不违背债的一般原理，但是却只着眼于形式上的公平，实现债权人的平等受偿，从而导致了实质上的不公平，即权利的积极行使者与消极的搭便车者享受同样的待遇，可见法律并未给予权利的维护者以更有效的保护。"[2]具而言之，"入库规则"是一种追求形式平等的学说，因为它给予了权利的积极行使者和消极行使者同等的机会。既然如此，债权人何必大费周章让其他债权人坐享其成呢？所以在这种规则的引导下，实质上的不公平必然如期而至。第二，程序繁杂，耗费司法资源。如果债权人提出了代位权诉讼并且顺利地保全了债务人的责任财产，接下来，债权人势必一鼓作气争取实现自己的债权。这就意味着，债权人要在提出代位权诉讼之后，请求债务人清偿自己的债权。如果债务人不配合，债权人则需要继续依靠国家强制力的手段督促债务人履行自己的义务。在此过程中，债务人可能需要向法院申请保全债务人的财产、提供相应的担保、申请强制执行等等。而这些可能的结果都伴随着一系列复杂繁琐的司法程序。这无疑增加了当事人和法院的负担。第三，债权难以清偿，代位权制度的目的难以实现。根据"入库规则"，行使代位权获得的财产全部归于债务人。问题在于，债务人会怎样处分这部分财产我们无从可知，但这又是债权人债权能否得到清偿的关键。首先，债务人可能拒绝受领这部分财产，这意味着债权人行使代位权后，不仅没有实现自己债权的可能，就连保全债务人责任财产的目的都没有达到。其次，债务人可能将这部分财产用于清偿其他债权人债权，所以辛辛苦苦行使代位权的债权人最终为他人做了嫁衣。除此之外，债权人还有可能面对各种各样债务人任意处分财产但就是不清偿其债权的行为。当然,有人会建议,针对债务人任意处分财产损害债权人债权的行为,还可以行使撤销权予以规制。但是,这又陷入了上述的程序繁杂的困境。

由此可见,如果适用"入库规则",代位权的行使就会面临上述种种问题,即债权人不愿行使代位权、行使代位权程度繁杂、债权得不到清偿等。这一系列的问题将会导致代位权制度设计的目的落空,难以实现代位权的制度价值。

2 "入库规则"存在的基础

我们在了解"入库规则"存在的问题的同时,"入库规则"存在的理论基础也值得我们深思。如果我们希望更深入地了解一种事物,就必须去探究它的本质。仔细读解"入库规则"我们会发现,"入库规则"始终坚持住了这样一个原则,即:债权人代位权制度是一种保全债权的制度,而并非一种直接满足债权的制度。因此,通过代位权所取得的财产只能作为全体债权人的共同担保,代位债权人要想获得自己债权的满足,就得从债务人一般责任财产中与其他债权人平等受偿[3]。因此,"入库规则"的核心在于它坚持代位权制度是一种债权保全制度,目的是实现债的保全,而不是一种直接实现债权的制度。因而,债权人行使代位权的意义在于以一己之力保全债务人的责任财产,为自己以及其他债权人的债权创造共同受偿的机会,否则债权人则会处于消极被动的地位,并且很有可能面临债权得不到清偿的严重后果。所以,债权人行使代位权虽然不能通过代位权诉讼得到直接的清偿,却可以借此机会保全债务人的责任财产,从而获得债权受偿的可能性。由此可见,强调债的保全功能便是"入库规则"的本质特点。

2.1 从平等原则的角度了解"入库规则"

民法的平等原则效力贯穿于民法的始终,堪称民法的精髓和灵魂。从民事活动的主体地位到民事行为的内容以及民事行为所产生的法律效果,无一不体现着平等原则。债权人代位权作为民法中债权保全的重要内容同样坚守着平等原则,这一点在"入库规则"中也有体现。"入库规则"基于全体债权人一律平等的理论基础,在理论上最大限度地遵守了民法的平等原则,体现为全体债权人享有平等的受偿权利。这种平等通过何种途径保障?"入库规则"也给出了答案,即将债权人行使代位权所获得的债务人财产悉数纳入债务人的责任财产中,以此保障全体债权人平等受偿的权利。从保障全体债权人平等受偿的角度出发,"入库规则"体现了民法的平等原则。因此,从平等的角度看待"入库规则"不无道理。

2.2 从代位权制度性质了解"入库规则"

就代位权制度的性质而言,代位权制度是债的保全的一种形式,针对的是债务人消极不作为而损害债权人债权的情形。关于“入库规则”强调债的保全的内容,上文已有所提及。在此基础之上,我们应该明确债权人代位权之所以存在,是因为现存的债权保护制度不够完善致使债权人的债权经常受到威胁和损害。为了给债权人的债权提供更加精准和周到的保护,债权人代位权应运而生。而这种保护诞生之初是以保全债务人的责任财产从而间接地为全体债权人的债权提供保护为目的。换言之,债权人代位权起初强调债权的保全功能,目的是为了全体债权人债权的实现,至于行使代位权的债权人如何获得清偿,则取决于债务人根据债的清偿规则进行。所以,债权人代位权中类似于共同担保的形式是债权人实现保全债权的途径。“入库规则”即将债权人行使代位权所取得的财产先“入库”,再根据债的清偿规则使债权人获得受偿。由此可见,从债的保全角度来论证采用“入库规则”的合理性也没有违背债的保全制度设计的本意。

2.3 “入库规则”在国外代位权制度中的适用

我们将目光投向国外的代位权制度会发现,从国外代位权制度的发展来看,多数国家其实普遍采用的都是“入库规则”,只不过在此基础上增设了一些例外性规定。比如法国,法国是代位权制度诞生的国家,法国民法典明确规定了债权人代位权制度。虽然没有对代位权的效力归属作出明确的规定,但根据其代位权制度是为了保全债务人责任财产的目的,可知法国代位权制度采用的是“入库规则”。再如日本,日本债权人行使代位权,虽然在债务人不予受领等特殊场合赋予了债权人清偿受领的权限,但是在一般情况下,债权人行使代位权的效果是归属于债务人的。

由此可见,无论从民法平等的角度还是债权代位权制度的立法目的的角度,又或者从国外立法经验来看,“入库规则”在很大程度上有其存在的合理性,这一点我们并不否认。然而,随着现实中有关代位权问题的增多以及司法实践的深入,原本应当顶着华丽的平等光环被纳入债权人代位权制度当中的“入库规则”,却因为我国最高人民法院出台的《合同法》(司法解释一)而被彻底抛弃。这一司法解释的出台打破了学界对代位权行使效果归属的传统认知。因此,为何放弃“入库规则”而采用优先受偿规则的理由毫不意外地引发了学界的广泛关注。综合相关学者对其原因的阐述,笔者认为,上述“入库规则”在债权人代位权适用中出现了一些显而易见的缺陷,其确立的基础已经不足以支撑“入库规则”被我国代位权制度所采用。

3 我国代位权行使效果归属——优先受偿规则

3.1 优先受偿规则在我国的发展

我国《合同法》征求意见稿曾规定："债权人行使代位权，取得的财产归债务人后再清偿债权。"由此规定我们可以看出，我国代位权制度一度考虑过采用"入库规则"。但许多学者认为这一规定不切实际，可操作性不强。最终立法机关未予以采纳，放弃了"入库规则"。于1999年10月01日实施的《中华人民共和国合同法》第73条规定，虽然确立了我国代位权制度，但是并没有涉及代位权行使效果归属问题。为此，于1999年12月29日生效的最高人民法院《关于适用〈中华人民共和国合同法〉若干问题的解释一》（以下简称《合同法解释一》）第20条规定："债权人向次债务人提起代位权诉讼经人民法院审理后认定代位权成立的，由次债务人向债权人履行清偿义务。债权人与债务人、债务人与次债务人之间相应的债权债务关系即予消灭。"该规定对于债权人行使代位权的效果归属作出了具体的司法解释。这意味着，行使债权人代位权取得的财产可以直接归属于行使代位权的债权人，而不是先加入债务人的责任财产再清偿。这其实是将优先受偿规则以立法的形式确定了下来。

如此果断地否定传统代位权所坚持的"入库规则"，而直接采用优先受偿规则的做法，在学术界掀起了轩然大波。有学者提出："即债权人有权直接领受通过代位诉讼取得的财产并用于清偿债权。这一规定歪曲了代位权制度的真正价值，是我国新《合同法》的一个缺陷。"[4]"因此，如果不强调代位权行使的'入库规则'，允许行使代位权的债权人用行使代位权取得的财产清偿其所享有的债权，实际上是赋予了行使代位权的债权人优先权，这势必会影响到其他债权人债权的实现，这对其他债权人是不公平的。"[4]由此可见，多数坚持"入库规则"说的学者认为优先受偿本身的性质与民法的平等基本原则相抵触，并且歪曲了代位权制度真正的价值，应当回归"入库规则"。笔者认为，这种观点是值得商榷的。在此，笔者将从平等的角度、程序法学的角度以及代位权制度目的等多个角度剖析优先受偿规则对于代位权制度的重要价值。

3.2 高效平等的优先受偿规则

优先受偿规则与"入库规则"不同，在代位权诉讼中，债权人通过优先受偿规则可以直接获得次债务人的清偿。这样的做法一步到位，使债权人直接实现了自己的债权。相比"入库规则"，优先受偿规则简单快捷。债权人在行使代位权过程中避免了繁杂的程序，不仅减轻了债权人的负担，还大大节省了司法资源。相关人士不免对这种优先权产生质疑，代位权制度中债权人为什么会产生这种优先受偿的优先权呢？这是因为债权人积极行使了代位权的缘故。便捷高效的程序服务于代位权制度，也凸显了程序法学的价值，这是一门属于法学的艺术。

针对反对者认为优先受偿规则违反民法平等原则的观点，笔者并不认同。就平等问题而言，“入库规则”和优先受偿规则产生分歧的关键点在于两者站在不同的角度看待平等。反对者之所以批评优先受偿规则违背了民法的平等原则，是因为他们站在了形式平等和机会平等的角度，强调所有债权人一律平等，应当平等受偿，决不允许对某个债权人特殊优待，侧重于保护全体债权人的利益。然而，反对者们忽视了代位权制度本身就已经赋予了每个债权人平等追求权利的机会，我们称其为机会平等，只不过有些债权人积极地行使自己的权利，愿意付出代价，运用法律通过正当的程序维护自己的合法权益，而有些债权人却躺在权利上睡大觉。只有权利人积极行使自己的权利，才会使社会关系趋于稳定和谐，法的价值和目的才得以实现。此外，有学者认为，优先受偿规则违反公平原则的观点是建立在行使代位权所取得的财产与债务人其他责任财产相切割的基础上，进而将债务人的无限财产责任人为地转换为有限责任并在此基础上进行的价值判断，因而是不能成立的。优先受偿仅仅是偿债的方式之一，债权平等与否决定于债务人承担的是无限责任还是有限责任。循此，代位债权人优先受偿和所有债权人机会平等不具有逻辑上的关联性[5]。因此，笔者认为无论是从债务人以其责任财产对自己的债务承担无限责任的角度，还是从实质公平的角度，优先受偿规则并没有违背民法平等的原则，而恰恰是平等原则在债的保全制度中的体现。总而言之，笔者认为优先受偿规则违反平等原则并不能成为用“入库规则”替代优先受偿规则的强有力的理由。

4 我国采用优先受偿规则的合理性

面对各国代位权制度普遍采用“入库规则”，我国另辟蹊径，史无前例地采用了优先受偿规则，这其实是我国根据经济社会的现实情况和借鉴国外代位权制度做出的取舍。我们在肯定我国在代位权制度立法上敢于突破创新的勇气的同时，也要寻根溯源，探究我国采用优先受偿规则的合理性所在。根据以上对“入库规则”和优先受偿规则的初步介绍，我们了解到“入库规则”的存在基础及其缺陷。据此，笔者认为从“入库规则”的基础及缺陷两个方面探究优先受偿规则存在的合理性未尝不是一种明晰的路径。笔者认为，一方面，优先受偿规则并没有违反入库规则存在的基础即平等原则，债的保全之目的等，另一方面，优先受偿规则克服了“入库规则”存在的缺陷。

4.1 优先受偿规则存在的基础

一些学者之所以反对优先受偿规则，很大程度上是因为学者们认为优先受偿规则违反平等原则，有悖于代位权制度的本旨，而这些恰好是“入库规则”存在的基础。但是通过上文对优先受偿规则与平等原则关系的简述，我们了解到从债务人以其责任财产对债务承担无限责任的角度以及实质平等的角度，优先受偿规则并未违反民法的平等原则。就债的保全本旨来说，我们则需要加深对代位权存在的逻辑基础的理论认识。在债权人代位权生成逻辑上，其与私法自治、契约自由相伴而生，是契约自由获得正当性的逻辑结果，内在地为私法自治划定了一条无形的疆界[5]。代位权在内容上并不是对债务人和第三人的请求权。它是债权中包含的，除请求权以外的固有的权能[6]。因此，代位权是债权人在债权成立之时即被赋予的一种权能，并不是法律拟制的权能，更非程序法创造而来。如果没有充分理解代位权产生的逻辑基础，我们很容易把代位权作为一种法律额外赋予债权的特别权利，而陷入代位权违反平等原则或者歪曲债的保全制度目的等争议的怪圈。由此，学者们认为优先受偿规则有悖于债的保全本旨的观点是不能成立的。

4.2 优先受偿规则的优势

另外，对比“入库规则”存在的缺陷，优先受偿规则具有其独特的优势。第一，针对适用“入库规则”可能使债权人面临债务人随意处分责任财产的情况，优先受偿规则并未将代位权的行使效果归于债务人，这样即避免了债务人的二次处分财产的可能性；第二，对比“入库规则”可能导致的繁琐的司法程序，优先受偿规则仅仅依靠代位权诉讼的成功就可以实现自己的债权；第三，就“入库规则”难以实现债权的清偿而言，优先受偿规则可以直接使次债务人完成对债权人的清偿，避免了债务人的干涉；第四，面对“入库规则”可能挫伤债权人行使代位权积极性的弊端，优先受偿规则所具备的以上优势足以激发债权人行使代位权的积极性。程序的便捷使得权利人乐于使用该方式追偿债务，也省却了繁琐的中间过程，节约了司法资源，降低了诉讼成本[7]。

4.3 优先受偿规则对于我国经济现状的现实意义

此外，优先受偿规则对于解决我国市场经济存在的现实问题也发挥了巨大的作用。正如上文所述，债权人代位权的诞生旨在为债权人的债权提供更大力度且更为有效的保护。伴随着市场经济的发展，市场主体之间经济活动愈发频繁和复杂。债权债务纠纷大量增加，尤其表现在一些债务人为了逃避债务，故意不主张自己的债权，或者恶意地不当处分自己的财产。这不仅使债权人的债权得不到实现，债务案件的判决也难以执行。社会中存在着大量的“三角债”“连还债”。“讨债难”、难执行的社会现象普遍存在，对社会经济和商业道德构成了危害。“它放弃‘入库规则’旨在保护债权人的合法利益，激励债权人积极行使代位权，从而解决了现实生活中大量存在的“三角债”、“讨债难”问题，符事(合)国有的立法精神”[8]；债权人通过优先受偿规则使次债务人直接向自己进行清偿。债权人与债务人、债务人与次债务人之间的债权债务关系解除，可以有效地解决“三角债”、讨债难等问题。因此，我国代位权制度采用优先受偿规则具有十分重要的现实意义。

5 结语

直接采用优先受偿规则的代位权制度是我国债的保全中的一大特色，它突破了传统代位权理论，增强了代位权在实践中的可操作性，对我国法制建设的发展具有十分重要的现实意义。当然，从辩证的角度审视我国代位权制度，不难发现在其合理的背后也存在着不容忽视的瑕疵。但是，我们深知没有什么制度能达到完美的程度。我们能做的就是最大限度地发挥它的正面价值，同时采取相应的举措抑制它的负面影响。正如我国代位权制度，为了更好地解决我国的现实问题，发挥代位权的制度价值，我们没有刻板地固守传统的代位权理论，而是大胆创新，找到了符合中国特色的代位权制度理论。优先受偿规则固然有其缺陷，但在没有更完善的制度代替的情况下，我们所能做的就是不断地去发展它，使我国代位权制度朝着更好的方向发展。

参考文献：

[1]崔建远，韩世远．合同法中的债权人代位权制度[J]．中国法学，1999(3)：33-36.

[2]于澍．关于债权人代位权制度功能的思考[J]．江西社会科学，2002(1)：209-210.

[3]张玉敏，周清林．“入库规则”：传统的悖离与超越[J]．现代法学，2002(5)：101-107.

[4]黄建华．论我国合同法代位权制度的完善[J]．北京商学院学报(社会科学版)，2001(3)：56.

[5]梁慧星．民商法论丛第64卷[M]．北京：法律出版社，2017：62-79.

[6]王利明，崔建远．合同法新论·总则[M]．北京：中国政法大学出版社，1996：396.

[7]许杨洋．浅论代位权的效果归属[J]．法制与社会，2014(28)：21-22.

[8]黄海．论《合同法》中代位权的行使[J]．合肥联合大学学报，2001(2)：55.

指导教师评语：

根植于债权平等原则的债权人代位权是该原则的实现形式，作为代位权行使效果的优先受偿权乃“入库规则”的表现形式。与传统的“入库规则”相较，优先受偿在保障债权人权益上具有其自身的优势。作者写作态度认真,能够运用法学理论分析和解决问题,文章结构合理、逻辑清晰,在观点提炼、材料运用上具有合理性。

法学院高永周教授